Die naturschutzrechtliche Eingriffsregelung in der Bundesfernstraßenplanung

– dargestellt am Beispiel des bayerischen Landesrechts –

von

Jürgen Stadler

Tectum Verlag
Marburg 2002

Die Deutsche Bibliothek - CIP-Einheitsaufnahme

Stadler, Jürgen:
Die naturschutzrechtliche Eingriffsregelung in der Bundesfernstraßenplanung.
– dargestellt am Beispiel des bayerischen Landesrechts.
/ von Jürgen Stadler
- Marburg : Tectum Verlag, 2002
Zugl: Regensburg, Univ. Diss. 2002
ISBN 978-3-8288-8421-2

© Tectum Verlag

Tectum Verlag
Marburg 2002

Für Lisa S.

Gliederungsübersicht:

Inhaltsverzeichnis

Literaturverzeichnis

Bahadir, Müfit/Parlar, Harun/Spiteller, Michael (Hrsg.): Springer Umwelt-Lexikon; Berlin, Heidelberg 1995; zitiert als: Bahadir/Parlar/Spiteller, Umweltlexikon.

Bastian, Olaf/Schreiber, Karl-Friedrich: Analyse und ökologische Bewertung der Landschaft; 2. Aufl., Heidelberg 1999; zitiert als: Bastian/Schreiber, Analyse und Bewertung.

Bayerischen Akademie für Naturschutz und Landschaftspflege (ANL) und Dachverband wissenschaftlicher Gesellschaften der Agrar-, Forst-, Ernährungs-, Veterinär- und Umweltforschung e.V. (Hrsg.): Begriffe aus Ökologie, Landnutzung und Umweltschutz; 3. Aufl., Laufen und Frankfurt am Main 1994; zitiert als: ANL, Begriffe.

Bender, Bernd/Sparwasser, Reinhard/Engel, Rüdiger: Umweltrecht: Grundzüge des öffentlichen Umweltschutzrechts; 4. Aufl., Heidelberg 2000; zitiert als: Bender/Sparwasser/Engel, Umweltrecht.

Berkemann, Jörg: Rechtliche Instrumente gegenüber Eingriffen in Natur und Landschaft; in: UTR Band 20, S. 93 ff.; gekürzt in NuR 1993, S. 97 ff.

Bielenberg, Walter/Erbguth, Wilfried/Söfker, Wilhelm: Raumordnungs- und Landesplanungsrecht des Bundes und der Länder: Ergänzbarer Kommentar und systematische Sammlung der Rechts- und Verwaltungsvorschriften; Loseblattsammlung, Stand Mai 2001; zitiert als: Bielenberg/Erbguth/Söfker, Raumordnungs- und Landesplanungsrecht.

Breuer, Rüdiger: Die Bedeutung des § 8 BNatSchG für Planfeststellungen und qualifizierte Genehmigungen nach anderen Fachgesetzen; NuR 1980, S. 89 ff.

Breuer, Wilhelm: Grundsätze für die Operationalisierung des Landschaftsbildes in der Eingriffsregelung und im Naturschutzhandeln insgesamt; Informationsdienst Naturschutz Niedersachsen, Heft 4/91, S. 60 ff.

Broß, Siegfried: Zur Teilbarkeit von (fern-)straßenrechtlichen Planungsentscheidungen; DÖV 1985, S. 253 ff.

Buchwald, Konrad/Engelhardt, Wolfgang (Hrsg.): Umweltschutz – Grundlagen und Praxis; Band 16/II: Verkehr und Umwelt – Umweltbeiträge zur Verkehrsplanung; Bonn 1999; zitiert als: Buchwald/Engelhardt, Umweltschutz, Band 16 II.

Buchwald, Konrad/Engelhardt, Wolfgang (Hrsg.): Umweltschutz – Grundlagen und Praxis; Band 2: Bewertung und Planung im Umweltschutz; Bonn 1996; zitiert als: Buchwald/Engelhardt, Umweltschutz, Band 2.

Bundesministerium für Umwelt, Naturschutz und Reaktorsicherheit (Hrsg.): Entwurf der Unabhängigen Sachverständigenkommission zum Umweltgesetzbuch beim Bundesministerium für Umwelt, Naturschutz und Reaktorsicherheit; Berlin 1998; zitiert als: UGB-KomE.

Bundesministerium für Verkehr, Abteilung Straßenbau: Richtlinien für die Anlage von Straßen, Teil: Landschaftspflege, Abschnitt 1: Landschaftspflegerische Begleitplanung; Verkehrsblatt-Dokument Nr. B 5014 – Vers. 12/96; zitiert als: BMV, RAS-LP 1.

Bundesministerium für Verkehr, Abteilung Straßenbau: Hinweise zu den Unterlagen gemäß § 6 UVPG für Bundesfernstraßen; VkBl. 1997, Heft 14; zitiert als: BMV, Hinweise zu § 6 UVPG.

Bundesministerium für Verkehr, Bau und Wohnungswesen: Planfeststellungsrichtlinien 1999; VkBl. 1999, S. 511 ff.; zitiert als: BMV, PlafeR 99.

Bundesministerium für Verkehr, Bau- und Wohnungswesen: Investitionsprogramm für den Ausbau der Bundesschienenwege, Bundesfernstraßen und Bundeswasserstraßen in den Jahren 1999 bis 2002; BMV 1999; zitiert als: BMV, Investitionsprogramm.

Bundesministerium für Verkehr, Bau- und Wohnungswesen: Hinweise zur Berücksichtigung des Naturschutzes und der Landschaftspflege beim Bundesfernstraßenbau (HNL-S 99); VkBl. 1999, Heft 6, S. 237; zitiert als: BMV, HNL-S 99.

Bundesministerium für Verkehr: Hinweise zu § 16 FStrG; VkBl. 1996, S. 222 ff.; zitiert als: BMV, Hinweise zu § 16 FStrG.

Bunge, Thomas: Die Umweltverträglichkeitsprüfung – Bilanz und Perspektiven aus rechtlicher Sicht; in: Laufener Seminarbeiträge 5/97, S. 9 ff.

Burmeister, Joachim H.: Der Schutz von Natur und Landschaft vor Zerstörung: eine juristische und rechtstatsächliche Untersuchung; Düsseldorf 1988; zitiert als: Burmeister, Schutz von Natur und Landschaft.

Cholewa, Werner/Dallhammer, Wolf-Dieter/Dyong, Hartmut/von der Heide, Hans-Jürgen/Arenz, Willi: Raumordnung in Bund und Ländern: Kommentar zum Raumordnungsgesetz des Bundes und Vorschriftensammlung aus Bund und Ländern (Loseblattsammlung), Band 1: Kommentar; Stand: Januar 2001; zitiert als: Cholewa u.a., ROG.

Czybulka, Detlef: Die Eingriffsregelung im Bayerischen Naturschutzgesetz; BayVBl. 1996, S. 513 ff.

de Witt, Siegfried/Burmeister, Thomas: Enteignungsrecht des Straßenbaulastträgers für festgesetzte naturschutzrechtliche Ausgleichs- und Ersatzmaßnahmen?; NVwZ 1993, S. 38 ff.

Dierßen, Klaus: Erkennen und Bewerten als landschaftsökologischer und -planerischer Sicht; in: Czybulka, Detlef (Hrsg.): Erkennen, Bewerten, Abwägen und Entscheiden; Baden-Baden 2000; zitiert als: Dierßen, in: Czybulka (Hrsg.), Erkennen, Bewerten etc.

Dolderer, Michael: Das neue Raumordnungsgesetz (ROG 1998); NVwZ 1998, S. 345 ff.

Dolzer, Rudolf/Vogel, Klaus: Bonner Kommentar zum Grundgesetz; Loseblattsammlung, Stand Ma 2001; zitiert als: Bonner Kommentar.

Dreier, Horst (Hrsg.): Grundgesetz: Kommentar, Band I, Art. 1-19; Tübingen 1996; zitiert als: Dreier, GG.

Dreier, Horst (Hrsg.): Grundgesetz: Kommentar, Band II, Art. 20-82; Tübingen 1998; zitiert als: Dreier, GG.

Dreier, Johannes: Die normative Steuerung der planerischen Abwägung: Strikte Normen, generelle Planungsleitbegriffe, Planungsleitlinien und Optimierungsgebote; Berlin 1995; zitiert als: J. Dreier, Abwägung.

Eberl, Wolfgang/Martin, Dieter/Petzet, Michael: Bayerisches Denkmalschutzgesetz; 4. Auflage, München 1992; zitiert als: Eberl/Martin/Petzet, BayDSchG.

Eckardt, Wolf-Dieter: Naturschutzausgleichsabgabe für Bundesfernstraßen; NuR 1979, S. 133 ff.

Egner, Margit/Fischer-Hüftle, Peter: Die Novelle 1998 zum Bayerischen Naturschutzgesetz; BayVBl. 1999, S. 680 ff.

Ehrlein, Mathias: Die naturschutzrechtliche Eingriffsregelung (§ 8 BNatSchG); VBlBW 1990, S. 121 ff.

Engelhardt, Dieter/Brenner, Walter/Fischer-Hüftle, Peter: Naturschutzrecht in Bayern; Loseblattsammlung, Stand August 2000; zitiert als: Engelhardt/Brenner/Fischer-Hüftle, BayNatSchG.

Erbguth, Wilfried/Schink, Alexander: Gesetz über die Umweltverträglichkeitsprüfung: Kommentar; 2. Aufl., München 1996; zitiert als: Erbguth/Schink, UVPG.

Erbguth, Wilfried/Schoeneberg, Jörg: Raumordnungs- und Landesplanungsrecht; 2. Aufl., Köln 1992; zitiert als: Erbguth/Schoeneberg, Raumordnung.

Erichsen, Hans-Uwe (Hrsg.): Allgemeines Verwaltungsrecht; 11. Aufl., Berlin 1998; zitiert als: Erichsen, AllgVerwR.

Ernst, Werner/Zinkahn, Willy/Bielenberg, Walter/Krautzberger, Michael: Baugesetzbuch, Kommentar; Loseblattsammlung, München, Stand: November 2000.

Feldhaus, Gerhard: Bundesimmissionsschutzrecht, Band 1, Teil II, §§ 22-74; Loseblattsammlung, Stand April 2001; zitiert als: Feldhaus, BImSchG.

Fickert, Hans Carl: Der Verkehrswegebau im Lichte des neuen Naturschutz- und Landschaftspflegerechts – Ein Beitrag zur verfassungsrechtlichen Abwägung in der Gesetzgebung und beim Gesetzesvollzug; BayVBl. 1978, S. 681 ff.

Fischer-Hüftle, Peter: Der landschaftspflegerische Begleitplan im Verwaltungsverfahren und vor Gericht; in: Laufener Seminarbeiträge 5/90, S. 14 ff.

Forschungsgesellschaft für Straßen- und Verkehrswesen, Arbeitsgruppe: Straßenentwurf: Merkblatt zur Umweltverträglichkeitsstudie in der Straßenplanung (MUVS); Köln 1990.

Literaturverzeichnis

Fouquet, Helmut: Die allgemeinen materiellen Voraussetzungen der Planfeststellung; VerwArch 87 (1996), S. 212 ff.

Funke, Hans Friedrich: Die Lenkbarkeit von Abwägungsvorgang und Abwägungsergebnis zugunsten des Umweltschutzes; DVBl. 1987, S. 511 ff.

Gaentzsch, Günter: Die Naturschutzrechtliche Eingriffsregelung – Das Verhältnis zwischen Fachrecht und Naturschutzrecht; in: Laufener Seminarbeiträge 1/85, S. 23 ff.

Gaentzsch, Günter: Die Planfeststellung als Anlagenzulassung und Entscheidung über die Zulässigkeit der Enteignung; in: Planung und Plankontrolle, Otto Schlichter zum 65. Geburtstag; Köln 1995, S. 517 ff.; zitiert als: Gaentzsch, in: Schlichter-FS.

Gassner, Erich/Bendomir-Kahlo, Gabriele/Schmidt-Räntsch, Annette/Schmidt-Räntsch, Jürgen: Bundesnaturschutzgesetz, Kommentar; München 1996 zitiert als: Gassner/Bendomir-Kahlo/Schmidt-Räntsch, BNatSchG.

Gassner, Erich/Winkelbrandt, Arnd: Umweltverträglichkeitsprüfung in der Praxis; Leitfaden; 3. Aufl., München 1997; zitiert als: Gassner/Winkelbrandt, UVPG.

Gassner, Erich: Rechtliche Anforderungen an die landschaftspflegerische Begleitplanung; in: Laufener Seminarbeiträge 5/90, S. 9 ff.

Gassner, Erich: Das Recht der Landschaft: Gesamtdarstellung für Bund und Länder; Radebeul 1995; zitiert als: Gassner, Landschaft.

Gassner, Erich: Eingriffe in Natur und Landschaft – ihre Regelung und ihr Ausgleich nach § 8 BNatSchG; NuR 1984, S. 81 ff.

Gassner, Erich: Zur Fortentwicklung des naturschutzrechtlichen Planungsrechts – Überlegungen zur Novellierung des Rechts der Landschaftsplanung und der Eingriffsregelung; UPR 1988, S. 321 ff.

Gassner, Erich: Zum Recht des Landschaftsbildes – Eine systematische Untersuchung zum Ausgleich von Eingriffen; NuR 1989, S. 61 ff.

Haber, Wolfgang: Ökologische Grundlagen des Umweltschutzes; Buchwald, Konrad/Engelhardt, Wolfgang: Umweltschutz – Grundlagen und Praxis, Band 1, Bonn 1993; zitiert als: Haber, Grundlagen.

Heigl, Ludwig/Hosch, Rüdiger: Raumordnung und Landesplanung in Bayern; Loseblattsammlung, Stand Mai 1998; zitiert als: Heigl/Hosch, Raumordnung in Bayern.

Hoppe, Werner (Hrsg.): Gesetz über die Umweltverträglichkeitsprüfung (UVPG): Kommentar; Köln 1995; zitiert als: Hoppe, UVPG.

Hoppe, Werner: „Verwirrung" und „Entwirrung" beim Abwägungsgebot – Nachlese zu Horst Sendler: „Die Bedeutung des Abwägungsgebots in § 1 Abs. 6 BauGB für die Berücksichtigung der Belange des Umweltschutzes in der Bauleitplanung" (UPR 1995, S. 41 ff.); UPR 1995, S. 201 ff.

Hoppe, Werner/Just, Jan-Dirk: Zur Ausübung der planerischen Gestaltungsfreiheit bei der Planfeststellung und Plangenehmigung; DVBl. 1997, S. 789 ff.

Hoppenstedt, Adrian/Preising, Andreas: Umwelteffekte von Straßenneubauprojekten des Bundesverkehrswegeplans – Umweltrisikoeinschätzung in den neuen und alten Bundesländern; Naturschutz und Landschaftsplanung 1995, S. 52 ff.

Hülsmann, Wulf/Röthke, Petra: Der Bundesverkehrswegeplan und seine Umweltbewertung; in: Buchwald/Engelhardt (Hrsg.):Umweltschutz, Grundlagen und Praxis, Band 16/II, Bonn 1999, S. 25 ff.

Ibler, Martin: Die Schranken planerischer Gestaltungsfreiheit im Planfeststellungsrecht; Berlin 1988; zitiert als: Ibler, Schranken.

Jarass, Hans D.: Die materiellen Voraussetzungen der Planfeststellung in neuerer Sicht – Dogmatische Grundlagen und praktische Folgen, insb. im Verkehrswegebereich; DVBl. 1998, S. 1202 ff.

Jarass, Hans D.: Bundesimmissionsschutzgesetz (BImSchG), Kommentar; 3. Aufl., München 1995; zitiert als: Jarass, BImSchG.

Jarass, Hans D.: Grundstrukturen des Gesetzes über die Umweltverträglichkeitsprüfung; NuR 1991, S. 201 ff.

Jessel, Beate: Die Eingriffsregelung zwischen naturwissenschaftlichem Anspruch und Anforderungen der Praxis; in: Laufener Seminarbeiträge 2/96, S. 9 ff.

Kastner, Fritz/Krüger, Andreas: Bundesfernstraßengesetz, Kommentar; 5. Aufl., Köln, Berlin, Bonn, München 1998; zitiert als: Marschall/Schroeter/Kastner, FStrG.

Kiemstedt, Hans/Mönnecke, Margit/Ott, Stefan: Methodik der Eingriffsregelung – Vorschläge zur bundeseinheitlichen Anwendung von § 8 BNatSchG; Naturschutz und Landschaftsplanung 1996, S. 261 ff.

Kloepfer, Michael: Umweltrecht; 2. Aufl., München 1998; zitiert als: Kloepfer, Umweltrecht.

Klößner, Bernd: Straßenplanung und Umweltverträglichkeitsprüfung: Die Berücksichtigung der Ergebnisse der Umweltverträglichkeitsprüfung bei der gestuften Fernstraßenplanung; Baden-Baden 1992; zitiert als: Klößner, UVP.

Knack, Hans Joachim: Verwaltungsverfahrensgesetz (VwVfG), Kommentar; 6. Aufl., Köln, Berlin, Bonn, München 1998; zitiert als: Knack, VwVfG.

Koch, Hans-Joachim/Scheuing, Dieter H. (Hrsg.): Gemeinschaftskommentar zum Bundesimmissionsschutzgesetz; Loseblattsammlung, Stand September 2000; zitiert als: GK-BImSchG.

Kodal, Kurt/Krämer Helmut: Straßenrecht: Systematische Darstellung des Rechts der öffentlichen Straßen, Wege und Plätze in der Bundesrepublik Deutschland; 6. Aufl., München 1999; zitiert als: Kodal/Krämer, Straßenrecht.

Kolodziejcok, Karl-Günther/Recken, Josef: Naturschutz, Landschaftspflege und einschlägige Regelungen des Jagd- und Forstrechts; Loseblattsammlung, Stand März 2001; zitiert als: Kolodziejcok/Recken, Naturschutz.

Kopp, Ferdinand O./Ramsauer, Ulrich: Verwaltungsverfahrensgesetz; 7. Aufl., München 2000; zitiert als: Kopp/Ramsauer, VwVfG.

Kopp, Ferdinand O./Schenke, Wolf-Rüdiger: Verwaltungsgerichtsordnung; 12. Aufl., München 2000; zitiert als: Kopp/Schenke, VwGO.

Kuchler, Ferdinand: Anmerkung zu VGH Baden-Württemberg, Urt. v. 23. Juni 1988, VBlBW 1989, 61 ff.; VBlBW 1989, S. 63 ff.

Kühling, Jürgen: Fachplanungsrecht, 1. Aufl., Düsseldorf 1988; zitiert als: Kühling, Fachplanungsrecht.

Kühling, Jürgen/Herrmann, Nikolaus: Fachplanungsrecht; 2. Aufl., Düsseldorf 2000; zitiert als: Kühling/Herrmann, Fachplanungsrecht, 2. Aufl.

Kuschnerus, Ulrich: Die naturschutzrechtliche Eingriffsregelung; in: Speyerer Forschungsbericht 157, 1996, S. 39 ff.

Kuschnerus, Ulrich: Die naturschutzrechtliche Eingriffsregelung; NVwZ 1996, S. 325 ff.

Kuschnerus, Ulrich: Der landschaftspflegerische Begleitplan nach § 8 Abs. 4 Bundesnaturschutzgesetz – zur Anwendung der naturschutzrechtlichen Ausgleichsregelungen in der straßenrechtlichen Planfeststellung; DVBl. 1986, S. 75 ff.

Kuschnerus, Ulrich: Eingriffe in Natur und Landschaft und ihre Bewältigung in der Praxis – zur praktischen Anwendung der Eingriffsregelung bei der Zulassung von Vorhaben und in der Bauleitplanung; in: Schriftenreihe Natur und Recht, Band 2, Berlin 1995, S. 11 ff.

Küster, Friedhelm: Linienbestimmung und Raumordnungsverfahren mit integrierter Umweltverträglichkeitsprüfung (UVP); in: Buchwald/Engelhardt (Hrsg.):Umweltschutz, Grundlagen und Praxis, Band 16/II, Bonn 1999, S. 49 ff.; zitiert als: Küster, in: Buchwald/Engelhardt, Umweltschutz, Band 16 II.

Lambrecht, Heiner: Der Vollzug des Vermeidungsgebots der naturschutzrechtlichen Eingriffsregelung – Grundlagen, offene Fragen und Perspektiven am Beispiel des Straßenbaus; ZAU 1998, S. 167 ff.

Lambrecht, Heiner: Standardisierungen bei der Eingriffsregelung im Straßenbau – Praxis und Perspektiven zwischen rechtlichen und naturschutzfachlichen Grenzen und Möglichkeiten; in: Laufener Seminarbeiträge 2/96, S. 99 ff.

Länderarbeitsgemeinschaft Naturschutz, Landschaftspflege und Erholung (LANA): Methodik der Eingriffsregelung, Teil III – Vorschläge zur bundeseinheitlichen Anwendung der Eingriffsregelung nach § 8 Bundesnaturschutzgesetz; herausgegeben vom Umweltministerium Baden-Württemberg; zitiert als: LANA, Methodik III.

Larenz, Karl: Methodenlehre der Rechtswissenschaft; 6. Aufl., Berlin, Heidelberg, New York 1991; zitiert als: Larenz, Methodenlehre.

Lersner, Heinrich Freiherr von: Zum Rechtsbegriff der Natur; NuR 1999, S. 61 ff.

Louis, Hans Walter/Engelke, Annegret: Bundesnaturschutzgesetz, Kommentar der §§ 1 bis 19 f; 2. Aufl., Braunschweig 2000; zitiert als: Louis, BNatSchG.

v. Mangoldt, Hermann/Klein, Friedrich/Starck, Christian: Das Bonner Grundgesetz, Kommentar; Band 2: Artikel 20 bis 78; 4. Aufl., München 2000; zitiert als: v. Mangoldt/Klein/Starck, Bonner Grundgesetz.

Manssen, Gerrit: Stadtgestaltung durch örtliche Bauvorschriften, Berlin 1990; zitiert als: Manssen, Stadtgestaltung.

Maunz, Theodor/Dürig, Günter: Kommentar zum Grundgesetz; Band II: Artikel 12 bis 21; Loseblattsammlung, Stand August 2000; zitiert als: Maunz/Dürig, Komm. z. GG.

Maurer, Hartmut: Allgemeines Verwaltungsrecht; 13. Aufl., München 2000; zitiert als: Maurer, Verwaltungsrecht.

Meßerschmidt, Klaus: Wiedervorlage oder Innovation? Zum Entwurf einer Gesamtnovellierung des Bundesnaturschutzgesetzes vom 2. Februar 2001; ZUR 2001, S. 241 ff.

Murswiek, Dietrich: Staatsziel Umweltschutz (Art. 20a GG), Bedeutung für Rechtsetzung und Rechtsanwendung; NVwZ 1996, S. 222 ff.

Obermayer, Klaus/Fritz, Roland (Hrsg.): Kommentar zum Verwaltungsverfahrensgesetz; 3. Aufl., Neuwied und Kriftel 1999; zitiert als: Obermayer, VwVfG.

Peters, Heinz-Joachim: Das Recht der Umweltverträglichkeitsprüfung im Übergang; UPR 1999, S. 294 ff.

Pielow, Ludger: Verursacherhaftung nach dem Bundesnaturschutzgesetz; NuR 1979, S. 15 ff.

Pietzner, Rainer/Ronellenfitsch, Michael: Das Assessorexamen im öffentlichen Recht: Widerspruchsverfahren und Verwaltungsprozeß; 10. Aufl., Düsseldorf 2000; zitiert als: Pietzner/Ronellenfitsch, Assessorexamen.

Ramsauer, Ulrich: Die Bedeutung der naturschutzrechtlichen Eingriffsregelung für die Planfeststellung am Beispiel der Transrapid-Planung; NuR 1997, S. 419 ff.

Rat von Sachverständigen für Umweltfragen (SRU): Umweltgutachten 2000 (Kurzfassung); Berlin, 2000; zitiert als: SRU, Umweltgutachten 2000, Kurzfassung.

Rat von Sachverständigen für Umweltfragen (SRU): Umweltgutachten 2000; BT-Drs. 14/3363.

Rat von Sachverständigen für Umweltfragen (SRU): Umweltgutachten 1987; BT-Drs. 11/1568; zitiert als: SRU, Umweltgutachten 1987.

Redeker, Konrad/v. Oertzen, Hans-Joachim/Redeker, Martin/Kothe, Peter: Verwaltungsgerichtsordnung, Kommentar; 13. Aufl., Stuttgart, Berlin, Köln 2000; zitiert als: Redeker/v. Oertzen, VwGO.

Rehbinder, E.: Wege zu einem wirksamen Naturschutz – Aufgaben, Ziele und Instrumente des Naturschutzes – unter besonderer Berücksichtigung des Entwurfs zur Neuregelung des Naturschutzrechts; NuR 2001, S. 361 ff.

Riedel, Wolfgang: Europäische Landschaftsplanung auf dem Hintergrund von Anspruch und Wirklichkeit der Landschaftsplanung in ausgewählten deutschen Bundesländern; in: Czybulka, Detlef (Hrsg.): Naturschutzrecht und Landschaftsplanung in europäischer Perspektive; Baden-Baden 1996; zitiert als: Riedel, in: Czybulka (Hrsg.), Naturschutz in europäischer Perspektive.

Ronellenfitsch, Michael: Rechts- und Verwaltungsaspekte der naturschutzrechtlichen Eingriffsregelungen – Ausgewählte Fragen des Verfahrens- und des materiellen Rechts; NuR 1986, S. 284 ff.

Ronellenfitsch, Michael: Eingriffe in Natur und Landschaft bei der wasserwirtschaftlichen Planfeststellung; VerwArch. 77 (1986), S. 177 ff.

Rößling, Holger: Die naturschutzrechtliche Eingriffsregelung (§ 8 BNatSchG) und ihre Vorbereitung durch die Raum- und Umweltplanung; UFZ-Bericht Nr. 27/1999, Leipzig-Halle 1999; zitiert als: Rößling, Vorbereitung der Eingriffsregelung.

Runkel, Peter: Das neue Raumordnungsgesetz und das Umweltrecht; NuR 1998, S. 449 ff.

Schink, Alexander: Die Eingriffsregelung im Naturschutz- und Landschaftsrecht; DVBl. 1992, S. 1390 ff.

Schlarmann, Lieselotte: Die Alternativenprüfung im Planungsrecht; Münster 1991; zitiert als: Schlarmann, Alternativen.

Schmidt-Aßmann, Eberhard (Hrsg.): Besonderes Verwaltungsrecht; 11. Aufl., Berlin 1999; zitiert als: Schmidt-Aßmann, BesVerwR.

Schober, Hans-Michael/Bauer-Portner, Andreas/Bender, Elisabeth/Girsig, Mechthild/Narr, Dietmar/Pöllinger, Andreas/Salzbrunn, Birgit/Stein, Christoph: Methoden und Vorgehensweisen bei der Bearbeitung von Umweltverträglichkeitsstudien: Erfahrungen am Beispiel von Straßenbauvorhaben; in: Laufener Seminarbeiträge 5/97, S. 47 ff.

Schriewer, Bernd: Möglichkeiten und Grenzen der Regelung im landschaftspflegerischen Begleitplan; in: Laufener Seminarbeiträge 1/85, S. 43 ff.

Schroeter, Hans-Wolfgang: Die Bedeutung des Bundesnaturschutzgesetzes für die fernstraßenrechtliche Planung; DVBl. 1979, S. 14 ff.

Schulze-Fielitz, Helmut: Verwaltungsgerichtliche Kontrolle der Planung im Wandel – Eröffnung, Maßstäbe, Kontrolldichte ; in: Planung; Festschrift für Werner Hoppe zum 70. Geburtstag; München 2000, S. 997 ff.; zitiert als: Schulze-Fielitz, in: Hoppe-FS.

Schweppe-Kraft, Burkhard: Naturschutzfachliche Anforderungen an die Eingriffs-Ausgleichs-Bilanzierung, Teil 1: Unsicherheiten bei der Bestimmung von Ausgleich und Ersatz; Naturschutz und Landschaftsplanung 1994, S. 5 ff.

Sendler, Horst: Die Bedeutung des Abwägungsgebots in § 1 Abs. 6 BauGB für die Berücksichtigung der Belange des Umweltschutzes in der Bauleitplanung; UPR 1995, S. 41 ff.

Soell, Hermann/Dirnberger, Franz: Wieviel Umweltverträglichkeit garantiert die UVP? Bestandsaufnahme und Bewertung des Gesetzes zur Umsetzung der EG-Richtlinie über die Umweltverträglichkeitsprüfung; NVwZ 1990, S. 705 ff.

Steinberg, Rudolf/Berg, Thomas/Wickel, Martin: Fachplanung; 3. Aufl., Baden-Baden 2000; zitiert als: Steinberg/Berg/Wickel, Fachplanung.

Steinberg, Rudolf: Umweltverträglichkeitsprüfung von Programmen und Plänen; in: Planung; Festschrift für Werner Hoppe zum 70. Geburtstag; München 2000, S. 493 ff.; zitiert als: Steinberg, in: Hoppe-FS.

Steinberg, Rudolf: Neue Entwicklungen in der Dogmatik des Planfeststellungsrechts; DVBl. 1992, S. 1501 ff.

Stich, Rudolf: Das neue Bundesnaturschutzgesetz – Bedeutsame Änderungen und Ergänzungen des Naturschutzrechts; UPR 2002, S. 161 ff.

Stüer, Bernhard: Naturschutz in der Fachplanung; in: Planung; Festschrift für Werner Hoppe zum 70. Geburtstag; München 2000, S. 853 ff.; zitiert als: Stüer, in: Hoppe-FS.

Stüer, Bernhard: Handbuch des Fachplanungsrechts: Planung – Genehmigung – Rechtsschutz; 2. Aufl., München 1998; zitiert als: Stüer, HdFPl..

Ule, Carl Hermann/Laubinger, Hans-Werner: Verwaltungsverfahrensrecht; 4. Aufl., Köln Berlin Bonn München 1995; zitiert als: Ule/Laubinger, Verwaltungsverfahrensrecht.

Uerpmann, Robert: Das öffentliche Interesse, Tübingen 1999.

Umweltbundesamt (Hrsg.): Umweltgesetzbuch – Besonderer Teil (UGB-BT); Berlin 1994; zitiert als: UGB-BT.

Vogel, Hans-Jochen: Die Reform des Grundgesetzes nach der deutschen Einheit – Eine Zwischenbilanz; DVBl. 1994, S. 497 ff.

Wahl, Rainer/Dreier, Johannes: Entwicklung des Fachplanungsrechts; NVwZ 1999, S. 606 ff.

Weihrich, Dietmar: Der Entwurf zur Novelle des BNatSchG vom Mai 200; ZUR 2001, S. 387 ff.

Wahl, Rainer: Genehmigung und Planungsentscheidung, Überlegungen zu zwei Grundmodellen des Verwaltungsrechts und zu ihrer Kombination; DVBl. 1982, S. 51 ff.

Wurzel, Angelika/Olschowy, Gerhard: Eingriffe in Natur und Landschaft – Vorsorge und Ausgleich; Schriftenreihe des deutschen Rates für Landespflege, Heft 55, 1988; zitiert als: Wurzel/Olschowy, Eingriffe in Natur und Landschaft.

Einleitung

Das Bundesnaturschutzgesetz feierte im Jahre 2001 seinen 25. Geburtstag. Es löste mit seinem Inkrafttreten am 24. Dezember 1976 das Reichsnaturschutzgesetz von 1935 ab, das in den einzelnen Bundesländern als Landesrecht weiter galt. Während dieses nur einzelne Teile der Natur unter Schutz stellte, zielt das Bundesnaturschutzgesetz auf einen umfassenden Schutz sowohl des besiedelten als auch des unbesiedelten Bereiches ab. Zentrale Neuerungen waren das Instrument der Landschaftsplanung, mit dem flächendeckend Zielvorstellungen für Schutz, Pflege und Entwicklung der Landschaft aufgestellt werden sollten, und die naturschutzrechtliche Eingriffsregelung, die für alle in Natur und Landschaft eingreifenden Vorhaben bestimmte Folgepflichten aufstellt und insofern als Verschlechterungsverbot für den Status quo verstanden werden kann. Mit dem zentralen Begriff des Naturhaushalts stellte das Bundesnaturschutzgesetz zudem, weit vor der Entstehung der UVP-Richtlinie bzw. des UVPG, die zwischen den einzelnen Umweltmedien bestehenden Wechselwirkungen in das Zentrum der Aufmerksamkeit und ging somit über einen rein medialen Umweltschutz hinaus.

Die vorliegende Arbeit beschäftigt sich mit der naturschutzrechtlichen Eingriffsregelung. Mit diesem naturschutzrechtlichen Steuerungsinstrument wollte der Gesetzgeber dem fortschreitenden Landschaftsverbrauch gegensteuern und einen flächendeckenden Minimalschutz von Natur und Landschaft im gesamten Raum gewährleisten. Zu diesem Zweck sollten sowohl Modifikationen des in Natur und Landschaft eingreifenden Vorhabens durch die Vermeidungs-, Ausgleichs- und Ersatzverpflichtung, als auch eine komplette Untersagung des Eingriffsvorhabens aufgrund einer Abwägung der Vorteile des Vorhabens gegen die für Natur und Landschaft zu erwartenden Nachteile angeordnet werden können.

Ein Hauptanwendungsbereich der Eingriffsregelung war von Anfang an die Planung von in großem Umfang Flächen beanspruchenden und damit in Natur und Landschaft eingreifenden Verkehrswegen, unter anderem also das Gebiet der Fernstraßenplanung. Hier besteht quasi ein „natürliches Konfliktfeld" zwischen dem Interesse an einer möglichst hochwertigen Mobilität und dem Ziel einer

1

größtmöglichen Erhaltung von Natur und Landschaft. Die naturschutzrechtliche Eingriffsregelung stellte hier eine zusätzliche materiellrechtliche Anforderung an eine rechtmäßige Planung dar und trat damit neben die Anforderungen des planerischen Abwägungsgebots, das von jeher die Berücksichtigung der von dem Vorhaben berührten Belange, und damit auch der Belange von Natur und Landschaft, im Rahmen der planerischen Abwägung forderte. Dieses Ineinandergreifen beider Rechtsgebiete sorgte anfangs für nicht unerhebliche Unklarheit dahingehend, wie sich die naturschutzrechtliche Eingriffsregelung in die Dogmatik der Planfeststellung einfügen lasse. So wurden die Gebote der Eingriffsregelung zum Teil als strikt zu beachtende Anforderungen, zum Teil als der Abwägung unterliegende Belange betrachtet (vgl. Teil 4). Auch zum Verhältnis der naturschutzrechtlichen Abwägung nach § 8 Abs. 3 BNatSchG, Art. 6a Abs. 2 BayNatSchG zur allgemeinen fachplanerischen Abwägung werden unterschiedliche Auffassungen vertreten. Die Rechtsprechung des Bundesverwaltungsgerichts, insbesondere aufgrund seiner erstinstanzlichen Zuständigkeit nach § 5 des Verkehrswegeplanungsbeschleunigungsgesetzes,[1] hat in den vergangenen Jahren zur Klärung von einigen Streitfragen beigetragen. Dennoch bestehen weiterhin mehrere Unklarheiten, was das Verhältnis der Rechtsgebiete des Planfeststellungsrechts und der naturschutzrechtlichen Eingriffsregelung angeht.

Ziel der Arbeit ist es daher, herauszuarbeiten, wie die Anforderungen der naturschutzrechtlichen Eingriffsregelung in der Fernstraßenplanung berücksichtigt werden und in welchen Verhältnis sie zu den allgemeinen materiellrechtlichen Anforderungen an die Planfeststellung einer Bundesfernstraße stehen. Die Darstellung beschränkt sich auf Fernstraßenbauvorhaben, die nach § 17 Abs. 1 FStrG einer Planfeststellung unterliegen. Auf die Ausnahmen nach § 17 Abs. 1a bis 3 FStrG wird nicht eingegangen. Soweit Rechtsgebiete, die in die Gesetzgebungshoheit der Länder fallen, von Bedeutung sind, liegt der Bearbeitung das bayerische Landesrecht zugrunde.

---

[1] BGBl. 1991 I S. 2174.

2

Die Arbeit gliedert sich in vier Teile: Im Ersten Teil wird die Zielrichtung des Naturschutzrechts im allgemeinen und der naturschutzrechtlichen Eingriffsregelung im besonderen herausgearbeitet. Teil 2 befasst sich mit dem allgemeinen Ablauf der Fernstraßenplanung. Dabei werden einerseits die der Planfeststellung vorgelagerten Stufen der Fernstraßenplanung und ihre Bedeutung für die Eingriffsregelung dargestellt. Andererseits erfolgt ein Überblick über das Verfahren und die allgemeinen materiellen Anforderungen an eine rechtmäßige Planfeststellung einer Bundesfernstraße. Teil 3 behandelt schließlich die neben diese allgemeinen Anforderungen tretenden, speziellen Anforderungen, die die naturschutzrechtliche Eingriffsregelung an ein Fernstraßenbauvorhaben stellt. Teil 4 betrachtet das Verhältnis der beiden Rechtsgebiete: Einerseits wird herausgearbeitet, wie die einzelnen Anforderungen der Eingriffsregelung nach der Systematik der Bindungen der planerischen Gestaltungsfreiheit zu qualifizieren sind, andererseits wird auf das Verhältnis der Eingriffsregelung zu den materiellen Anforderungen an die Planfeststellung eingegangen.

Nach 25 Jahren wurde das Bundesnaturschutzgesetz von 1976 durch eine umfassende Neuregelung abgelöst. Das am 4. April 2002 in Kraft getretene Gesetz zur Neuregelung des Rechts des Naturschutzes und der Landschaftspflege und zur Anpassung anderer Rechtsvorschriften (BNatSchGNeuregG)[2] bringt u. a. eine Neudefinition des Verhältnisses von Naturschutz und Landwirtschaft, eine Verbesserung der Stellung der anerkannten Naturschutzverbände sieht die Schaffung eines bundesweiten Biotopverbunds vor. Daneben sind auch einzelne Aspekte der naturschutzrechtlichen Eingriffsregelung geändert worden. Da die vorliegende Arbeit im November 2001 abgegeben wurde und ihr daher die Rechtslage vom Oktober 2001 zugrunde liegt konnte die Neuregelung nicht mehr im vollen Umfang im Text berücksichtigt werden. Angesichts der dreijährigen Frist für die Umsetzung in verbindliches Landesrecht (§ 71 BNatSchG n.F.) wird sich an der geltenden Rechtslage zunächst wohl ohnehin nichts ändern. Relevante Vorschriften der Neuregelung werden aber jeweils in Fußnoten

---

[2] BGBl. I S. 1193 ff.

am gegebenen Ort angesprochen. Daneben werden die Veränderungen für die naturschutzrechtliche Eingriffsregelung insbesondere auch im Hinblick auf ihre Bedeutung für die Systematik der Fachplanung im Anhang 1 untersucht.

Teil 1: Die Zielrichtung des Naturschutzrechts und der naturschutzrechtlichen Eingriffsregelung

Bei der in § 8 BNatSchG bundesrahmenrechtlich geregelten naturschutzrechtlichen Eingriffsregelung handelt es sich um eines der bedeutendsten Steuerungsinstrumente des Naturschutzrechts. Dieses wiederum stellt eine Kernmaterie des Rechtsgebietes „Umweltrecht" dar.[3] Es umfasst all jene in den letzten 25-30 Jahren entstandenen Gesetze und Verordnungen, die sich zwar im Einzelnen nach Entstehungsgeschichte, Regelungssystematik und Instrumentarium unterscheiden, denen aber gemeinsam ist, dass sie sich mit der Thematik „Umwelt" befassen. Als Umweltrecht im engeren Sinne umfasst das Rechtsgebiet, unter Ausklammerung der Regelungen des Steuer-, des Privat- und des Straf- und Ordnungswidrigkeitenrechts, die einen weiteren Bezug zur Umwelt aufweisen, im wesentlichen umweltspezifisches Recht, insbesondere das Sonderrecht der staatlichen Umweltschutzaktivitäten.[4]

Die Normen des Umweltrechts lassen sich nach verschiedenen Kriterien ordnen. Nach *Rüdiger Breuer* ist zwischen dem *medialen*, dem *kausalen*, dem *vitalen* und dem *integrierten* Umweltschutz zu unterscheiden. Gegenstand des medialen Umweltschutzes sind die klassischen Umweltmedien Boden, Wasser und Luft. Der kausale Umweltschutz setzt dagegen bei bestimmten gefährlichen Stoffen an, vor denen die Umwelt zu schützen ist. Der vitale Umweltschutz zeichnet sich dadurch aus, dass er unmittelbar auf den Schutz von Tieren oder Pflanzen als belebten Elementen der menschlichen Umwelt gerichtet ist. Demgegenüber ist der integrierte Umweltschutz in eine übergreifende Aufgabenstellung eingebunden. In diesem Rahmen kann er mit gegenläufigen Belangen konkurrieren oder mit gleichgewichtigen Belangen konvergieren.[5]

---

[3] Schmidt-Aßmann, in: UGB-BT, S. 347.
[4] Kloepfer, Umweltrecht, § 1, Rdn. 60.
[5] R. Breuer, in: Schmidt-Aßmann, BesVerwR, 5. Abschn., Rdn. 37.

5

Das Naturschutzrecht zielt unter anderem auf den Schutz der Naturgüter Boden, Luft und Wasser[6] ab und ist damit zum *medialen* Umweltrecht zu zählen. Daneben bezweckt es auch den Schutz der Pflanzen- und Tierwelt (§ 1 Abs. 1 Nr. 3 BNatSchG) und gehört damit zum *vitalen* Umweltrecht. Zu den genannten Bereichen des Umweltrechts gehören aber auch andere Gesetze wie einerseits das Bundesimmissionsschutzgesetz oder andererseits das Tierschutzgesetz. Das Naturschutzrecht verdrängt diese Regelungen nicht und wird auch nicht von ihnen verdrängt. Vielmehr ergänzen sich die Regelungen gegenseitig.[7] Um die spezifische Schutzrichtung des Naturschutzrechts und damit auch der naturschutzrechtlichen Eingriffsregelung als eines seiner maßgeblichen Instrumente herauszuarbeiten, werden in Abschnitt A. die allgemeinen, in § 1 BNatSchG formulierten Ziele des Naturschutzrechts dargestellt. Abschnitt B. beschreibt anschließend und darauf aufbauend die Zielrichtung der naturschutzrechtlichen Eingriffsregelung.

A.   Die Ziele des Naturschutzes und der Landschaftspflege (§ 1 BNatSchG)

Nach § 1 Abs. 1 BNatSchG ist es das Ziel von Naturschutz und Landschaftspflege, Natur und Landschaft im besiedelten und unbesiedelten Bereich so zu schützen, zu pflegen und zu entwickeln, dass

1. die Leistungsfähigkeit des Naturhaushalts

2. die Nutzungsfähigkeit der Naturgüter

3. die Pflanzen- und die Tierwelt sowie

4. die Vielfalt, Eigenart und Schönheit von Natur und Landschaft

---

[6]   Gassner, in: Gassner/Bendomir-Kahlo/Schmidt-Räntsch, BNatSchG, § 1, Rdn. 45 m.w.N.
[7]   Vgl. § 3 BBodSchG: Naturschutzrecht ist hier gerade nicht erwähnt, es ist also neben dem Bundesbodenschutzgesetz anwendbar.

als Lebensgrundlagen des Menschen und als Voraussetzung für seine Erholung in Natur und Landschaft nachhaltig gesichert sind.[8] Indem das Gesetz ausdrücklich den Schutz von Natur und Landschaft im besiedelten wie im unbesiedelten Bereich bezweckt, nimmt es von dem noch das Reichsnaturschutzgesetz prägenden Reservatsgedanken Abschied, der allein einzelne Teile des unbesiedelten Bereichs unter Schutz stellte.[9]

I. Die Leistungsfähigkeit des Naturhaushalts

1. Der Begriff des Naturhaushalts

Der Begriff des Naturhaushalts ist in § 2 Abs. 1 Nr. 6 PflSchG[10] legaldefiniert. Danach umfasst der Naturhaushalt die Bestandteile Boden, Wasser, Luft, Tier- und Pflanzenarten sowie das Wirkungsgefüge zwischen ihnen. Diese Definition gilt auch im Naturschutzrecht.[11] Charakteristisch für den Begriff des Naturhaushalts sind nicht die Einzelfaktoren wie Wasser, Luft oder Tierarten, sondern gerade das ökologische Wirkungsgefüge dieser Umweltfaktoren, ihre gegenseitigen Abhängigkeiten und Selbstregulationsmechanismen.[12]

Allerdings sind diese Wechselbeziehungen innerhalb des Naturhaushalts in ihrer Gesamtheit nicht erfassbar. In der Praxis ist man daher darauf angewiesen, sich mit modellhaften Annäherungen zu behelfen. Dabei wird versucht, unter Weglassung eher nebensächlicher Phänomene und Zusammenhänge und durch Konzentration auf die charakteristischen und wesentlichen Merkmale des betreffen-

---

[8] § 1 BNatSchG in der Fassung des BNatSchGNeuregG lässt die Grundkonzeption der Ziele von Naturschutz und Landschaftspflege unberührt, ergänzt und modifiziert jedoch die einzelnen Ziele. Details werden bei den einzelnen Zielen dargestellt.

[9] Louis, BNatSchG, § 1, Rdn. 5.

[10] Nach dem BNatSchGNeuregG nun in § 10 AbS. 1 Nr. 1 BNatSchG definiert.

[11] VG Darmstadt, Urt. v. 28. November 1990, NuR 1991, 390 (394); Louis, BNatSchG, § 1, Rdn. 9.

[12] Louis, BNatSchG, § 1, Rdn. 9.

den Naturraumes zu möglichst aussagekräftigen Ergebnissen zu gelangen.[13] Meist wird man sich dabei auf eine sektorale Betrachtung des Naturhaushalts, also seiner konstituierenden Bestandteile und gerade nicht der zwischen ihnen bestehenden Wechselwirkungen beschränken müssen. Eine ganzheitliche, die einzelnen Naturgüter übergreifende Betrachtung ist zwar wünschenswert und vom Rechtsbegriff des Naturhaushalts eigentlich auch gefordert, sie kann aufgrund wissenschaftlicher Erkenntnislücken derzeit aber noch nicht erbracht werden. Beim Rechtsbegriff der Leistungsfähigkeit des Naturhaushalts handelt es sich also um einen dynamischen Rechtsbegriff, dessen Inhalt sich mit dem Fortschritt der wissenschaftlichen Erkenntnis wandeln kann und wird.[14]

Der Begriff des Naturhaushalts stellt – neben dem des Landschaftsbildes – einen der beiden zentralen Begriffe des Naturschutzrechts dar. Wie aus der Legaldefinition des § 2 Nr. 6 PflSchG hervorgeht, sind auch die Naturgüter Boden, Wasser, Luft, Tier- und Pflanzenarten, als in § 1 Abs. 1 Nr. 2 und 3 BNatSchG genannte Naturgüter, Bestandteile des Naturhaushalts und insoweit von diesem Rechtsbegriff umfasst. Der Begriff des Naturhaushalts charakterisiert daher als zentraler Begriff des Naturschutzrechts dessen ökologische Schutzrichtung.

## 2.	Exkurs: Grundlegende Begriffe der Ökologie

Ökologie wird gemeinhin als die Wissenschaft von den Wechselwirkungen der Lebewesen untereinander und mit ihrer abiotischen Umwelt verstanden.[15] Wegen ihres zwingenden Bezugs zu Lebewesen sind ökologische Probleme in ihrem Kern immer auch biologische Probleme, Ökologie kann daher ohne biologische Grundkenntnisse und Denkweisen nicht sinnvoll betrieben werden.[16] Wegen der im Begriff des Naturhaushalts konzentrierten ökologischen Schutzrichtung des Naturschutzrechts befasst sich auch das Naturschutzrecht mit öko-

[13]	Gassner, Landschaft, S. 31; Gassner, in: Gassner/Bendomir-Kahlo/Schmidt-Räntsch, BNatSchG, § 1, Rdn. 37 f.
[14]	Kuschnerus, Schriftenreihe Natur und Recht, Band 2, 11 (19).
[15]	ANL, Begriffe, S. 85.
[16]	Haber, Grundlagen, S. 1.

logischen Fragestellungen. Im Verlauf der Arbeit wird daher immer wieder auf einige, auch für das Verständnis des rechtlichen Instrumentariums unverzichtbare, grundlegende Begriffe der Ökologie und der Biologie zurückgegriffen werden müssen. Zur besseren Verständlichkeit soll daher ein kurzer Überblick gegeben werden. Die wichtigsten der im Folgenden vorkommenden Begriffe sind zusätzlich im Anhang erläutert.

Wie sich aus der genannten Definition von Ökologie ergibt, beschäftigt sich diese mit der Umwelt von Lebewesen. Ausgehend von der Unterscheidung zwischen der materiellen und immateriellen (Strahlung, Schwerkraft, Elektrizität etc.) Umwelt lässt sich die materielle Umwelt von Lebewesen in bestimmte Sphären einteilen, die in der Regel durch ein spezielles Umweltmedium charakterisiert werden. So unterscheidet man die

- Kosmosphäre (Weltraum)

- Atmosphäre (Lufthülle)

- Hydrosphäre (Gewässer einschließlich Grundwasser und Eis)

- Lithosphäre (Erdkruste)

- Biosphäre (Gesamtheit der Lebewesen und Lebensräume)

- Pedosphäre (Böden).[17]

Die *Lithosphäre* bildet dabei die unterste Sphäre der unbelebten Umwelt, die für die belebte Umwelt der *Bio-* und der *Pedosphäre* den Rahmen bilden und für deren Entwicklung von entscheidender Bedeutung sind.[18] Zur *Biosphäre* gehört auch das Lebewesen Mensch. Da jedoch große Teile der Biosphäre durch die Tätigkeiten des Menschen fortlaufend und zu großen Teilen irreversibel verändert werden, werden diese Teile der Biosphäre teilweise unter dem Begriff der *Techno-* oder *Anthroposphäre* zusammengefasst.[19]

---

[17] Haber, Grundlagen, S. 7 f.
[18] Haber, Grundlagen, S. 12.
[19] Haber, Grundlagen, S. 13.

Wechselt nun der Blickwinkel von den durch bestimmte Umweltmedien charakterisierten Sphären hin zu den Beziehungen des Lebewesens mit „seiner Umwelt", so zeigt sich, dass hier ein komplexes Beziehungsgeflecht besteht, das zur besseren Handhabbarkeit als System aufgefasst wird. Unter einem solchen *Ökosystem* versteht man daher eine funktionelle Einheit der Biosphäre als Wirkungsgefüge aus Lebewesen, unbelebten natürlichen und von Menschen geschaffenen Bestandteilen, die untereinander und mit ihrer Umwelt in energetischen, stofflichen und informatorischen Wechselwirkungen stehen.[20] Jedes Ökosystem hat Teil an den beschriebenen Umweltsphären und ist selbst Teil der Biosphäre und/oder der Pedosphäre. Es wird regelmäßig gegliedert in einen belebten Teil, der die dem Ökosystem angehörenden Lebewesen umfasst, und in einen unbelebten Teil, zu dem Umweltfaktoren wie Licht, Wasser, Wärme und chemische Substanzen gehören. Diese Umweltfaktoren werden teilweise zu den so genannten „Komplexfaktoren" Klima und Boden zusammengefasst.[21]

Das Modell des Ökosystems stellt ein reines Funktionsmodell dar. Es lässt grundsätzlich keine räumliche Ausdehnung erkennen und geht auch nicht auf die großen Unterschiede zwischen den einzelnen Ökosystemen der Biosphäre ein. Für die Planung, den Schutz und die Gestaltung von Ökosystemen ist jedoch ein klarer räumlicher Bezug erforderlich. Dieser wird durch den Begriff des *Ökotopes* geliefert, der die räumliche Ausprägung eines funktional aufgefassten Ökosystems bezeichnet.[22] Unter einem Ökotop versteht man daher die kleinste landschaftsökologisch relevante Raumeinheit aus einer Biozönose und den sie bedingenden Standortgegebenheiten.[23] Damit wird der funktionale Begriff des Ökosystems räumlich festgelegt und somit erst für die Ökologie und damit auch für den Naturschutz handhabbar gemacht.

Abzugrenzen ist der Begriff des Ökotopes vom Begriff des *Biotopes*. Dieser geht von einer anderen Sichtweise aus als der funktionale Begriff des Ökosy-

---

[20]   ANL, Begriffe, S. 87.
[21]   Haber, Grundlagen, S. 17.
[22]   Haber, Grundlagen, S. 18.
[23]   ANL, Begriffe, S. 88.

stems. Unter einem Biotop wird der Lebensraum einer Biozönose von einheitlicher, gegenüber seiner Umgebung mehr oder weniger scharf abgrenzbarer Beschaffenheit verstanden.[24] Der Begriff der *Biozönose* bezeichnet wiederum die Gemeinschaft der in einem Biotop regelmäßig vorkommenden pflanzlichen und tierischen Lebewesen verschiedener Arten, die untereinander und mit ihrer abiotischen Umwelt in Wechselbeziehungen stehen.[25] Während der Begriff des Ökotopes also von einer funktionalen Betrachtungsweise ausgeht, wird, wenn von einem Biotop gesprochen wird, das Augenmerk primär auf die dort lebende Biozönose gerichtet.

Gegenüber dem Biotop weist der Begriff des *Habitats* eine weitere Einschränkung auf: dieser bezeichnet nicht den Lebensraum einer Biozönose verschiedener Arten, sondern nur den Lebensraum einer Art oder einer Artengruppe.[26]

Ökotope stehen nicht isoliert für sich. Vielmehr schließen sich an ihren Grenzen weitere Ökotope an, die sich zu einem *Ökotopengefüge* zusammensetzen. Abhängig vom jeweiligen Naturraum kann dieses Ökotopengefüge regelmäßig oder unregelmäßig, grob- oder feinkörnig sein. Das Ökotopengefüge ist daher kennzeichnend für den betreffenden Naturraum.[27] Ein *Naturraum* kann daher definiert werden als physisch-geographische Raumeinheit mit charakteristischem Bio- bzw. Ökotopengefüge.[28]

Wechselt man nun wieder von der geographischen Betrachtungsweise des Ökotopes bzw. des Ökotopengefüges auf die funktionale Betrachtungsweise, so korrespondiert mit dem Ökotopengefüge der Begriff des *Ökosystem-Komplexes*. Dieser umschreibt die Zusammenfassung mehrerer Ökosysteme. Damit sind 2 der ökologischen Organisationseinheiten beschrieben. Diese lassen sich darüber hinaus wie folgt gliedern:

---

[24] ANL, Begriffe, S. 23.
[25] ANL, Begriffe, S. 24.
[26] Haber, Grundlagen, S. 18.
[27] Haber, Grundlagen, S. 23.
[28] ANL, Begriffe, S. 80.

Ökosphäre

Gesellschaft - Umwelt - System

Ökosystem - Komplex
(Landschaft)

Ökosystem

Lebensgemeinschaft
(Biozönose)

Population

Organismus (Individuum)

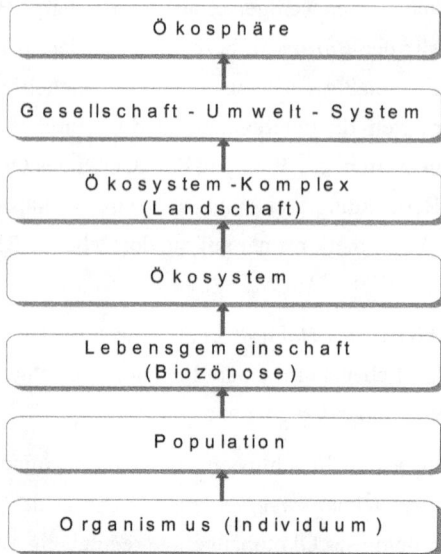

Abbildung 1: Hierarchie der ökologischen Organisationsebenen (Quelle: Gassner, Landschaft, S. 15)

Ausgangspunkt ist der einzelne *Organismus*, das Individuum. Mehrere Individuen einer Art finden sich innerhalb eines bestimmten Raumes zu *Populationen* zusammen. Zusammen mit den Populationen anderer Arten von Lebewesen bilden sie *Biozönosen*. Durch die Einbeziehung auch der unbelebten Umweltfaktoren entsteht die funktionelle Einheit des *Ökosystems*. Mehrere räumlich angeordnete Ökosysteme bilden *Ökosystem-Komplexe*. Die menschliche Population wird als „Gesellschaft" für gewöhnlich gesondert betrachtet und erst auf den nächsten Stufe des „*Gesellschaft-Umwelt-Systems*" in die ökologische Betrachtung eingegliedert. Die Zusammenfassung aller irdischen Systeme bildet schließlich die *Ökosphäre*[29] (vgl. Abbildung 1).

Im Rahmen von Naturschutz und Landschaftspflege sind nicht alle diese Organisationseinheiten von Interesse. Der unter ökologischen Gesichtspunkten zen-

---

[29] Haber, Grundlagen, S. 29 ff.

trale Begriff des Naturschutzrechts ist der des Naturhaushalts. Das Ökosystem stellt die funktionelle Grundeinheit des Naturhaushalts dar. Wird vom Naturhaushalt gesprochen, so kann sich dieser auf ein bestimmtes Ökosystem oder auf eine größere Einheit, die sich aus mehreren Ökosystemen zusammensetzt, nach der genannten Terminologie also einen Ökosystem-Komplex, beziehen.[30] Die räumliche Bezugsgröße für den Naturhaushalt im Sinne des Naturschutzrechts ist daher der Raum, in dem sich ein Ökosystem-Komplex ausdehnt, also der Naturraum. Es muss zwangsläufig von einem relativ großräumigen Ansatz ausgegangen werden. Durch die Bezugnahme auf den konkreten Naturraum wird die recht abstrakte Definition des Naturhaushalts konkretisiert und für die Anwendung erst handhabbar gemacht.

3.   Leistungsfähigkeit des Naturhaushalts

Ziel von Naturschutz und Landschaftspflege ist die nachhaltige Sicherung der Leistungsfähigkeit des Naturhaushalts. Um dies zu erreichen, sind Natur und Landschaft zu schützen, zu pflegen und zu entwickeln. Durch die Betonung des Entwicklungsgebots stellt das Bundesnaturschutzgesetz klar, dass nicht allein die gegenwärtige Leistungsfähigkeit des Naturhaushalts gemeint ist, sondern dass stattdessen auch die potenziellen Leistungen, die gegenwärtig durch nachteilige Einflüsse blockiert sind, zu berücksichtigen sind.[31]

Ausgehend von einer auf dem Umweltgutachten 1987 des Rates der Sachverständigen für Umweltfragen beruhenden Klassifizierung[32] wird weithin zwischen Produktions-, Träger-, Regelungs- und Informationsfunktionen unterschieden. Anstatt von Funktionen wird auch von Leistungen der Umwelt gesprochen, wobei inhaltlich kein Unterschied feststellbar ist.[33] Diese synonyme

---

[30]   OVG Münster, Urt. v. 7. März 1985, NuR 1985, 288; ANL, Begriffe, S. 78.

[31]   Louis, BNatSchG, § 1, Rdn. 11; Gassner, in: Gassner/Bendomir-Kahlo/Schmidt-Räntsch, BNatSchG, § 1, Rdn. 44.

[32]   SRU, Umweltgutachten 1987, S. 40; zu anderen Klassifizierungen vgl. Bastian/Schreiber, Analyse und Bewertung, S. 38 ff. m.w.N.

[33]   So Buchwald, in: Buchwald/Engelhardt, Umweltschutz, Band 2, S. 20.

Begriffsverwendung lässt sich daraus erklären, dass die Funktionen jeweils auf die Bedeutung der Umwelt für ein bestimmtes Lebewesen abstellen, in der Regel auf den Menschen. Insofern wird durch die jeweilige Funktion eine Leistung für dieses Lebewesen bereitgestellt. Vom Standpunkt des Lebewesens aus stellen sich die Funktionen als Leistungen, die die Natur für es erbringt, dar. Leistungsfähigkeit kann daher mit Funktionsfähigkeit gleichgesetzt werden.[34]

Mit der Benennung bestimmter Funktionen oder Funktionsgruppen weist diese Klassifizierung eine enge Verwandtschaft zur oben dargestellten funktionalen Sichtweise des Ökosystems auf. Die Funktionen erfüllen jeweils bestimmte Bedürfnisse für den Menschen. So dienen die *Produktionsfunktionen* der Versorgung des Menschen und der von ihm abhängigen Lebewesen mit Gütern und Produkten aller Art. Die Erfüllung der Produktionsfunktionen ist mit Eingriffen in die Umwelt verbunden oder ruft Veränderungen in ihr hervor.[35] Gleiches gilt auch für die *Trägerfunktionen*. Mit diesem Begriff wird umschrieben, dass die Umwelt die Aktivitäten, Erzeugnisse und Abfälle menschlichen Handelns aufnehmen und (er-) tragen muss. Sie sind insoweit Gegenstück zu den Produktionsfunktionen, als der Energie- und Stofffluss von der Gesellschaft in die Umwelt gerichtet ist.[36] Die *Informationsfunktionen* dienen der Orientierung der Lebewesen, der Wahl eines bestimmten Verhaltens und der Bedürfnisbefriedigung. Hierzu gehört auch das Bild der Landschaft. Die Erfüllung der Informationsfunktionen erfordert keine Eingriffe in die Umwelt, allerdings kann die Verarbeitung der empfangenen Informationen Umweltveränderungen auslösen.[37]

Unter ökologischen Gesichtspunkten sind vor allem die *Regelungsfunktionen* von Interesse. Sie haben die Aufgabe, wesentliche Vorgänge des Naturhaushalts, die durch den Menschen beansprucht oder erwartet werden, aufrechtzuerhalten,

---

[34] Louis, BNatSchG, § 1, Rdn. 11; Kolodziejcok/Recken, Naturschutz, Nr. 1107, Rdn. 11; dementsprechend nennt das BNatSchGNeuregG zusätzlich zur Leistungsfähigkeit klarstellend auch die Funktionsfähigkeit des Naturhaushalts als Ziel des Naturschutzes.
[35] SRU, Umweltgutachten 1987, S. 41; Haber, Grundlagen, S. 80.
[36] SRU, Umweltgutachten 1987, S. 41; Haber, Grundlagen, S. 80 f.
[37] SRU, Umweltgutachten 1987, S. 41; Haber, Grundlagen, S. 81.

um die Folgen von Eingriffen aufzufangen oder auszugleichen. Wichtige Regelungsfunktionen sind einerseits Säuberungs- und Reinigungsfunktionen (Abbau
von Abfallstoffen, Selbstreinigung von Gewässern, Filterung der Luft durch
Wälder, Wasseraufbereitung durch natürliche Bodenpassage) und Schutz- oder
Stabilisierungsfunktionen (Dämpfung klimatischer oder meteorologischer Einwirkungen durch Wälder oder Gewässer, Zurückhaltung von Wasser in der
Pflanzendecke und im Boden, Speicherung und Unschädlichmachung schädli-
cher Stoffe im Boden, Minderung der Bodenerosion).[38]

Das Naturschutzrecht zielt also nach § 1 Abs. 1 Nr. 1 BNatSchG darauf ab, die
Fähigkeit von Natur und Landschaft zur Erfüllung dieser Funktionen zu schützen, zu pflegen und zu entwickeln. Eine Einschränkung besteht insoweit allerdings für die Informationsfunktionen. Diese umfassen auch die Aufnahme von
Informationen aus dem Erscheinungsbild der Landschaft zur Bedürfnisbefriedigung.[39] Dieser Aspekt wird im Zielkatalog des § 1 BNatSchG aber eindeutig von
der Ziffer 4, der Vielfalt, Eigenart und Schönheit von Natur und Landschaft als
Voraussetzung für die Erholung des Menschen erfasst. Es handelt sich dabei um
eine Spezialregelung, die Gewährleistung der Informationsfunktionen ist daher
insoweit nicht vom Ziel des § 1 Abs. 1 Nr. 1 BNatSchG erfasst.

II.   Die Nutzungsfähigkeit der Naturgüter

Naturgüter sind Boden, Wasser, Luft, Klima, Pflanzen- und Tierwelt.[40] Nach
Louis gehören auch unterirdische Mineralien, fossile Brennstoffe und Salze
(sog. Bodenvorräte) dazu.[41] Die Naturgüter sind als solche Bestandteil des Naturhaushalts und damit eigentlich schon von § 1 Abs. 1 Nr. 1 BNatSchG mit erfasst. Indem sie in einem eigenen Punkt aufgeführt werden, wird die entschei-

---

[38]   SRU, Umweltgutachten 1987, S. 41 f.; Haber, Grundlagen, S. 81.
[39]   SRU, Umweltgutachten 1987, S. 41.
[40]   Gassner, in: Gassner/Bendomir-Kahlo/Schmidt-Räntsch, BNatSchG, § 1, Rdn. 45; Louis,
       BNatSchG, § 1, Rdn. 12; Kolodziejcok/Recken, Naturschutz, Nr. 1107, Rdn. 12.
[41]   Louis, BNatSchG, § 1, Rdn. 12.

dende Bedeutung der nachhaltigen Sicherung ihrer Nutzungsfähigkeit als Lebensgrundlagen verdeutlicht.[42]

Aufgabe des Bundesnaturschutzgesetzes ist es nicht, die *Nutzung* der Naturgüter zu regeln. Dies erfolgt durch das Fachrecht wie z. B. das Wasserhaushaltsgesetz des Bundes und die Wassergesetze der Länder. Es soll stattdessen die Nutzungsfähigkeit langfristig sichergestellt und ein Raubbau verhindert werden.

Hinsichtlich der Nutzungsfähigkeit ist zwischen erneuerbaren und nicht erneuerbaren Naturgütern zu differenzieren. Zu den nicht erneuerbaren Naturgütern zählt dabei auch der Boden wegen der geringen Bodenneubildung durch Verwitterung und bestimmte Tier- und Pflanzenarten.[43] Nicht erneuerbare Naturgüter sind, um ihre Nutzungsfähigkeit zu erhalten, sparsam zu nutzen (vgl. § 2 Abs. 1 Nr. 3 BNatSchG, der insoweit das Ziel des § 1 Abs. 1 Nr. 2 BNatSchG konkretisiert).[44]

Was die erneuerbaren Naturgüter angeht, so fordert die nachhaltige Erhaltung ihrer Nutzungsfähigkeit einen Verbrauch, der langfristig die Erneuerungsrate nicht übersteigt und Einwirkungen auf den Naturhaushalt vermeidet, die sich auf die Erneuerungsfähigkeit auswirken können.[45]

Es kann jedoch nicht verschwiegen werden, dass das Naturschutzrecht für die Umsetzung dieser Ziele (sparsame Nutzung nicht erneuerbarer Ressourcen, Nutzung erneuerbarer Ressourcen nur im Rahmen der Erneuerungsrate) nur unzureichende Instrumentarien zur Verfügung stellt. Eine Beschränkung des Kraftstoffverbrauchs ist auf der Basis des Naturschutzrechts beispielsweise nicht durchzusetzen. Dennoch ist dieses Ziel von Naturschutz und Landschaftspflege bei naturschutzrechtlichen Entscheidungen und bei Planungen, die Naturschutzrecht zu beachten haben, nicht außer Acht zu lassen. Es erlangt insofern vor al-

---

[42] Das BNatSchGNeuregG führt auch insoweit zu einer Klarstellung, als er die Zielbestimmung um die Regenerationsfähigkeit ergänzt und die *nachhaltige* Nutzungsfähigkeit verlangt.

[43] Gassner, in: Gassner/Bendomir-Kahlo/Schmidt-Räntsch, BNatSchG, § 1, Rdn. 46.

[44] Gassner, in: Gassner/Bendomir-Kahlo/Schmidt-Räntsch, BNatSchG, § 1, Rdn. 47.

[45] Louis, BNatSchG, § 1, Rdn. 12; Kolodziejcok/Recken, Naturschutz, Nr. 1107, Rdn. 13.

lem über unbestimmte Rechtsbegriffe und Abwägungsklauseln des Fachrechts Bedeutung.

III. Die Pflanzen- und Tierwelt

Die Pflanzen- und Tierwelt gehört zu den Naturgütern. Durch die Nennung in einem eigenen Punkt sollte dies nicht in Abrede gestellt, sondern lediglich die besondere Bedeutung der Pflanzen- und Tierwelt für Naturschutz und Landschaftspflege hervorgehoben werden.[46]

Erfasst sind zunächst nicht Pflanzen und Tiere schlechthin, sondern die Pflanzen- und Tier*welt*.[47] Im Rahmen des § 1 Abs. 1 Nr. 3 BNatSchG sind zwei Schutzrichtungen zu unterscheiden: Tiere und Pflanzen sind einerseits nicht als Individuen zu betrachten, sondern als Bestandteile des Naturhaushalts.[48] Erforderlich ist eine biozönotische Betrachtungsweise, die Tier- und Pflanzenarten als Populationen oder Teile von Ökosystemen einbezieht. Geschützt sind sie als Teil der Naturgüter und als Bestandteil des Naturhaushalts. Aus diesem Grund sind auch Haustiere und Nutzpflanzen nicht grundsätzlich vom Anwendungsbereich des § 1 Abs. 1 Nr. 3 BNatSchG ausgeschlossen. Relevant werden sie jedoch erst, wenn sie Teil einer Biozönose oder eines Biotops sind (z. B. Wiesen, Ackerflächen; bei Tieren ist dies z. B. bei Weidetieren auf Almen der Fall).[49]

Daneben treten die Bestimmungen über den Artenschutz, der neben den Lebensgemeinschaften der einzelnen Arten auch die einzelnen Exemplare um-

---

[46] Kolodziejcok/Recken, Naturschutz, Nr. 1107, Rdn. 13; VG Karlsruhe, Urt. v. 29. Juni 1989, NuR 1990, 332 (333).

[47] Das BNatSchGNeuregG ergänzt die Bestimmung um die Klarstellung, dass auch die Sicherung der Lebensräume und Lebensstätten von der Zielbestimmung erfasst ist.

[48] Louis, BNatSchG, § 1, Rdn. 13; Gassner, in: Gassner/Bendomir-Kahlo/Schmidt-Räntsch, BNatSchG, § 1, Rdn. 51.

[49] Gassner, in: Gassner/Bendomir-Kahlo/Schmidt-Räntsch, BNatSchG, § 1, Rdn. 53.

fasst,[50] auch wenn insoweit keine Beeinträchtigung der Leistungsfähigkeit des Naturhaushalts zu erwarten ist. Er stellt sich damit nicht als Ausnahme vom Grundsatz des § 1 Abs. Nr. 3 BNatSchG,[51] sondern als direkte Folgerung aus diesem dar. Als klassische Aufgabe von Naturschutz und Landschaftspflege verdeutlichen die Artenschutzvorschriften der §§ 20 ff. BNatSchG die eigenständige Bedeutung der Zielbestimmung des § 1 Abs. 1 Nr. 3 BNatSchG.

IV.   Die Vielfalt, Eigenart und Schönheit von Natur und Landschaft

§ 1 Abs. 1 Nr. 4 BNatSchG regelt das Schutzgut der Vielfalt, Eigenart und Schönheit von Natur und Landschaft. Damit knüpft das Bundesnaturschutzgesetz an eine Tradition an, die seit den Anfängen des Naturschutzrechts besteht, bereits das Reichsnaturschutzgesetz prägte und zur Ausweisung der ersten Naturschutzgebiete in Deutschland führte.[52]

§ 1 Abs. 1 Nr. 4 BNatSchG nennt die Schutzgüter des Naturschutzrechts, die nicht unter den Begriff des Naturhaushalts fallen, also die nicht ökologischen Schutzgüter. Die Begründung des Regierungsentwurfs zum Bundesnaturschutzgesetz bezeichnet dieses Teilziel von Naturschutz und Landschaftspflege als den „ideellen Naturschutz", da es hier nicht um die funktionellen Aspekte des Naturhaushalts, sondern um die ideellen Werte, die der Natur innewohnen, geht.[53] Es deckt daher den in § 8 Abs. 1 BNatSchG als Kontrapunkt zum Naturhaushalt genannten Begriff des Landschaftsbildes ab.[54] Bedeutung erlangt das Landschaftsbild vor allem für die Nutzung von Natur und Landschaft als Vorausset-

---

[50] A. Schmidt-Räntsch, in: Gassner/Bendomir-Kahlo/Schmidt-Räntsch: BNatSchG, § 20, Rdn. 5.

[51] So aber Gassner, in: Gassner/Bendomir-Kahlo/Schmidt-Räntsch, BNatSchG, § 1, Rdn. 52; dagegen Louis, BNatSchG, § 1, Rdn. 13; Kolodziejcok/Recken, Naturschutz, Nr. 1107, Rdn. 13.

[52] Gassner, NuR 1989, 61 (62).

[53] BT-DrS. 7/886, S. 28.

[54] W. Breuer, Informationsdienst Naturschutz Niedersachsen 4/91, 60.

zung für die Erholung des Menschen.[55] [56] Insofern werden durch § 1 Abs. 1 Nr. 4 BNatSchG bestimmte Informationsfunktionen der Umwelt erfasst, die auf dem Erscheinungsbild der Landschaft aufbauen und der Erfüllung vor allem des Erholungsbedürfnisses dienen.[57]

1. Das Landschaftsbild

Landschaft ist ein durch seine Struktur (Landschaftsaufbau) und Funktion (Landschaftshaushalt) geprägter, als Einheit aufzufassender Ausschnitt der Erdoberfläche, bestehend aus einem Gefüge von verschiedenen Ökotopen bzw. Ökosystemen. Eine Naturlandschaft wird überwiegend von naturbedingten, eine Kulturlandschaft überwiegend von kulturbedingten Ökosystemen gebildet.[58] Die Landschaft bildet einen optisch erkennbaren Teilraum der Erdoberfläche, der, je nach der Ausgestaltung der zusammengehörenden Flächen, groß- oder kleinräumig sein kann.[59]

Als Landschaftsbild bezeichnet man wiederum die sinnlich wahrnehmbare Erscheinungsform der Landschaft. Im Gegensatz zum Naturhaushalt richtet der Begriff des Landschaftsbildes den Blick also nicht auf das Funktionieren der Natur, sondern auf ihre sinnliche Wirkung auf den Menschen.[60]

---

[55] BVerwG, Urt. v. 27. September 1990, BVerwGE 85, 348 (359/361); Gassner, in: Gassner/Bendomir-Kahlo/Schmidt-Räntsch, BNatSchG, § 1, Rdn. 54.

[56] Das BNatSchGNeuregG ergänzt die Zielbestimmung um den Erholungswert von Natur und Landschaft. Dieser wird damit zu einem eigenständigen Ziel. Die Formulierung der bisherigen Regelung, dass alle Ziele als Lebensgrundlagen des Menschen und als Voraussetzungen für seine Erholung zu verfolgen sind, entfällt als Konsequenz. Damit soll das Gewicht des Erholungswertes verstärkt werden. Ob sich daraus in der Praxis Änderungen ergeben, erscheint fraglich, da ja auch bisher schon § 1 AbS. 1 Nr. 4 BNatSchG vor allem in Verbindung mit der Erholungseignung der Landschaft bedeutsam wurde.

[57] SRU, Umweltgutachten 1987, S. 41.

[58] ANL, Begriffe, S. 65.

[59] Louis, BNatSchG, § 1, Rdn. 4.

[60] Kuschnerus, NVwZ 1996, 235 (238); Ramsauer, NuR 1997, 419; OVG Münster, Urt. v. 16. Januar 1997, NuR 1997, 410 (411).

Neben der optischen Wahrnehmung, die regelmäßig die größte Bedeutung für die Bestimmung des Landschaftsbildes hat, sind grundsätzlich auch alle anderen sinnlichen Wahrnehmungen zu berücksichtigen. So kann z. B. auch das Rauschen eines Wildbachs für das Landschaftsbild eines konkreten Naturraums prägend sein.[61] Auch in der Rechtsprechung des Bundesverwaltungsgerichts, das das Landschaftsbild bislang rein visuell definierte, zeigt sich inzwischen eine Hinwendung zu einer weiteren, auch andere sinnliche Eindrücke umfassenden Definition des Landschaftsbildes.[62] Ein derart enges, auf optisch wahrnehmbare Strukturen beschränktes Verständnis des Begriffs Landschaftsbild würde diesem auch nicht gerecht. Denn nach § 1 Abs. 1 BNatSchG sind die dort in den Ziffern 1-4 genannten Schutzgüter des Naturschutzrechts auch als Voraussetzung für die Erholung des Menschen in Natur und Landschaft zu schützen. Der Vielfalt, Eigenart und Schönheit von Natur und Landschaft kommt dabei, wie gesagt, eine zentrale Bedeutung zu.[63] Der Naturschutz kann aber nur dann wirklich Erholungsvorsorge betreiben, wenn er alle sinnlichen Wahrnehmungen in den Blick nimmt, denn auch der Erholung suchende Mensch erfasst Natur und Landschaft mit allen Sinnen. Oder verkürzt gesagt: Der optische Eindruck kann noch so schön sein, wenn er durch erheblichen Lärm oder Gestank gestört wird, ist die Landschaft zur Erholung nicht mehr geeignet.

---

[61] VGH München, Urt. v. 23. März 1993, ZfW 1994, 287 (289); Gassner, in: Gassner/Bendomir-Kahlo/Schmidt-Räntsch, BNatSchG, § 8, Rdn. 6.

[62] BVerwG, Beschl. v. 4. Oktober 1994, Buchholz 406.401, Nr. 14 zu § 8 BNatSchG, 1 (2); begrenzt auf optische Eindrücke noch BVerwG, Urt. v. 27. September 1990, BVerwGE 85, 348 (359).

[63] Gassner, in: Gassner/Bendomir-Kahlo/Schmidt-Räntsch, BNatSchG, § 1, Rdn. 64.

2.   Die Vielfalt, Eigenart und Schönheit

Wegen seines engen Bezugs zu dem in § 1 Abs. 1 Nr. 4 BNatSchG formulierten Ziel von Naturschutz und Landschaftspflege ist das Landschaftsbild anhand der Parameter Vielfalt, Eigenart und Schönheit zu bestimmen.[64]

Vielfalt, Eigenart und Schönheit von Natur und Landschaft sind – wie auch der Naturhaushalt – immer unter Bezugnahme auf den konkreten Naturraum zu definieren.[65] Jeder Naturraum verfügt über eine eigene, typische Vielfalt, Eigenart und Schönheit. Versuchte man, das Landschaftsbild losgelöst vom konkreten Naturraum zu bestimmen, so würde dies den Landschaftsbegriff maßstabslos machen und damit die Gefahr einer Auflösung der Identität des Naturraums nach sich ziehen.[66] So könnten z. B. unter dem Gesichtspunkt der Vielfalt von Natur und Landschaft auch Erscheinungen gefördert werden, die im betreffenden Naturraum vollkommen atypisch sind, wie alpenländischer Bau- und Siedlungsstil im norddeutschen Tiefland. Die Eigenart des Landschaftsbildes und damit sein spezifischer Charakter würde dadurch aufgelöst.

Dies widerspräche aber der Zielrichtung des Naturschutzes: Es wird nicht die absolute oder maximale oder gar eine von einer bestimmten Bevölkerungsgruppe geforderte Vielfalt, Eigenart und Schönheit von Natur und Landschaft geschützt. Stattdessen geht es um die naturraum- oder standort*typische*, von dem konkreten Naturraum vorgehaltene oder vorzuhaltende Vielfalt, Eigenart und Schönheit.[67] Insofern verfolgen Naturschutz und Landschaftspflege einen konservativen Ansatz: Veränderungen sind auf ihre Vereinbarkeit mit dem für den Naturraum Typischen zu überprüfen. Eine Evolution des Landschaftsbildes soll

---

[64]   Kolodziejcok/Recken, Naturschutz, Nr. 1125, Rdn. 10; Louis, BNatSchG, § 8, Rdn. 12; Gassner, Landschaft, S. 35; W. Breuer, Informationsdienst Naturschutz Niedersachsen 4/91, 60 (61).

[65]   W. Breuer, Informationsdienst Naturschutz Niedersachsen 4/91, 60 (61).

[66]   W. Breuer, Informationsdienst Naturschutz Niedersachsen 4/91, 60 (61).

[67]   W. Breuer, Informationsdienst Naturschutz Niedersachsen 4/91, 60 (61).

dabei zwar nicht vollkommen ausgeschlossen werden, jedoch soll eine Abkehr von der naturräumlichen Identität oder ihre Auflösung verhindert werden.[68]

Das Landschaftsbild wird von den objektiv darstellbaren Strukturen bestimmt.[69] Vielfalt, Eigenart und Schönheit des Landschaftsbildes ergeben sich daher aus den sinnlich wahrnehmbaren Strukturen und Erscheinungen der Lithosphäre, Pedosphäre, Hydrosphäre, Atmosphäre, Biosphäre und Anthroposphäre. Für die Anthroposphäre ist jedoch die Einschränkung zu beachten, dass nur solche anthropogenen Erscheinungen Teil des Landschaftsbildes sind, die aus dem Naturraum hervorgegangen und historisch gewachsen sind. Ansonsten können sie nicht als für den Naturraum typisch bezeichnet werden.[70] Will man also das Landschaftsbild eines konkreten Naturraums bestimmen, so sind alle diese sinnlich wahrnehmbaren Strukturen und Erscheinungen zu erfassen und zu einander in Beziehung zu setzen. Zu berücksichtigen ist also z. B. die natürliche Vegetation des Naturraums (Biosphäre), typische Gesteinsformationen (Lithosphäre) oder auch menschliche Bauten wie Deiche oder charakteristische Siedlungsformen (Anthroposphäre).

Unter *Vielfalt* ist hier die landschafts- bzw. naturraumtypische Gestaltvielfalt zu verstehen.[71] Sie ergibt sich aus den sinnlich wahrnehmbaren Erscheinungen, die für den jeweiligen Naturraum nach Art und Ausprägung landschaftsbildrelevant und typisch sind.[72] Die Bedeutung, die der ökologischen Vielfalt im Rahmen der Funktionsfähigkeit des Naturhaushalts, z. B. als Beitrag zur ökologischen Stabi-

---

[68]   W. Breuer, Informationsdienst Naturschutz Niedersachsen 4/91, 60 (62).
[69]   ANL, Begriffe, S. 66.
[70]   W. Breuer, Informationsdienst Naturschutz Niedersachsen 4/91, 61 (63); Gassner, NuR 1989, 61 (65).
[71]   Louis, BNatSchG, § 1, Rdn. 15; W. Breuer, Informationsdienst Naturschutz Niedersachsen 4/91, 60 (63).
[72]   W. Breuer, Informationsdienst Naturschutz Niedersachsen 4/91, 60 (63).

lität, zukommt, ist hier nicht gemeint.[73] Insoweit wird die Bedeutung der Vielfalt bereits im Rahmen des § 1 Abs. 1 Nr. 1 BNatSchG erfasst.

Bei der *Eigenart* handelt es sich um den zentralen Begriff des § 1 Abs. 1 Nr. 4 BNatSchG. Darunter ist das charakteristische Gepräge eines Naturraums im Sinne seiner Einzigartigkeit und seiner Eigenständigkeit zu verstehen.[74] Die Eigenart einer Landschaft kann durch verschiedene Gesichtspunkte bestimmt werden. Zu berücksichtigen sind hier die Art und die Ausprägung der sinnlich wahrnehmbaren Strukturen und Erscheinungen des Naturraums, ihre jeweiligen Anteile, das Verhältnis zueinander und die Anordnung im Raum.[75] Insbesondere sind auch prägende, für die Landschaft charakteristische Landschaftsbestandteile für die Eigenart von Natur und Landschaft von Bedeutung.[76]

Damit ist das Kriterium der Vielfalt des Landschaftsbildes im Kriterium der Eigenart enthalten.[77] Beide Kriterien beziehen sich auf den Naturraum. Die naturraumtypische Vielfalt konstituiert gerade seine Eigenart. Wird die naturraumtypische Vielfalt verringert, so ist auch die Eigenart des Landschaftsbildes beeinträchtigt. Weist der Naturraum eine typische Vielfalt des Landschaftsbildes auf, so kommt ihm auch eine ausgeprägte Eigenart zu.

Vielfalt und Eigenart des Landschaftsbildes lassen sich nach objektiven Kriterien feststellen. Eine Bezugnahme auf subjektive oder irgendwie geartete ästhetische Gesichtspunkte oder den „gebildeten, für die Schönheit der natürlich gewachsenen Landschaft aufgeschlossenen Betrachter" ist insoweit nicht erforderlich.

---

[73] Gassner, Landschaft, S. 39; anders Kolodziejcok/Recken, Naturschutz, Nr. 1107, Rdn. 14; Gassner, in: Gassner/Bendomir-Kahlo/Schmidt-Räntsch, BNatSchG, § 1, Rdn. 62.
[74] Louis, BNatSchG, § 1, Rdn. 16.
[75] W. Breuer, Informationsdienst Naturschutz Niedersachsen 4/91, 60 (63).
[76] Kolodziejcok/Recken, Naturschutz, Nr. 1107, Rdn. 15.
[77] W. Breuer, Informationsdienst Naturschutz Niedersachsen 4/91, 60 (63).

Anders soll dies aber nach verbreiteter Ansicht in Rechtsprechung und Literatur bei dem Merkmal der *Schönheit* des Landschaftsbildes sein.[78] Danach würden mit dem Schutzgut der Schönheit von Natur und Landschaft ästhetische Aspekte in das Naturschutzrecht eingeführt. Es erfordere ein subjektives, ästhetisches Urteil des jeweiligen Betrachters, das zu weiten Teilen von dessen Wissensstand und dessen Idealvorstellungen von Natur und Landschaft abhänge. Um das Merkmal dennoch für die Gerichte handhabbar zu machen, stellt die Rechtsprechung auf den „gebildeten, für die Schönheit der natürlich gewachsenen Landschaft aufgeschlossenen Betrachter" ab.[79]

Dieser Ansicht ist jedoch nicht zuzustimmen. Denn wie die Vielfalt und die Eigenart des Landschaftsbildes ist auch dessen Schönheit naturraumspezifisch zu definieren. Entsprechen die im konkret beurteilten Naturraum vorhandenen sinnlich wahrnehmbaren Strukturen und Erscheinungen einem bestimmten Naturraumtyp, so weist dieser eine hohe Eigenart auf und ist dadurch auch „schön". Das Merkmal der Schönheit ist daher als eine Funktion der Eigenart, und damit, nach dem oben Gesagten, auch der Vielfalt von Natur und Landschaft zu verstehen. Weisen Natur und Landschaft im Naturraum eine typische Vielfalt auf, so haben sie auch eine hohe Eigenart; weisen sie eine hohe Eigenart auf, so sind sie damit auch schön.[80]

Dass der Begriff der Schönheit im Naturschutzrecht nicht im Sinne eines humanistischen oder ästhetischen Schönheitsideals verstanden werden muss, zeigt auch ein Vergleich mit dem Denkmalschutzrecht.[81] Voraussetzung für eine Unterschutzstellung ist nach Art. 1 Abs. 1 BayDSchG u. a. die Bedeutung für die Allgemeinheit. Auch danach ist nicht erforderlich, dass es sich bei einem Bau-

---

[78]   Vgl. Louis, BNatSchG, § 1, Rdn. 17; Gassner, in: Gassner/Bendomir-Kahlo/Schmidt-Räntsch, BNatSchG, § 1, Rdn. 65; BVerwG, Urt. v. 27. September 1990, BVerwGE 85, 348 (359), jeweils m.w.N.

[79]   Louis, BNatSchG, § 1, Rdn. 17; Gassner, in: Gassner/Bendomir-Kahlo/Schmidt-Räntsch, BNatSchG, § 1, Rdn. 65; BVerwG, Urt. v. 27. September 1990, BVerwGE 85, 348 (359).

[80]   W. Breuer, Informationsdienst Naturschutz Niedersachsen 4/91, 60 (63).

[81]   W. Breuer, Informationsdienst Naturschutz Niedersachsen 4/91, 60 (64 f.).

denkmal um ein Gebäude handelt, das nach Urteil eines gebildeten Betrachters als *schön* bewertet wird. Vielmehr kann ausreichend sein, dass dem Gebäude eine städtebauliche Bedeutung zukommt, es das Erscheinungsbild eines Stadtviertels oder einer Siedlungslandschaft prägt oder es bestimmt, auch wenn ihm keine künstlerische Bedeutung zukommen mag.[82] Ähnlich ist dies beim Landschaftsbild. Entspricht dieses der für einen Naturraum typischen Vielfalt und Eigenart, so ist es bereits aus diesem Grunde zu schützen. Ästhetische Urteile können hier den klaren Blick auf die Problematik nur vernebeln. Denn so ließen sich bestimmte Naturräume, die vom „gebildeten Betrachter" als nicht so schön bewertet werden wie beispielsweise ein Alpenpanorama, einem geringeren Schutzniveau unterwerfen, auch wenn sie eine hohe naturraumtypische Vielfalt und Eigenart aufweisen. Ein derart verstandener Naturschutzauftrag kann aber nicht Grundlage für das staatliche Handeln sein. Er lässt sich auch nicht aus § 1 BNatSchG ableiten. Denn Natur und Landschaft sind nach dem Bundesnaturschutzgesetz gerade nicht nur im Interesse des Menschen, sondern auch um ihrer selbst willen zu schützen (vgl. unten VI.). Ein naturnahes Landschaftsbild ist daher auch dann zu schützen, wenn es derzeit noch ohne Bedeutung für die Erholungsnutzung durch den Menschen ist. Denn schließlich geht es dem Naturschutz nicht um den Schutz einer bestimmten Erholungs*nutzung*, sondern um die Erholungs*vorsorge*, d. h. die Landschaft muss so erhalten werden, dass sie für die Erholung des Menschen in ihr geeignet bleibt.[83]

Ein ästhetisch verstandenes Schönheitskriterium ist zudem im Rahmen der mit einem Eingriff in Natur und Landschaft verbundenen Folgepflichten der naturschutzrechtlichen Eingriffsregelung wenig hilfreich: Denn aus den für Vielfalt und Eigenart des Landschaftsbildes ausschlaggebenden Kriterien lässt sich auch ableiten, *wie* eine landschaftsgerechte Neugestaltung des Landschaftsbildes die durch den Eingriff ausgelösten Beeinträchtigungen des Landschaftsbildes im Sinne von § 8 Abs. 2 Satz 4 BNatSchG ausgleichen könnten (vgl. Teil 3, B.

---

[82]   VG München, Urt. v. 6. Mai 1974, BayVBl. 1974, 649; Eberl/Martin/Petzet, BayDSchG, Art. 1, Rdn. 19.

[83]   W. Breuer, Informationsdienst Naturschutz Niedersachsen 4/91, 60.

IV.). Das Schönheitskriterium ist hierzu jedoch zu unklar und zu sehr von den eigenen Vorstellungen des Betrachters abhängig. Es bestünde die Gefahr, dass die zu treffenden Entscheidungen über Folgemaßnahmen des Eingriffs allein von subjektiven Wertungen des Entscheidungsträgers bestimmt werden, worunter zwangsläufig die Berechenbarkeit der Entscheidung leiden würde, und der Grundsatz der Gleichbehandlung nicht mehr gewährleistet wäre.[84]

Tatsächlich dürften bei einer fachlichen Grundsätzen entsprechenden Ermittlung des Landschaftsbildes zwischen den beiden Meinungen wenige Unterschiede in der Praxis bestehen. Denn immer dann, wenn bereits eine Veränderung der Vielfalt oder Eigenart von Natur und Landschaft erfolgt, ist das Landschaftsbild beeinträchtigt. Die Frage nach der Schönheit stellt sich dann gar nicht mehr. Eine Beeinträchtigung der Schönheit von Natur und Landschaft, die nicht zu einer Beeinträchtigung auch der Vielfalt und Eigenart führt, wäre aber nur bei der Entfernung eines „schönen" Elements der Landschaftsstruktur, das für den Naturraum atypisch war, denkbar. In einem solchen, zugegebenermaßen seltenen, Falle wäre nach der vorzuziehenden Ansicht das Landschaftsbild nicht beeinträchtigt.

V. Die Aufgaben von Naturschutz und Landschaftspflege: schützen, pflegen und entwickeln

§ 1 Abs. 1 BNatSchG formuliert drei Aufgaben, durch die die Ziele von Naturschutz und Landschaftspflege zu erfüllen sind: Schutz, Pflege und Entwicklung von Natur und Landschaft.[85]

Das Gesetz verwendet die drei Begriffe als zusammengehörige Trias, eine Abgrenzung zwischen den einzelnen Aufgaben ist nicht erforderlich und in vielen

---

[84] Gassner, NuR 1989, 61 (65).

[85] Das BNatSchGNeuregG ergänzt die Bestimmung um die *Wiederherstellung*. Damit werden auch Maßnahmen, die auf eine Beseitigung *bereits eingetretener Schäden* an Natur und Landschaft und damit auf eine Herstellung eines früheren, im Interesse des Naturschutzes gebotenen Zustands abzielen, als zur Zielerreichung geeignet eingestuft. Bisher waren solche Maßnahmen als Entwicklungs- und Pflegemaßnahmen einzustufen.

Fällen auch nicht möglich. Vielmehr sind die Übergänge zwischen ihnen fließend. Jede der drei Aufgaben setzt jedoch einen eigenen Schwerpunkt, der im Rahmen des Naturschutzes und der Landschaftspflege zu beachten ist.

Unter *Schutz* ist die Abwehr und Unterlassung aller Handlungen gemeint, die zu einer Zerstörung, Beschädigung, Veränderung oder zu einer nachhaltigen Störung von Natur und Landschaft führen können.[86] Es geht also um die rein defensive Erhaltung eines bestehenden Zustands.

Pflege bedeutet, dass über die Abwehr störender menschlicher Einwirkungen hinaus in die natürliche Entwicklung eingegriffen wird, um einen gewünschten Zustand des Gebietes zu konsolidieren und eine nachteilige Veränderung natürlicher Faktoren zu verhindern.[87] Es geht also um die Unterstützung, Steuerung oder Verhinderung natürlicher Prozesse.[88] Die Pflege steht insofern zwischen Schutz und Entwicklung, sie steht diesen flankierend und ergänzend zur Seite.[89]

Die stärkste Einflussnahme von Seiten des Menschen stellen Maßnahmen der *Entwicklung* von Natur und Landschaft dar. Hier geht es um die Schaffung des angestrebten Zustands oder, wenn dies nicht unmittelbar möglich ist, um die Herstellung der Voraussetzungen für diesen, also um die Entfaltung vorhandener Potentiale. Entwicklungsmaßnahmen gehen daher meist mit der Gestaltung von Flächen einher, auch wenn dies nicht zwingend der Fall ist.[90] Durchgeführt werden sie meist auf Flächen, die sich auf Grund ihrer Nutzung in einem relativ naturfernen Zustand befinden.[91] Typische Entwicklungsmaßnahmen sind z. B. die Wiedervernässung einer trockengelegten Feuchtwiese oder die Entsiegelung von Flächen.[92]

---

[86]   Gassner, Landschaft, S. 27; Kolodziejcok/Recken, Naturschutz, Nr. 1107, Rdn. 7; Louis, BNatSchG, § 1, Rdn. 6.
[87]   Louis, BNatSchG, § 1, Rdn. 7.
[88]   Kolodziejcok/Recken, Naturschutz, Nr. 1107, Rdn. 8.
[89]   Gassner, Landschaft, S. 29.
[90]   Gassner, Landschaft, S. 28.
[91]   Louis, BNatSchG, § 1, Rdn. 8.
[92]   Louis, BNatSchG, § 1, Rdn. 8.

Entwicklungsmaßnahmen stellen insofern das Gegenteil von schützenden Maßnahmen dar, als sie auf eine aktive Umgestaltung der vorgefundenen Natur und Landschaft gerichtet sind.

Der Entwicklung werden allerdings durch die natürlichen Gegebenheiten enge Grenzen gesetzt: Zahlreiche Ökosysteme sind nicht herstellbar, sei es, dass ihre Entstehung Zeiträume erfordert, die für den Menschen nicht mehr planbar sind, sei es, dass die Bedingungen für ihre Entstehung nicht mehr gegeben sind. So dauert es beispielsweise ca. 1000 Jahre, bis sich eine nur 1m dicke Torfschicht eines Hochmoores entwickelt.[93] Hochgebirgswälder, die während eiszeitlicher Wärmeperioden entstanden sind, könnten heute nicht mehr entstehen, da ihre Höhenlage bereits jenseits der Baumgrenze liegt.[94] Derartige Ökosysteme sind damit nicht entwickelbar.

VI.   Die Zwecke von Naturschutz und Landschaftspflege

§ 1 Abs. 1 BNatSchG nennt zwei Zwecke von Naturschutz und Landschaftspflege: Einerseits sollen die Schutzgüter der Ziffern 1 bis 4 als Lebensgrundlagen des Menschen und andererseits als Voraussetzung für seine Erholung in Natur und Landschaft nachhaltig gesichert werden.[95]

Durch den Nachhaltigkeitsgedanken wird ausgedrückt, dass es bei Naturschutz und Landschaftspflege um die langfristige Sicherung und Erhaltung der Natur geht. Natur und Landschaft sind auch im Interesse der zukünftigen Generationen zu erhalten. Verhindert werden soll damit eine kurzfristige Sichtweise, die

---

[93]   SRU, Umweltgutachten 1987, S. 160.

[94]   Gassner, Landschaft, S. 28 f.

[95]   Diese Bestimmung fällt nach dem BNatSchGNeuregG weg. Mit der Bezugnahme auf die Verantwortung für die zukünftigen Generationen lehnt sich der neue § 1 BNatSchG stark an die Formulierung des Art. 20a GG an, der Hinweis auf die Lebensgrundlagen des Menschen wurde dadurch überflüssig. Die Erholungsfunktion wurde als eigenes Ziel in Nr. 4 integriert.

Nachteile für Natur und Landschaft, die erst nach Jahren auftreten, zugunsten von zunächst eintretenden Vorteilen für den Menschen außer Acht lässt.[96]

1. Natur und Landschaft als Lebensgrundlage des Menschen

Aus der Formulierung des Gesetzes, dass Natur und Landschaft „als Lebensgrundlagen des Menschen" zu schützen sind, folgert eine nicht unbedeutende Meinung, dass das Naturschutzrecht von einem anthropozentrischen Standpunkt ausgehe, Natur und Landschaft also nur insoweit zu schützen, pflegen und entwickeln seien, als sie Lebensgrundlagen *des Menschen* darstellen. Ein Schutz der Natur um ihrer selbst willen finde dagegen nur dort statt, wo eine gesetzliche Bestimmung dies ausdrücklich anordne, wie z. B. in § 13 Abs. 1 Nr. 3 BNatSchG.[97]

Diese Auslegung des § 1 BNatSchG ist jedoch abzulehnen. Bereits der Wortlaut des Gesetzes zwingt nicht zu dieser Sichtweise. Die Formulierung „als Lebensgrundlagen des Menschen" kann vielmehr auch so verstanden werden, dass die in den Ziffern 1 bis 4 genannten Schutzgüter nicht nur geschützt sind, soweit sie Lebensgrundlagen des Menschen sind, sondern *weil* sie dies sind. Die Formulierung trägt damit lediglich der naturwissenschaftlichen Erkenntnis Rechnung, dass der Mensch Teil der Natur ist und dass ein funktionierender Naturhaushalt seine Lebensgrundlage bildet.[98]

Darüber hinaus ist wegen der Komplexität des Naturhaushalts mit seinen vielfältigen Wechselwirkungen aufgrund der begrenzten menschlichen Erkenntnismöglichkeiten oft nicht feststellbar, ob sich eine Einwirkung des Menschen nun langfristig auf die Lebensgrundlagen des Menschen oder „nur" auf die Lebens-

---

[96] Louis, BNatSchG, § 1, Rdn. 21; Kolodziejcok/Recken, Naturschutz, Nr. 1107, Rdn. 17.

[97] Bender/Sparwasser/Engel, Umweltrecht, Kapitel 5, Rdn. 75; Kolodziejcok/Recken, Naturschutz, Nr. 1107, Rdn. 20-23; OVG Koblenz, Urt. v. 18. September 1986, NuR 1987, 275 (277).

[98] Gassner, Landschaft, S. 41; Louis, BNatSchG, § 1, Rdn. 18.

grundlagen anderer Lebewesen auswirkt.[99] Eine Abgrenzung zwischen den Lebensgrundlagen des Menschen und den Lebensgrundlagen anderer Lebewesen ist gerade aufgrund des Nachhaltigkeitsgedankens, der auch in § 1 Abs. 1 BNatSchG verankert ist und eine Sicherung der Lebensgrundlagen auf Dauer und auch für die kommenden Generationen fordert,[100] praktisch unmöglich. Langfristig kann sich gerade auch eine Schädigung der Lebensgrundlagen einer Tier- oder Pflanzenart, die kurzfristig betrachtet ohne Bedeutung für die Lebensgrundlagen des Menschen ist, auf die Lebensgrundlagen des Menschen auswirken.

Auch die neue Staatszielbestimmung des Art. 20a GG zwingt nicht zu einem ausschließlich im Interesse des Menschen stehenden Naturschutz. Zwar vertritt auch zu dieser Bestimmung eine bedeutende Meinung in der Literatur die Auffassung, dass sie den Schutz der natürlichen Lebensgrundlagen an den Menschen und seine zentrale Stellung im verfassungsrechtlichen Wertesystem bindet, mithin eine klare Entscheidung des Verfassungsgebers für einen anthropozentrischen Umweltschutz gefallen sei.[101]

Obwohl die Frage der Anthropo- oder Ökozentrik der Staatszielbestimmung in den Beratungen der gemeinsamen Verfassungskommission eine bedeutende Rolle spielte, wurde die Frage jedoch nicht ausdrücklich durch eine Abstimmung entschieden.[102] Der Wortlaut der ins Grundgesetz eingefügten Regelung lässt beide Auslegungen zu. Denn nach Art. 20a GG schützt der Staat die natürlichen Lebensgrundlagen lediglich *auch* in Verantwortung für die zukünftigen Generationen und damit im Interesse des Menschen. Neben diese Sichtweise können aber auch andere Motive wie der Schutz der Umwelt wegen ihres eigenen Wertes treten.

---

[99] Louis, BNatSchG, § 1, Rdn. 18; Epiney, in: Mangoldt/Klein/Starck, Bonner Grundgesetz, Art. 20a, Rdn. 28.

[100] Louis, BNatSchG, § 1, Rdn. 19, 21.

[101] Scholz, in: Maunz/Dürig, Komm. z. GG, Art. 20a, Rdn. 39 (Stand: Oktober 1996) m.w.N.

[102] Vgl. Scholz, in: Maunz/Dürig, Komm. z. GG, Art. 20a, Rdn. 38 f. (Stand: Oktober 1996) m.w.N.

Aber auch wenn man eine grundsätzlich anthropozentrische Sichtweise der Staatszielbestimmung des Art. 20a GG annimmt, zwingt dies nicht zu dem Schluss, dass es keinen Umweltschutz um seiner selbst willen geben darf. Denn da der Mensch Bestandteil des ökologischen Gleichgewichts ist, können Eingriffe in dieses immer auch auf ihn zurückwirken. Die Konsequenzen eines Eingriffs lassen sich darüber hinaus nie vollständig abschätzen, so dass im Interesse einer langfristigen Absicherung der Lebensgrundlagen des Menschen die Umwelt umfassend zu schützen ist, zumal ja nicht absehbar ist, welche Ressourcen oder Naturreserven in einigen hundert oder tausend Jahren gebraucht werden. Natur und Umwelt sind also nach Art. 20a GG auch unabhängig von ihrem augenblicklichen Nutzen für den Menschen um ihrer selbst willen zu schützen.[103]

Für das bayerische Naturschutzrecht kann der Streit ohnehin dahingestellt bleiben. Denn nach Art. 1 Abs. 1 Satz 1 BayNatSchG sind Natur und Landschaft aufgrund ihres eigenen Wertes zu schützen, pflegen und entwickeln. Ob es sich dabei um eine Ergänzung der bundesgesetzlichen Vorgabe[104] oder lediglich um eine Klarstellung handelt, ist im Ergebnis unerheblich. Jedenfalls kann sich der Naturschutz nicht auf den Schutz von Natur und Landschaft nur insoweit, als sie unmittelbar für den Menschen von Bedeutung sind, beschränken.

2. Natur und Landschaft als Voraussetzung für die Erholung

Neben ihrer Funktion als Lebensgrundlagen des Menschen sind Natur und Landschaft nach § 1 Abs. 1 BNatSchG auch in ihrer Funktion als Voraussetzung für die Erholung des Menschen zu sichern.

---

[103] Epiney, in: v. Mangoldt/Klein/Starck, Bonner Grundgesetz, Art. 20a, Rdn. 24; Kloepfer, in: Bonner Kommentar, Art. 20a, Rdn. 54 (Stand: Oktober 1996); Vogel, DVBl. 1994, 497 (500). Aus diesen Gründen ist auch nach der im BNatSchGNeuregG vorgesehenen Fassung ein Naturschutz um ihrer selbst willen nicht ausgeschlossen und bei richtiger Auslegung des Nachhaltigkeitsgedankens sogar geboten. Die Streichung des Zusatzes „als Lebensgrundlagen des Menschen" spricht zusätzlich für dieses Verständnis.

[104] So Engelhardt, in: Engelhardt/Brenner/Fischer-Hüftle, BayNatSchG, Art. 1, Rdn. 3.

Dieses Motiv von Naturschutz und Landschaftspflege beruht auf der Erkenntnis, dass das Erleben von Natur und Landschaft für die Persönlichkeitsentfaltung des Menschen und dessen geistig-seelische Gesundheit unabdingbar ist. Allerdings zielen Naturschutz und Landschaftspflege ausschließlich auf die Erholungs*vorsorge*. Natur und Landschaft sollen in ihrer Eignung für die Erholung des Menschen geschützt, gepflegt und entwickelt werden. Nicht geschützt ist dagegen die Erholungs*nutzung*. Zwischen ihr und dem Schutz von Natur und Landschaft als Voraussetzung für die Erholung des Menschen können also durchaus Konflikte entstehen.[105] Maßnahmen der Erholungsvorsorge sind daher solche, die der Erhaltung des sinnlich wahrnehmbaren Erscheinungsbildes der Landschaft dienen oder diese durch Verbesserung für die menschlichen Erholungsbedürfnisse attraktiver gestalten.[106]

---

[105] OVG Münster, Urt. v. 5. September 1985, NuR 1986, 213 (214); W. Breuer, Informationsdienst Naturschutz Niedersachsen 4/91, 60 (61); Louis, BNatSchG, § 1, Rdn. 20.
[106] Louis, BNatSchG, § 1, Rdn. 20.

B.   Die Zielsetzung der Eingriffsregelung

Die Einführung des Bundesnaturschutzgesetzes im Jahre 1976 brachte gegenüber dem Reichsnaturschutzgesetz von 1935[107] zwei wesentliche Neuerungen, und zwar die in §§ 5-7 BNatSchG geregelte Landschaftsplanung sowie die naturschutzrechtliche Eingriffsregelung nach §§ 8-9 BNatSchG. Unter dem Eindruck des steigenden Landverbrauchs durch Wohnbebauung und Infrastrukturvorhaben, der Beanspruchung von Natur und Landschaft durch eine intensive Bodenbewirtschaftung und der Auswirkungen von Industrialisierung, Technisierung und zunehmender Mobilität der Gesellschaft war der Gesetzgeber zu dem Schluss gekommen, dass für einen wirksamen Schutz von Natur und Landschaft der bisherige, auf dem Reservatsgedanken fußende Schutz einzelner Gebiete und von Einzelbestandteilen der Natur wie z. B. Naturdenkmälern, nicht mehr ausreichend sei.[108] Als Ergänzung führte er in § 1 Abs. 1 BNatSchG die Pflicht zum Schutz von Natur und Landschaft sowohl im besiedelten wie auch im unbesiedelten Bereich ein. Hauptinstrumente zur Verwirklichung dieses umfassenden Schutzes von Natur und Landschaft auf der *gesamten Fläche* des Bundesgebiets sind Landschaftsplanung und Eingriffsregelung. Aufgabe der Landschaftsplanung ist es dabei, als Planungsinstrument des Naturschutzes die Ziele und Grundsätze von Naturschutz und Landschaftspflege (§§ 1 und 2 BNatSchG), auch soweit sie untereinander konfligieren, in auf den konkreten Planungsraum bezogene Anforderungen umzusetzen und daraus Maßnahmenkonzepte für die weitere Entwicklung des Planungsraumes zu entwickeln.[109]

Dagegen knüpft die Eingriffsregelung an Vorhaben an, die Natur und Landschaft beeinträchtigen. Sie zielt auf eine Erhaltung des Status quo ab, indem Beeinträchtigungen der Leistungsfähigkeit des Naturhaushalts und des Landschaftsbildes möglichst vermieden, ausgeglichen, oder, soweit dies nicht möglich ist, wenigstens ersatzweise behoben oder finanziell ausgeglichen werden.

---

[107] RGBl. I S. 821.
[108] BT-DrS. 7/5251, S. 3.
[109] Louis, BNatSchG, Einf. vor §§ 5-7, Rdn. 1.

Falls dies aus Gründen von Naturschutz und Landschaftspflege erforderlich ist, kann der beeinträchtigende Eingriff auch gänzlich untersagt werden. Mit der Eingriffsregelung kann daher zwar eine Verschlechterung der Gesamtbilanz von Natur und Landschaft verhindert, eine Verbesserung aber im Gegensatz zur Landschaftsplanung nicht erreicht werden.[110] Die Regelung enthält also einen Minimalschutz, der Natur und Landschaft im gesamten Raum zugute kommt.[111] Es geht nicht darum, die durch früher entstandene Schädigungen bereits beeinträchtigte Natur und Landschaft wiederherzustellen. Stattdessen sollen bei neuen, potenziell umweltschädlichen Vorhaben diese Auswirkungen möglichst gering gehalten werden. Dementsprechend stellt die Eingriffsregelung den fachrechtlichen Zulassungsverfahren ein auf die Bedürfnisse von Naturschutz und Landschaftspflege zugeschnittenes Folgenbewältigungssystem zur Seite,[112] das die materiellen fachrechtlichen Anforderungen ergänzt. Die Ziele von Naturschutz und Landschaftspflege sollen auch bei für Natur und Landschaft potenziell negativen Vorhaben berücksichtigt werden.

Die Eingriffsregelung konkretisiert zwei der Grundprinzipien des Umweltrechts:[113] Zum einen stellt es eine Ausprägung des Verursacherprinzips dar, indem es dem Verursacher eines Eingriffs in Natur und Landschaft bestimmte Pflichten der Vermeidung und des Ausgleichs von Beeinträchtigungen bzw. zur Vornahme von Ersatzmaßnahmen oder zur Zahlung einer Ausgleichsabgabe auferlegt.[114] Daneben trägt sie aber durch die, in § 8 Abs. 2 Satz 1, 1. HS BNatSchG normierte, generelle Pflicht zur Vermeidung von Beeinträchtigungen

---

[110] Kuschnerus, Speyerer Forschungsbericht 157, 39 (42); Louis, BNatSchG, § 8, Rdn. 2; Gassner, in: Gassner/Bendomir-Kahlo/Schmidt-Räntsch, BNatSchG, Vor § 8, Rdn. 1.

[111] Czybulka/Rodi, BayVBl. 1996, 513.

[112] BVerwG, Urt. v. 7. März 1997, BVerwGE 104, 144 (148); Lambrecht, ZAU 1998, 167; Halama, NuR 1998, 633 (634).

[113] Zu den Prinzipien des Umweltrechts vgl. Bender/Sparwasser/Engel, Umweltrecht, Kap. 1, Rdn. 78 ff.; Kloepfer, Umweltrecht, § 4, Rdn. 5 ff.

[114] BT-DrS. 7/3879, S. 17; Ehrlein, VBlBW 1990, 121; R. Breuer, NuR 1980, 89 (90); Berkemann, UTR Band 20, 93 (96); Czybulka/Rodi, BayVBl. 1996, 513; Ronellenfitsch, NuR 1986, 284 (285) m.w.N.

und den präventiven Charakter der gesamten Regelung dem Vorsorgeprinzip Rechnung, das bereits die Entstehung von Umweltschäden verhindern will.[115]

Die naturschutzrechtliche Eingriffsregelung greift alle drei in § 1 BNatSchG genannten Aufgaben von Naturschutz und Landschaftspflege auf und integriert sie in ihr Folgenbewältigungssystem: Das Vermeidungsgebot des § 8 Abs. 2 Satz 1, 1. HS BNatSchG und die Untersagungsmöglichkeit nach § 8 Abs. 3 BNatSchG dienen dabei dem den Status quo konservierenden *Schutz* von Natur und Landschaft. Ausgleichs- und Ersatzmaßnahmen zielen dagegen auf die Herstellung eines bestimmten Zustands ab, der dem Ausgleichs- bzw. dem Ersatzbegriff entspricht. Es handelt sich damit um Maßnahmen der *Entwicklung* von Natur und Landschaft im dargestellten Sinn. Daneben schließen sie aber auch flankierende Maßnahmen der *Pflege* und Sicherung des angestrebten Zustands mit ein, wie nunmehr Art. 6a Abs. 4 BayNatSchG klarstellt.[116]

Grundsätzlich stellt die Eingriffsregelung im Gegensatz zur Landschaftsplanung als einem aktiven Instrument ein reaktives Instrument von Naturschutz und Landschaftspflege dar, da es an die Vornahme einer bestimmten Maßnahme bestimmte Folgepflichten knüpft.[117] Im Gegensatz zum Flächen-, Gebiets- und Reservatsschutz, wie er aus dem Reichsnaturschutzgesetz in den Vierten Abschnitt des Bundesnaturschutzgesetzes übernommen wurde, beschränkt sich die Eingriffsregelung aber nicht auf die bloße Konservierung des vorgefundenen Zustands. Mit der Ausgleichs- und der Ersatzpflicht enthält sie vielmehr auch kreative Elemente, die ein aktives Tätigwerden des Verursachers eines Eingriffs verlangen, um den Zielen von Naturschutz und Landschaftspflege zum Erfolg zu verhelfen. Als konservierende Elemente lassen sich dagegen das Vermeidungsgebot und die Untersagungsmöglichkeit des § 8 Abs. 3 BNatSchG verstehen.[118]

---

[115] Berkemann, UTR Band 20, 93 (96); Louis, BNatSchG, § 8, Rdn. 2; Czybulka/Rodi, BayVBl. 1996, 513; zum Vorsorgeprinzip Bender/Sparwasser/Engel, Umweltrecht, Kap. 1, Rdn. 81 ff.; Kloepfer, Umweltrecht, § 4, Rdn. 5 ff.

[116] Fischer-Hüftle, in: Engelhardt/Brenner/Fischer-Hüftle, BayNatSchG, Art. 6a, Rdn. 52 f.

[117] Jessel, Laufener Seminarbeiträge 2/96, 9.

[118] Schink, DVBl. 1992, 1390 (1392).

Im Gegensatz zu der nach § 4 Satz 3 BNatSchG unmittelbar geltenden Bestimmung des § 1 BNatSchG ist die Eingriffsregelung nur für die Gesetzgebung der Länder verbindliches Rahmenrecht (Art. 75 Abs. 1 GG). Unmittelbare Geltung kommt daher nur den jeweiligen, zur Umsetzung des § 8 BNatSchG erlassenen landesrechtlichen Bestimmungen zu. Im weiteren Text wird daher die jeweilige Bestimmung des bayerischen Naturschutzgesetzes regelmäßig zusammen mit der bundesrechtlichen Regelung zitiert werden.

Die Eingriffsregelung ist nunmehr seit über 25 Jahren geltendes Recht. Ihr wurde in der seither vergangenen Zeit immer wieder mangelnde Wirksamkeit vorgeworfen.[119] Dies mag insofern zutreffen, als die Eingriffsregelung der mit ihrer Einführung verfolgten Intention, einer weiteren Verschlechterung des Zustands von Natur und Landschaft entgegenzuwirken, nicht vollständig gerecht werden konnte. Der Flächenverbrauch geht in Deutschland unvermindert weiter, der Zustand von Natur und Landschaft ist weiterhin als besorgniserregend zu bezeichnen.[120] Allerdings ist bei allem Anlass zur Kritik zu bedenken, dass die Eingriffsregelung auch einige Erfolge zu verbuchen hat. So ist der Umfang der mit einem Eingriff verbundenen, aus Gründen des Naturschutzes und der Landschaftspflege angeordneten Maßnahmen seit den 70er Jahren stark gestiegen. Diese beschränken sich auch nicht mehr auf eine bloße "Eingrünung" des Bauvorhabens.[121]

Hinzu kommt, dass die Regelung enorme praktische Probleme aufwirft: Bei ihrer Anwendung ist neben den rechtlichen Vorgaben auch der naturwissenschaftlich-ökologische Hintergrund zu beachten. Daher hat der Rechtsanwender neben rechtlichen Problemen immer auch mit naturwissenschaftlichen Schwierigkeiten bei Analyse und Bewertung von Natur und Landschafts zu kämpfen. Natur und Landschaft als Gegenstände des Naturschutzrechts stellen die wohl komplexesten Objekte, die der Mensch kennt, dar. Trotz der nicht unerheblichen Fortschritte, die in den letzten Jahren bei der Analyse und Bewertung von Natur

---

[119] Vgl. z. B. SRU, Umweltgutachten 1987, S. 155.
[120] Vgl. SRU, Umweltgutachten 2000, Kurzfassung, Ziff. 61.
[121] Jessel, Laufener Seminarbeiträge 2/96, S. 9 f.

und Landschaft gemacht wurden, ist es dem Menschen nicht möglich, auch nur die artenärmsten Ökosysteme so weit zu verstehen, dass die Folgen bestimmter Eingriffe mit hinreichender Genauigkeit vorhersehbar wären.[122] Dem Planer bleibt daher nichts anderes übrig, als sich mit modellhaften Annäherungen und Beschränkungen auf die „wesentlichen" Aspekte eines Ökosystems zu begnügen (wobei bereits die Frage, was denn in der konkreten Situation die wesentlichen Aspekte sind und welche Daten vernachlässigt werden können, Anlass zu Zweifel und Streit geben kann). Um den zu betreibenden Aufwand auf ein vertretbares Maß zu begrenzen werden regelmäßig so genannte Indikatoren, insbesondere Bioindikatoren eingesetzt. Unter Bioindikatoren versteht man Arten, aus deren Vorkommen und Vitalität, unter besonderen Bedingungen auch deren Fehlen, Rückschlüsse auf bestimmte Standorteigenschaften möglich sind (Zustandsindikatoren), z. B. Bodenreaktion, Salzgehalt, Feuchtigkeit, Licht, Wärme, Wasser- oder Luftverschmutzung, bzw. Arten und Biozönosen, aus deren Vorkommen oder Fehlen auf den Grad der Schutzwürdigkeit von Landschaftsausschnitten geschlossen werden kann (Bewertungsindikatoren).[123] Auch die Auswahl der heranzuziehenden Indikatoren ist für das Ergebnis von nicht zu unterschätzender Bedeutung.

Schließlich ist zu bedenken, dass das Naturschutzrecht mit dem Begriff des Naturhaushalts gerade die zwischen den Bestandteilen eines Ökosystems bestehenden Wechselwirkungen in das Zentrum des Interesses stellt. Diese sind aber nach dem heutigen Stand von Wissenschaft und Technik nur selten darstellbar, so dass die Gewinnung von Informationen grundsätzlich anhand der einzelnen

---

[122] Bastian/Schreiber, Analyse und Bewertung, S. 65.
[123] ANL, Begriffe, S. 20; Bastian/Schreiber, Analyse und Bewertung, S. 52.

Naturgüter erfolgt,[124] was wiederum zu Unschärfen und Reibungsverlusten führt.

Diese fachlichen Probleme für die Anwendung der Eingriffsregelung sollen hier nicht im Vordergrund stehen. Sie werden jedoch an der ein oder anderen Stelle der Arbeit relevant werden.

---

[124] Bastian/Schreiber, Analyse und Bewertung, S. 206.

Teil 2: Die Stufen der Fernstraßenplanung

Die Planung einer Bundesfernstraße stellt keine punktuelle Entscheidung eines einzelnen Planungsträgers dar. Vielmehr ist die abschließende Planfeststellung das Ergebnis eines langwierigen Prozesses der Informationsverarbeitung. Die Fernstraßenplanung stellt sich als ein Planungsverbund aus verschiedenen Planungsstufen mit unterschiedlichem räumlichen Zuschnitt dar.[125] Die größte Bedeutung für die naturschutzrechtliche Eingriffsregelung hat dabei die letzte Stufe, die Planfeststellung, da erst auf dieser Stufe parzellenscharfe Festsetzungen erfolgen und damit die für die Abarbeitung des Folgenbewältigungssystems der Eingriffsregelung erforderliche Detailgenauigkeit vorliegt. Auch auf den vorgelagerten Stufen der Planung werden jedoch für die Eingriffsregelung relevante Aspekte geregelt.

Daher werden im folgenden Teil A. die der Planfeststellung vorgelagerten Stufen der Fernstraßenplanung unter Berücksichtigung der für die Eingriffsregelung bedeutsamen Aspekte dargestellt. Der anschließende Teil B. behandelt dagegen die allgemeinen formellen und materiellen Anforderungen, die an eine rechtmäßige fernstraßenrechtliche Planfeststellung zu stellen sind.

A. Die Fernstraßenplanung bis zur Planfeststellung

Der Planfeststellung einer Bundesfernstraße vorgelagert sind die Bedarfsplanung für Bundesfernstraßen nach dem Fernstraßenausbaugesetz[126] und die Linienbestimmung durch den Bundesverkehrsminister nach § 16 FStrG. Daneben kann auch ein Raumordnungsverfahren durchgeführt werden.

---

[125] Steinberg/Berg/Wickel, Fachplanung, § 7, Rdn. 1; BVerwG, Urt. v. 10. April 1997, BVerwGE 104, 236 (251).

[126] FStrAbG vom 15. November 1993, BGBl. I S. 205.

I.   Bedarfsplanung

1.   Gegenstand der Bedarfsplanung

Die Bedarfsplanung für Bundesfernstraßen erfolgt im Rahmen der Bundesverkehrswegeplanung (BVWP). Bei der Bundesverkehrswegeplanung handelt es sich um eine Investitionsrahmenplanung, bei der Ausbauvorhaben aller Verkehrsträger, soweit der Bund für sie zuständig ist, nach gesamtwirtschaftlichen, raumordnerischen, städtebaulichen und sonstigen Kriterien bewertet und unter Berücksichtigung ihrer mutmaßlichen Auswirkungen auf Natur und Landschaft nach Dringlichkeiten gestuft werden.[127] Die Aufgabe der Bundesverkehrswegeplanung ist es, das Verkehrsnetz in seiner Funktions- und Leistungsfähigkeit zu erhalten und dem zu erwartenden Verkehrsbedarf anzupassen. Der ausgewogene Ausbau der Bundesverkehrswege – also neben dem Bundesfernstraßennetz auch des Bahnschienennetzes, der Bundeswasserstraßen und des Luftverkehrs – soll sichergestellt werden.

Obwohl nach § 2 FStrAbG der Ausbau der Bundesfernstraßen nach den im Bedarfsplan bezeichneten Stufen erfolgt, ist der Bedarfsplan selbst noch kein Bauprogramm für den Fernstraßenbau. Es fehlt insbesondere an der unmittelbaren Zuordnung von Zeit und Geld zu einem Ausbauvorhaben. Diese Zuordnung erfolgt erst in den mittelfristigen Ausbauplänen, die der Bundesminister für Verkehr nach den Vorschlägen der Länder aufstellt (Fünfjahrespläne des Bundes, § 5 FStrAbG). Diese Fünfjahrespläne müssen die Vorgaben des Bedarfsplans berücksichtigen und verteilen die voraussichtlich zur Verfügung stehenden Mittel jahresweise auf die einzelnen Baumaßnahmen, steuern die Verwirklichung im Rahmen von Dringlichkeitsreihungen und bilden den Rahmen für die Ansätze von Straßenbaumitteln im jährlichen Haushalt und die Aufstellung der Stra-

---

[127] BMV, HNL-S 99, S. 11.

ßenbaupläne nach Art. 3 des Straßenbaufinanzierungsgesetzes[128] (§ 5 Abs. 1 S. 2 FStrAbG).[129]

Der Bedarfsplan beinhaltet die Investitionsplanung für den Ausbau des Bundesfernstraßennetzes in den folgenden ein bis zwei Dekaden. Mit ihm wird der Finanzrahmen für die Gesamtinvestitionen abgesteckt und die Verteilung auf die einzelnen Bundesländer vorgenommen.[130] Die Realisierung der Planung erfolgt dann allerdings erst nach Maßgabe der Fünfjahrespläne nach § 5 FStrAbG.

Der Bedarfsplan besteht aus einer Übersichtskarte im Maßstab 1:750 000, auf der neben den bestehenden Bundesfernstraßen auch der vorgesehene Aus- und Neubau dargestellt ist und textlichen Erläuterungen hierzu. Nach § 1 Abs. 1 S. 2 FStrAbG ist der Bedarfsplan für die Bundesfernstraßen dem FStrAbG dem Gesetz als Anlage beigefügt. Er trifft Aussagen zu den folgenden Punkten:

- Art der Maßnahme (Ausbau oder Neubau, Länge, Richtquerschnitt, also 4- oder 6-spuriger Ausbau[131], sowie technische Merkmale)

- Netzeinbindung (also Festlegung von Anfangs- und Endpunkten und Verbindung zu den Knotenpunkten des bestehenden Netzes)

- Dringlichkeitsstufe („vordringlicher Bedarf", „weiterer Bedarf")

- Bedarfsbereich/Projektklasse („indisponibler Bedarf", „neue Vorhaben")

- Investitionskosten/Finanzierung

- Straßenklasse (Bundesautobahn oder Bundesstraße)

- Groß- oder Kleinprojekt[132]

Es werden also nur grobe Vorgaben für die weitere Planung der Bundesfernstraßen gemacht.

---

[128] StraFinG vom 28.März 1960, BGBl. I S.201.
[129] Stüer, HdFPl., Rdn. 1651.
[130] Hülsmann/Röthke, in: Buchwald/Engelhardt, Umweltschutz, Band 16 II, 25.
[131] Klößner, UVP, S. 50.
[132] Hülsmann/Röthke, in: Buchwald/Engelhardt, Umweltschutz, Band 16 II, 25.

Der gegenwärtig geltende Bundesverkehrswegeplan 1992 geht von einem Planungszeitraum von 1991 bis 2010 aus. Inzwischen haben sich einige Grundda-
ten, auf denen er aufbaute, wie z. B. die Prognose des Verkehrsbedarfs, als unzutreffend bzw. anpassungsbedürftig erwiesen. Der Bundesverkehrswegeplan
wird daher gegenwärtig überarbeitet. Um in der Zeit bis zur Verabschiedung des
neuen Bundesverkehrswegeplans Planungssicherheit zu gewährleisten, hat die
Bundesregierung ein „Investitionsprogramm für den Ausbau der Bundesschienenwege, Bundesfernstraßen und Bundeswasserstraßen in den Jahren 1999 bis
2002" beschlossen.

2.   Formelle Anforderungen

Es bestehen keine gesetzlichen Vorgaben für das bei der Bedarfsplanung zu beachtende Verfahren. Im Folgenden werden daher streng genommen keine formellen *Anforderungen* an die Bedarfsplanung dargestellt, sondern das Verfahren
der Erstellung des derzeit noch gültigen Bundesverkehrswegeplans 1992.

Der Bedarfsplan für die Bundesfernstraßen wird als Teil der Bundesverkehrswegeplanung vom Bundesverkehrsministerium ausgearbeitet. Entsprechend den
Vorgaben des Abwägungsgebots (vgl. § 4 FStrAbG) gliedert sich der Verfahrensablauf der Bedarfsplanung in die 3 Stufen Vorbereitung, Projektbewertung
und Projektauswahl.[133] Auf der Stufe der Vorbereitung wurden die noch nicht
abgeschlossenen bzw. noch nicht begonnenen Vorhaben aus den vorhergehenden Bedarfsplänen identifiziert und die Neuanmeldungen von Vorhaben aufgenommen.

Auf der Ebene der Projektbewertung erfolgte zunächst eine Prognose der Ver-
kehrsentwicklung für den Planungszeitraum, also für die Jahre 1991 bis 2010.
Ausgehend von diesen Daten wurden die einzelnen Projekte nach gesamtwirtschaftlichen, ökologischen (Umweltrisikoeinschätzung, URE), städtebaulichen
und sonstigen Kriterien bewertet.

---

[133] Hülsmann/Röthke, in: Buchwald/Engelhardt, Umweltschutz, Band 16 II, 25 (27).

An die Bewertung schloss sich dann die Entscheidung über die Auswahl der in den Bundesverkehrswegeplan aufzunehmenden Vorhaben durch den Bundesminister für Verkehr als Träger der Bundesverkehrswegeplanung und den Bundestag als zur Entscheidung über den Bedarfsplan für die Bundesfernstraßen zuständiges Organ an.[134]

Bei der genannten Umweltrisikoeinschätzung handelte es sich übrigens nicht um eine förmliche Umweltverträglichkeitsprüfung im Sinne des Gesetzes über die Umweltverträglichkeitsprüfung vom 12. Februar 1990 oder der diesem zugrunde liegenden gemeinschaftsrechtlichen Richtlinie. Eine solche könnte allerdings in Zukunft aufgrund des Vorschlags der Kommission für eine EG-Richtlinie über die Prüfung der Umweltauswirkungen bestimmter Pläne und Programme[135] erforderlich werden.[136]

In die Umweltrisikoeinschätzung einbezogen wurden bei der Aufstellung des Bundesverkehrswegeplans 1992 alle Straßenneubauvorhaben von über 10 km Länge.[137] Dadurch sollte gewährleistet werden, dass die mit dem Straßenbauvorhaben verbundenen Auswirkungen auf Natur und Landschaft schon frühzeitig abgeschätzt werden. Aufgrund der nur sehr groben Festlegungen des Bedarfsplans wurden auch diese Auswirkungen allerdings nur überschlägig ermittelt. Zunächst wurden für den Raum, in dem das Straßenbauvorhaben verwirklicht werden sollte, die Bedeutung und die Empfindlichkeit der betroffenen Naturpotentiale festgestellt. Anschließend wurden die Auswirkungen darauf anhand der typischen straßenbedingten Wirkungen beurteilt.[138] So wurden u. a. Informationen über bestehende und geplante Gebiete von gemeinschaftlicher Bedeutung, Europäische Vogelschutzgebiete, geschützte Arten und Lebensräume sowie über geschützte Teile von Natur und Landschaft für die Einschätzung

---

[134] Hülsmann/Röthke, in: Buchwald/Engelhardt, Umweltschutz, Band 16 II, 25 (27 ff.).

[135] BR-DrS. 277/97.

[136] Steinberg, in: Hoppe-FS, 493 (498 ff.); kritisch hierzu Rinke, in: Kodal/Krämer, Straßenrecht, Kap. 32, Rdn. 19.4.

[137] Hülsmann/Röthke, in: Buchwald/Engelhardt, Umweltschutz, Band 16 II, 25 (34).

[138] BMV, RAS-LP 1, S. 6.

der Empfindlichkeit und Bedeutung der Naturpotentiale des Planungsraums herangezogen. Außerdem wurden auch die in Landschaftsprogrammen und Landschaftsplänen festgelegten Ziele und Grundsätze berücksichtigt.[139]

Die so gewonnenen Daten wurden schließlich für jedes Straßenbauvorhaben in so genannten *Ergebnistableaus* stichwortartig zusammengefasst. Diese enthielten neben einer naturräumlich orientierten Beschreibung des betroffenen Raumes eine Darstellung der Raumbedeutung unter Umweltgesichtspunkten und der zu erwartenden thematischen und räumlichen *Konfliktbereiche*. Daneben wurde eine zusammenfassende Beurteilung des Vorhabens unter Umweltgesichtspunkten sowie Hinweise für die weitere Planung gegeben. Die Ergebnistableaus dienten somit der Aufbereitung der für umweltrelevanten Daten für die Entscheidung über die Aufnahme eines konkreten Vorhabens in den Bedarfsplan.[140]

Mit der Überarbeitung des Bundesverkehrswegeplans strebt die rot-grüne Bundesregierung eine Integration der Investitionen in Verkehrswege in ein umfassendes Verkehrskonzept an, das die Voraussetzungen für die Verlagerung möglichst großer Anteile des Straßen- und Luftverkehrs auf die Schiene und auf das Wasser schafft. Hierzu sollen unter anderem auch die Bewertungsmaßstäbe für die Bedarfsplanung überdacht werden.[141] Inwieweit daraus Veränderungen für die Datenermittlung und die Berücksichtigung des Umwelt- und Naturschutzes in der Bedarfsplanung folgen werden,[142] bleibt abzuwarten.

---

[139] BMV, HNL-S 99, S. 11; Hoppenstedt/Preising, Naturschutz und Landschaftsplanung 1993, 52 (53).

[140] Hoppenstedt/Preising, Naturschutz und Landschaftsplanung 1993, 52 (54).

[141] BMV, Investitionsprogramm, S. 6.

[142] Für ein verändertes Anforderungsprofil für den BVWP Hülsmann/Röthke, in: Buchwald/Engelhardt, Umweltschutz, Band 16 II, 25 (42 ff.); Hoppenstedt/Preising, Naturschutz und Landschaftsplanung 1993, 52 (55).

3. Materielle Anforderungen

Übergeordnetes Ziel der Bundesverkehrswegeplanung ist die Verbesserung der Wohlfahrt der Bevölkerung.[143] Zentraler Maßstab für die Aufnahme eines Vorhabens in den Bedarfsplan sind daher die von diesem ausgehenden Vor- oder Nachteile für den Wohlfahrtsgewinn. Als raumbedeutsame Fachplanung hat sie aber auch den Umweltschutz als Begleitziel zu beachten.

Bei der Bedarfsplanung unterliegt der Gesetzgeber den Schranken des Abwägungsgebots.[144] Es sind also die von der Bedarfsplanung berührten Belange soweit erkennbar zu ermitteln, ihrem objektiven Gewicht entsprechend in die Abwägung einzustellen und gegeneinander abzuwägen. § 4 2. HS FStrAbG nennt dabei beispielhaft Belange der Raumordnung, des Umweltschutzes und des Städtebaus. Der Umweltschutz umfasst dabei unter anderem auch den Naturschutz und die Landschaftspflege.[145] Ein Fernstraßenbauvorhaben ist daher nur dann in den Bedarfs-plan aufzunehmen, wenn der Gewinn für die Wohlfahrt der Bevölkerung, insbesondere aufgrund des damit befriedigten Verkehrsbedarfs, die dadurch ausgelösten Nachteile, insbesondere die in der Umweltrisikoeinschätzung ermittelten Nachteile und Konfliktpotentiale für die Umwelt, überwiegt.

Allerdings darf, auch wenn der Gesetzgeber bei seiner Entscheidung grundsätzlich an das Abwägungsgebot gebunden ist, eins nicht aus den Augen verloren werden: Bei der Frage, ob für ein Fernstraßenbauvorhaben ein Bedarf besteht, handelt es sich in erster Linie um eine „Frage des politischen Wollens und Wertens". Der Gesetzgeber hat dabei ein grundsätzlich weites Ermessen, das nur in den Fällen überschritten ist, wenn es für die jeweilige Maßnahme an *jeglicher* Notwendigkeit fehlt.[146] Auch wenn die Umweltrisikoeinschätzung also erhebli-

---

[143] Hülsmann/Röthke, in: Buchwald/Engelhardt, Umweltschutz, Band 16 II, 25 (26).

[144] Rinke, in: Kodal/Krämer, Straßenrecht, Kap. 32, Rdn. 9.

[145] Steinberg/Berg/Wickel, Fachplanung, § 7, Rdn. 54; Regierungsbegründung zum 3. FStrAbÄndG, BT-DrS. 10/4389, S. 7.

[146] BVerwG, Urt. v. 8. Juni 1995, BVerwGE 98, 339 (346 f.).

che zu erwartende Belastungen erkennen lässt, wird die Aufnahme in den Bedarfsplan praktisch nie die Grenzen des Ermessens überschreiten. Es kommt ihr also weniger Bedeutung für die Verhinderung der Aufnahme in den Bedarfsplan zu. Stattdessen liegt ihre Bedeutung für die Durchsetzung von Umweltbelangen im Rahmen der Planung darin, auf Konfliktbereiche zwischen dem Vorhaben und Belangen des Umweltschutzes, die bei der weiteren Planung nach § 16 und § 17 FStrG Anlass zu vertiefenden Untersuchungen geben, hinzuweisen.[147]

4.   Bedeutung für die Eingriffsregelung

Die Bedarfsplanung für Bundesfernstraßen trifft nur grobe Festsetzungen über die Ausgestaltung der Baumaßnahme. Wie das Vorhaben im abschließenden Planungsstadium aussehen wird, ist auf dieser Planungsebene noch nicht klar, insbesondere ist noch nicht absehbar, auf welcher Trasse die Fernstraße geführt werden wird.

Diese Informationen sind aber für die Eingriffsregelung von entscheidender Bedeutung: Denn von der Frage, durch welchen Landschaftsteil die Trasse geführt wird, hängen auch die zu erwartenden Beeinträchtigungen und davon wiederum die möglichen Vermeidungs-, Ausgleichs- und Ersatzmaßnahmen ab. Die Bedeutung der Bedarfsplanung für die naturschutzrechtliche Eingriffsregelung ist aufgrund ihrer mangelnden Detailgenauigkeit daher nur gering.

II.   Raumordnungsverfahren

Nach § 16 Abs. 1 FStrG bestimmt der Bundesminister für Verkehr im Benehmen mit den Landesplanungsbehörden der beteiligten Länder die Planung und Linienführung der Bundesfernstraßen. Dabei sind nach § 16 Abs. 2 FStrG die von dem Vorhaben berührten öffentlichen Belange einschließlich der Umweltverträglichkeit und des Ergebnisses des *Raumordnungsverfahrens* im Rahmen der Abwägung zu berücksichtigen.

---

[147] BMV, RAS-LP 1, S. 6; Hoppenstedt/Preising, Naturschutz und Landschaftsplanung 1993, 52 (54).

Nach § 15 ROG 1998[148], Art. 23 Abs. 1 Nr. 1 BayLPlG sind die raumbedeutsamen Planungen und Maßnahmen i.S.v. § 3 Nr. 6 ROG 1998, die in der auf § 17 Abs. 2 ROG 1998 gestützten Raumordnungsverordnung[149] aufgeführt sind, untereinander und mit den Erfordernissen der Raumordnung in einem Raumordnungsverfahren abzustimmen. § 1 Nr. 8 RoV verlangt ein Raumordnungsverfahren auch für den Bau einer Bundesfernstraße, die der Entscheidung nach § 16 FStrG bedarf, wenn das Vorhaben von überörtlicher Bedeutung ist. Diese überörtliche Bedeutung ist in den hier interessierenden Fällen eines planfeststellungspflichtigen Neubaus oder einer entsprechenden Änderung einer Bundesfernstraße gegeben.

Nach § 15 Abs. 2 ROG 1998 kann allerdings auch bei vorliegender überörtlicher Bedeutung des Fernstraßenbauvorhabens unter bestimmten Voraussetzungen ein Raumordnungsverfahren unterbleiben. Zweck dieser Regelung ist es, auf ein derart aufwendiges Verfahren verzichten zu können, wenn gegen die Verwirklichung des Vorhabens aus raumordnerischer Sicht keine Bedenken bestehen, ein Raumordnungsverfahren keinen weiteren Aufschluss in der Sache bringen würde oder die Berücksichtigung der Ziele der Raumordnung und Landesplanung bereits auf andere Weise gewährleistet ist.[150]

Ein Raumordnungsverfahren ist nach § 15 Abs. 2 Nr. 1 ROG 1998 überflüssig, wenn das Vorhaben bereits den Zielen der Raumordnung entspricht oder widerspricht. Derartige Ziele können in Raumordnungsplänen aller Stufen (wie z. B. in Bayern dem Landesentwicklungsprogramm (LEP) nach Art. 13 BayLPlG oder den Regionalplänen nach Art. 17 BayLPlG) enthalten sein. Allerdings müs-

---

[148] Bei § 15 ROG 1998 handelt es sich um einer Umsetzung bedürftiges Rahmenrecht. Mangels einer Umsetzung in das bayerische Landesrecht ist die Regelung daher im Moment nicht unmittelbar anwendbar. Da die Umsetzungsfrist des § 22 ROG 1998 aber mit dem 31. Dezember 2001 abläuft, die Umsetzung daher unmittelbar bevorsteht, wird im Folgenden schwerpunktmäßig die bundesrahmenrechtliche Regelung dargestellt. Soweit das bayerische Landesrecht dem entspricht, wird es ergänzend zitiert, soweit es bundesrechtlich eröffnete Spielräume ausfüllt, beschränkt sich die Darstellung auf das Landesrecht.

[149] RoV vom 13. Dezember 1990, BGBl. I S. 2766.

[150] Cholewa, in: Cholewa u. a., ROG, § 15, Rdn. 96.

sen die Ziele bereits hinreichend konkret sein, um das Vorhaben zu verhindern bzw. ein Raumordnungsverfahren überflüssig zu machen.

Ist also z. B. bereits im Landesentwicklungsprogramm an der im Bedarfsplan vorgesehenen Stelle eine Bundesfernstraße vorgesehen, so entspricht das Vorhaben den Erfordernissen der Raumordnung, das Raumordnungsverfahren kann hier keine neuen Erkenntnisse mehr bringen und ist überflüssig.

Steht dagegen ein hinreichend konkretes Ziel der Raumordnung dem Vorhaben entgegen, so muss ein Raumordnungsverfahren nicht durchgeführt werden, da das Vorhaben schon wegen des Widerspruchs zu Zielen der Raumordnung keine Erfolgsaussichten hat, § 4 Abs. 1 ROG 1998. Die Landesplanungsbehörde kann aber nach § 11 ROG 1998[151] ein Zielabweichungsverfahren einleiten. Wird dieses Verfahren erfolgreich abgeschlossen, so greift die Ausnahme des § 15 Abs. 2 Nr. 1 ROG 1998 nicht mehr ein, ein Raumordnungsverfahren ist dann durchzuführen.

Im vorliegenden Falle uninteressant sind dagegen die Ausnahmen des § 15 Abs. 2 Nr. 2 und 3 ROG 1998: Während Nr. 2 nur Vorhaben betrifft, die nicht planfeststellungspflichtig sind, fehlt es für Nr. 3 bei der Fernstraßenplanung an einem vorherigen Abstimmungsverfahren unter Beteiligung der Landesplanungsbehörde.

Vor der Linienbestimmung nach § 16 FStrG ist daher ein Raumordnungsverfahren durchzuführen, es sei denn, die Planung entspricht bereits einem hinreichend konkreten Ziel der Raumordnung.

Kommt es nicht zur Durchführung eines Raumordnungsverfahrens, so erteilt die zuständige Landesplanungsbehörde im Verfahren der Linienbestimmung nach § 16 FStrG eine landesplanerische Stellungnahme, die dem Bundesminister für Verkehr zugeleitet wird.[152]

---

[151] In Bayern mangels landesgesetzlicher Umsetzung des § 11 ROG 1998 gegenwärtig nach § 23 AbS. 2 i.V.m. § 11 ROG 1998.

[152] BMV, Hinweise zu § 16 FStrG, S. 228.

1.   Gegenstand des Raumordnungsverfahrens

Im Gegensatz zur Aufstellung von Raumordnungsplänen geht es beim Raumordnungsverfahren nicht um die Aufstellung verbindlicher Ziele der Raumordnung, sondern stattdessen darum, vor der das Verfahren abschließenden Verwaltungsentscheidung frühzeitig die Vorfrage der raumordnerischen Verträglichkeit des Vorhabens zu prüfen.[153]

Nach § 15 Abs. 1 Satz 2 ROG 1998, dem Art. 23 Abs. 2 BayLPlG weitgehend entspricht, wird durch das Raumordnungsverfahren festgestellt, (1) *ob* raumbedeutsame Planungen oder Maßnahmen mit den Erfordernissen der Raumordnung übereinstimmen und (2) *wie* raumbedeutsame Planungen und Maßnahmen unter den Gesichtspunkten der Raumordnung aufeinander abgestimmt oder durchgeführt werden können. Das Raumordnungsverfahren hat demnach zwei Aufgaben zu erfüllen, die als „Feststellungsaufgabe" und „Abstimmungsaufgabe" bezeichnet werden können.[154] Es ist also einerseits festzustellen, ob die Planung mit den Erfordernissen der Raumordnung (§ 3 Nr. 1 ROG 1998) übereinstimmt. Ist dies der Fall, so ist die Feststellungsaufgabe erfüllt.[155]

Soweit dies nicht der Fall ist, hat das Raumordnungsverfahren Wege aufzuzeigen, wie Planungen und Maßnahmen unter den Gesichtspunkten der Raumordnung aufeinander abgestimmt oder durchgeführt werden können (Abstimmungsaufgabe). Neben der Abstimmung mehrerer Planungen untereinander bedeutet dies, dass Wege aufzuzeigen sind, wie die Raumverträglichkeit im Sinne der Feststellungsaufgabe hergestellt werden kann.[156]

§ 15 Abs. 1 Satz 3 ROG 1998 stellt klar, dass sich das Raumordnungsverfahren nur mit den Auswirkungen der Planung unter *überörtlichen* Gesichtspunkten befasst. Es ist also ein großräumiger, nicht ins Detail gehender Maßstab anzuwenden. Dies entspricht dem Verständnis der Raumordnung als zusammenfas-

---

[153] BVerwG, Urt. v. 20. Januar 1984, BVerwGE 68, 311 (318).
[154] Erbguth/Schoeneberg, Raumordnung, S. 166.
[155] Cholewa, in: Cholewa u. a., ROG, § 15, Rdn. 62.
[156] Cholewa, in: Cholewa u. a., ROG, § 15, Rdn. 63 ff.

sender, *überörtlicher* und übergeordneter Planung zur Ordnung und Entwicklung des Raumes.[157]

Unter anderem gehört zum Prüfungsgegenstand des Raumordnungsverfahrens auch die Prüfung der vom Träger der Planung eingeführten Trassenalternativen, worauf § 15 Abs. 1 Satz 4 ROG 1998 klarstellend hinweist. Eine darüber hinausgehende Prüfung auch von Trassenalternativen, die nicht vom Planungsträger, sondern von anderen Behörden, Naturschutzverbänden oder der Öffentlichkeit eingeführt wurden, sieht weder das Bundes- noch das bayerische Landesrecht vor.

2. Formelle Anforderungen

Nach Art. 23 Abs. 4 Nr. 1 BayLPlG ist das Staatsministerium für Landesentwicklung und Umweltfragen als oberste Landesplanungsbehörde (Art. 5 Abs. 1 BayLPlG) zuständig bei Vorhaben des Bundes, die für die Entwicklung des Staatsgebiets oder größerer Teile desselben raumbedeutsam sind. Diese Voraussetzung ist planfeststellungspflichtigen Fernstraßenbauvorhaben regelmäßig gegeben. Nach Art. 23 Abs. 4 Satz 2 BayLPlG besteht die Möglichkeit der Übertragung einzelner Verfahrensschritte auf die höheren Landesplanungsbehörden, die Regierungen (Art. 5 Abs. 1 BayLPlG).

Die Einleitung des Verfahrens erfolgt nach Art. 23 Abs. 3 BayLPlG auf Antrag eines Planungsträgers oder von Amts wegen. Nach § 15 Abs. 7 Satz 1 ROG 1998 ist im Interesse der Verfahrensbeschleunigung innerhalb von 4 Wochen nach Einreichung der erforderlichen Unterlagen zu entscheiden, ob ein Raumordnungsverfahren durchgeführt wird. § 15 Abs. 4 Satz 2 ROG 1998 fordert, dass die Entscheidung über die Einleitung des Verfahrens bei Vorhaben des Bundes nach § 5 ROG 1998 im Benehmen mit der für dieses Vorhaben zuständigen Stelle erfolgt. Damit ist im Falle der Fernstraßenplanung das Benehmen mit der Landesstraßenbaubehörde als der für die Vorbereitung der Linienbestimmung zuständigen Stelle (vgl. III. 2.) herzustellen. Das Benehmen stellt die

---

[157] BVerfG, Rechtsgutachten v. 16. Juni 1954, BVerfGE 3, 407 (425 f.).

schwächste Form der Beteiligung einer anderen Behörde dar und erfordert keine Zustimmung, sondern nur, dass der anderen Stelle ausreichend Gelegenheit zur Darstellung seiner Vorstellungen gegeben wird.[158]

Nach § 15 Abs. 3 Satz 2 ROG 1998, Art. 23 Abs. 5 Satz 1 BayLPlG haben sich die Verfahrensunterlagen auf die Darstellungstiefe zu beschränken, die erforderlich ist, um eine Bewertung der unter überörtlichen Gesichtspunkten raumbedeutsamen Auswirkungen des Vorhabens zu ermöglichen. Entsprechend dem Gegenstand des Raumordnungsverfahrens werden daher keine detaillierten Unterlagen verlangt. Nach Art. 23 Abs. 5 Satz 2 Nr. 1 BayLPlG hat der Vorhabenträger die von ihm geprüften Standort- oder Trassenalternativen unter Einschluss der wesentlichen Auswahlgründe darzustellen. Damit wird die Pflicht zur Alternativenprüfung nach § 15 Abs. 1 Satz 4 ROG 1998 auf verfahrensrechtlicher Ebene gewährleistet.

Daneben ist nach Art. 23 Abs. 5 Satz 2 Nr. 2 BayLPlG noch die Beschreibung der nach dem Planungsstand zu erwartenden erheblichen Auswirkungen des Vorhabens auf die Umwelt und der Maßnahmen zur *Vermeidung, Verminderung* oder zum *Ausgleich* erheblicher Umweltbeeinträchtigungen sowie der *Ersatzmaßnahmen* bei nicht ausgleichbaren Eingriffen in Natur und Landschaft zu nennen. Damit wird durch das Verfahrensrecht sichergestellt, dass die naturschutzrechtliche Eingriffsregelung bereits auf der Ebene des Raumordnungsverfahrens in die Planung einbezogen wird. Aufgrund des überörtlichen Maßstabs des Raumordnungsverfahrens kann es hierbei jedoch nur um relativ ungenaue Darstellungen gehen, parzellenscharfe Darstellungen sind in diesem Verfahrensstadium noch nicht möglich.

Nach § 15 Abs. 4 Satz 1 ROG 1998, Art. 23 Abs. 6 BayLPlG sind die von dem Vorhaben berührten öffentlichen und sonstigen Planungsträger zu beteiligen. Die bayerische Regelung sieht zudem eine Beteiligung der nach § 29 BNatSchG anerkannten Naturschutzverbände vor.

---

[158] Cholewa, in : Cholewa u. a., ROG, § 15,Rdn. 130.

Gemäß § 15 Abs. 6 ROG 1998 kann die Beteiligung der Öffentlichkeit landes-
gesetzlich vorgesehen werden. Art. 23 Abs. 7 BayLPlG sieht grundsätzlich eine
Einbeziehung der Öffentlichkeit vor, wenn von dem Vorhaben erhebliche Auswirkungen auf die Umwelt zu erwarten sind, wie es in den Fällen einer planfeststellungspflichtigen Fernstraßenplanung regelmäßig der Fall ist. Die Regelung
verlangt eine Auslegung der vorgelegten Unterlagen in den betroffenen Gemeinden und die Weiterleitung der Äußerungen der Öffentlichkeit an die Landesplanungsbehörde. Das Ergebnis des Raumordnungsverfahrens ist durch ortsübliche Bekanntmachung bekanntzugeben.

Die Neuregelung des § 15 Abs. 7 Satz 2 ROG 1998 fordert schließlich, dass das
Raumordnungsverfahren im Interesse der zügigen Erledigung von Genehmi-
gungsverfahren innerhalb von 6 Monaten ab Vorliegen der vollständigen
Unterlagen abzuschließen ist.

§ 16 UVPG eröffnet die Möglichkeit, die raumbedeutsamen Auswirkungen eines Vorhabens auf die Schutzgüter des § 2 Abs. 1 Satz 2 UVPG bereits im
Rahmen des Raumordnungsverfahrens zu ermitteln, beschreiben und zu bewerten. Zur Verwirklichung des die Umweltverträglichkeitsprüfung prägenden
Grundsatzes der Frühzeitigkeit (§ 1 Nr. 1 UVPG)[159] soll dies dazu beitragen,
einen umweltunverträglichen Vorhabenstandort frühzeitig zu erkennen und aus
dem weiteren Planungsprozess auszuscheiden. Damit soll das Zulassungsverfahren von einem wesentlichen Prüfungsinhalt entlastet und beschleunigt werden.[160]
Eine Entlastung findet jedoch nur statt, wenn keine doppelte Prüfung dieser
Aspekte erfolgt. Dementsprechend regelt § 16 Abs. 3 UVPG, dass im nachfolgenden Verfahren auf die Vorlage von Unterlagen (§ 6 UVPG), die Behördenbeteiligung (§§ 7 und 8 UVPG), die Öffentlichkeitsbeteiligung (§ 9 UVPG) sowie
die zusammenfassende Darstellung und Bewertung von Umweltauswirkungen
(§§ 11 und 12 UVPG) verzichtet werden soll, wenn diesen Bestimmungen bereits im Rahmen des Raumordnungsverfahrens Rechnung getragen wurde. Wur-

---

[159] Appold, in: Hoppe, UVPG, § 1, Rdn. 27.
[160] Wagner, in: Hoppe, UVPG, § 16, Rdn. 3.

den bei der Öffentlichkeitsbeteiligung gar die Anforderungen des § 15 Abs. 2 UVPG erfüllt, so ist nach § 15 Abs. 1 Satz 2 UVPG eine Umweltverträglichkeitsprüfung im Verfahren der Linienbestimmung gänzlich überflüssig.

Gleichwohl ist die Prüfung der Umweltverträglichkeit im Raumordnungsverfahren nicht zwingend, sie steht vielmehr im Ermessen der Landesplanungsbehörde.[161]

3. Materielle Anforderungen

Das Raumordnungsverfahren zielt auf eine Abstimmung eines konkreten Vorhabens einerseits mit den *Erfordernissen der Raumordnung* und andererseits mit anderen raumbedeutsamen Planungen und Maßnahmen ab (§ 15 Abs. 1 Satz 1 ROG 1998, Art. 23 Abs. 2 BayLPlG).

Unter den Erfordernissen der Raumordnung versteht man nach § 3 Nr. 1 ROG 1998 die *Ziele* der Raumordnung, wie sie in den raumordnerischen Plänen aufgestellt werden, die *Grundsätze* der Raumordnung wie sie sich in § 2 Abs. 2 ROG 1998, nach § 2 Abs. 3 1.HS ROG 1998 in den Landesplanungsgesetzen, oder nach § 2 Abs. 3 2.HS ROG 1998 auch in den landesplanerischen Programmen und Plänen finden und die *sonstigen Erfordernisse der Raumordnung* i.S.v. § 3 Nr. 4 ROG 1998 (in Aufstellung befindliche Ziele der Raumordnung, Ergebnisse förmlicher landesplanerischer Verfahren wie des Raumordnungsverfahrens und landesplanerische Stellungnahmen). Je nachdem, welches dieser Erfordernisse der Raumordnung konkret betroffen ist, unterscheidet sich auch die Prüfung der Raumverträglichkeit.

Soweit hinreichend konkrete *Ziele* der Raumordnung vorliegen ist das Vorhaben an den Zielen, die vom Träger der Fernstraßenplanung nach § 4 ROG 1998 zu beachten sind, zu messen. Stimmt das Vorhaben mit den Zielen überein, so ist die Feststellungsaufgabe erfüllt. Tut es das nicht, und lässt sich eine Übereinstimmung auch nicht unter bestimmten Maßgaben erreichen, so bleibt der Lan-

---

[161] Gassner/Winkelbrandt, UVP, S. 27; Rinke, in: Kodal/Krämer, Straßenrecht, Kap. 33, Rdn. 15.3.

desplanungsbehörde die Möglichkeit, ein Zielabweichungsverfahren nach § 23 Abs. 2 i.V.m. § 11 ROG 1998 durchzuführen, wenn durch die Abweichung nicht die Grundzüge des raumordnerischen Plans, in dem das Ziel enthalten ist, berührt werden.[162] Wird das Zielabweichungsverfahren erfolgreich abgeschlossen, so steht das Ziel der Raumverträglichkeit nicht mehr entgegen.

Sind die Ziele der Raumordnung allerdings nicht hinreichend konkretisiert, dann kann sich die Landesplanungsbehörde nicht darauf beschränken, die Übereinstimmung des Ziels mit dem geplanten Vorhaben zu überprüfen. Denn derartige, vor allem in höherstufigen Raumordnungsplänen wie dem Landesentwicklungsprogramm nach Art. 13 BayLPlG vorkommende Ziele sind regelmäßig auf eine Konkretisierung in niederstufigen Raumordnungsplänen angelegt und können daher im Einzelfall miteinander konkurrieren. Der Landesplanungsbehörde kommt daher die Aufgabe der „ausdeutenden Konkretisierung" der Ziele für den konkreten Fall zu.[163] Sie hat unter Heranziehung der Grundsätze der Raumordnung zu prüfen, welche Entwicklung des betroffenen Raums unter den Gesichtspunkten der Raumordnung anzustreben ist.[164]

Neben diese im Grundsatz strikte Bindung an die Ziele der Raumordnung tritt die Abwägung der Grundsätze und sonstigen Erfordernisse der Raumordnung. Die raumbedeutsamen Auswirkungen des Vorhabens auf die in den Grundsätzen der Raumordnung genannten Belange sind zu ermitteln, bewerten und gegeneinander abzuwägen. Dabei gelten die allgemeinen Anforderungen des Abwägungsgebots (vgl. unten B. II. 5.).[165]

Das Raumordnungsverfahren ist grundsätzlich auf die Prüfung der Raumverträglichkeit einer konkreten Planung gerichtet.[166] Nach § 15 Abs. 2 Satz 4 ROG 1998 ist jedoch auch die Prüfung der vom Träger eingeführten Standort- oder Trassenalternativen erforderlich. Die Prüfung beschränkt sich aber auf die Al-

---

[162] Dyong, in: Cholewa u. a., ROG, § 11, Rdn. 2, 5.

[163] Erbguth/Schoeneberg, Raumordnung, S. 171.

[164] Heigl/Hosch, Raumordnung in Bayern, Art. 23, Rdn. 10.

[165] Cholewa, in: Cholewa u. a., ROG, § 15, Rdn. 74 ff.

[166] Erbguth/Schoeneberg, Raumordnung, S. 177.

ternativen, die vom Vorhabenträger selbst in das Verfahren eingeführt und damit konkret in Erwägung gezogen werden. Eine Prüfung weiterer Alternativen ist auch nach Art. 23 BayLPlG nicht vorgesehen, wäre aber mit den rahmenrechtlichen Vorgaben des ROG 1998 vereinbar.[167]

Hat der Vorhabenträger bisher keine alternativen Trassenführungen geprüft, so kann die Landesplanungsbehörde eine solche Prüfung bzw. die Vorlage entsprechender Unterlagen nur informell anregen, wenn sie andere Trassen für unter den raumordnerischen Gesichtspunkten geeigneter hält. Aber auch wenn der Vorhabenträger, wie im Regelfall, dieser Anregung nachkommt, stellt das Raumordnungsverfahren kein „Suchverfahren" für die unter raumordnerischen Gesichtspunkten am besten geeignete Trasse dar.[168] Es bleibt grundsätzlich bei der Überprüfung der beantragten Planung, aber unter Berücksichtigung bestimmter Trassenalternativen.

Ergebnis des Raumordnungsverfahrens ist insoweit daher die Feststellung, welche Trassenvariante aus der Sicht der Raumordnung gegenüber anderen vorzugswürdig ist („Standortpräferenz").[169] Der Vorhabenträger kann für die weitere Planung davon ausgehen, dass diese Trassenführung mit den Erfordernissen der Raumordnung übereinstimmt.

4. Bedeutung für die Eingriffsregelung

Das Raumordnungsverfahren erlangt in zweierlei Hinsicht Bedeutung für die naturschutzrechtliche Eingriffsregelung. Auf der einen Seite endet das Raumordnungsverfahren mit einem Vorschlag für eine unter raumordnerischen Gesichtspunkten vorzugswürdige Trassenführung. Auch wenn damit noch keine parzellenscharfe Festlegung getroffen wird und der Planungsträger sich nach § 4 Abs. 2 ROG 1998 über diesen Vorschlag im Rahmen der planerischen Abwägung hinwegsetzen kann, ist damit doch eine gewisse Vorentscheidung für die

---

[167] Cholewa, in: Cholewa u. a., ROG, § 15,Rdn. 77.
[168] Erbguth/Schoeneberg, Raumordnung, S. 176.
[169] Erbguth/Schoeneberg, Raumordnung, S. 177.

Frage, welches Gebiet von dem Vorhaben betroffen sein wird, gefallen. Regelmäßig wird dann auch die im Raumordnungsverfahren befürwortete Variante in der Planung weiterverfolgt.[170] Das Raumordnungsverfahren hat also eine nicht zu unterschätzende Bedeutung für die Gestalt der Planung, deren Folgen für Natur und Landschaft die Eingriffsregelung bewältigen soll.

Auf der anderen Seite trägt die gesetzliche Regelung des Raumordnungsverfahrens bereits den einzelnen Anforderungen der naturschutzrechtlichen Eingriffsregelung Rechnung. Dies erfolgt zunächst über Bestimmungen des formellen Rechts. So verlangt Art. 23 Abs. 5 Nr. 2 BayLPlG als Teil der Verfahrensunterlagen neben einer Beschreibung der zu erwartenden erheblichen Auswirkungen des Vorhabens u. a. auf die Umwelt auch eine Beschreibung der Maßnahmen zur Vermeidung, Verminderung oder zum Ausgleich erheblicher Umweltbeeinträchtigungen sowie der Ersatzmaßnahmen bei nicht ausgleichbaren Eingriffen in Natur und Landschaft. Der Vorhabenträger hat also bereits in diesem vergleichsweise frühen Stadium die Auswirkungen auf die Umwelt zu ermitteln, nach den Kriterien erheblich und unerheblich zu bewerten und der Landesplanungsbehörde vorzulegen. Daneben und darauf aufbauend muss er sich aber auch Gedanken über die Möglichkeiten des Vermeidung, der Verminderung und des Ausgleichs dieser Auswirkungen machen. Obwohl wegen der fehlenden Parzellenschärfe also noch keine genauen Maßnahmen für die Vermeidung etc. angeordnet werden können, werden die Anforderungen der naturschutzrechtlichen Eingriffsregelung damit auf diese frühe Verfahrensebene vorverlagert. Die Bestimmung trägt der Erkenntnis Rechnung, dass eine wirksame Umweltvorsorge, der auch die Eingriffsregelung verpflichtet ist (vgl. Teil 1, B.), nur dann möglich ist, wenn sie bereits möglichst frühzeitig, also zu einem Zeitpunkt, an dem noch keine rechtlichen oder faktischen Bindungen im Entscheidungsprozess eingetreten sind, einsetzt.[171]

---

[170] Rößling, Vorbereitung der Eingriffsregelung, S. 36; Erbguth/Schoeneberg, Raumordnung, S. 176 f.

[171] Vgl. zum Grundsatz der Frühzeitigkeit in § 1 UVPG Appold, in: Hoppe, UVPG, § 1, Rdn. 26.

Die formellrechtliche Bestimmung des Art. 23 Abs. 5 Nr. 2 BayLPlG wird auch materiellrechtlich abgesichert. Auch durch Ziele und Grundsätze der Raumordnung wird die Berücksichtigung der naturschutzrechtlichen Eingriffsregelung bereits im Raumordnungsverfahren ermöglicht.

So können Raumordnungspläne nach § 7 Abs. 2 Satz 2 ROG 1998 bestimmen, dass im Plangebiet unvermeidbare Beeinträchtigungen der Leistungsfähigkeit des Naturhaushalts oder des Landschaftsbildes *an anderer Stelle* ausgeglichen, ersetzt oder gemindert werden können. Entgegen ihrem Wortlaut kann die Bestimmung wegen des funktionalen Ausgleichsbegriffs (vgl. Teil 3, B. IV.) zwar nur für Ersatzmaßnahmen relevant werden, gleichwohl muss sich die Landesplanungsbehörde, soweit entsprechende Festsetzungen bestehen, mit der naturschutzrechtlichen Eingriffsregelung auseinandersetzen. Über § 7 Abs. 2 Satz 2 ROG 1998 können daher auch Raumordnungspläne einen unmittelbaren Beitrag zur Vorbereitung der Eingriffsregelung leisten.

Daneben nehmen auch verschiedene Grundsätze der Raumordnung auf die Eingriffsregelung Bezug. So verpflichtet § 2 Abs. 2 Nr. 8 Satz 4 ROG 1998 dazu, die Beeinträchtigungen des Naturhaushalts auszugleichen. In die gleiche Richtung deutet der Grundsatz des Art. 2 Nr. 12 BayLPlG. Nach dessen Satz 1 sollen die Landschaft und das Gleichgewicht des Naturhaushalts nicht nachteilig verändert werden. Die Bestimmung steht im Zusammenhang mit der Zielrichtung der Eingriffsregelung und insbesondere mit dem Vermeidungsgebot. Für unvermeidbare Beeinträchtigungen fordert Satz 2 einen Ausgleich durch landschaftspflegerische Maßnahmen und stellt damit einen Bezug zum Ausgleichsgebot der Eingriffsregelung her.

Die Anforderungen der naturschutzrechtlichen Eingriffsregelung sind damit auch im Rahmen der raumordnerischen Abwägung zu beachten. Sie stellen dort allerdings nur abwägungserhebliche Belange dar, die hinter andere Belange zurückgestellt werden können. Gleichwohl ist es grundsätzlich möglich, dass die Frage der Vermeidbarkeit oder Ausgleichbarkeit von Beeinträchtigungen bei der Auswahl der raumverträglichsten Trasse den Ausschlag gibt.

III. Linienbestimmung

Im Anschluss an das Raumordnungsverfahren erfolgt die Linienbestimmung durch den Bundesminister für Verkehr nach § 16 FStrG. Sie baut auf den Vorgaben der Bedarfsplanung und dem Ergebnis des Raumordnungsverfahrens auf und stellt damit eine weitere Planungsstufe auf dem Weg zur abschließenden Planfeststellung dar.

1.   Gegenstand des Linienbestimmungsverfahrens

Die Linienbestimmung konkretisiert die Vorgaben des Bedarfsplans und verfeinert die Planung insofern weiter. Neben den bereits im Bedarfsplan festgelegten Aspekten der Straßengattung (Bundesstraße oder Bundesautobahn), dem Richtquerschnitt (Zahl der Fahrstreifen) und der Netzeinbindung (Verbindung mit den Knotenpunkten des bestehenden Netzes) werden daher in der Linienbestimmung die folgenden Punkte bestimmt:

- Anfangs- und Endpunkt der Straße

- grundsätzlicher Verlauf der Trasse

- Schnittstellen mit Anlagen anderer Verkehrsträger

- Streckencharakteristik

- ungefähre Lage zu berührten oder benachbarten Ortschaften

- ungefähre Lage zu schutzbedürftigen Bereichen (z. B. Wohngebieten, Wasserschutzgebieten, Schutzgebieten nach §§ 12 ff. BNatSchG)

- ungefähre Lage zu militärischen Schutzbereichen, Altlastenverdachtsflächen sowie von Anlagen, von denen besondere Gefahren für die Straße ausgehen können wie Flugplätzen, Steinbrüchen

- Führung der Straße über Brücken, auf Dämmen, in Einschnitten oder Tunneln, soweit diese Festlegungen nach dem Stand der Planung für die

Beurteilung der Auswirkungen des Vorhabens erforderlich und möglich sind.[172]

Die Festlegungen der Linienbestimmung erfolgen regelmäßig im Maßstab von 1:25 000.[173] Damit liegt ein Maßstab vor, der zwar bereits genauer ist als der für die Bedarfsplanung gewählte von 1:750 000, der aber für die weitere Konkretisierung in der Planfeststellung noch einigen Gestaltungsspielraum lässt und insbesondere keine parzellenscharfen Festlegungen treffen kann.

Die Linienbestimmung hat den Charakter einer die endgültige Planung vorbereitenden Grundentscheidung und ist als solche zwar weniger konkret und verbindlich als die Planfeststellung, gleichwohl ist sie aber bereits auf einen Ausgleich der verschiedenen Belange einschließlich der Umweltbelange gerichtet.[174] § 16 Abs. 2 FStrG verdeutlicht dies, indem er die Linienbestimmung materiellrechtlich von einer Abwägung abhängig macht. Das Abwägungsgebot verlangt aber auch eine Prüfung alternativer Varianten des Vorhabens, die von der Sache her naheliegen, sich ernsthaft anbieten oder sogar aufdrängen.[175] Wegen des wenig detaillierten Maßstabs der Linienbestimmung kommt ihr eine besondere Bedeutung insbesondere bei der Auswahl von großräumigen Trassenalternativen zu,[176] also z. B. für die Frage, ob eine Bundesfernstraße westlich oder östlich um ein Naturschutzgebiet oder eine Stadt herumgeführt werden soll. Die Auswahl kleinräumiger Varianten bleibt dagegen in jedem Fall Aufgabe des Planfeststellungsverfahrens.

Eine besondere Bedeutung kommt der Linienbestimmung insbesondere für die Prüfung der so genannten „Nullvariante", also der Möglichkeit des vollständigen

---

[172] BMV, Hinweise zu §16 FStrG, S. 224; Rinke, in: Kodal/Krämer, Straßenrecht, Kap. 33, Rdn. 2.

[173] BMV, Hinweise zu §16 FStrG, S. 227 f.

[174] BVerwG, Urt. v. 10. April 1997, BVerwGE 104, 236 (251); BVerwG, Urt. v. 26. Juni 1981, BVerwGE 62, 342 (344).

[175] BVerwG, Urt. v 22. März 1985, BVerwGE 71, 166 (171); BMV, Hinweise zu § 16 FStrG, S. 224.

[176] Steinberg/Berg/Wickel, Fachplanung, § 7, Rdn. 67.

Verzichts auf die Maßnahme, zu. Die Aufnahme eines längeren Fernstraßenbauvorhabens in den Bedarfsplan für Bundesfernstraßen ist zwar nach § 1 Abs. 2
Satz 2 FStrAbG hinsichtlich der Feststellung des Bedarfs für die nachfolgenden
Planungsstufen verbindlich, dies entbindet den Planungsträger aber nicht von
der aus dem Abwägungsgebot folgenden Pflicht, die für das Vorhaben sprechenden Belange gegen die durch dieses ausgelösten Beeinträchtigungen u. a.
von Natur und Landschaft abzuwägen. Die Stufe der Linienbestimmung ist hierfür in besonderer Weise geeignet, da die Planfeststellung für Bundesfernstraßen
regelmäßig abschnittsweise erfolgt, eine Betrachtung der gesamten Trasse in der
Planfeststellung also nur noch schwer möglich ist. Dagegen wird in der Linienbestimmung die gesamte Trasse zwischen den im Bedarfsplan festgelegten Ver-
knüpfungspunkten mit dem bestehenden Straßennetz in den Blick genommen.
Damit bietet sich die Möglichkeit, die für und gegen die gesamte Trasse sprechenden Belange in globaler Form zu ermitteln und gegeneinander abzuwägen.
Auch angesichts der vergleichsweise geringen Genauigkeit kann dies bei der
Linienbestimmung erfolgen, da gegen das Gesamtvorhaben sprechende Belange
regelmäßig so gewichtig sind, dass sie bereits aufgrund des dieser Planungsstufe
eigenen grobmaschigen Maßstabs ermittelt und bewertet werden können. Ist eine Abwägung hinsichtlich der „Nullvariante" bei der Linienbestimmung dagegen aus praktischen Gründen noch nicht möglich oder ergeben sich im Planfeststellungsverfahren insoweit neue Erkenntnisse, so ist im Planfeststellungsverfahren nachzubessern.[177]

Adressaten der Linienbestimmung sind ausschließlich die mit der Fernstraßenplanung befassten Straßenbaubehörden der Länder.[178] Damit fehlt es ihr an einer
unmittelbaren Außenwirkung, weshalb sie auch keinen Verwaltungsakt dar-

---

[177] BVerwG, Urt. v. 10. April 1997, BVerwGE 104, 236 (253); Steinberg/Berg/Wickel,
Fachplanung, § 7, Rdn. 67.
[178] Steinberg/Berg/Wickel, Fachplanung, § 7, Rdn. 74 m.w.N.

stellt.[179] Ihre Rechtswirkungen beschränken sich stattdessen ausschließlich auf den Innenraum der Verwaltung, indem die für die der Linienbestimmung nachfolgende Planfeststellung zuständige Behörde an die in der Linienbestimmung getroffene Vorentscheidung gebunden ist (vgl. unten B. II. 2. c)). Die Linienbestimmung ist für die Planfeststellungsbehörde im Innenverhältnis bindend und geht im Planfeststellungsbeschluss auf. Anfechtbar ist sie daher nur als Teil des Planfeststellungsbeschlusses.[180]

2. Formelle Anforderungen

Für die Entscheidung über die Linienbestimmung ist nach § 16 Abs. 1 FStrG der Bundesminister für Verkehr zuständig. Dies stellt eine Ausnahme vom Grundsatz der Auftragsverwaltung der Bundesfernstraßen durch die Länder nach Art. 90 Abs. 2 GG dar. Ihre verfassungsrechtliche Rechtfertigung findet sie aus der Überlegung heraus, dass die Linienbestimmung wegen ihrer über die Grenzen eines Landes hinausgehenden Bedeutung im gesamtstaatlichen Planungszusammenhang gesehen werden muss und daher sinnvoll nur durch den Bund geleistet werden kann. Insofern nimmt der Bundesminister für Verkehr eine Verwaltungskompetenz kraft Natur der Sache wahr.[181]

Diese Zuständigkeit betrifft jedoch nur die endgültige Entscheidung über die Linienführung. Die Straßenbaulast für die Bundesfernstraßen umfasst dagegen alle mit dem Bau und der Unterhaltung der Bundesfernstraßen zusammenhängenden Aufgaben, und damit auch die Vorbereitung der Linienbestimmung. Aus diesem Grunde erfolgt die Ausarbeitung der erforderlichen Unterlagen und insbesondere auch die Durchführung einer etwaigen Umweltverträglichkeitsprü-

---

[179] Rinke, in: Kodal/Krämer, Straßenrecht, Kap. 33, Rdn. 18; BMV, Hinweise zu § 16 FStrG, S. 228; BVerwG, Beschl. v. 22.6.1993, VkBl. 1995, 210; BVerwG, Urt. v. 26.6.1981, BVerwGE 62, 342 (344).

[180] BVerwG, Urt. v. 10. April 1997, BVerwGE 104, 236 (252).

[181] Rinke, in: Kodal/Krämer, Straßenrecht, Kap. 33, Rdn. 10.1; Bartlsperger, in: Bonner Kommentar, Art. 90, Rdn. 74 (Stand: Juli 1969); BVerwG, Urt. v. 26.6.1981, BVerwGE 62, 342 (344).

fung durch die Straßenbaubehörden der Länder, in Bayern durch die Autobahndirektionen Nord- und Südbayern (Art. 62a Abs. 1 Nr. 1 BayStrWG). Der Sache nach reduziert sich die Zuständigkeit des Bundesministers für Verkehr daher auf einen verfassungsrechtlich unproblematischen Zustimmungsvorbehalt.[182]

§ 16 FStrG enthält keine detaillierten Bestimmungen über das bei der Linienbestimmung zu beachtende Verfahren. Sie kann daher in jeder geeigneten Form erfolgen.[183] Mittelbar ergeben sich formelle Anforderungen aus dem Gesetz über die Umweltverträglichkeitsprüfung. Im übrigen regeln die – für die Länderbehörden nicht unmittelbar verbindlichen[184] – „Hinweise zu § 16 FStrG" des Bundesverkehrsministeriums[185] das Verfahren.

Nach § 15 Abs. 1 Satz 1 UVPG wird die Umweltverträglichkeit im Rahmen der Linienbestimmung nach dem jeweiligen Verfahrensstand geprüft. Dies ist nur dann nicht erforderlich, wenn bereits im Rahmen eines Raumordnungsverfahrens eine Umweltverträglichkeitsprüfung durchgeführt wurde und die Anforderungen des § 15 Abs. 2 UVPG an die Öffentlichkeitsbeteiligung dabei berücksichtigt wurden, § 15 Abs. 1 Satz 2 UVPG.

§ 15 Abs. 1 UVPG fordert also grundsätzlich eine vollständige förmliche Umweltverträglichkeitsprüfung. Einschränkungen folgen nur aus dem Umstand, dass die Prüfung auf den Stand der Planung beschränkt ist, also noch nicht die Detailgenauigkeit wie bei der Planfeststellung aufweisen muss. So sind also die nach § 6 UVPG erforderlichen Unterlagen vorzulegen.[186] Unter dem Gesichtspunkt der naturschutzrechtlichen Eingriffsregelung ist dabei vor allem § 6 Abs. 3 Nr. 3 UVPG von Interesse, die Beschreibung der Maßnahmen zur *Vermeidung*, zur *Verminderung* oder zum *Ausgleich* von Beeinträchtigungen sowie der *Ersatzmaßnahmen*. Wie bereits im Raumordnungsverfahren wird der Pla-

---

[182] BMV, Hinweise zu §16 FStrG, S. 223; Steinberg/Berg/Wickel, Fachplanung, § 7, Rdn. 64.

[183] BVerwG, Beschl. v. 14. September 1981, NVwZ 1982, 503.

[184] Ronellenfitsch, in: Marschall/Schroeter/Kastner, FStrG, § 16, Rdn. 9.

[185] VkBl. 1996, S. 222 ff.

[186] Allerdings in dem Planungsstand entsprechendem, eingeschränktem Umfang, vgl. BMV, Hinweise zu § 6 UVPG, S. 17 ff.

nungsträger also auch bei der Linienbestimmung durch die Vorlage entsprechender Unterlagen gezwungen, sich schon in einem frühen Planungsstadium Gedanken über die Anforderungen der naturschutzrechtlichen Eingriffsregelung zu machen. Diese Maßnahmen sind entsprechend dem Planungsstand in allgemeiner Form zu beschreiben, soweit dies zur Beurteilung der Umweltauswirkungen des Vorhabens und der Trassenvarianten in dieser Planungsphase *nötig* und *möglich* ist.[187] Bei unvermeidbaren Beeinträchtigungen genügt daher hier die Feststellung, dass der Eingriff ausgeglichen werden kann oder dass Ersatzmaßnahmen möglich sind. Detaillierte Untersuchungen und Feststellungen werden erst auf der nachfolgenden Ebene der Planfeststellung erforderlich.[188]

Daneben muss eine den §§ 7 und 8 UVPG entsprechende Behördenbeteiligung erfolgen. Ein „Scoping-Verfahren" nach § 5 UVPG ist jedoch nicht erforderlich, da es sich bei der planenden Behörde auch um die für das Verfahren zuständige Behörde handelt. In der Praxis wird jedoch häufig ein informelles Abstimmungsverfahren mit betroffenen Behörden, Umweltverbänden, Gemeinden und sonstigen Betroffenen durchgeführt, bei dem der voraussichtliche Untersuchungsrahmen erörtert wird.[189]

Besonderheiten sieht § 15 Abs. 2 UVPG für die Öffentlichkeitsbeteiligung vor. Zunächst sind die in § 6 UVPG genannten Unterlagen nach ortsüblicher Bekanntmachung für einen Monat in den voraussichtlich betroffenen Gemeinden auszulegen. Im Gegensatz zur Regelung der Öffentlichkeitsbeteiligung im nachfolgenden Planfeststellungsverfahren ist die Berechtigung zur Erhebung von Einwendungen hier nicht auf die Personen, deren Belange durch das Vorhaben berührt werden, beschränkt. § 15 Abs. 2 Satz 2 UVPG bestimmt vielmehr, dass *jeder* sich bis zwei Wochen nach Ablauf der Auslegungsfrist äußern kann. Daher ist im Linienbestimmungsverfahren auch eine Äußerung zu allgemeinen Belangen, die den Einzelnen nicht selbst betreffen, zulässig. Von Bedeutung ist

[187] BMV, Hinweise zu § 6 UVPG, S. 32.
[188] BMV, Hinweise zu § 16 FStrG, S. 225.
[189] UVP-Verwaltungsvorschrift (UVPVwV) vom 18. September 1995, GMBl. S. 671, Ziff. 0.1.1; Erbguth/Schink, UVPG, § 5, Rdn. 6a; BMV, Hinweise zu § 16 FStrG, S. 226.

dies für Naturschutz und Landschaftspflege insofern, als es sich dabei um öffentliche Belange handelt, also gerade nicht um *eigene* Belange eines Einwendungsführers. Belange von Naturschutz und Landschaftspflege können daher hier von jedermann, und nicht nur von den Naturschutzbehörden oder den anerkannten Naturschutzverbänden (die hier nach § 15 Abs. 2 UVPG und nicht nach § 29 BNatSchG zu beteiligen sind) ins Verfahren eingebracht werden.

Daneben enthält § 15 Abs. 2 UVPG im Gegensatz zur Öffentlichkeitsbeteiligung in der Planfeststellung auch keine Regelung, was mit verspätet vorgebrachten Einwendungen zu geschehen hat. Angesichts der Befugnis der Planfeststellungsbehörde nach § 15 Abs. 4 UVPG, die Umweltverträglichkeitsprüfung im nachfolgenden Planfeststellungsverfahren auf die noch nicht geprüften Umweltauswirkungen zu beschränken, sollten jedenfalls die verspäteten Einwendungen, die ohne Verfahrensverzögerung berücksichtigt werden können, noch in die Entscheidung über die Linienbestimmung eingehen.[190]

Schließlich ist die Öffentlichkeit nach Abschluss der Linienbestimmung durch ortsübliche Bekanntmachung über die Entscheidung zu unterrichten, § 15 Abs. 2 Satz 3 UVPG.

Die Landesstraßenbaubehörde ermittelt und beschreibt die Umweltauswirkungen (§ 11 UVPG) und leitet ihre Ergebnisse zusammen mit den sonstigen für die Linienbestimmung erforderlichen Unterlagen[191] und einem Vorschlag für die Bewertung der Umweltauswirkungen nach § 12 UVPG an den Bundesminister für Verkehr weiter. Damit beginnt auch die 3-monatige Frist des § 16 Abs. 2 Satz 2 FStrG, in der das Verfahren abzuschließen ist, zu laufen.[192]

Die Entscheidung über die Linienbestimmung ergeht regelmäßig in Form einer schriftlichen Mitteilung an die oberste Landesstraßenbaubehörde, der es überlassen bleibt, die nachgeordnete Verwaltung, insbesondere also die Landespla-

---

[190] Wagner, in: Hoppe, UVPG, § 15, Rdn. 32.
[191] Vgl. BMV, Hinweise zu § 16 FStrG, S. 227 f.
[192] Rinke, in: Kodal/Krämer, Straßenrecht, Kap. 33, Rdn. 16.2.

nungsbehörde und die mit der Planung befasste Straßenbaubehörde zu unterrichten.[193]

3. Materielle Anforderungen

Bei der Bestimmung der Linienführung besteht eine Bindung in zweifacher Hinsicht. Zum einen ist nach § 1 Abs. 2 Satz 2 FStrAbG die Feststellung des Bedarfs durch den Bedarfsplan für Bundesfernstraßen für die Linienbestimmung wie für die Planfeststellung verbindlich (vgl. B. II. 2. b)).

Zum anderen verlangt § 16 Abs. 2 FStrG eine Abwägung der vom Vorhaben berührten öffentlichen Belange. Die planerische Gestaltungsfreiheit der Fernstraßenverwaltung ist also bei der Linienbestimmung in gleicher Weise wie bei der anschließenden Planfeststellung durch die Anforderungen des Abwägungsgebots gebunden (vgl. B. II. 5.). Bedeutung erlangt die Bindung an das Abwägungsgebot entsprechend dem Gegenstand der Linienbestimmung, die maßgeblich auf die Ausscheidung großräumiger Trassenvarianten gerichtet ist, vor allem bei der Frage der Alternativenprüfung.

§ 16 Abs. 2 FStrG nennt als zu berücksichtigende Belange allerdings lediglich die vom Vorhaben berührten *öffentlichen* Belange, die privaten Belange werden nicht erwähnt. Dieser Regelung liegt das Verständnis der Linienbestimmung als rein raumordnerische Entscheidung zugrunde, wie es im Gesetzgebungsverfahren vom Bundesrat vertreten wurde.[194] Es berücksichtigt aber nicht die Bedeutung der Linienbestimmung als die Planfeststellung vorbereitende und inhaltlich vorbestimmende Planungsentscheidung. Das Abwägungsgebot fordert vielmehr klar und deutlich die Berücksichtigung aller „nach Lage der Dinge" bedeutsamen Belange[195] und damit auch der privaten Belange. Da das Abwägungsgebot unmittelbar aus dem Verhältnismäßigkeitsgrundsatz abgeleitet wird, ist § 16

---

[193] Rinke, in: Kodal/Krämer, Straßenrecht, Kap. 33, Rdn. 16.3.

[194] BT-DrS. 12/4328, Stellungnahme des BR, S. 25 ff., Begr. zu Nr. 21 und 25.

[195] BVerwG, Urt. v. 14. Februar 1975, BVerwGE 48, 56 (63); Steinberg/Berg/Wickel, Fachplanung, § 3, Rdn. 58 m.w.N.

Abs. 2 FStrG insoweit verfassungskonform auszulegen, dass neben öffentlichen Belangen auch durch das Vorhaben berührte private Belange im Rahmen der Abwägung zu berücksichtigen sind.[196]

Obwohl auch private Belange bei der Abwägung nach § 16 Abs. 2 FStrG grundsätzlich zu berücksichtigen sind, ist dennoch zu bedenken, dass es sich bei der Linienbestimmung um eine relativ grobe Planung handelt, die insbesondere keine parzellenscharfen Festlegungen trifft. Daher ist eine genaue Beurteilung der Betroffenheit privater Belange, also insbesondere die Beeinträchtigungen des Grundeigentums einzelner oder eine bevorstehende Enteignung für das Vorhaben, im Regelfall noch nicht möglich. Dies schließt es aber nicht aus, dass private Interessen auch auf dieser noch sehr ungenauen Plaungsebene bereits erkennbar durch das Vorhaben betroffen sein können, so z. B. wenn verschiedene Planungsalternativen sich bereits jetzt erkennbar sehr unterschiedlich auf private Interessen auswirken werden, weil für die eine Alternative weitaus umfangreichere Enteignungen erforderlich werden als für alle anderen.[197]

Als zwei öffentliche Belange, die in jedem Fall zu berücksichtigen sind, nennt § 16 Abs. 2 FStrG die Ergebnisse der Umweltverträglichkeitsprüfung und des Raumordnungsverfahrens. Damit wiederholt § 16 Abs. 2 FStrG die Berücksichtigungsgebote des § 12 2. HS UVPG und § 4 Abs. 2 ROG 1998 für die Linienbestimmung. Darüber hinaus sind aber natürlich auch noch andere Belange zu berücksichtigen, die nach Lage der Dinge von dem konkreten Straßenbauvorhaben berührt sind.

4. Bedeutung für die Eingriffsregelung

Die Bedeutung der Linienbestimmung für die naturschutzrechtliche Eingriffsregelung ergibt sich im Grunde aus ihrem Gegenstand: Sie legt den großräumigen Verlauf der zukünftigen Trassenführung fest. Denn die vom Bundesverkehrsminister festgelegte Linie ist für die Planfeststellungsbehörde grundsätzlich ver-

---

[196] Rinke, in: Kodal/Krämer, Straßenrecht, Kap. 33, Rdn. 8.21.
[197] Rinke, in: Kodal/Krämer, Straßenrecht, Kap. 33, Rdn. 8.1.

bindlich, im Regelfall wird daher von ihr nicht mehr abgewichen[198] (vgl. B. II. 2. c)). Mit dem Abschluss des Verfahrens der Linienbestimmung steht daher fest, welches großräumige Gebiet von den Auswirkungen des Fernstraßenbauvorhabens betroffen sein wird und wo damit Beeinträchtigungen von Natur und Landschaft zu vermeiden und auszugleichen bzw. Ersatzmaßnahmen anzuordnen sind.

Daneben kommt der Linienbestimmung über die Umweltverträglichkeitsprüfung eine Bedeutung für die Eingriffsregelung zu. Die nach § 6 UVPG bereits bei der Linienbestimmung vorzulegenden Unterlagen umfassen neben einer Beschreibung des Vorhabens, seiner Umwelt und der Angaben, die für die Ermittlung der zu erwartenden Beeinträchtigungen erforderlich sind auch Angaben zu den Maßnahmen der Vermeidung, des Ausgleichs und des Ersatzes bei Eingriffen in Natur und Landschaft. Der Vorhabenträger wird also auch bei der Linienbestimmung wie schon im Raumordnungsverfahren über die vorzulegenden Unterlagen gezwungen, sich bereits in einem der Festsetzung der entsprechenden Maßnahmen vorgelagerten Planungsstadium Gedanken über die Anforderungen der Eingriffsregelung zu machen.[199]

Daneben wird durch die zwingend erforderliche Umweltverträglichkeitsprüfung sichergestellt, dass die für die Beurteilung der Anforderungen der naturschutzrechtlichen Eingriffsregelung erforderlichen Informationen ermittelt und entsprechend ihrem Gewicht bewertet werden. Durch die Umweltverträglichkeitsprüfung wird die Berücksichtigung der Anforderungen der Eingriffsregelung bei der Linienbestimmung vorbereitet und damit erst ermöglicht.[200] Wie die Fernstraßenplanung selbst wird damit durch die Umweltverträglichkeitsprüfung auf der Ebene der Linienbestimmung auch das Prüfprogramm der naturschutzrechtlichen Eingriffsregelung im Sinne einer gestuften Planung abgeschichtet. Gleichwohl müssen sich alle Überlegungen zur Eingriffsregelung auf den „je-

---

[198] Küster, in: Buchwald/Engelhardt, Umweltschutz, Band 16 II, 49 (67).

[199] Haneklaus, in: Hoppe, UVPG, § 6, Rdn. 20.

[200] W. Breuer, Informationsdienst Naturschutz Niedersachsen 4/91, 86 (88); Gassner, Laufener Seminarbeiträge 5/90, 9 (10).

weiligen Planungsstand" (§ 15 UVPG) beschränken. Prüfungsschwerpunkt im Rahmen der Linienbestimmung ist die Ermittlung, Beschreibung und Bewertung der raumbedeutsamen Umweltauswirkungen, insbesondere der verschiedenen Linienvarianten.[201] Wegen des ungenauen Planungsmaßstabs der Linienbestimmung kommt der Planfeststellung daher die überragende Bedeutung für die naturschutzrechtliche Eingriffsregelung zu.

---

[201] BMV, Hinweise zu § 16 FStrG, S. 226.

B.   Die Planfeststellung

Nach § 17 Abs. 1 Satz 1 FStrG ist für den Bau und die Änderung von Bundesfernstraßen grundsätzlich eine Planfeststellung erforderlich. Die Planfeststellung bildet den Abschluss des Prozesses der Fernstraßenplanung. In dieser Stufe werden die vorangegangenen Planungen bis auf Parzellenschärfe verfeinert und die letztendlich verbindlichen Festsetzungen getroffen. Insbesondere werden hier auch die Anforderungen der naturschutzrechtlichen Eingriffsregelung abgearbeitet und die entsprechenden Maßnahmen festgesetzt.

Der auf Grund des Planfeststellungsverfahrens ergehende Planfeststellungsbeschluss besitzt im Gegensatz zu den vorhergehenden Stufen der Planung Außenwirkung gegenüber den Betroffenen und kann damit auch Gegenstand von gegen die Fernstraßenplanung gerichteten Klagen sein.

I.   *Formelle Anforderungen*

1.   Zuständigkeit

Grundsätzlich ist bei einer Planfeststellung zwischen der Anhörungsbehörde, die das Anhörungsverfahren durchzuführen hat, und der Planfeststellungsbehörde, die anschließend auf der Grundlage der im Anhörungsverfahren gewonnenen Erkenntnisse den Plan feststellt, zu unterscheiden (vgl. Art. 73 und 74 BayVwVfG). Eine Aufteilung der Zuständigkeiten auf zwei verschiedene Behörden wird vom Bundesverwaltungsgericht allerdings nicht als zwingend aus dem Gesetz folgend erachtet. Stattdessen lasse sich aus der gesonderten Nennung von Anhörungs- und Planfeststellungsbehörde nur folgern, dass das Planfeststellungsverfahren in zwei Verfahrensabschnitte und auf zwei Behörden verteilt werden *könne*, unbedingt erforderlich sei dies jedoch nicht.[202]

---

[202] BVerwG, Beschl. v. 2. Oktober 1979, BVerwGE 58, 344 (346 f.).

Dementsprechend sind die Regierungen für die Planfeststellung von Bundesfernstraßen in Bayern sowohl als Anhörungs- wie auch als Planfeststellungsbe-
hörden zuständig, Art. 39 Abs. 2 BayStrWG. Damit sind sie auch für die im
Rahmen der Planfeststellung erfolgende zweite Stufe der Umweltverträglichkeitsprüfung zuständig, § 2 Abs. 1 Satz 1 UVPG.

2. Verfahren

Das Verfahren der Planfeststellung von Bundesfernstraßen wird in § 17 Abs. 3a
bis 6 FStrG und ergänzend in den Art. 72 ff. des bayerischen VwVfG geregelt.[203] Daneben sind auch Bestimmungen des Rechts der Umweltverträglichkeitsprüfung und des Naturschutzrechts von Bedeutung.

Das dem Planfeststellungsbeschluss vorgelagerte Anhörungsverfahren stellt ein
in hohem Maße formalisiertes Verfahren dar. Es dient verschiedenen Zwecken.
Einerseits soll die Planfeststellungsbehörde in die Lage versetzt werden, auf der
Grundlage einer möglichst breiten Informationsbasis sachgerecht entscheiden zu
können. Daneben sollen die vom Vorhaben Betroffenen die Möglichkeit erhalten, ihre Bedenken und Anregungen geltend zu machen und ihre Interessen zu
verteidigen. Das Verfahren trägt damit dem allgemeinen rechtsstaatlichen Gebot
Rechnung, Bürger vor einem Eingriff in ihre Rechte anzuhören. Soweit verfas-
sungsmäßige Rechte berührt sind, dient es damit auch dem Rechtsschutz durch
Verfahren.[204] Und schließlich bezweckt es einen Informations- und Gedanken-
austausch zwischen Vorhabenträger, Anhörungsbehörde und Planbetroffenen,
durch den im Idealfall Lösungsvorschläge für einen Interessenausgleich erarbei-
tet werden können.[205]

Die nach Nr. 8 der Anlage zu § 3 UVPG bei planfeststellungspflichtigen Fernstraßenbauvorhaben zwingend erforderliche Umweltverträglichkeitsprüfung

---

[203] Steinberg/Berg/Wickel, Fachplanung, § 1, Rdn. 120; Dürr, in: Kodal/Krämer, Straßenrecht, Kap. 34, Rdn. 3.1.
[204] BVerfG, Beschl. v. 20. Dezember 1979, BVerfGE 53, 30 (65 f.).
[205] Vgl. zum Ganzen Allesch/Häußler, in: Obermayer, VwVfG, § 73, Rdn. 5 ff.; Bonk, in:
Stelkens/Bonk/Sachs, VwVfG, § 73, Rdn. 8 ff.

dient nach § 1 UVPG dazu, die Auswirkungen des Vorhabens auf die Umwelt möglichst frühzeitig zu ermitteln, zu beschreiben und zu bewerten und die Berücksichtigung des Ergebnisses bei allen Zulassungsentscheidungen zu ermöglichen. Gegenstand der Prüfung sind dabei unter anderem die Auswirkungen auf die Landschaft sowie auf Tiere und Pflanzen, Boden, Wasser, Luft und Klima einschließlich der zwischen ihnen bestehenden Wechselwirkungen, § 2 Abs. 1 Satz 2 Nr. 1 UVPG. Naturhaushalt und Landschaftsbild als Schutzgüter der naturschutzrechtlichen Eingriffsregelung sind damit eine Teilmenge der Schutzgüter der Umweltverträglichkeitsprüfung.[206] Die Umweltverträglichkeitsprüfung stellt daher ein verfahrensrechtliches Instrument zur Ermittlung und Bewertung von Informationen dar, die unter anderem zur Umsetzung der materiellrechtlichen Anforderungen der Eingriffsregelung erforderlich sind. Sie liefert das hierfür erforderliche Datenmaterial.[207] Dementsprechend verlangt § 8 Abs. 10 BNatSchG auch, dass das Verfahren bei UVP-pflichtigen Eingriffsvorhaben den Vorgaben des Gesetzes über die Umweltverträglichkeitsprüfung entspricht.

a) *Einreichung des Plans*

Das Planfeststellungsverfahren beginnt nach Art. 73 Abs. 1 Satz 1 BayVwVfG mit der Einreichung des Plans durch den Vorhabenträger bei der Anhörungsbehörde. Zuvor bestimmt die den Planentwurf aufstellende Landesstraßenbaubehörde den Untersuchungsrahmen für die Umweltverträglichkeitsprüfung und informiert eventuell informell Behörden, Naturschutzverbände und sonstige potenziell Betroffene darüber. § 5 UVPG ist nach allgemeiner Meinung hier nicht anwendbar.[208]

Der genaue Umfang der Planunterlagen ist im bayerischen Verwaltungsverfahrensgesetz nicht geregelt, Art. 73 Abs. 1 Satz 2 BayVwVfG spricht lediglich da-

---

[206] W. Breuer, Informationsdienst Naturschutz Niedersachsen 4/91, 86; Appold, in: Hoppe, UVPG, § 2, Rdn. 29, 41.

[207] W. Breuer, Informationsdienst Naturschutz Niedersachsen 4/91, 86 (88).

[208] Erbguth/Schink, UVPG, § 5, Rdn. 6; Haneklaus, in: Hoppe, UVPG, § 5, Rdn. 7; BMV, PlafeR 99, S. 517; UVPVwV vom 18. September 1995, GMBl. S. 671, Ziff. 0.1.1.

von, dass der Plan aus Zeichnungen und Erläuterungen besteht. Ihr Umfang ist daher aus ihrer Funktion im Rahmen des Anhörungsverfahrens abzuleiten.[209] Die Auslegung der Planunterlagen dient der Information der potenziell Planbetroffenen darüber, ob ihre Belange von der Planung berührt werden und ob sie deshalb im anschließenden Anhörungsverfahren Einwendungen erheben sollen. Die Plan-unterlagen müssen daher grundsätzlich so umfangreich sein, dass sich jedermann bei der Auslegung darüber unterrichten kann, ob und inwieweit er durch das Straßenbauvorhaben in seinen Belangen betroffen werden kann.[210]

Neben diesen allgemeinen Anforderungen müssen die Planunterlagen auch § 6 Abs. 3 und 4 UVPG entsprechen; die Vorlagepflicht wird damit um alle Unterlagen, die sich mit umweltrelevanten Auswirkungen befassen, erweitert.[211] Mit der Einführung von § 6 UVPG wurde die Aufgabenverteilung zwischen Vorhabenträger und Behörde zu Lasten des Vorhabenträgers verschoben: Nach dem das Verwaltungsverfahren prägenden Amtsermittlungsgrundsatz (vgl. Art. 24 BayVwVfG) ist grundsätzlich die Behörde zur Ermittlung des relevanten Sachverhalts verpflichtet, den Vorhabenträger treffen lediglich gewisse Mitwirkungs- und Vorlagepflichten. Diese wurden durch die Einführung von § 6 UVPG stark erweitert. Der Vorhabenträger kann sich nunmehr nicht mehr darauf beschränken, sein Augenmerk auf die ökonomische Rentabilität und die technische oder finanzielle Realisierbarkeit zu richten, sondern ist verpflichtet, sich aktiv auch an der Erfassung und Bewältigung der ökologischen Folgen zu beteiligen.[212]

Die in § 6 Abs. 3 UVPG genannten Unterlagen sind in jedem Fall vorzulegen, die in § 6 Abs. 4 UVPG aufgeführten nur, soweit sie für die Umweltverträglichkeitsprüfung nach der Art des Vorhabens erforderlich sind und ihre Beibringung für den Träger des Vorhabens zumutbar ist. Beide Kriterien sind Ausprägungen

---

[209] Steinberg/Berg/Wickel, Fachplanung, § 2, Rdn. 31.

[210] BVerwG, Urt. v. 5. Dezember 1986, BVerwGE 75, 214 (224); BVerwG, Urt. v. 19. Mai 1998, NVwZ 1999, 528 (531); BVerwG, Urt. v. 16. März 1998, NuR 1998, 647 (648); BMV, PlafeR 99, S. 99.

[211] Wahl/Dreier, NVwZ 1999, 606 (611).

[212] BVerwG, Urt. v. 25. Januar 1996, BVerwGE 100, 238 (245).

des Verhältnismäßigkeitsprinzips. *Erforderlich* sind die weiteren Angaben, wenn die Umweltverträglichkeit des Vorhabens auf der Grundlage der Unterlagen nach Abs. 3 nicht ausreichend ermittelt, dargestellt und bewertet werden kann.[213] Für die *Zumutbarkeit* gilt ein objektivierter Maßstab, eine Differenzierung nach der wirtschaftlichen Leistungsfähigkeit des Vorhabenträgers ist angesichts des am Gemeinwohl orientierten Zwecks der Umweltverträglichkeitsprüfung nicht durchzuführen. Die Beibringung von Unterlagen ist daher nur dann nicht zumutbar, wenn der damit verbundene Aufwand im konkreten Fall in keinem Verhältnis zum Erkenntnisgewinn für die UVP steht.[214]

Unter dem Gesichtspunkt, dass die Umweltverträglichkeitsprüfung der Informationsbeschaffung und -aufbereitung für die naturschutzrechtliche Eingriffsregelung dient, sind insbesondere die folgenden Unterlagen nach § 6 UVPG von Interesse:

aa)   Beschreibung der Umwelt, § 6 Abs. 4 Nr. 2 UVPG

§ 6 Abs. 4 Nr. 2 UVPG fordert eine Beschreibung der Umwelt und ihrer Bestandteile, soweit dies zur Feststellung und Beurteilung der für die Zulässigkeit des Vorhabens erheblichen Auswirkungen auf die Umwelt erforderlich ist. Diese Erforderlichkeit ist ebenso wie die allgemein von § 6 Abs. 4 UVPG verlangte Erforderlichkeit und Zumutbarkeit bei einer planfeststellungspflichtigen Fernstraßenplanung gegeben.

Die Bestimmung fordert also die Beschreibung des vor dem Eingriff bestehenden „Ist-Zustands" von Natur und Landschaft. Er stellt neben der Beschreibung des Vorhabens als der grundlegenden projektbezogenen Information (§ 6 Abs. 3 Nr. 1 UVPG) die grundlegende umweltbezogene Information für die Prüfung der Anforderungen der Eingriffsregelung dar (vgl. Teil 3, B. I.).

---

[213] Haneklaus, in: Hoppe, UVPG, § 6, Rdn. 25 f.
[214] Begr. des UVPGE, BT-DrS. 11/3919, S. 24; Haneklaus, in: Hoppe, UVPG, § 6, Rdn. 27; Erbguth/Schink, UVPG, § 6, Rdn. 7.

bb) Beschreibung der die Beeinträchtigung auslösenden Faktoren, § 6 Abs. 3 Nr. 1 und 2 UVPG

Nach § 6 Abs. 3 Nr. 2 UVPG müssen die vorzulegenden Unterlagen in jedem Fall auch eine Beschreibung von Art und Menge der zu erwartenden Emissionen und Reststoffe, sowie „sonstige Angaben, die erforderlich sind, um erhebliche Beeinträchtigungen der Umwelt durch das Vorhaben feststellen und beurteilen zu können", enthalten.

Diesen „sonstigen Angaben" kommt dabei eine besondere Bedeutung zu: Zusammen mit der Beschreibung des Vorhabens nach § 6 Abs. 3 Nr. 1 UVPG stellen sie die Informationen zur Verfügung, aus denen sich die vom Vorhaben ausgehenden *Beeinträchtigungsfaktoren* ableiten lassen. Die Angaben zu den Beeinträchtigungsfaktoren sind die Grundlage für die Bestimmung der zu erwartenden erheblichen Auswirkungen auf die Umwelt.[215] Die Beschreibung hat dabei so detailliert zu erfolgen, dass aus ihr die anlage-, bau- und verkehrs- bzw. betriebsbedingten Faktoren des Vorhabens abgeleitet werden können, die sich auf einzelne Schutzgüter der Umwelt auswirken können.

So ergibt sich aus dem flächenmäßigen Umfang der Baumaßnahme auch der Flächenverlust durch Bodenversiegelung. Eine anderweitige Bodenbeanspruchung kann sich aus der Inanspruchnahme von Grundflächen während der Bauphase als Standort von Baustellen oder als Grund für permanente oder nach Ende der Bauphase wieder zu beseitigende Abraumhalden ergeben.

cc) Beschreibung der Auswirkungen, § 6 Abs. 3 Nr. 4 UVPG

Auf der Grundlage der Beschreibung des Vorhabens, der Umwelt und der Beeinträchtigungsfaktoren hat der Vorhabenträger nach § 6 Abs. 3 Nr. 4 UVPG die

---

[215] BMV, Hinweise zu § 6 UVPG, S. 22; genauer zu den Beeinträchtigungsfaktoren Teil 3, B II. 2. a).

zu erwartenden Auswirkungen auf die einzelnen Umweltgüter zu ermitteln und zu beschreiben.[216]

Da § 6 Abs. 3 Nr. 4 UVPG nur eine Beschreibung der „erheblichen" Auswirkungen auf die Umwelt fordert, hat der Vorhabenträger neben der Ermittlung der Auswirkungen auf die Umweltgüter des § 2 Abs. 1 UVPG zwingend eine eigene Bewertung dieser Auswirkungen durchzuführen.[217]

dd) Beschreibung der Vorkehrungen zur Vermeidung und der Maßnahmen zum Ausgleich, § 6 Abs. 3 Nr. 3 UVPG

§ 6 Abs. 3 Nr. 3 UVPG fordert die Beschreibung von Maßnahmen zur *Vermeidung*, *Verminderung* oder zum *Ausgleich* von erheblichen Beeinträchtigungen der Umwelt sowie von *Ersatzmaßnahmen* bei nicht ausgleichbaren aber vorrangigen Eingriffen in Natur und Landschaft.

Die Vorlagepflicht baut also auf den nach § 6 Abs. 3 Nr. 4 UVPG ermittelten und beschriebenen erheblichen Auswirkungen des Vorhabens auf die Umwelt auf. Ihre Bedeutung unterscheidet sich in den vorgelagerten Verfahren der Raumordnung und der Linienbestimmung von der in der abschließend über die Zulassung des Vorhabens entscheidenden Planfeststellung. In den vorgelagerten Verfahren trägt die Norm vor allem dem in § 1 Nr. 1 UVPG formulierten Frühzeitigkeitsgebot Rechnung, indem der Vorhabenträger verpflichtet wird, sich bereits in einem frühen Stadium des Verfahrens Gedanken über Vermeidbarkeit, Ausgleich und Ersatz zu machen (vgl. A. III. 4).

Anders ist dies bei der Anwendung auf die Umweltverträglichkeitsprüfung im Rahmen des Planfeststellungsverfahrens. Hier verpflichtet § 6 Abs. 3 Nr. 3 UVPG den Vorhabenträger, Vorschläge für konkrete Maßnahmen zur Vermeidung, Verminderung und den Ausgleich von erheblichen Beeinträchtigungen sowie für Ersatzmaßnahmen zu machen. Es sind daher Unterlagen vorzulegen,

---

[216] Küster, in: Buchwald/Engelhardt, Umweltschutz, Band 16 II, 49 (60); BMV, Hinweise zu § 6 UVPG, S. 23.

[217] BMV, Hinweise zu § 6 UVPG, S. 23.

die eigene Vorschläge für § 8 BNatSchG entsprechende Nebenbestimmungen zur Bewältigung der Folgen des Vorhabens enthalten.

ee) Hinweise auf Schwierigkeiten, § 6 Abs. 4 Nr. 4 UVPG

Nach § 6 Abs. 4 Nr. 4 UVPG ist auf die Schwierigkeiten, die bei der Zusammenstellung der genannten Unterlagen aufgetreten sind, hinzuweisen. Diese Anforderung trägt dem Umstand Rechnung, dass alle Ermittlungen und Prognosen auf der Grundlage des allgemeinen Kenntnisstandes und der allgemein anerkannten Prüfungsmethoden erfolgen. Der Vorhabenträger ist nicht verpflichtet, alle erdenklichen Umweltauswirkungen zu untersuchen oder gar wissenschaftlich noch ungeklärten Fragestellungen nachzugehen.[218]

Bei der Erstellung der Planungsunterlagen können verschiedene Schwierigkeiten wie z. B. mit vertretbarem Aufwand nicht zu erhebende Daten, fehlende Kenntnisse über bestimmte Wirkungszusammenhänge oder Prognoseunsicherheiten im Bezug auf Auswirkungen des Vorhabens auftreten.[219] Die Angaben sind regelmäßig auch erforderlich und zumutbar im Sinne von § 6 Abs. 4 UVPG, da sie für die nach § 12 UVPG von der Planfeststellungsbehörde zu erbringende Bewertung der Umweltauswirkungen auf bestehende Unsicherheiten hinweisen und so eine Einschätzung bestehender, aber vom Vorhabenträger nicht berücksichtigter Umweltrisiken erst ermöglichen. Darüber hinaus ermöglichen sie der Anhörungsbehörde die Beurteilung, ob der Vorhabenträger noch weitere Unterlagen vorzulegen hat.[220]

---

[218] BMV, Hinweise zu § 6 UVPG, S. 32; BVerwG, Urt. v. 25. Januar 1996, BVerwGE 100, 238 (247).

[219] BMV, Hinweise zu § 6 UVPG, S. 32.

[220] Haneklaus, in: Hoppe, UVPG, § 6, Rdn. 31.

ff)   Allgemein verständliche Zusammenfassung, § 6 Abs. 3 und 4 UVPG

Schließlich ist den Unterlagen nach § 6 Abs. 3 und 4 UVPG eine allgemein verständliche Zusammenfassung der in § 6 Abs. 3 Nr. 1-4 und Abs. 4 Nr. 1-3
UVPG genannten Unterlagen beizufügen.

Diese Zusammenfassung hat vor allem Bedeutung im Rahmen der Öffentlichkeitsbeteiligung nach § 9 UVPG. Sie dient dazu, den vom Vorhaben betroffenen
Dritten einen schnellen Überblick über die ihn betreffenden Angaben zu ermöglichen und damit der Steigerung der Transparenz des Verfahrens für die nicht
fachlich vorgebildeten Teile der Öffentlichkeit.[221]

b)   Behördenbeteiligung

Nach § 17 Abs. 3a FStrG hat die Anhörungsbehörde innerhalb eines Monats
nach Einreichung der genannten Planunterlagen die Einholung der Stellungnahmen der Behörden, deren Aufgabenbereich durch das Vorhaben berührt wird, zu
veranlassen. § 7 UVPG geht über diese Anforderungen nicht hinaus.

Was die Naturschutzbehörden angeht, so besteht hier mit § 3 Abs. 2
BNatSchG[222] eine Sondervorschrift, die die Unterrichtung und Anhörung bereits
bei der *Vorbereitung* der Planung fordert. Die unmittelbar geltende (§ 4 Satz 3
BNatSchG) Bestimmung soll es den Naturschutzbehörden ermöglichen, bereits
frühzeitig von einer Planung Kenntnis zu erhalten. Nur so ist es ihnen möglich,
auf sie Einfluss zu nehmen, bevor diese ein derart fortgeschrittenes Stadium erreicht hat, in dem eine Korrektur grundlegender Entscheidungen aufgrund der
Eigendynamik der Entscheidung nicht mehr möglich ist.[223] Sie sind daher nicht

---

[221] Haneklaus, in: Hoppe, UVPG, § 6, Rdn. 24; BMV, Hinweise zu § 6 UVPG, S. 32.

[222] Dem entspricht § 6 AbS. 2 BNatSchG nach dem BNatSchGNeuregG. Die Bestimmung
gilt nach § 11 des Entwurfs nur noch für Bundesbehörden unmittelbar, während die Länder nach § 6 AbS. 3 entsprechende Vorschriften erlassen.

[223] Gassner, in: Gassner/Bendomir-Kahlo/Schmidt-Räntsch, BNatSchG, § 3, Rdn. 26; Fischer-Hüftle, in: Engelhardt/Brenner/Fischer-Hüftle, BayNatSchG, Art. 6b, Rdn. 4, Art. 2,
Rdn. 5.

erst im Anhörungsverfahren, sondern bereits bei der Erstellung des Planentwurfs durch die Straßenbaubehörden zu beteiligen. Der Sache nach schreibt § 3 Abs. 2 Satz 2 BNatSchG lediglich die Unterrichtung und Anhörung der Naturschutzbehörde vor und stellt damit im Anhörungsverfahren keine höheren Anforderungen an die Beteiligung der Naturschutzbehörde als die allgemeinen Bestimmungen.

Was den Umfang der Information der Behörden nach § 17 Abs. 3a FStrG betrifft, so ist entscheidend, dass es der Behörde aufgrund der mitgeteilten Unterlagen möglich sein muss zu bestimmen, ob ihre Zuständigkeit berührt wird und ob es aus diesem Grunde angezeigt ist, sich näher um den Inhalt der beabsichtigten Planung zu kümmern. Dies bedeutet aber nicht, dass generell sämtliche Planunterlagen zu übersenden sind, der Umfang hängt vielmehr vom jeweiligen Einzelfall ab. Jedenfalls bleibt es den betroffenen Behörden unbelassen, weitere für die Prüfung ihrer Betroffenheit erforderliche Unterlagen anzufordern.[224]

Nach § 17 Abs. 3b Satz 1 FStrG haben die Behörden ihre Stellungnahmen innerhalb einer von der Anhörungsbehörde festzusetzenden, maximal 3 Monate betragenden Frist abzugeben. An die Überschreitung dieser Frist ist zunächst keine Sanktion geknüpft, sie stellt also eine bloße Ordnungsvorschrift dar. Nur wenn die Stellungnahme erst nach dem Erörterungstermin eingeht, muss die Planfeststellungsbehörde sie bei der Feststellung des Plans nach § 17 Abs. 4 Satz 3 FStrG nicht mehr berücksichtigen. Im Gegensatz zur allgemeinen Regelung des Art. 73 Abs. 3a BayVwVfG steht der Planfeststellungsbehörde also nach dem Bundesfernstraßengesetz insoweit ein Ermessen zu.[225] Im Rahmen der Ermessensbetätigung hat sie dabei insbesondere zu berücksichtigen, dass sie nach Art. 24 BayVwVfG (Amtsermittlungsgrundsatz) grundsätzlich selbst zur Ermittlung des für die Entscheidung erheblichen Sachverhalts verpflichtet ist und welche Bedeutung der Inhalt der Stellungnahme im Hinblick auf die plane-

---

[224] BVerwG, Beschl. v. 11. April 1995, NVwZ-RR 1997, 212.
[225] Steinberg/Berg/Wickel, Fachplanung, § 2, Rdn. 50.

B.   Die Planfeststellung

rische Abwägung hat. Im Ergebnis wird daher bei sachgemäßen Stellungnahmen
eine Nichtberücksichtigung nur selten nicht ermessensfehlerhaft sein.

Neben der allgemeinen, auf nationale Behörden beschränkten Behördenbeteiligung fordert § 8 UVPG auch eine entsprechende Beteiligung der Behörden anderer Staaten, wenn das Vorhaben sich auf die Schutzgüter des § 2 Abs. 1 Satz 2
UVPG in diesen Staaten auswirken kann.

c)   Beteiligung von Naturschutzverbänden

Neben der Beteiligung der von dem Vorhaben in ihrem Aufgabenbereich
berührten Behörden sieht § 29 Abs. 1 Nr. 4 BNatSchG[226] zwingend eine Beteiligung nach § 29 Abs. 2 BNatSchG anerkannter Naturschutzverbände am Verfahren der Planfeststellung einer Bundesfernstraße vor. Die Bestimmung gilt unmittelbar (§ 4 Satz 3 BNatSchG).

Zweck der Regelung ist es, den Belangen von Naturschutz und Landschaftspflege eine größere Durchsetzungsfähigkeit gegenüber insbesondere wirtschaftlichen Interessen zu verschaffen. Die Beteiligung der anerkannten Naturschutzverbände soll die Ausgewogenheit der Entscheidungsgrundlagen der Verwaltung verbessern. Sie sollen mit ihrem Sachverstand in ähnlicher Weise wie die
Naturschutzbehörden die Belange von Naturschutz und Landschaftspflege in das
Verfahren einbringen und insofern, gleichsam als „Verwaltungshelfer", dafür
Sorge tragen, dass diese Belange über die vorgeschriebene Berücksichtigung
durch die jeweils zuständige Behörde hinaus in besonderer Weise zur Geltung
gebracht werden.[227]

§ 29 Abs. 1 BNatSchG gewährt zu diesem Zweck einen Anspruch auf Gelegenheit zur Äußerung und zur Einsicht in die der Anhörungsbehörde vorliegenden

---

[226] § 58 AbS. 2 Nr. 6 BNatSchG nach dem BNatSchGNeuregG. Die Bestimmung gilt nicht
unmittelbar, ist also umsetzungsbedürftig, vgl. § 11.
[227] BVerwG, Urt. v. 12. Dezember 1990, BVerwGE 102, 358 (361); BVerwG, Urt. v. 31.
Oktober 1990, BVerwGE 87, 62 (70); Gassner, in: Gassner/Bendomir-Kahlo/Schmidt-
Räntsch, BNatSchG, § 29, Rdn. 3 m.w.N.

79

einschlägigen Sachverständigengutachten. Es sind ihnen daher alle für die naturschutzrechtliche Beurteilung des Vorhabens relevanten Unterlagen zur Verfügung zu stellen. Ist das den Naturschutzverbänden vorgelegte Untersuchungsma-
terial dagegen lückenhaft, so können sie ihre Funktion im Anhörungsverfahren
nicht erfüllen und das Beteiligungsrecht nach § 29 Abs. 1 Satz 1 Nr. 4
BNatSchG ist ebenso verletzt, wie wenn überhaupt keine Beteiligung stattge-
funden hätte.[228]

Die Beteiligung von Naturschutzverbänden nach § 29 BNatSchG schließt im
Übrigen nicht aus, dass diese daneben auch als Eigentümer von „Sperr-
grundstücken" im Rahmen der allgemeinen Öffentlichkeitsbeteiligung ihre Interessen geltend machen. Dabei sind allerdings die Grenzen der unzulässigen
Rechtsausübung zu beachten.[229]

d)   Öffentlichkeitsbeteiligung

Die Öffentlichkeitsbeteiligung dient der Wahrung der Rechte der von dem Vorhaben Betroffenen im Wege eines „antizipierten Rechtsgüterschutzes" und der
Erhöhung der Transparenz und Akzeptanz des Vorhabens in der Öffentlichkeit.[230]

§ 9 Abs. 1 UVPG verweist auf die Bestimmungen des § 73 Abs. 3 bis 7 VwVfG
und fordert damit keine über die allgemeinen Bestimmungen hinausgehende Beteiligung der Öffentlichkeit.

Nach § 17 Abs. 3a FStrG veranlasst die Anhörungsbehörde innerhalb eines Mo-
nats seit Einreichung des Plans durch den Vorhabenträger die Auslegung des
Plans in den Gemeinden, in denen sich das Vorhaben voraussichtlich auswirkt.
Diese haben den Plan spätestens 3 Wochen nach Zugang auszulegen, § 17

---

[228] BVerwG, Urt. v. 12. Dezember 1996, BVerwGE 102, 358 (361); BVerwG, Urt. v. 31.
Oktober 1990, BVerwGE 87, 62 (70).

[229] Vgl. hierzu BVerwG, Urt. v. 16. März 1998, NuR 1998, 647; Steinberg/Berg/Wickel,
Fachplanung, § 6, Rdn. 96 m.w.N.

[230] Steinberg/Berg/Wickel, Fachplanung, § 2, Rdn. 62 m.w.N.

Abs. 3b Satz 2 FStrG. Vor Beginn der Auslegung haben die Gemeinden diese ortsüblich bekannt zu machen, § 17 Abs. 3b Satz 3 FStrG.[231]

Die Auslegung dauert nach Art. 73 Abs. 3 Satz 1 BayVwVfG einen Monat. Nach Art. 73 Abs. 4 Satz 1 BayVwVfG können bis zwei Wochen nach Ablauf der Auslegungsfrist Einwendungen gegen den Plan erhoben werden. Berechtigt, Einwendungen zu erheben ist nach Art. 73 Abs. 4 Satz 1 BayVwVfG jeder, dessen Belange durch das Vorhaben berührt werden. Dies sind zunächst die in ihren öffentlichen oder privaten Rechten Betroffenen, daneben aber auch alle, die lediglich die Berührung wirtschaftlicher oder ideeller Belange geltend machen.[232] Allerdings reicht es nicht aus, wenn lediglich Belange Dritter oder der Allgemeinheit geltend gemacht werden, gefordert wird stattdessen eine eigene Betroffenheit.

Für Naturschutz und Landschaftspflege bedeutet dies, dass derartige Belange im Rahmen der Öffentlichkeitsbeteiligung – abgesehen vom speziellen Fall des § 29 BNatSchG – nur geltend gemacht werden können, wenn der Einwendungsführer auch selbst in irgendeiner Weise, z. B. als Eigentümer eines für den Naturschutz genutzten Grundstücks, betroffen ist. Die bloße Einwendung, Natur und Landschaft würden beeinträchtigt, genügt nicht, da es sich dabei um den klassischen Fall von Belangen der Allgemeinheit handelt.[233] Hierin zeigt sich die große Bedeutung, die der Beteiligung der Naturschutzverbände als Korrektiv für die Optimierung der Grundlagen der Entscheidung zukommt. Allerdings wird die Berechtigung zur Erhebung von Einwendungen in der Praxis nur selten genau geprüft.[234]

Werden Einwendungen nicht fristgerecht und hinreichend substantiiert erhoben, so sind sie nach § 17 Abs. 4 FStrG materiell präkludiert, d. h. sie sind weder im Erörterungstermin zu behandeln noch kann eine Klage auf sie gestützt wer-

---

[231] Zu Einzelheiten der Bekanntmachung vgl. § 17 AbS. 4 Satz 2 FStrG, Art. 73 AbS. 5 BayVwVfG und BMV, PlafeR 99, S. 520.

[232] Steinberg/Berg/Wickel, Fachplanung, § 2, Rdn. 84.

[233] Steinberg/Berg/Wickel, Fachplanung, § 2, Rdn. 86.

[234] Steinberg/Berg/Wickel, Fachplanung, § 2, Rdn. 86.

den.[235] Unberührt bleibt davon aber der Amtsermittlungsgrundsatz: Belangen, die bekannt sind oder die sich hätten aufdrängen müssen ist also unabhängig von der Frage, ob eine materielle Präklusion vorliegt, nachzugehen.[236]

e) Erörterungstermin

Nach Ablauf der Einwendungsfrist hat die Anhörungsbehörde die rechtzeitig erhobenen Einwendungen gegen den Plan und die Stellungnahmen der Behörden sowie der anerkannten Naturschutzverbände zu erörtern, Art. 73 Abs. 6 Satz 1 BayVwVfG. Die Erörterung ist nach § 17 Abs. 3c Satz 1 FStrG innerhalb von drei Monaten abzuschließen.

Von einem förmlichen Erörterungstermin kann nach § 17 Abs. 3c Satz 3 FStrG bei der Änderung einer Bundesfernstraße abgesehen werden. Diese Regelung ist rechtspolitisch fragwürdig, da es nicht gerechtfertigt ist, davon auszugehen, dass bei einer Änderung kaum neue Gesichtspunkte auftreten werden.[237] Bereits bei einer Trassenänderung einer bestehenden Bundesfernstraße um wenige hundert Meter werden vollkommen andere Flächen betroffen, so dass die Maßnahme ein einem Neubau durchaus vergleichbares Konfliktpotential in sich tragen kann.[238]

Zweck des Erörterungstermins ist es, Einwendungen und Stellungnahmen mit den Beteiligten und Betroffenen zu besprechen, über die vorgesehenen Maßnahmen zu informieren und möglichst eine Einigung zu erzielen.[239] Zur Teilnahme am Erörterungstermin sind nach Art. 73 Abs. 6 Satz 1 BayVwVfG der Träger des Vorhabens, die Behörden, die Betroffenen und die Personen, die Einwendungen erhoben haben, sowie die anerkannten Naturschutzverbände, denen nach § 29 Abs. 1 BNatSchG ein Äußerungsrecht im Planfeststellungsverfahren zusteht, berechtigt.

---

[235] Steinberg/Berg/Wickel, Fachplanung, § 2, Rdn. 90 m.w.N.

[236] Steinberg/Berg/Wickel, Fachplanung, § 2, Rdn. 92 m.w.N.

[237] So aber die Begründung des Regierungsentwurfs zum Verkehrswegeplanungsbeschleunigungsgesetz, BT-DrS. 12/1092, S. 10.

[238] Steinberg/Berg/Wickel, Fachplanung, § 2, Rdn. 96.

[239] BMV, PlafeR 99, S. 520.

Von dem Erörterungstermin sind die Beteiligten zu benachrichtigen, Art. 73 Abs. 6 Satz 3 BayVwVfG, zusätzlich ist der Termin mindestens eine Woche vorher ortsüblich bekanntzumachen, Art. 73 Abs. 6 Satz 2 BayVwVfG.

f) Stellungnahme und zusammenfassende Darstellung

Nach Beendigung des Anhörungsverfahrens übersendet die Anhörungsbehörde grundsätzlich den Plan mit allen Unterlagen und ihrer Stellungnahme innerhalb eines Monats an die Planfeststellungsbehörde, Art. 73 Abs. 9 BayVwVfG, § 17 Abs. 3c Satz 2 FStrG. Sind Anhörungsbehörde und Planfeststellungsbehörde wie bei der Planfeststellung für in Bayern befindliche Bundesfernstraßen identisch, so entfällt logischerweise auch diese Pflicht zur Abgabe eines Schlussberichts.[240] Stattdessen wird lediglich eine Niederschrift über den Erörterungstermin gefertigt.[241]

Daneben ist die Anhörungsbehörde nach § 11 UVPG zu einer zusammenfassenden Darstellung der Umweltauswirkungen verpflichtet. Diese erfolgt zunächst in einem einheitlichen, behördeninternen Schriftstück.[242] Nach außen kann sie nach § 11 Satz 4 UVPG sowohl in der Begründung des Planfeststellungsbeschlusses als auch in einem separaten Dokument in Erscheinung treten.

Die zusammenfassende Darstellung dient dazu, den entscheidungserheblichen Sachverhalt als Grundlage für die Bewertung der Umweltauswirkungen und ihre Berücksichtigung in der Zulassungsentscheidung nach § 12 UVPG festzustellen.[243] Mit der zusammenfassenden Darstellung liegt daher auch das für die Umsetzung der materiellen Anforderungen der Eingriffsregelung erforderliche Datenmaterial vor.

---

[240] OVG Münster, Beschl. v. 24. März 1993, VkBl. 1993, 661 (662); Allesch/Häußler, in: Obermayer, VwVfG, § 73, Rdn. 167.
[241] BMV, PlafeR 99, S. 522.
[242] UVPVwV vom 18.September 1995, GMBl. S. 671, Ziff. 0.5.2.1.
[243] UVPVwV vom 18.September 1995, GMBl. S. 671, Ziff. 0.5.1.1.

Sie hat sich dabei auf eine wertneutrale Zusammenstellung der Umweltauswirkungen zu beschränken. Aussagen darüber, ob bestimmte Auswirkungen „schädlich" oder „erheblich" sind, finden sich dagegen erst in der Bewertung nach § 12 1.HS UVPG,[244] die von der Planfeststellungsbehörde vorzunehmen ist.[245] Damit sind in der zusammenfassenden Darstellung Aussagen über den Ist-Zustand der Umwelt (bezogen auf die Schutzgüter des § 2 Abs. 1 Satz 2 UVPG), die voraussichtliche Veränderung der Umwelt infolge des geplanten Vorhabens bei Errichtung und Betrieb und die voraussichtliche Änderung der Umwelt bei Vorhaben- und Trassenvarianten zu treffen.[246]

Nicht erforderlich ist dagegen eine saldierende Gegenüberstellung, durch die die Belastungen der verschiedenen Umweltmedien gegeneinander aufgerechnet würden. Eine solche Aufstellung würde eine Befundgenauigkeit und Prognosesicherheit hinsichtlich der Schutzgüter der Umwelt vortäuschen, die nach gegenwärtigem Erkenntnisstand gerade nicht besteht und eine sachgerechte Bewertung eher behindern als fördern würde.[247]

II.   Materielle Anforderungen

Nach Art. 75 Abs. 1 Satz 1 BayVwVfG wird durch die Planfeststellung die Zulässigkeit des Vorhabens einschließlich der notwendigen Folgemaßnahmen an anderen Anlagen im Hinblick auf alle von ihm berührten öffentlichen Belange festgestellt. Ihrem Regelungsgehalt nach stellt die Planfeststellung daher einen Sonderfall einer Anlagenzulassung dar. Es handelt sich bei ihr um das idealtypische Gegenstück zu der anderen möglichen Form einer Anlagenzulassung, der

---

[244] Steinberg/Berg/Wickel, Fachplanung, § 2, Rdn. 110 m.w.N.

[245] Dürr, in: Knack, VwVfG, § 74, Rdn. 128; BMV, PlafeR 99, S. 523.

[246] UVPVwV vom 18.September 1995, GMBl. S. 671, Ziff. 0.5.2.2.

[247] BVerwG, Urt. v. 8. Juni 1995, BVerwGE 98, 339 (363 f.); BVerwG, Urt. v. 25. Januar 1996, BVerwGE 100, 238 (248).

Genehmigung wie sie z. B. im Immissionsschutzrecht und im Baurecht vorkommt.[248]

Im Gegensatz zu dieser vereint die Planfeststellung Elemente einer raumplanerischen Entscheidung und einer Genehmigung in sich. So wird in der Planfeststellung selbst darüber entschieden, *wo* das jeweilige Vorhaben im Raum verwirklicht werden soll, eine Bindung an die für Genehmigungen grundsätzlich geltenden §§ 29 BauGB entfällt jedenfalls bei Vorhaben mit überörtlicher Bedeutung nach § 38 BauGB. Damit trifft die Planfeststellung eine Raumnutzungsentscheidung. Kennzeichnend für raumplanerische Entscheidungen ist, dass für sie eine strenge Bindung an in der Form eines „wenn-dann-Schemas" formulierte Normen nicht besteht, sondern dass stattdessen die betroffenen Belange im Rahmen einer planenden und gestaltenden Abwägung aufeinander abgestimmt werden.[249]

Neben dieses raumplanerische Element treten aber auch je nach Art der Planfeststellung unterschiedlich ausgeprägte Genehmigungselemente. Für diese ist wiederum charakteristisch, dass an das Vorhaben genau umrissene Anforderungen gestellt werden, bei deren Vorliegen auf die Genehmigung des Vorhabens ein Anspruch besteht.[250] Diese beiden Bestandteile der Entscheidung über die Planfeststellung sind auch für die an ihre Rechtmäßigkeit zu stellenden Anforderungen von Bedeutung.

1.   Planerische Gestaltungsfreiheit

Ausgangspunkt für die Prüfung der materiellen Rechtmäßigkeit ist der Grundsatz der planerischen Gestaltungsfreiheit. Diese ergibt sich auch ohne ausdrückliche Erwähnung im jeweiligen Fachplanungsgesetz bereits aus der Übertragung der Planungsbefugnis auf die Planfeststellungsbehörde aufgrund der Erkenntnis, dass die Befugnis zur Planung einen mehr oder weniger ausgedehnten Spielraum

---

[248] Steinberg/Berg/Wickel, Fachplanung, § 1, Rdn. 4; BVerwG, Urt. v. 11. April 1986, BVerwGE 74, 124 (133).

[249] Steinberg/Berg/Wickel, Fachplanung, § 1, Rdn. 5.

[250] Steinberg/Berg/Wickel, Fachplanung, § 1, Rdn. 8.

an Gestaltungsfreiheit einschließt und einschließen muss, weil Planung ohne Gestaltungsfreiheit einen Widerspruch in sich darstellen würde.[251] Indem der Planfeststellungsbehörde grundsätzlich planerische Gestaltungsfreiheit zugestanden wird, wird dem raumplanerischen Charakter der Planfeststellung Rechnung getragen.

Die planerische Gestaltungsfreiheit berechtigt die planende Behörde jedoch nicht zur Willkür. Vielmehr ist sie schon aus rechtsstaatlichen Gründen in vielfältiger Weise gebunden. Die Grundstruktur dieser Bindungen wurde vom Bundesverwaltungsgericht, dessen Rechtsprechung für die Dogmatik der Planfeststellung außerordentlich fruchtbar war, bereits im Jahre 1975 in einer grundlegenden Entscheidung für die Fernstraßenplanung festgelegt. Sie wurde in der Folge auf andere Gebiete der Planfeststellung übertragen und wird trotz einiger inzwischen erfolgter Variationen dem Grundsatz nach weiterhin von der Rechtsprechung angewendet.

Die planerische Gestaltungsfreiheit der Planfeststellungsbehörde ist danach in vierfacher Hinsicht gebunden: Erstens besteht eine Bindung an die Linienbestimmung nach § 16 Abs. 1 FStrG, zweitens ist eine den Anforderungen des Art. 14 GG entsprechende Planrechtfertigung erforderlich, drittens sind die im Bundesfernstraßengesetz und gegebenenfalls in anderen Gesetzen zum Ausdruck kommenden Planungsleitsätze zu beachten und viertens unterliegt die planerische Entscheidung den Anforderungen des Abwägungsgebots.[252]

Diese materiellen Anforderungen an die Planfeststellung werden zwar teilweise als „Prüfungsstufen" bezeichnet,[253] anders als die materiellen Anforderungen der Eingriffsregelung sind sie aber nicht in einer strikt zu beachtenden Reihenfolge zu prüfen. Weder die Planfeststellungsbehörde noch das den Planfeststellungsbeschluss überprüfende Gericht sind bei der Rechtmäßigkeitsprüfung an eine bestimmte Reihenfolge gebunden. Sie können beispielsweise von einer Prüfung

---

[251] BVerwG, Urt. v. 14. Februar 1975, BVerwGE 48, 56 (59).

[252] BVerwG, Urt. v. 14. Februar 1975, BVerwGE 48, 56 (59).

[253] Steinberg/Berg/Wickel, Fachplanung, § 3, Rdn. 3; Fouquet, VerwArch 87 (1996), 212 (221).

des strikt zu beachtenden Rechts absehen, wenn sie das Vorhaben bereits aufgrund der planerischen Abwägung ablehnen wollen.[254] Gleichwohl kann eine
bestimmte Prüfungsreihenfolge aus sachlichen Gründen sinnvoll sein: So handelt es sich bei der Planrechtfertigung um einen groben Filter, der ohne großen
Aufwand zu Beginn der Prüfung behandelt werden kann. Das Vorliegen der Anforderungen des strikt zu beachtenden Rechts kann dagegen verglichen mit den
der Abwägung unterliegenden Fragen oft vergleichsweise einfach festgestellt
werden, weshalb eine Prüfung vor dem Abwägungsgebot häufig sinnvoll er-
scheinen wird. Dies ändert jedoch nichts daran, dass die Bindungen der planerischen Gestaltungsfreiheit nicht in einer vorgeschriebenen Reihenfolge zu prüfen
sind. Die Anforderungen an den Planfeststellungsbeschluss stehen nebeneinander und bauen nicht aufeinander auf.

2.   Bindung durch Vorentscheidungen anderer Planungsträger

Die Planfeststellungsbehörde ist an die Vorentscheidungen anderer Planungsträger gebunden. In seiner grundlegenden Entscheidung vom 14. Februar 1975
nannte das Bundesverwaltungsgericht insoweit nur die Bindung an die Linienbestimmung durch den Bundesminister für Verkehr nach § 16 Abs. 1 FStrG,[255]
tatsächlich bestehen jedoch umfangreiche weitere rechtliche und faktische Bindungen unterschiedlicher Art und Stärke.

a)   Bindung an raumplanerische Entscheidungen

Nach § 4 Abs. 1 Satz 2 Nr. 1 ROG 1998 hat die Planfeststellungsbehörde die in
Raumordnungsplänen aufgestellten Ziele der Raumordnung zu *beachten*. Diese
Beachtenspflicht stellt grundsätzlich eine absolute Verbindlichkeit dar, die im
Wege der Abwägung nicht überwunden werden kann. Jedoch sind Ziele der
Raumordnung regelmäßig relativ weit gefasst, so dass eine Konkretisierung die-

---

[254] BVerwG, Urt. v. 18. Mai 1990, BVerwGE 85, 155 (156); Fouquet, VerwArch 87 (1996),
212 (228).
[255] BVerwGE 48, 56 (59).

ses Rahmens möglich bleibt.[256] Trotz ihrer grundsätzlich strikten Bindungswirkung kommen sie im Ergebnis daher abwägungserheblichen Belangen nahe.

Daneben sind nach § 4 Abs. 2 ROG 1998 auch die Grundsätze und die sonstigen Erfordernisse der Raumordnung nach § 3 Nr. 3 und 4 ROG 1998 in der Abwägung zu *berücksichtigen*. Unter den sonstigen Erfordernissen der Raumordnung sind nach § 3 Nr. 4 ROG 1998 sowohl das Ergebnis eines Raumordnungsverfahrens als auch die landesplanerische Stellungnahme, die die Landesplanungsbehörde abgibt, wenn sie die Durchführung eines Raumordnungsverfahrens nicht für erforderlich hält (vgl. A. II.), zu verstehen. Es besteht jedoch keine strikte Beachtenspflicht wie bei den Zielen der Raumordnung, stattdessen wird nur eine Berücksichtigung im Rahmen der Abwägung nach § 17 Abs. 1 Satz 2 FStrG gefordert.

b) Bindung an den Bedarfsplan

Nach § 1 Abs. 2 Satz 2 FStrAbG ist die Feststellung des Bedarfs für eine bestimmte Straßenbaumaßnahme durch den Bedarfsplan für die Bundesfernstraßen für die Planfeststellung verbindlich. Mit der Feststellung des Bedarfs für ein Straßenbauvorhaben ist jedoch noch keine Aussage über die Zulässigkeit des Vorhabens getroffen. Die Bedarfsplanung kann Entscheidungen in den weiterführenden Planungsebenen nicht vorwegnehmen oder ersetzen. Eine dem Bedarfsplan entsprechende, unter verkehrsrechtlichen Aspekten optimale oder vorzugswürdige Trasse kann an entgegenstehenden öffentlichen oder privaten Belangen scheitern.[257] Desgleichen legt er zwar positiv verbindlich fest, dass ein Bedarf für ein bestimmtes Vorhaben besteht, in negativer Hinsicht entfaltet er aber keine Verbindlichkeit. Daher kann auch für ein Vorhaben, das nicht im Bedarfsplan enthalten ist, ein Bedarf bestehen.[258] Wegen der Verbindlichkeit in positiver Hinsicht ist auch Dritten der Einwand, für das Vorhaben bestünde kein

---

[256] BT-DrS. 13/6393, S. 81; Dyong, in: Cholewa u. a., ROG, § 4, Rdn. 11.
[257] BVerwG, Urt. v. 10. April 1997, BVerwGE 104, 236 (250); BVerwG, Urt. v. 25. Januar 1996, BVerwGE 100, 238 (254).
[258] Steinberg/Berg/Wickel, Fachplanung, § 3, Rdn. 116.

Bedarf und es sei daher überflüssig, abgeschnitten. Auch die Gerichte sind an die Festsetzungen des Bedarfsplans gebunden.[259]

Dies bedeutet, dass sowohl die Verwaltung als auch das den Planfeststellungs-beschluss überprüfende Gericht im Rahmen der planerischen Abwägung davon auszugehen hat, dass der durch den Bedarfsplan festgestellte Bedarf für das Bauvorhaben besteht. Dem Gericht kommt eine Befugnis und Pflicht zur Über-prüfung des Bedarfsplans nur insoweit zu, als der Gesetzgeber sein Ermessen bei der Feststellung des Bedarfs überschritten haben könnte. Dies wäre ange-sichts des weiten gesetzgeberischen Ermessensspielraums jedoch nur der Fall, wenn es für das Straßenbauprojekt an jeglicher Notwendigkeit fehlte. In einem derartigen Fall wäre das Gericht zur Vorlage an das Bundesverfassungsgericht nach Art. 100 Abs. 1 GG verpflichtet.[260]

Die Bindung an den Bedarfsplan kann aber nur so weit reichen, als er überhaupt Festsetzungen trifft. Zunächst bestimmt der Bedarfsplan, dass für ein bestimm-tes Straßenbauvorhaben ein Bedarf besteht. Mit dieser Bestimmung des Bedarfs einher geht auch die verbindliche Einstufung als Bundesstraße oder Bundesau-tobahn sowie die Bestimmung der Kapazität der Straßenverbindung, also die Frage nach einem 4- oder 6-streifigen Ausbau.[261] Denn mit der Feststellung des konkreten Verkehrsbedarfs setzt der Gesetzgeber auch ein grobmaschiges, zu-sammenhängendes Verkehrsnetz für den weiträumigen Verkehr im Sinne von § 1 Abs. 1 FStrG fest, das dem prognostizierten Bedarf gerecht wird. Aus die-sem Grunde darf auch die vom Gesetzgeber im Bedarfsplan dargestellte Netz-verknüpfung nicht ignoriert werden. Es besteht also auch insoweit eine Bindung, als durch zeichnerische Einzelheiten eine bestimmte Bedarfsstruktur festgelegt wurde.[262]

---

[259] Dürr, in: Kodal/Krämer, Straßenrecht, Kap. 34, Rdn. 26.1 f.
[260] BVerwG, Urt. v. 8. Juni 1995, BVerwGE 98, 339 (347 f.).
[261] BVerwG, Urt. v. 21. März 1996, BVerwGE 100, 370 (385); BVerwG, Urt. v. 26. März 1998, UPR 1998, 382 (383); Dürr, in: Kodal/Krämer, Straßenrecht, Kap. 34, Rdn. 26.1.
[262] BVerwG, Urt. v. 12. Dezember 1996, BVerwGE 102, 331 (343 f.).

c) Bindung an die Linienbestimmung

Nach der für die Dogmatik der Planfeststellung grundlegenden Entscheidung des Bundesverwaltungsgerichts vom 14. Februar 1975 ist die Planfeststellungs-behörde an die Linienbestimmung durch den Bundesminister für Verkehr ge-bunden.[263] Diese Bindung besteht allerdings, wie das Gericht bereits in dieser Entscheidung klarstellte, nur im Innenverhältnis zwischen dem Bundesminister für Verkehr und der Planfeststellungsbehörde. Im Außenverhältnis kommt der Linienbestimmung dagegen keine Verbindlichkeit zu, weswegen Drittbetroffene sich auch nicht gerichtlich unmittelbar gegen die Entscheidung wenden kön-nen.[264]

Die Linienbestimmung ist eine die endgültige Planung vorbereitende Grundent-scheidung, bei der trotz ihrer geringen Genauigkeit grundsätzlich alle erkennbar einschlägigen Belange in die Abwägung einzustellen sind.[265] Die Planung und damit auch die Abwägung wird damit in zwei Stufen durchgeführt. Da die vor-bereitende Entscheidung der Linienbestimmung aber mangels Außenwirkung gerichtlich von Drittbetroffenen nicht zur Überprüfung gestellt werden kann, ist es diesen möglich, Mängel der Linienbestimmung im Rahmen der Anfechtung der Planfeststellung geltend zu machen. Mängel der Linienbestimmung schlagen daher grundsätzlich auf die Planfeststellung durch. Die Planfeststellungsbehörde ist im Innenverhältnis an die Linienbestimmung gebunden und hat im Außen-verhältnis für deren Rechtmäßigkeit einzustehen.[266]

Für die Planfeststellungsbehörde hat dies zur Folge, dass sie die Linienbestim-mung auf ihre Rechtmäßigkeit, insbesondere auf ihre Vereinbarkeit mit den An-forderungen des Abwägungsgebots zu überprüfen hat. Kommt sie dabei zu dem Ergebnis, dass die Linienbestimmung rechtswidrig ist, so kann sie aber nicht

---

[263] BVerwGE 48, 56 (59).

[264] BVerwG, Urt. v. 14. Februar 1975, BVerwGE 48, 56 (60); Rinke, in: Kodal/Krämer, Stra-ßenrecht, Kap. 33, Rdn. 18.

[265] BVerwG, Urt. v. 10. April 1997, BVerwGE 104, 236 (251).

[266] BVerwG, Urt. v. 10. April 1997, BVerwGE 104, 236 (252); Rinke, in: Kodal/Krämer, Straßenrecht, Kap. 33, Rdn. 18.1 m.w.N.

einfach von ihr abweichen und der Planfeststellung eine andere Trassenführung zu Grunde legen, da sie im Innenverhältnis zum Bundesminister für Verkehr daran gebunden ist. Es bleibt ihr vielmehr nur die Möglichkeit, eine Änderung der Linienbestimmung durch diesen zu veranlassen. Da § 16 FStrG keine besonderen Anforderungen an das zu beachtende Verfahren aufstellt, kann diese Änderung grundsätzlich auch dadurch erfolgen, dass der Bundesminister für Verkehr formlos einer anderen Trassenführung zustimmt.[267]

Die Planfeststellungsbehörde ist also zwar an die Linienbestimmung *gebunden*, sie kann sich aber nicht gegenüber Dritten auf diese Bindung berufen. Streng genommen stellt diese Bindung daher keine Voraussetzung für die materielle Rechtmäßigkeit der Planfeststellung dar. Dieser Ansicht hat sich auch das Bundesverwaltungsgericht in jüngerer Zeit angeschlossen.[268] Damit würde ein gesonderter Prüfungsschritt der Bindung an die Linienbestimmung überflüssig. Es deutet sich insofern ein Abschied von der 4-stufigen hin zu einer 3-stufigen Prüfung der materiellen Rechtmäßigkeit von Planfeststellungsbeschlüssen an.[269]

Ähnliches gilt auch für die anderen Bindungen durch Entscheidungen anderer Planungsträger: Auch diese lassen sich in eine 3-stufige Prüfungssystematik integrieren, so dass eine eigenständige Voraussetzung „vorgelagerte Entscheidungen anderer Planungsträger" überflüssig ist.[270] Bei der Bindung an die *Ziele* der Raumordnung handelt es sich wie gezeigt um eine strikte Bindung, so dass sie sich auf der Ebene des „strikten Rechts" einordnen lässt. Die *Grundsätze* und die *sonstigen Erfordernisse der Raumordnung* sind nach § 4 Abs. 2 ROG 1998 nur im Rahmen der Abwägung zu berücksichtigen. Gleiches gilt für die verbindliche Feststellung eines *Bedarfs* durch die Bedarfsplanung.

---

[267] Dürr, in: Kodal/Krämer, Straßenrecht, Kap. 34, Rdn. 26.3.

[268] BVerwG, Urt. v. 17. Februar 1997, LKV 1997, 328 (333); ebenso Wahl/Dreier, NVwZ 1999, 606 (615); Schulze-Fielitz, in: Hoppe-FS, 997 (1001).

[269] Wahl/Dreier, NVwZ 1999, 606 (615); Jarass, DVBl. 1998, 1202 (1204).

[270] Fouquet, VerwArch 87 (1996), 212 (231).

Richtigerweise ist daher der materiellen Rechtmäßigkeit der Planfeststellung in Abweichung von der ursprünglichen 4-stufigen Prüfungssystematik eine 3-stufige Systematik zu Grunde zu legen.

3.   Planrechtfertigung

Des weiteren fordert das Bundesverwaltungsgericht in ständiger Rechtsprechung, dass für die materielle Rechtmäßigkeit der Planfeststellung eine so genannte Planrechtfertigung erforderlich sei. Begründet wird dieses Erfordernis aus der Überlegung heraus, dass „eine hoheitliche Planung ihre Rechtfertigung nicht etwa schon in sich trägt, sondern im Hinblick auf die von ihr ausgehenden *Einwirkungen auf Rechte Dritter* für die jeweilige konkrete Planungsmaßnahme rechtfertigungsbedürftig ist".[271] Der Grund für das Erfordernis der Planrechtfertigung ist also die Tatsache, dass durch die Planung auf Rechte Dritter eingewirkt wird. In der Rechtsprechungspraxis bezieht sich das Bundesverwaltungsgericht allerdings regelmäßig nur auf die mögliche Enteignung von nach Art. 14 GG geschützten Positionen, also auf die enteignungsrechtliche Vorwirkung der Planfeststellung[272] (vgl. § 19 FStrG).

In diesem Sinne gerechtfertigt ist ein Straßenbauvorhaben, wenn nach Maßgabe der vom Bundesfernstraßengesetz verfolgten Ziele ein Bedürfnis dafür besteht, die geplante Maßnahme unter diesem Blickwinkel also objektiv erforderlich ist.[273] Erforderlichkeit ist hier jedoch nicht so wie im Rahmen der Prüfung der Verhältnismäßigkeit von Einzelmaßnahmen zu verstehen, vielmehr geht es um die Rechtfertigung einer konkreten Planung durch eine in sich schlüssige planerische Konzeption. Erforderlich ist die Planung daher nicht erst bei Unausweich-

---

[271] BVerwG, Urt. v. 14. Februar 1975, BVerwGE 48, 56 (60).

[272] BVerwG, Urt. v. 22. März 1985, BVerwGE 71, 166 (168); BVerwG, Beschl. v. 26. April 1996, NuR 1997, 79 (80).

[273] BVerwG, Urt. v. 14. Februar 1975, BVerwGE 48, 56 (60).

lichkeit des Vorhabens, sondern bereits, wenn sie vernünftigerweise geboten ist.[274]

Eine Planrechtfertigung fehlt daher, wenn die Planung nicht verwirklicht werden soll, z. B. aus Kostengründen gar nicht realisierbar ist,[275] oder wenn das Vorhaben sinnvoll oder zweckmäßig unterbleiben kann.[276] Erfolgt die Planfeststellung der Bundesfernstraße abschnittsweise, so fehlt die Planrechtfertigung, wenn der festgestellte Abschnitt keine selbständige Verkehrsfunktion aufweist.[277]

Die Rechtsprechung hat im Laufe der Zeit eine ganze Reihe von legitimen, mit der Fernstraßenplanung zu verfolgenden Zielen anerkannt. Darunter fallen unter anderem die Verbesserung der überregionalen Verkehrsverbindungen, die verkehrsmäßige Erschließung eines unterentwickelten Raumes oder die Beseitigung von Gefahrenquellen.[278]

Nach § 1 Abs. 2 Satz 1 FStrAbG entsprechen die in den Bedarfsplan für die Bundesfernstraßen aufgenommenen Vorhaben den Zielsetzungen des § 1 Abs. 1 FStrG. Durch diese Neuregelung aufgrund des Dritten Rechtsbereinigungsgesetzes[279] wurde gesetzlich festgestellt, dass für die in den Bedarfsplan aufgenommenen Fernstraßenbauvorhaben eine Planrechtfertigung besteht. Die gesetzliche Wertung ist auch für die Gerichte verbindlich. Mit der Neufassung des § 1 Abs. 2 FStrAbG bringt der Gesetzgeber eindeutig zum Ausdruck, dass die Bedarfsplanung nicht lediglich ein Instrument der Finanzplanung ist, das als solches nur haushaltsrechtliche Wirkungen erzeugt und für die Frage der Planrechtfertigung nur indizielle Bedeutung hat (so aber die bisherige Rechtsprechung). Vielmehr wollte er die bisherige Rechtslage ändern und die gerichtliche Kontrolle der

---

[274] BVerwG, Urt. v. 7. Juli 1978, BVerwGE 56, 110 (119); Steinberg/Berg/Wickel, Fachplanung, § 3, Rdn. 48.

[275] BVerwG, Urt. v. 20. Mai 1999, UPR 1999, 355.

[276] BVerwG, Urt. v. 7. Juli 1978, BVerwGE 56, 110 (118); BVerwG, Urt. v. 3. Mai 1988, UPR 1989, 103.

[277] BVerwG, Beschl. v. 5. Juni 1992, NVwZ 1992, 1093 (1094).

[278] Vgl. Steinberg/Berg/Wickel, Fachplanung, § 3, Rdn. 50 m.w.N.

[279] Gesetz vom 28. Juni 1990, BGBl. I S. 1221, S. 1221.

Planrechtfertigung einschränken.[280] Verfassungsrechtliche Bedenken stehen dem nicht entgegen, da es sich bei der Frage der Bedarfsfeststellung für ein Fernstraßenbauvorhaben in erster Linie um eine politische Entscheidung handelt, die zweckmäßig vom Gesetzgeber getroffen werden kann.[281]

Die Gerichte sind jedoch auch nach der Neufassung des § 1 Abs. 2 FStrAbG nicht von jeglicher Pflicht zur Prüfung der Planrechtfertigung befreit. Diese beschränkt sich jedoch nunmehr darauf, ob die Grenzen des weiten Ermessens des Gesetzgebers bei der Aufnahme des Vorhabens in den Bedarfsplan überschritten wurden. Eine Überschreitung der Grenzen des Ermessens würde bei Straßenbauprojekten vorliegen, für die es im Hinblick auf eine bestehende oder künftig zu erwartende Verkehrsbelastung oder auf die verkehrliche Entwicklung eines zu entwickelnden Raumes an jeder Notwendigkeit fehlt. In diesem Fall ließe sich die Bedarfsfeststellung nicht als Konkretisierung des Gemeinwohlerfordernisses nach Art. 14 Abs. 3 GG rechtfertigen und wäre verfassungswidrig. Das Gericht hätte den Bedarfsplan nach Art. 100 Abs. 1 GG dem Bundesverfassungsgericht vorzulegen.[282]

Die Bedeutung der Planrechtfertigung als eigenständige materielle Rechtmäßigkeitsvoraussetzung ist damit noch weiter geschwächt worden als sie es schon vor der Neufassung des § 1 Abs. 2 FStrAbG war. Daher wundert es wenig, dass sich in der Literatur die Stimmen mehren, die die Planrechtfertigung als eigenständige Voraussetzung aufgeben und die insoweit relevanten Gesichtspunkte in die Abwägung einfließen lassen wollen.[283] Für diese Meinung spricht zwar, dass angesichts der niedrigen „Erforderlichkeitsschwelle" wohl kaum ein Vorhaben an der Planrechtfertigung scheitert und der gesetzlich verbindlich festgelegte

---

[280] BVerwG, Urt. v. 8. Juni 1995, BVerwGE 98, 339 (345 f.).

[281] BVerwG, Urt. v. 8. Juni 1995, BVerwGE 98, 339 (346); Rinke, in: Kodal/Krämer, Straßenrecht, Kap. 32, Rdn. 20.13.

[282] BVerwG, Urt. v. 8. Juni 1995, BVerwGE 98, 339 (347 f.); BVerwG, Urt. v. 18. Juni 1997, NVwZ-RR 1998, 292 (294); Steinberg/Berg/Wickel, Fachplanung, § 3, Rdn. 55; Wahl/Dreier, NVwZ 1999, 606 (614).

[283] Steinberg/Berg/Wickel, Fachplanung, § 3, Rdn. 47; Wahl/Dreier, NVwZ 1999, 606 (613 f.); Jarass, DVBl. 1998, 1202 (1205), alle m.w.N.

Bedarf für ein Vorhaben ohnehin auch als abwägungserheblicher Belang zu berücksichtigen ist. Das Bundesverwaltungsgericht hält jedoch zu Recht an der eigenständigen Planrechtfertigung fest. Ihre Erforderlichkeit leitet sich daraus ab, daß das Fachplanungsrecht eine Enteignung nicht in jedem Fall zulässt, sondern nur, soweit die Planung den gesetzlich festgelegten Zielen entspricht. Die Planrechtfertigung dient damit in der Fernstraßenplanung der Feststellung, ob die Planung den in § 1 Abs. 1 FStrG festgelegten Zielen dient.[284] Allein die Tatsache, dass diese Anforderung in der gerichtlichen Praxis keine Rolle spielt, die Planungsträger sich mithin rechtmäßig verhalten, kann dagegen kein Grund dafür sein, auf diese Voraussetzung gänzlich zu verzichten.

4. Striktes Recht bzw. „Planungsleitsätze"

In seiner grundlegenden Entscheidung vom 14. Februar 1975 unterwarf das Bundesverwaltungsgericht die planerische Gestaltungsfreiheit der Bindung an die „im Bundesfernstraßengesetz und – gegebenenfalls – in anderen gesetzlichen Vorschriften zum Ausdruck kommenden *Planungsleitsätze*".[285] Was genau unter dem Begriff „Planungsleitsatz" zu verstehen war, blieb in der weiteren Entwicklung unklar, und so blieb diese Bindung der Gestaltungsfreiheit in der Rechtsprechung verglichen mit den anderen Bindungen eher unbedeutend.[286]

Ausgehend von einer Entscheidung aus dem Jahre 1985 wurde der Begriff des Planungsleitsatzes später anders verstanden, und zwar so, dass nur die gesetzlichen Bestimmungen, die in der Abwägung nicht überwunden werden können, da sie vom Planer strikte Beachtung verlangen, als Planungsleitsätze zu qualifizieren waren. Ob ein solcher Planungsleitsatz vorliegt sollte durch Auslegung der Bestimmung zu ermitteln sein.[287]

---

[284] Gaentzsch, in: Schlichter-FS, 517 (532).
[285] BVerwG, Urt. v. 14. Februar 1975, BVerwGE 48, 56 (59).
[286] Steinberg/Berg/Wickel, Fachplanung, § 3, Rdn. 8.
[287] BVerwG, Urt. v. 22. März 1985, BVerwGE 71, 163 (165); Steinberg/Berg/Wickel, Fachplanung, § 3, Rdn. 10.

In der Sache bedeutete dies, dass die Planbindung durch *Planungsleitsätze* erheblich besser handhabbar wurde. Allerdings war der Begriff unter terminologischen Gesichtspunkten mehr als problematisch: Denn gerade der Begriff des „Leitsatzes" suggerierte eine Steuerung der Planung auf ein bestimmtes Ziel hin, eine Leistung, die eine zwingend zu beachtende Vorgabe gerade nicht erbringen kann. Denn ist eine Bestimmung zwingend zu beachten, dann bleibt für eine planerische Gestaltung insoweit eben kein Raum mehr. Planerische Gestaltungsfreiheit setzt gerade voraus, dass die Entscheidung der Behörde nicht in der Form eines typischen Tatbestand-Rechtsfolge-Schemas vorgegeben ist, sondern dass die planende Behörde stattdessen an bestimmte Zwecke gebunden ist, die untereinander konfligieren und zwischen denen sie bei der Planung abwägen muss. Derartige Zweckprogramme eröffnen bei der Festlegung konkreter Planungsziele und bei der Wahl der zu ihrer Umsetzung erforderlichen Mittel breite Handlungsmöglichkeiten, die in dem Begriff der planerischen Gestaltungsfreiheit zusammengefasst werden.[288]

Planungsleitsätze im genannten Sinn sind aber gerade nicht als Planungsziele formuliert, sondern wie z. B. auch die bauplanungsrechtlichen Genehmigungsvoraussetzungen als Konditionalprogramme, als „wenn-dann-Schemata". Sie regeln Teilaspekte des zu planenden Vorhabens und machen dafür zwingend zu beachtende Vorgaben. Als Beispiel kann die allgemein als Planungsleitsatz anerkannte Bestimmung des § 1 Abs. 3 Satz 1 FStrG herangezogen werden. Nach dieser Bestimmung müssen Bundesautobahnen frei von höhengleichen Kreuzungen sein. Damit wird verbindlich festgelegt, dass *wenn* eine Bundesautobahn geplant wird, diese *dann* ohne höhengleiche Kreuzungen gebaut werden muss. Für den Teilaspekt „Kreuzungen/Einmündungen" besteht also eine zwingend zu beachtende Vorgabe, die planerische Gestaltungsfreiheit kann insoweit nicht zum Tragen kommen.

---

[288] Allesch/Häußler, in: Obermayer, VwVfG, § 74, Rdn. 17; Kühling, Fachplanungsrecht, Rdn. 9.

Soweit für einen im Rahmen der Planung zu regelnden Aspekt eine zwingend zu beachtende Vorgabe, ein Planungsleitsatz im obigen Sinne, besteht, fehlt es daher an einer planerischen Gestaltungsfreiheit.[289] Aus diesem Grund ist es zu begrüßen, dass der Begriff des Planungsleitsatzes in den neueren Entscheidungen des Bundesverwaltungsgerichts nicht mehr auftaucht. Stattdessen ist nunmehr von „zwingenden materiellen Rechtssätzen",[290] „striktem Recht"[291] oder „zwingendem Recht"[292] die Rede. Eine inhaltliche Änderung ist mit diesem Wechsel der Terminologie aber nicht verbunden.

Nach Art. 75 Abs. 1 Satz 1, 1. HS BayVwVfG wird in der Planfeststellung über die Zulässigkeit des Vorhabens einschließlich der notwendigen Folgemaßnahmen an anderen Anlagen im Hinblick auf alle von ihm berührten öffentlichen Belange entschieden. Zu diesem Zweck ordnet Art. 75 Abs. 1 Satz 1, 2. HS BayVwVfG eine formelle Konzentrationswirkung an, aufgrund derer neben der Planfeststellung keine weiteren Genehmigungen erforderlich sind. Die formelle Konzentrationswirkung führt jedoch nicht zu einer Privilegierung des planfeststellungspflichtigen Vorhabens dergestalt, dass ansonsten zwingende Vorschriften nunmehr durch Abwägung überwunden werden könnten. Stattdessen sind die materiellen Anforderungen der von der Konzentrationswirkung erfassten Regelungsbereiche auch in der Planfeststellung zu beachten.[293]

Zwingende materiellrechtliche Vorschriften ergeben sich daher vor allem aus den von der Planfeststellung ersetzten behördlichen Entscheidungen. Daneben sind aber auch Bestimmungen, die nicht an besondere Genehmigungsverfahren anknüpfen, wie z. B. §§ 22 f. BImSchG, zu beachten. Eine nicht abschließende Aufzählung der von der fernstraßenrechtlichen Planfeststellung umfassten Ge-

---

[289] Ibler, Schranken, S. 183; BVerwG, Urt. v. 22. März 1985, BVerwGE 71, 163 (164).

[290] BVerwG, Beschl. v. 30. Oktober 1992, Buchholz 406.401, Nr. 13 zu § 8 BNatSchG, 26 (31).

[291] BVerwG, Beschl. v. 30. Oktober 1992, Buchholz 406.401, Nr. 13 zu § 8 BNatSchG, 26 (34).

[292] BVerwG, Urt. v. 21. März 1996, BVerwGE 100, 370 (380).

[293] Steinberg/Berg/Wickel, Fachplanung, § 3, Rdn. 17 m.w.N.

nehmigungen findet sich in Nr. 28 Abs. 2 der Planfeststellungsrichtlinien für Bundesfernstraßen.[294] Danach sind z. B. auch die Vorschriften der Landesbauordnungen, soweit bauliche Anlagen wie Raststätten erstellt werden sollen, von der Planfeststellungsbehörde strikt zu beachten.

Klarstellend ist jedoch darauf hinzuweisen, dass, soweit „sekundäres" materielles Recht in der Planfeststellung anzuwenden ist, dies nicht zwingend bedeutet, dass es sich um striktes Recht handelt. Stattdessen kann auch eine Norm vorliegen, die einer Abwägung zugänglich ist. Welche Verbindlichkeit den einzelnen Normen zukommt, ist durch Auslegung zu ermitteln.[295]

5.   Abwägungsgebot

a)   Allgemeines

Das Abwägungsgebot ergibt sich nach ständiger Rechtsprechung des Bundesverwaltungsgerichts unabhängig von seiner positivrechtlichen Formulierung bereits aus dem Wesen der rechtsstaatlichen Planung. Es wurzelt im Rechtsstaatsprinzip, trägt in seinem Anwendungsbereich in spezifischer Weise dem Verhältnismäßigkeitsgrundsatz Rechnung und ist auf diese Weise als „rechtsstaatliches Abwägungsgebot" unmittelbar bundesverfassungsrechtlich abgesichert.[296] Für den Bereich der fernstraßenrechtlichen Planfeststellung ist es zudem in § 17 Abs. 1 Satz 2 FStrG ausdrücklich formuliert.

Im Gegensatz zu den anderen, vergleichsweise schwachen Bindungen der planerischen Gestaltungsfreiheit kommt dem Abwägungsgebot in der planerischen Praxis der Verwaltung wie auch in der gerichtlichen Kontrolle die überragende Bedeutung zu.[297] Das Abwägungsgebot fordert von der planenden Behörde, dass (1) eine Abwägung überhaupt stattfindet, (2) in die Abwägung an Belangen ein-

---

[294] VkBl. 1999, S. 511 ff.

[295] BVerwG, Urt. v. 9 März 1990, BVerwGE 85, 44 (46); Ibler, Schranken, S. 183 f.

[296] BVerwG, Urt. v. 23. Januar 1981, BVerwGE 61, 295 (301) m.w.N.

[297] Steinberg/Berg/Wickel, Fachplanung, § 3, Rdn. 58.

gestellt wird, was nach Lage der Dinge in sie eingestellt werden muss, (3) die Bedeutung der betroffenen Belange nicht verkannt wird und (4) der Ausgleich zwischen ihnen nicht in einer Weise vorgenommen wird, die zum objektiven Gewicht einzelner Belange außer Verhältnis steht.[298]

Mit diesen 4 grundlegenden Anforderungen an den Planer korrespondieren 4 mögliche Fehler, anhand derer die Gerichte die Einhaltung des Abwägungsgebots überprüfen, nämlich Abwägungsausfall, Abwägungsdefizit, Abwägungsfehleinschätzung und Abwägungsdisproportionalität.[299] Die gerichtliche Kontrolle geht aber über die Prüfung dieser Fehler nicht hinaus. Insbesondere kann ein Gericht nicht seine eigene Abwägung an die Stelle der Abwägung der planenden Behörde setzen, sondern muss der dieser vom Gesetzgeber zugestandenen planerischen Gestaltungsfreiheit, die sich vor allem bei dem Ausgleich zwischen den widerstreitenden Belangen auswirkt, Rechnung tragen. Ist von planerischer Abwägung die Rede, so ist daher immer im Auge zu behalten, ob auf die Perspektive der Verwaltung oder des Gerichts abzustellen ist.

Das Bundesverwaltungsgericht betont in ständiger Rechtsprechung, quasi formelhaft, dass sich das Abwägungsgebot sowohl auf den Abwägungsvorgang als auch auf das Abwägungsergebnis beziehe.[300] Diese Aussage hat in der Literatur zu einer erbitterten Debatte darüber geführt, welche der genannten Anforderungen sich nun auf den Vorgang und welche auf das Ergebnis bezögen. Schon aus Platzgründen kann diese Diskussion hier nicht vollständig nachgezeichnet werden. Es finden sich sowohl Meinungen, die ausschließlich eine Kontrolle des Abwägungsergebnisses fordern als auch solche, die nur den Abwägungsvorgang der gerichtlichen Kontrolle unterwerfen. Daneben gibt es auch Ansätze, nach denen bestimmte Abwägungsfehler ausschließlich dem Abwägungsvorgang, andere ausschließlich dem Abwägungsergebnis zuzuordnen sind.[301]

---

[298] Grundlegend BVerwG, Urt. v. 14. Februar 1975, BVerwGE 48, 56 (63).

[299] vgl. nur Stüer, HdFPl., Rdn. 2172.

[300] BVerwG, Urt. v. 14. Februar 1975, BVerwGE 48, 56 (64).

[301] Vgl. insoweit Steinberg/Berg/Wickel, Fachplanung, § 3, Fn. 200 und Manssen, Stadtgestaltung, S. 278, jeweils m.w.N.

Letztendlich kommt es darauf auch nicht an. Denn für die richterliche Perspektive ist entscheidend, ob die oben dargestellten Abwägungsfehler in der Planung festgestellt werden können. Ob sie sich anhand des Ergebnisses der Planung oder durch eine Betrachtung des zu diesem führenden Vorgangs erkennen lassen, ist hierfür grundsätzlich unerheblich.

Der Vorgang der Abwägung und ihr Ergebnis, der Plan selbst, lassen sich nicht klar voneinander unterscheiden. Nach der allgemein anerkannten Systematik des Abwägungsgebots fordert dieses von der planenden Behörde, dass die betroffenen Belange ermittelt, ihrem Gewicht entsprechend bewertet und im Verhältnis zueinander in einen Ausgleich gebracht werden. Damit werden Anforderungen an den Ablauf der Planung gestellt. Planung wird aber nach der allgemein anerkannten Definition des Bundesverwaltungsgerichts als ein *Prozess* der fortschreitenden Sachverhaltsermittlung und -bewertung[302] verstanden, der maßgeblich über das Abwägungsgebot gesteuert wird. Da der Prozesscharakter für die Planung charakteristisch ist, stellt auch das Abwägungsgebot Anforderungen an den *Prozess* der Planung, und nicht an dessen Ergebnis. Planung ist nicht ergebnisorientiert, was sich insbesondere daran zeigt, dass eine ordnungsgemäße Planung zu mehreren verschiedenen, gleichermaßen rechtmäßigen Ergebnissen führen kann. Die Anforderungen des Abwägungsgebots zielen darauf ab, den Vorgang der Planung rational zu strukturieren, um auf diese Weise das Ergebnis der Planung, auch angesichts der eingeschränkten gerichtlichen Kontrolle, möglichst rational nachvollziehbar zu machen.[303]

Das Ergebnis des Abwägungsvorgangs, der ein Kernstück des Planungsprozesses darstellt, kann zwar bei der Überprüfung der Planung auf Abwägungsfehler nicht außer acht gelassen werden. Es steht aber dem Abwägungsvorgang nicht diametral gegenüber, sondern bildet vielmehr dessen Endpunkt und ist damit auch dessen Bestandteil. Dementsprechend ist es auch überflüssig, bestimmte Abwägungsfehler ausschließlich dem Abwägungsvorgang oder dessen End-

---

[302] BVerwG, Beschl. v. 26. Juni 1992, Buchholz 407.4, Nr. 89 zu § 17 FStrG, 86 (92).
[303] Uerpmann, Das öffentliche Interesse, S. 284.

punkt, dem Abwägungsergebnis zuzuordnen. Ob ein bestimmter Abwägungsfehler vorliegt, kann sich einerseits aus einem völlig unausgewogenen Ergebnis ergeben, andererseits aber auch daraus, dass ausweislich der Begründung des Planfeststellungsbeschlusses bestimmte Belange gar nicht in der Abwägung berücksichtigt wurden. Das Ergebnis der Abwägung ist daher nur eine von mehreren möglichen Erkenntnisquellen, aus denen sich ablesen lässt, ob die Abwägung ordnungsgemäß durchgeführt wurde. Daneben sind aber auch die Begründung, Aktenauszüge oder Protokolle heranzuziehen.[304] Durch die genannte Aussage des Bundesverwaltungsgerichts wird daher nur ausgesagt, dass dem Abwägungsvorgang eine entscheidende Bedeutung für das Abwägungsergebnis zukommt. Planung als Vorgang und Planung als Produkt können nicht voneinander getrennt werden. Die Anforderungen des Abwägungsgebots richten sich ausschließlich an den Abwägungsvorgang. Ist dieser fehlerhaft, so besteht ein Indiz dafür, dass auch das Ergebnis nicht ausgewogen ist. Allerdings kann das gleiche Ergebnis auch das Produkt eines ordnungsgemäßen Abwägungsvorgangs sein. Von dieser Möglichkeit geht offensichtlich auch § 17 Abs. 6c Satz 1 FStrG aus, nach dem Abwägungsfehler nur erheblich sind, wenn sie auf das Abwägungsergebnis Einfluss hatten. Eine von der Überprüfung des Abwägungsprozesses unabhängige Prüfung des Abwägungsergebnisses auf Abwägungsfehler findet dagegen nicht statt.[305]

Das Abwägungsgebot stellt einen die gesamte Planung prägenden Grundsatz dar. Es korrespondiert mit der planerischen Gestaltungsfreiheit insofern, als auch diese immer dann im Planungsprozess relevant wird, wenn für den jeweiligen Aspekt der Planung keine strikt zu beachtenden Vorgaben existieren. In diesen Fällen ist die Behörde zur planerischen Gestaltung berechtigt und verpflichtet. Als rechtsstaatlicher Maßstab ihres Handelns ist sie dabei allerdings an die Vorgaben des Abwägungsgebots gebunden. Dieses wird daher in zweifacher Hinsicht bedeutsam: Aus der Sicht der Behörde ist das Abwägungsgebot eine

---

[304] Manssen, Stadtgestaltung, S. 282.
[305] Steinberg/Berg/Wickel, Fachplanung, § 3, Rdn. 65, 71 f.; Manssen, Stadtgestaltung, S. 281 f.; Kühling/Herrmann, Fachplanungsrecht, 2. Aufl., Rdn. 334.

Handlungsanleitung für die Planung. Alle relevanten Belange sind zu ermitteln, zu bewerten und untereinander in einen gerechten Ausgleich zu bringen. Es stellt für die Behörde die juristische *Methode* dar, mittels derer sie zu einer rechtmäßigen Planungsentscheidung gelangt.[306] Daneben ist es Maßstab für die Rechtmäßigkeit der Planung.[307] Die Entscheidung über der planerischen Gestaltungsfreiheit unterliegende Aspekte der Planung ist nur dann rechtmäßig, wenn keiner der genannten Abwägungsfehler vorliegt.

Daraus folgt, dass es im Planungsprozess nicht nur zu einer einzigen Abwägungsentscheidung kommt. Vielmehr ist immer dann, wenn ein Aspekt des Vorhabens, für den planerische Gestaltungsfreiheit besteht, zur Entscheidung ansteht, eine dem Abwägungsgebot entsprechende Abwägung erforderlich. Bei der richterlichen Kontrolle sind alle die Fragen, für die keine zwingend zu beachtenden Vorgaben bestehen, auf Abwägungsfehler hin zu überprüfen.

Neben der Ausgestaltung der Planung im Einzelnen muss sich die Planfeststellungsbehörde auch mit der Frage befassen, ob die mit dem Vorhaben bezweckten Ziele die dadurch ausgelösten negativen Folgen überwiegen oder ob stattdessen wegen zu gravierender Beeinträchtigungen von dem Vorhaben Abstand zu nehmen ist, also die Frage nach der so genannten „Null-Variante". Auch insoweit stellt das Abwägungsgebot den Maßstab für die Rechtmäßigkeit der Entscheidung dar.[308]

Das Abwägungsgebot ist daher der zentrale Rechtmäßigkeitsmaßstab der Planfeststellung, soweit keine Vorschriften des zwingenden Rechts bestehen. Seine Anforderungen entscheiden sowohl über das *wie* als auch über das *ob* der Planung.

---

[306] Ibler, Schranken, S. 213.
[307] Kühling, Fachplanungsrecht, Rdn. 174.
[308] BVerwG, Urt. v. 10. April 1997, BVerwGE 104, 236 (248); Steinberg/Berg/Wickel, Fachplanung, § 3, Rdn. 115; Kühling, Fachplanungsrecht, Rdn. 9.

b) Ermittlung der relevanten Belange

Die planerische Abwägung ist gekennzeichnet durch den Grundsatz der Problembewältigung.[309] Um diesem Ziel der Bewältigung aller durch das Vorhaben aufgeworfenen Probleme gerecht zu werden sind daher alle Belange, die von dem Vorhaben berührt werden, zu ermitteln und im Rahmen der Abwägung zu berücksichtigen, wie es § 17 Abs. 1 Satz 2 FStrG ausdrücklich formuliert.

Unter den Begriff des „Belangs" fallen nicht nur betroffene Rechtspositionen, sondern auch sonstige Interessen wirtschaftlicher oder ideeller Art, soweit sie erkennbar und nicht objektiv geringfügig oder generell oder im konkreten Fall nicht schutzwürdig sind.[310]

Abgesehen von diesen allgemeinen Anforderungen sind jedenfalls solche Belange in die Abwägung einzubeziehen, die in einschlägigen Normen ausdrücklich genannt werden. Diese Normen haben eine Hinweisfunktion und lenken die Aufmerksamkeit der Planungsbehörden auf bestimmte, vom Gesetzgeber als potenziell abwägungserheblich angesehene Belange.[311]

Zu nennen ist dabei zunächst § 17 Abs. 1 Satz 2 FStrG, nach dem das Ergebnis der Umweltverträglichkeitsprüfung im Rahmen der Abwägung zu berücksichtigen ist. Aufgabe der Umweltverträglichkeitsprüfung ist nach § 2 Abs. 1 Satz 2 UVPG unter anderem die Ermittlung der Auswirkungen des Vorhabens auf die dort genannten Schutzgüter. Damit leistet die Umweltverträglichkeitsprüfung die Ermittlung der unter Umweltgesichtspunkten für das Vorhaben relevanten Belange. Dies verdeutlicht die zwar nur verfahrensrechtliche, aber dennoch nicht zu unterschätzende Bedeutung, die der Durchführung einer förmlichen Umweltverträglichkeitsprüfung zukommt.

Unter dem Gesichtspunkt des Naturschutzes sind weiterhin die in § 2 Abs. 1 BNatSchG und Art. 1 Abs. 2 BayNatSchG enthaltenen, die Ziele von Natur-

---

[309] BVerwG, Urt. v. 7. Juli 1978, BVerwGE 56, 110 (129); BVerwG, Urt. v. 9. März 1979, BVerwGE 57, 297 (302); BVerwG, Urt. v. 23. Januar 1981, BVerwGE 61, 307 (311).

[310] BVerwG, Urt. v. 9. November 1979, BVerwGE 59, 87 (102 f.).

[311] Wahl/Dreier, NVwZ 1999, 606 (616).

schutz und Landschaftspflege nach § 1 BNatSchG konkretisierenden Grundsätze von Naturschutz und Landschaftspflege von Bedeutung. Sie sind bei der Erweiterung des Fernstraßennetzes nach § 3 Abs. 1 Satz 2, 2. HS FStrG zu berücksichtigen und gehören damit zum Abwägungsmaterial.

Aber auch naturschutzrechtliche Vorschriften, die ihrer Normstruktur nach nicht lediglich auf eine Berücksichtigung in der Abwägung angelegt sind, sind abwägungserheblich. So hat das Bundesverwaltungsgericht in einer Entscheidung vom 26. Juni 1992,[312] in der es um die Befreiung von einer Landschaftsschutzverordnung ging, klarstellend darauf hingewiesen, dass die Belange von Naturschutz und Landschaftspflege auch abgesehen von der Befreiung abwägungserheblich bleiben. Dass das Vorhaben der Schutzverordnung eines Landschaftsschutzgebiets oder eines anderen in §§ 12 ff. BNatSchG genannten Teiles von Natur und Landschaft widerspricht, ist also doppelt zu berücksichtigen: Einerseits bei einer aufgrund der formellen Konzentrationswirkung von der Planfeststellungsbehörde zu erteilenden Befreiung, andererseits als abwägungserheblicher Belang. Dies ergibt sich aus der Überlegung heraus, dass durch die Unterschutzstellung ein besonderer Schutz dieser Teile von Natur und Landschaft beabsichtigt wurde. Durch eine Befreiung nach § 31 BNatSchG werden die betroffenen Schutzgüter von Natur und Landschaft zwar nicht verletzt, aber doch geschmälert. Im Interesse eines wirksamen Schutzes ist daher diese Beeinträchtigung im Rahmen der Abwägung zur berücksichtigen.[313]

Gleiches gilt grundsätzlich auch für aufgrund der naturschutzrechtlichen Eingriffsregelung anzuordnende Vermeidungs-, Ausgleichs- oder Ersatzmaßnahmen: Die Abwägungsrelevanz dieser Maßnahmen ergibt sich schon aus der Überlegung, dass mit jeder weiteren derartigen Maßnahme die finanzielle Belastung für den Vorhabenträger erhöht wird. Das Interesse der öffentlichen Hand

---

[312] BVerwG, Beschl. v. 26. Juni 1992, Buchholz 407.4, Nr. 89 zu § 17 FStrG, 86 (95).
[313] Jarass, DVBl. 1998, 1202 (1207).

an einer möglichst kostengünstigen Realisierung eines Fernstraßenbauvorhabens ist aber in jedem Fall abwägungsrelevant.[314]

Für ihre Berücksichtigung spricht aber auch ein weiterer Aspekt: Nur unter Berücksichtigung der Vermeidungs-, Ausgleichs- und Ersatzmaßnahmen lässt sich die Auswirkung des Vorhabens auf die Schutzgüter von Naturschutz und Landschaftspflege abschließend beurteilen. Nur so kann festgestellt bzw. prognostiziert werden, in welchem Ausmaß Natur und Landschaft durch das Vorhaben strapaziert werden oder in welchen Bereichen durch Ersatzmaßnahmen gar eine Aufwertung des nach dem Eingriff bestehenden Zustands möglich erscheint, so dass die Gesamtbilanz ausgeglichen wird. Im Grundsatz erkennt dies auch das Bundesverwaltungsgericht an.[315] Allerdings sollen naturschutzrechtliche Kompensationsmaßnahmen erst abwägungserheblich werden, wenn sie geeignet sind, die Gesamtkonzeption der Planung zu berühren.[316] Bleiben sie unterhalb dieser Schwelle, so sind sie im obigen Sinne „objektiv geringwertig" und damit nicht abwägungserheblich.

Im Ergebnis kann dieser Ansicht zugestimmt werden. Denn schließlich handelt es sich bei der naturschutzrechtlichen Eingriffsregelung um ein Folgenbewältigungssystem wie die Regelungen über den Schallschutz bei Verkehrswegen nach § 42 BImSchG i.V.m. der 16. BImSchV. Idealtypisch werden derartige Folgemaßnahmen erst angeordnet, wenn die Zulässigkeit des Vorhabens bereits feststeht. Für die die Zulassung der Anlage regelnde Abwägung werden sie daher nur ausnahmsweise von Bedeutung sein, also wenn sie das Gesamtkonzept der Planung berühren können. Auch unter dem Gesichtspunkt der Kostenlast für den Vorhabenträger wird dies nur bei entsprechend umfangreichen Vermeidungs-, Ausgleichs- und Ersatzmaßnahmen der Fall sein.

---

[314] BVerwG, Beschl. v. 20. Dezember 1988, NVwZ-RR 1989, 458 (459); Dürr, in: Kodal/Krämer, Straßenrecht, Kap. 34, Rdn. 29.32.

[315] BVerwG, Urt. v. 12. Dezember 1996, BVerwGE 102, 331 (348).

[316] BVerwG, Beschl. v. 30. Oktober 1992, Buchholz 406.401, Nr. 13 zu § 8 BNatSchG, 26 (38) mit Verweis auf BVerwG, Urt. v. 20. Oktober 1989, BVerwGE 84, 31 (34); BVerwG, Beschl. v. 30. August 1994, Buchholz 316, Nr. 31 zu § 74 VwVfG, 8 (10).

c) *Bewertung der Belange und Ausgleich*

Als nächsten Schritt verlangt das Abwägungsgebot, dass die ermittelten Belange entsprechend ihrem objektiven Gewicht in der konkreten Situation bewertet werden.[317] Im Gegensatz zur Ermittlung und Einstellung der Belange, die nach der Rechtsprechung des Bundesverwaltungsgerichts eine bloße Rechtsanwendung darstellt und daher gerichtlich voll überprüfbar ist,[318] handelt es sich bei der Gewichtung der Belange um ein wesentliches Element der planerischen Gestaltungsfreiheit der Planfeststellungsbehörde. Obwohl die Bewertung grundsätzlich strikt nach dem „objektiven Gewicht" des jeweiligen Belangs zu erfolgen hat, kommt der Behörde bei der Bemessung dieses Gewichts ein Spielraum zu, dessen Einhaltung die Gerichte nur darauf hin überprüfen, ob Belange verkannt oder in einer Weise fehlgewichtet wurden, die zu ihrer objektiven Gewichtigkeit schlechthin außer Verhältnis steht[319] oder ob ein Belang in geradezu unvertretbarer Weise zu kurz kommt.[320]

Allerdings wird die planerische Gestaltungsfreiheit bei der Bewertung der Belange in zwei Richtungen eingeschränkt: einerseits durch allgemeine Bewertungsgrundsätze und andererseits durch normative Vorgaben.[321]

Die Rechtsprechung hat im Laufe der Zeit verschiedene allgemeine Bewertungsgrundsätze herausgearbeitet, die hier schon aus Platzgründen nicht abschließend aufgezählt werden können.[322] Unter naturschutzrechtlichen Gesichtspunkten von Interesse ist jedenfalls der Grundsatz, dass ein Vorkommen von Flora und Fauna desto höher zu bewerten ist, je seltener es ist.[323] Diese Bewer-

---

[317] BVerwG, Urt. v. 14. Februar 1975, BVerwGE 48, 56 (64); Wahl/Dreier, NVwZ 1999, 606 (616).

[318] BVerwG, Urt. v. 5. Juli 1974, BVerwGE 45, 309 (322); Steinberg/Berg/Wickel, Fachplanung, § 3, Rdn. 60 m.w.N.

[319] BVerwG, Urt. v. 7. Juli 1978, BVerwGE 56, 110 (126 f.).

[320] BVerwG, Urt. v. 5. Juli 1974, BVerwGE 45, 309 (326).

[321] Wahl/Dreier, NVwZ 1999, 606 (617).

[322] Vgl. insoweit Wahl/Dreier, NVwZ 1999, 606 (617) m.w.N.

[323] VGH München, Urt. v. 19. Oktober 1993, NuR 1994, 244 (246).

tungsgrundsätze greifen häufig auf fachwissenschaftliche Erkenntnisse zurück und spiegeln diese wider. Für die Frage, ob eine Beeinträchtigung eines naturschutzrechtlichen Schutzgutes als mehr oder weniger schwerwiegend in die Abwägung einzustellen ist, ist daher auf naturschutzfachliche Überlegungen zurückzugreifen. Naturschutzrecht ist als Rechtsmaterie in hohem Maße von naturwissenschaftlichen Erkenntnismöglichkeiten abhängig. Insofern stellt es ebenfalls einen „allgemeinen Bewertungsgrundsatz" dar, dass die Behörde bei der Bewertung die Ergebnisse fachlicher Untersuchungen von Natur und Landschaft berücksichtigen muss (zur Bewertung von Natur und Landschaft vgl. Teil 3, B. I. 4.).

Problematischer ist die Bindung an normative Vorgaben[324]. Allgemein anerkannt ist grundsätzlich, dass das Gewicht von einzelnen Belangen durch gesetzgeberische Vorgaben erhöht werden kann.[325] Gesetzliche Wertungen sind bei der Feststellung des objektiven Gewichts der einzelnen Belange zu berücksichtigen. Derartige Wertungen finden sich in ausdrücklichen gesetzlichen Formulierungen, lassen sich aber auch aus dem Gesamtzusammenhang eines Regelungskomplexes oder aus dem Ineinandergreifen unterschiedlicher Normgruppen ableiten.[326] So lässt sich aus der Bestimmung des Art. 13d BayNatSchG ableiten, dass die Erhaltung der dort genannten Biotope einen grundsätzlich hoch zu bewertenden Belang darstellt. Art. 20a GG beinhaltet die für den Planer verbindliche Wertung des Verfassungsgebers, dass das Interesse an der Erhaltung der natürlichen Lebensgrundlagen grundsätzlich einen hohen Stellenwert einnimmt.

Gleichwohl stößt man bei der Ableitung von Bewertungskriterien aus gesetzlichen Bestimmungen auch schnell an Grenzen. Eine mathematisch genaue Bewertung ist danach nicht möglich, ein Vergleich der Wertigkeiten einzelner Belange anhand kardinaler Skalen bleibt auch danach undurchführbar. Es wird lediglich ein Hinweis dafür gegeben, ob das konkrete Gewicht eher als hoch oder

---

[324] Vgl. ausführlich hierzu J. Dreier, Abwägung, S. 215 ff.

[325] Steinberg/Berg/Wickel, Fachplanung, § 3, Rdn. 74; Wahl/Dreier, NVwZ 1999, 606 (617); BVerwG, Beschl. v. 17. Februar 1997, NuR 1998, 305 (311).

[326] Uerpmann, Das öffentliche Interesse, S. 306.

niedrig anzusetzen ist. Im oben genannten Beispiel des Art. 13d BayNatSchG wäre daher die Erhaltung eines streng geschützten Biotops als ein Belang einzustufen, der höher zu gewichten ist als die Erhaltung eines anderen Biotops, das nicht in der Bestimmung des Art. 13d BayNatSchG genannt ist.

Darüber hinaus können gesetzliche Wertungen nur Hinweise für die abstrakte Gewichtung von Belangen geben, da sie selbst aus abstrakten Regelungen abgeleitet wurden. Für die planerische Abwägung sind nach den verfassungsrechtlichen Anforderungen des Abwägungsgebots aber die *konkreten* Gewichte der einzelnen Belange ausschlaggebend. Dies bedeutet, dass aufgrund der konkreten Situation im Planbereich ein abstrakt aufgrund einer gesetzlichen Bestimmung hochwertiger Belang niedriger zu bewerten sein kann als ein abstrakt geringwertiger Belang, ohne dass ein Fall einer Abwägungsfehleinschätzung vorliegen muss. Denkbar wäre dies beispielsweise, wenn ein Biotop, das für eine im gesamten Landesgebiet ungefährdete, im Planungsraum aber vom Verschwinden bedrohte Spezies von lebenswichtiger Bedeutung ist, erhalten werden soll, streng geschützte Biotope einer bestimmten Art aber in großer Zahl vorhanden sind. In einem derartigen Fall wäre das Interesse an der Erhaltung des nicht streng geschützten Biotops aufgrund der *konkreten* Situation im Planungsraum ebenfalls hoch einzuschätzen.

Die Bedeutung normativer Vorgaben für die Bewertung der Belange darf daher nicht überschätzt werden. Sie bieten einen Anhaltspunkt für die Grundlage der Bewertung, stellen aber noch nicht deren Endpunkt dar. Denn entscheidend für die Rechtmäßigkeit der Planung ist grundsätzlich immer die konkrete Planungssituation und damit das Gewicht, das den Belangen nach den konkreten Umständen zukommt. Das abstrakte Gewicht einzelner Belange und damit auch die auf dieses hinweisenden normativen Vorgaben erlangen daher Bedeutung vor allem insofern, als sie auf einen erhöhten Begründungsbedarf hinweisen, wenn ein abstrakt gewichtiger Belang im konkreten Fall zurückgestellt werden soll.

Die Argumentationslast wird insoweit zugunsten des hervorgehobenen Belangs verschoben.[327]

Über diesen „Minimalkonsens"[328] hinaus werden in der Literatur noch weitere begriffliche Differenzierungen für die Beachtlichkeit von Belangen diskutiert. Unproblematisch ist dabei der Begriff der „relativen Vorrangregel".[329] Damit soll lediglich ausgedrückt werden, dass durch eine gesetzliche Bestimmung das Gewicht eines Belangs erhöht wird, was mittelbar zu Auswirkungen auf den Ausgleich unter den Belangen führen kann. Ein genereller Vorrang dieses Belangs gegenüber konkurrierenden und konfligierenden Belangen folge aber aus einer relativen Vorrangregel gerade nicht.[330] Die relative Vorrangregel geht daher in ihren Wirkungen nicht über die von normativen Wertungen hinaus, sondern deckt sich damit.

Problematischer ist dagegen der Begriff des Optimierungsgebots. In die planungsrechtliche Diskussion eingeführt wurde er durch das Bundesverwaltungsgericht in dessen Entscheidung vom 22. März 1985,[331] in der es um die Abgrenzung des Abwägungsgebots von der dogmatischen Kategorie der „Planungsleitsätze" (jetzt: der Bestimmungen des strikten Rechts) ging. Als Optimierungsgebote sind danach Regelungen anzusehen, „die ihrem Inhalt nach selbst nicht mehr als eine Zielvorgabe für den Planer enthalten und erkennen lassen, dass diese Zielsetzung bei öffentlichen Planungen im Konflikt mit anderen Zielen zumindest teilweise zurücktreten können." Ihre Bedeutung liege „darin, den in ihnen enthaltenen Zielvorgaben ein *besonderes Gewicht* beizumessen und insoweit die planerische Gestaltungsfreiheit einzuschränken." Bei der Prüfung der Frage, ob diese Belange in einer Weise fehlgewichtet seien, die mit ihrem objek-

---

[327] Steinberg/Berg/Wickel, Fachplanung, § 3, Rdn. 74; Kühling/Herrmann, Fachplanungsrecht, 2. Aufl., Rdn. 385; Wahl/Dreier, NVwZ 1999, 606 (617); Sendler, UPR 1995, 41 (45). J. Dreier, Abwägung, S. 259.

[328] Wahl/Dreier, NVwZ 1999, 606 (617).

[329] Funke, DVBl. 1987, 511 (516); Sendler, UPR 1995, 41 (45 f.).

[330] Funke, DVBl. 1987, 511 (516); Hoppe, DVBl. 1992, 853 (858), jeweils m. w. N.

[331] BVerwGE 71, 163 (165).

tiven Gewicht schlechterdings nicht zu vereinbaren sei, müsse diese gesetzliche Vorgabe beachtet werden.[332]

In diesem Urteil finden sich damit zwei grundlegende Aussagen. Einerseits wird zur Abgrenzung von den Bestimmungen des strikt zu beachtenden Rechts von Optimierungsgeboten verlangt, dass sie erkennen lassen müssen, dass sie grundsätzlich im Konflikt mit anderen Zielen der Planung zurücktreten können. Damit werden sie als der Abwägung zugängliche Rechtssätze charakterisiert. Andererseits sollen sie eine gesetzliche Vorgabe für die Gewichtung der Belange liefern. Insofern wird also nichts anderes ausgesagt, als dass gesetzliche Wertungen bei der Gewichtung der Belange zu berücksichtigen sind. Das Bundesverwaltungsgericht geht also in dem genannten Urteil nicht über die bisher gemachten Aussagen hinaus. Eine gesetzliche Bestimmung ist nach dieser Entscheidung dann als Optimierungsgebot zu charakterisieren, wenn sie einerseits erkennen läßt, dass sie keine strikte Geltung beansprucht, sondern im Rahmen einer Abwägung überwunden werden kann, und andererseits darauf gerichtet ist, dem in ihr enthaltenen Belang ein erhöhtes Gewicht zu verleihen. Eine wie auch immer geartete generelle Vorrangregel oder eine unmittelbare Vorgabe für den auf der letzten Stufe des Abwägungsgebots erfolgenden Ausgleichsprozess lässt sich dagegen aus den Ausführungen des Gerichts nicht ableiten.[333] Etwas verunglückt erscheint allerdings die Begriffsbildung[334]: Der Begriff der Optimierung erweckt den Eindruck, als ziele die Bestimmung darauf ab, für einen bestimmten Belang das Optimum herauszuholen, als müsse insoweit das maximal Mögliche erreicht werden. Derartige Folgerungen lassen sich jedoch weder aus der Entscheidung vom 22. März 1985 noch aus den darauf aufbauenden Entscheidungen des Bun-

---

[332] BVerwG, Urt. v. 22. März 1985, BVerwGE 71, 163 (165).

[333] Bartlsperger, DVBl. 1996, 1 (6).

[334] So auch J. Dreier, Abwägung, S. 218.

desverwaltungsgerichts, in denen einzelne Bestimmungen als Optimierungsgebote qualifiziert wurden,[335] ableiten.

Gleichwohl macht *Hoppe* den Begriff der Optimierung zum Ausgangspunkt für die Herleitung von sehr weitgehenden Wirkungen von Optimierungsgeboten. Danach erlangen Optimierungsgebote ihre hauptsächliche Bedeutung in der vierten Phase der Abwägung, der Ausgleichsphase. Im Gegensatz zur herkömmlichen Abwägung, die auf die Herstellung eines verhältnismäßigen Ausgleichs zwischen den konfligierenden Belangen gerichtet sei, ziele das Optimierungsgebot auf das Maximum des zu optimierenden Belangs ab. Die konkurrierenden Belange müssten so lange zurückgestellt werden, bis das Optimum erreicht sei, auch wenn der Ausgleich dadurch unverhältnismäßig werde. Optimierung sei dann gegeben, wenn die konfligierenden und konkurrierenden Belange soweit irgend möglich und angesichts ihres objektiven Gewichtes noch vertretbar, zurückgestellt werden. Die planerische Gestaltungsfreiheit werde dadurch insofern eingeschränkt, als mit dem zu optimierenden Belang gleichgewichtige Belange nicht mehr der freien Abwägungsentscheidung des Planungsträgers unterliegen würden.[336] Wegen dieser weitgehenden Konsequenzen sollte der Gesetzgeber gut überlegen, bevor er ein Optimierungsgebot einführe. Gleiches gelte für Literatur und Rechtsprechung, bevor sie eine Bestimmung als Optimierungsgebot qualifizierten.[337]

Bedenklich an den Überlegungen *Hoppes* ist, dass sie für die Frage, welche Anforderungen ein Optimierungsgebot an den Planer stellt, weniger von einer konkreten Norm als von dem durch die Rechtsprechung des Bundesverwaltungsgerichts eingeführten Begriff der Optimierung ausgeht.[338] Insofern mögen seine Überlegungen durchaus schlüssig sein. Grundsätzlich ist aber jede Norm ent-

---

[335] BVerwG, Urt. v. 4. Mai 1988, NVwZ 1989, 151 (152); BVerwG, Urt. v. 4. August 1992, BVerwGE 90, 329 (332); BVerwG, Beschl. v. 21. August 1990, Buchholz 406.401, Nr. 8 zu § 8 BNatSchG, 7 (8); BVerwG, Urt. v. 24. November 1994, DVBl. 1995, 238 (241).
[336] Hoppe, DVBl. 1992, 853 (860).
[337] Hoppe, DVBl. 1992, 853 (861).
[338] Sendler, UPR 1995, 41 (45).

sprechend ihrem eigenen Geltungsanspruch anzuwenden. Worin dieser besteht, ist durch Auslegung zu ermitteln. Ergibt die Auslegung, dass es sich um striktes Recht handelt, so ist die Norm strikt anzuwenden, ergibt sie, dass es sich um der Abwägung zugängliches Recht handelt, so ist die objektive Bedeutung des Belangs zu ermitteln und entsprechend im Rahmen der Abwägung zu berücksichtigen. Eine Verschiebung des Ziels des Ausgleichs von der Herstellung von Verhältnismäßigkeit hin zu einer nötigenfalls auch unverhältnismäßigen Optimierung läßt sich aber weder aus dem von ihm als Beispiel genannten § 1 Abs. 5 Satz 3 BauGB noch aus den anderen als Optimierungsgebote diskutierten Bestimmungen ableiten.[339] Schließlich erscheint sein Modell für die planerische Praxis auch nicht praktikabel. Die Grenze für die Optimierung eines Belangs soll nach *Hoppe* dort liegen, wo ein anderer Belang angesichts dessen objektiven Gewichts gerade noch vertretbar zurückgestellt werden kann. Belange lassen sich jedoch nicht quantifizieren. Ein Vergleich einzelner Belange anhand kardinaler Skalen ist nicht möglich. Durchführbar ist lediglich eine argumentative Auseinandersetzung mit den konkreten Gewichten. *Hoppe* bleibt daher die Antwort auf die Frage, wann das zu erzielende Optimum erreicht sei, schuldig. Die Kategorie der Optimierungsgebote führt daher nach seiner Konzeption nicht zu einer Klärung der bei der Abwägung bestehenden Fragen, sondern eher zur Verwirrung. Eine derartige planungsrechtliche Kategorie, die lediglich zur Verkomplizierung der Dogmatik führt, trägt aber keinen Erkenntniswert in sich und ist daher überflüssig.[340]

Dass mit der Kategorie der Optimierungsgebote keine unmittelbare Einwirkung auf den Ausgleich unter konkurrierenden und konfligierenden Belangen genommen und auch kein abstrakter Vorrang eines einzelnen Belangs unabhängig von der konkreten Planungssituation[341] begründet werden sollte, hat das Bundesverwaltungsgericht inzwischen für den Bereich der Belange von Naturschutz und Landschaftspflege klargestellt. Die Ziele von Naturschutz und Landschafts-

---

[339] Vgl. die Ausführungen bei Bartlsperger, DVBl. 1996, 1 (8).
[340] Steinberg/Berg/Wickel, Fachplanung, § 3, Rdn. 78; Wahl/Dreier, NVwZ 1999, 606 (617).
[341] Vgl. insoweit die Ausführungen bei Funke, DVBl. 1987, 511 (515).

pflege (§ 1 BNatSchG) waren in dem Urteil vom 22. März 1985 als Optimierungsgebot qualifiziert worden.[342] In seinem Urteil vom 7. März 1997 führt das Bundesverwaltungsgericht nun aus, dass im Rahmen der fachplanerischen Abwägung nach § 17 Abs. 1 Satz 2 FStrG keinerlei Rangverhältnis zwischen einzelnen Belangen besteht, das diesen *unabhängig von der konkreten Planungssituation* einen Gewichtungsvorrang sichert. Den Belangen von Naturschutz und Landschaftspflege komme im Rahmen der Abwägung zwar eine erhebliche Rolle zu. Der Gesetzgeber erkenne ihnen im Verhältnis zu anderen Belangen aber keinen abstrakten Vorrang zu.[343] Damit wird klargestellt, dass, auch wenn normative Vorgaben Einfluss auf die Gewichtung einzelner Belange nehmen können, letztendlich ausschlaggebend die konkrete Planungssituation ist. Eine weitergehende Bedeutung kommt der Kategorie der Optimierungsgebote nicht zu. Angesichts der durch den Begriff der Optimierung ausgelösten Verwirrung[344] wäre es durchaus zu begrüßen, wenn von ihm in der Zukunft kein Gebrauch mehr gemacht und stattdessen nur auf die Bedeutung normativer Wertungen bei der Feststellung des objektiven Gewichts der abwägungserheblichen Belange hingewiesen würde.[345]

Was den Verfahrensablauf der Planfeststellung angeht ist noch darauf hinzuweisen, dass die Bewertung der einzelnen unter naturschutzrechtlichen Aspekten relevanten Belange bereits nach § 12 UVPG im Rahmen der Umweltverträglichkeitsprüfung zu erfolgen hat.

An den Vorgang der Bewertung schließt sich der Ausgleich der widerstreitenden Belange an. Dabei hat die Behörde zu beachten, dass sie den Ausgleich nicht in einer Weise trifft, die zu deren objektiven Gewicht außer Verhältnis steht. Das

[342] BVerwGE 71, 163 (165).
[343] BVerwG, Urt. v. 7. März 1997, BVerwGE 104, 144 (148); ähnlich bereits BVerwG, Beschl. v. 28. Juni 1993, UPR 1993, 446 (447).
[344] Hoppe, UPR 1995, 201.
[345] Die Frage, ob es sich bei den einzelnen Geboten der Eingriffsregelung um Optimierungsgebote oder um Bestimmungen des strikten Rechts handelt wird in Teil 4, A. behandelt werden.

Abwägungsgebot ist jedoch nicht verletzt, wenn sich die Behörde bei der Kollision mehrerer Belange für den einen und damit notwendigerweise für die Zurückstellung eines anderen Belangs entscheidet.[346] Wie die Bewertung der einzelnen Belange ist auch der Ausgleich zwischen den Belangen ein wesentliches Element der planerischen Gestaltungsfreiheit und unterliegt damit nur eingeschränkt der gerichtlichen Kontrolle.

d)   Alternativenprüfung

Wie bereits dargestellt wurde, sind die Anforderungen des Abwägungsgebots bei der Planung aller Teilaspekte des Vorhabens, für die keine Vorschriften des strikten Rechts bestehen, zu beachten. Eine besondere Bedeutung kommt insbesondere auch für das Vermeidungsgebot der naturschutzrechtlichen Eingriffsregelung (vgl. Teil 3, B. III.) der Prüfung unterschiedlicher Vorhabenalternativen zu, weshalb dieser Aspekt der Fernstraßenplanung im Folgenden gesondert dargestellt wird.

Ob und inwiefern die Planfeststellungsbehörde bei der Planfeststellung einer Bundesfernstraße alternative Vorhabenvarianten daraufhin überprüfen muss, ob sie zur Durchsetzung des planerischen Ziels besser geeignet sind, bestimmt sich nach dem Abwägungsgebot.[347] Alternativen können sich dabei sowohl aus einer anderen Bauweise (Geländeeinschnitt statt Tunnel) als auch aus einer anderen Trassierung ergeben.[348] Was Trassenführungen angeht ist jedoch zu beachten, dass diese Frage weitestgehend bereits auf der Ebene vorgelagerter Verfahren wie der Linienbestimmung oder in einem Raumordnungsverfahren beantwortet wird. Für die Planfeststellung verbleibt insoweit nur noch die Prüfung kleinräumiger Trassenvarianten.

---

[346] BVerwG, Urt. v. 14. Februar 1975, BVerwGE 48, 56 (64).

[347] Urt. v. 22. März 1985, BVerwGE 71, 166 (171); Steinberg/Berg/Wickel, Fachplanung, § 3, Rdn. 121 ff.; Dürr, in: Kodal/Krämer, Straßenrecht, Kap. 34, Rdn. 29.55.

[348] BVerwG, Urt. v. 22. März 1985, BVerwGE 71, 166 (172); BMV, RAS-LP 1, S. 11.

An der Alternativenprüfung zeigt sich deutlich, dass es sich bei Planungsentscheidungen über die formale Aufteilung in Linienbestimmung und Planfeststellung hinaus um komplexe Entscheidungsprozesse mit einer während desselben
fortschreitenden Sachverhaltsermittlung und -bewertung handelt.[349] Die Entscheidung für die eine und gegen alle anderen Alternativen erfolgt nicht erst am
Ende des Entscheidungsprozesses, wenn alle relevanten Daten ermittelt und bewertet sind. Stattdessen werden fortlaufend Daten erhoben, bewertet und aufgrund dessen nach und nach verschiedene Alternativen ausgeschieden, bis
schließlich nur noch eine übrig bleibt. Die Prüfung und Ausscheidung von Alternativen stellt daher eine Aufgabe dar, die den gesamten Planungsprozess be-
gleitet.

Das Abwägungsgebot fordert von der Planfeststellungsbehörde zunächst, alle
die Alternativen in die Prüfung einzubeziehen, die sich nach Lage der Dinge anbieten oder gar aufdrängen.[350] Darunter fallen damit nicht sämtliche denkbaren
Alternativen, sondern nur solche, die sich von selbst, quasi aus der Natur der
Sache heraus, aufdrängen oder die im Rahmen des Erörterungsverfahrens oder
der Beteiligung der Träger öffentlicher Belange vorgeschlagen wurden.[351] Un-
terlässt es die Behörde, derartigen Alternativen nachzugehen, so liegt ein Abwägungsfehler in Form eines Abwägungsdefizits vor, da Belange, die abwägungserheblich waren, nicht ermittelt wurden. Daneben sind nur solche Alternativen
zu prüfen, die das angestrebte Planungskonzept, wenn auch mit Abstrichen,
verwirklichen können. Alternativen, die dem Planungsziel des Planungsträgers
völlig entgegenlaufen, müssen danach nicht geprüft werden.[352]

Das Abwägungsgebot verpflichtet die Behörde aber gleichwohl nicht, allen Alternativen, die sich anbieten oder aufdrängen mit der gleichen Detailgenauigkeit
nachzugehen. Es ist ihr durchaus erlaubt, aufgrund von groben Bewertungskriterien eine gestufte Vorauswahl durchzuführen, bei der diejenigen Varianten aus

[349] Steinberg/Berg/Wickel, Fachplanung, § 3, Rdn. 123.
[350] BVerwG, Urt. v. 30. Mai 1984, BVerwGE 69, 256 (273) m.w.N.
[351] Dürr, in: Kodal/Krämer, Straßenrecht, Kap. 34, Rdn. 29.55.
[352] Schlarmann, Alternativen, S. 90.

der weiteren Betrachtung ausgeschieden werden, die sich als wenig realistisch oder nicht vorzugswürdig erweisen.[353] Das jeweilige Abwägungsmaterial muss in diesem Stadium nach Lage der Dinge nur so genau und vollständig sein, dass es eine erste vorauswählende Entscheidung auf der Grundlage grober Bewertungskriterien zulässt. Die Ermittlung des Abwägungsmaterials hat daher auf dieser Stufe jedenfalls so konkret zu sein, dass eine sachgerechte Entscheidung möglich ist.[354] Die Ermittlungstiefe, die für die einzelnen Alternativen erforderlich ist, hängt zum einen von der Frage, wie groß die Unterschiede bei der Bewertung der Varianten sind, zum anderen davon ab, wie schwerwiegend öffentliche oder private Belange betroffen werden. Ist eine erhebliche Betroffenheit zu erwarten, so steigen damit auch die Anforderungen an die Detailgenauigkeit der Ermittlung.[355] Private Belange sind bei dieser Grobanalyse nur in Ausnahmefällen von Bedeutung, da aufgrund des großen Maßstabs regelmäßig nicht hinreichend genau ermittelt werden kann, welche konkreten privaten Belange in welcher Art betroffen werden.[356] Gleichwohl können sie nicht von vornherein außer Betracht bleiben.[357]

Die öffentlichen Belange von Naturschutz und Landschaftspflege spielen dagegen grundsätzlich auch schon auf der Ebene dieser Grobanalyse eine Rolle, wenn auch nur in einem relativ ungenauen Maßstab. Dies bedeutet zunächst, dass noch nicht für jede Alternative ein detailliertes Vermeidungs- und Ausgleichskonzept entsprechend der Eingriffsregelung vorhanden sein muss. Häufig genügt bereits eine summarische Betrachtung, um die unterschiedliche Intensität, mit der zwei Alternativen in Natur und Landschaft eingreifen werden, feststellen zu können.[358] Ebenso wenig müssen die Untersuchungen des vorhandenen Bestandes von Natur und Landschaft in diesem Stadium für jede Alternative

---

[353] BVerwG, Urt. v. 26. März 1998, UPR 1998, 382 (383) m.w.N.

[354] BVerwG, Beschl. v. 26. Juni 1992, Buchholz 407.4, Nr. 89 zu § 17 FStrG, 86 (91 f.).

[355] Dürr, in: Kodal/Krämer, Straßenrecht, Kap. 34, Rdn. 29.55; Schlarmann, Alternativen, S. 90 m.w.N.

[356] BVerwG, Beschl. v. 26. Juni 1992, Buchholz 407.4, Nr. 89 zu § 17 FStrG, 86 (92).

[357] Rinke, in: Kodal/Krämer, Straßenrecht, Kap. 33, Rdn. 8.1.

[358] BVerwG, Urt. v. 12. Dezember 1996, BVerwGE 102, 331 (348).

gleich detailliert sein. So ist es beispielsweise nicht abwägungsfehlerhaft, wenn eine Trassenvariante, die als einzige ein Gebiet von gemeinschaftlicher Bedeutung nach § 19a Abs. 2 Nr. 2 BNatSchG durchschneidet, bereits aufgrund dieser Erkenntnisse aus der weiteren Planung ausgeschieden wird.

Die Grobanalyse stößt allerdings dort an ihre Grenzen, wo aufgrund grober Kriterien nicht mehr festgestellt werden kann, welche Alternative eine geringere Eingriffsintensität aufweist. In derartigen Fällen ist eine detailliertere Ausarbeitung der in Frage kommenden Alternativen erforderlich. Wie detailliert diese Ausarbeitung zu erfolgen hat, lässt sich nicht generell festlegen und bestimmt sich nach den Umständen des Einzelfalls. Die Alternativen müssen jedenfalls so detailliert ausgearbeitet werden, dass eine unterschiedliche Eingriffsintensität erkennbar wird und eine sachgerechte Auswahlentscheidung getroffen werden kann. Dies kann im Extremfall bedeuten, dass zwei Alternativen vollständig, unter Einschluss eines vollständigen naturschutzrechtlichen Vermeidungs- und Ausgleichskonzepts, ausgearbeitet werden müssen, wenn ansonsten eine abwägungsfehlerfreie Entscheidung für eine der Alternativen nicht möglich ist.[359]

---

[359] OVG Saarlouis, Urt. v. 16. Februar 1990, NuR 1992, 348 (349).

Teil 3: Formelle und inhaltliche Anforderungen der naturschutzrechtlichen Eingriffsregelung

Die bundesrahmenrechtliche Regelung des § 8 BNatSchG enthält vor allem detaillierte materiellrechtliche Anforderungen an in Natur und Landschaft eingreifende Vorhaben. Daneben finden sich aber auch einige formelle Anforderungen. Zu diesem durch das Bundesrecht zwingend vorgegebenem Mindestbestand an Normen treten noch darüber hinaus gehende Bestimmungen des bayerischen Landesrechts hinzu. Im Folgenden werden zunächst unter A. die besonderen formellen Anforderungen der Eingriffsregelung dargestellt, bevor unter B. auf das detaillierte materielle Regelungssystem eingegangen wird.

A. Formelle Anforderungen der Eingriffsregelung

I. Anknüpfung an bestehende Verfahren, § 8 Abs. 2 Satz 2 BNatSchG, Art. 6a Abs. 1 Satz 2 BayNatSchG

Als verfahrensrechtliche Voraussetzung für die Anwendbarkeit der Eingriffsregelung sieht § 8 Abs. 2 Satz 2 BNatSchG,[360] Art. 6a Abs. 1 Satz 2 BayNatSchG vor, dass nach anderen Rechtsvorschriften eine behördliche Bewilligung, Erlaubnis, Genehmigung, Zustimmung, Planfeststellung, sonstige Entscheidung oder eine Anzeige an eine Behörde für das eingreifende Vorhaben vorgeschrieben ist. Da der Bau und die Änderung von Bundesfernstraßen nach § 17 Abs. 1 Satz 1 FStrG grundsätzlich planfeststellungspflichtig ist, ist dieses Erfordernis in der Fernstraßenplanung erfüllt.

Konsequenz dieser Regelung ist, dass nach § 8 Abs. 2 Satz 3 BNatSchG[361], Art. 6b Abs. 1 Satz 1 BayNatSchG die aus der Eingriffsregelung folgenden Verpflichtungen durch die Planfeststellungsbehörde ausgesprochen werden. Diese wird somit durch die Eingriffsregelung gezwungen, sich mit „fachfremdem"

---

[360] Nach dem BNatSchGNeuregG § 20 AbS. 1 BNatSchG.
[361] Nach dem BNatSchGNeuregG § 20 AbS. 2 BNatSchG.

Recht zu beschäftigen. Allgemein gesprochen werden Naturschutz und Landschaftspflege durch die Anknüpfung der Eingriffsregelung an bestehende, fachliche Zulassungsverfahren zur Querschnittsaufgabe für alle mit entsprechenden
Verfahren befassten Fachbehörden.[362] Durch dieses so genannte „Huckepack-
prinzip"[363] wird die Einführung neuer Verwaltungsverfahren vermieden und das
Verfahren bei einer Behörde konzentriert. Es hat allerdings auch zur Folge, dass
die Effektivität der naturschutzrechtlichen Eingriffsregelung davon abhängt,
dass die Fachbehörde ihre naturschutzrechtliche Verpflichtung ernst nimmt.
Problematisch ist in diesem Zusammenhang, dass es sich häufig, wie auch bei
der Fernstraßenplanung, um tendenziell im Konflikt mit den Naturschutzbehörden stehende Behörden handelt, die daher eher geneigt sind, die Belange von
Naturschutz und Landschaftspflege gering anzusetzen. Denn zwar ist nach Art.
39 Abs. 2 BayStrWG die Regierung zuständige Planfeststellungsbehörde für die
Planfeststellung von Bundesfernstraßen, die Ausarbeitung des Planungsentwurfs
erfolgt allerdings durch die Straßenbaubehörden (Art. 62a Abs. 1 BayStrWG).
Um dieser Gefahr eines Vollzugsdefizits entgegenzuwirken, sieht die Regelung
des § 8 Abs. 5 BNatSchG, Art. 6b Abs. 1 Satz 2 BayNatSchG vor, dass das Benehmen mit der Naturschutzbehörde herzustellen ist (vgl. hierzu im Folgenden).

II.   Beteiligung der Naturschutzbehörden, § 8 Abs. 5 BNatSchG, Art. 6b Abs. 1 Satz 2 BayNatSchG

Zunächst ist auch bei Vorhaben, die einen Eingriff in Natur und Landschaft darstellen, die allgemeine Pflicht zur Beteiligung der Naturschutzbehörden nach § 3
Abs. 2 Satz 2 BNatSchG zu beachten (vgl. Teil 2, B. 2. b)).

§ 8 Abs. 5 BNatSchG[364] und Art. 6b Abs. 1 Satz 2 BayNatSchG gehen für die
naturschutzrechtliche Eingriffsregelung über die allgemeine Beteiligungspflicht
des § 3 Abs. 2 Satz 2 BNatSchG hinaus, indem sie nicht nur die Unterrichtung

---

[362] Ehrlein, VBlBW 1990, 121.

[363] Czybulka/Rodi, BayVBl. 1996, 513 (518); Gassner, in: Gassner/Bendomir-
Kahlo/Schmidt-Räntsch, BNatSchG, § 8, Rdn. 14.

[364] Nach dem BNatSchGNeuregG der inhaltlich deckungsgleiche § 20 AbS. 2 BNatSchG.

und Anhörung der Naturschutzbehörde anordnen, sondern stattdessen verlangen, dass die Entscheidungen aufgrund der Eingriffsregelung im Benehmen mit der Naturschutzbehörde der vergleichbaren Verwaltungsstufe getroffen werden. Die Regelung richtet sich daher ausschließlich an die für die Entscheidung über die nach der Eingriffsregelung erforderlichen Maßnahmen nach § 8 Abs. 2 Satz 3 BNatSchG, Art. 6b Abs. 1 Satz 1 BayNatSchG zuständige Planfeststellungsbehörde. Für diese stellt § 8 Abs. 5 BNatSchG, Art. 6b Abs. 1 Satz 2 BayNatSchG eine Spezialregelung gegenüber § 3 Abs. 2 BNatSchG dar, die Bedeutung erst erlangt, wenn und soweit es darum geht, konkrete Maßnahmen für das jeweilige Vorhaben festzusetzen. Im Gegensatz dazu sichert § 3 Abs. 2 BNatSchG die frühzeitige Beteiligung im Vorfeld der konkreten Entscheidungen und richtet sich vordringlich an die mit der Aufstellung des Planungsentwurfs befasste Straßenbaubehörde.

Das Benehmen erfordert, dass die Naturschutzbehörde zu dem in Natur und Landschaft eingreifenden Vorhaben Stellung nimmt und dass die Planfeststellungsbehörde sich mit den in der Stellungnahme vorgebrachten Argumenten auseinandersetzt. Die Stellungnahme ist aber für die Planfeststellungsbehörde nicht bindend, stattdessen kann sie von ihr aus sachlichen Gründen abweichen. Sie muss sich allerdings mit den darin vorgebrachten Argumenten auseinandersetzen.[365]

Nach Art. 6b Abs. 1 Satz 2 BayNatSchG ist jeweils die Naturschutzbehörde der „vergleichbaren Verwaltungsstufe" zu beteiligen. Dies bedeutet für die Fernstraßenplanung, dass die Regierungen als höhere Naturschutzbehörden nach Art. 37 Abs. 1 Nr. 2 BayNatSchG für die Stellungnahme zuständig sind.

Die Beteiligung der Naturschutzbehörde hat im Interesse einer zweckmäßigen Anwendung der Eingriffsregelung möglichst frühzeitig zu erfolgen. Sie bezieht sich auf alle fachlichen Gesichtspunkte, die im Rahmen der Eingriffsregelung

---

[365] Badura, in: Erichsen, AllgVerwR, § 37, Rdn. 33; Louis, BNatSchG, § 3, Rdn. 18, § 8, Rdn. 192; Fischer-Hüftle, in: Engelhardt/Brenner/Fischer-Hüftle, BayNatSchG, Art. 6b, Rdn. 4; R. Breuer, NuR 1980, 89 (100).

von Bedeutung sind. Einerseits hat die Naturschutzbehörde eine Beurteilung des Vorhabens unter den Gesichtspunkten des Naturschutzes und der Landschaftspflege abzugeben. Daneben erfolgt eine Beurteilung der bisher vorgeschlagenen Vermeidungs-, Ausgleichs- und Ersatzmaßnahmen mit gegebenenfalls erforderlichen Ergänzungs- und Verbesserungsvorschlägen. Außerdem nimmt die Behörde zur Gewichtung der Belange im Rahmen der Abwägung nach § 8 Abs. 3 BNatSchG, Art. 6a Abs. 2 BayNatSchG Stellung.[366]

Die Beteiligung der Naturschutzbehörde nach § 8 Abs. 5 BNatSchG, Art. 6b Abs. 1 Satz 2 BNatSchG lässt die Pflicht der Planfeststellungsbehörde zur Ermittlung des gesamten relevanten Sachverhalts nach Art. 24 BayVwVfG unberührt. Es besteht also keine Darlegungs- oder Beweislast der für Naturschutz und Landschaftspflege zuständigen Behörde für Beeinträchtigungen von Natur und Landschaft, wonach von dieser nicht umfassend dargelegte und gutachtlich nachgewiesene Beeinträchtigungen unbeachtlich seien. Die Planfeststellungsbehörde hat vielmehr bei Hinweisen auf im konkreten Fall mögliche Beeinträchtigungen von Natur und Landschaft die Mitwirkung des Verursachers nach Art. 6b Abs. 3-5 BayNatSchG zu verlangen und gegebenenfalls auch eigene Ermittlungen anzustellen[367]. Durch die Beteiligung soll allein die Sachkunde der Naturschutzbehörden für die Ermittlung der Entscheidungsgrundlagen genutzt werden.

Der unmittelbar geltende § 9 BNatSchG[368] (§ 4 Satz 3 BNatSchG) regelt einen Sonderfall einer Behördenbeteiligung. Die Bestimmung ist bei der Planfeststellung einer Bundesfernstraße anwendbar, da mit der Linienbestimmung der Plan-

---

[366] Louis, BNatSchG, § 8, Rdn. 192; Fischer-Hüftle, in: Engelhardt/Brenner/Fischer-Hüftle, BayNatSchG, Art. 6b, Rdn. 6.

[367] R. Breuer, NuR 1980, 89 (100); Fischer-Hüftle, in: Engelhardt/Brenner/Fischer-Hüftle, BayNatSchG, Art. 6b, Rdn. 7.

[368] Nach dem BNatSchGNeuregG der inhaltlich identische § 20 AbS. 3 BNatSchG, der nach § 11 wiederum unmittelbar gilt.

feststellung eine für die Planfeststellungsbehörde jedenfalls im Innenverhältnis bindende Entscheidung einer Bundesbehörde vorausgeht.[369]

Will die Planfeststellungsbehörde von der Stellungnahme der Landesnaturschutzbehörde nach § 8 Abs. 5 BNatSchG, Art. 6b Abs. 1 Satz 2 BayNatSchG abweichen, so schreibt § 9 BNatSchG vor, dass die Entscheidung darüber von der zuständigen Bundesbehörde, hier also dem für die Linienbestimmung zuständigen Bundesminister für Verkehr, im Benehmen mit der obersten Landesbehörde für Naturschutz und Landschaftspflege, in Bayern also mit dem Staatsministerium für Landesentwicklung und Umweltfragen (Art. 37 Abs. 2 Nr. 1 BayNatSchG) getroffen wird. Das Benehmen fordert auch hier lediglich eine Auseinandersetzung mit den von der Landesnaturschutzbehörde vorgebrachten Argumenten und bedeutet nicht, dass der Bundesminister für Verkehr an deren Position gebunden wäre.

Die Bestimmung trägt der Verantwortung des Bundes für die im Bundesauftrag durch die Länder verwalteten Bundesfernstraßen Rechnung.[370] Ergibt die Beteiligung der Naturschutzbehörden nach § 8 Abs. 5 BNatSchG, Art. 6b Abs. 1 Satz 2 BayNatSchG, dass die Planfeststellungsbehörde von deren Stellungnahme abweichen will, so schließt sich die weitere Verfahrensstufe des § 9 BNatSchG an. Die Verantwortung wird von der Planfeststellungsbehörde auf den Bundesminister für Verkehr übertragen.

III. Landschaftspflegerischer Begleitplan, § 8 Abs. 4 BNatSchG, Art. 6b Abs. 4 BayNatSchG

Nach § 8 Abs. 4 BNatSchG[371] sind die zum Ausgleich der Folgen eines aufgrund eines Fachplanes zugelassenen Eingriffs in Natur und Landschaft erfor-

---

[369] Gassner, in: Gassner/Bendomir-Kahlo/Schmidt-Räntsch, BNatSchG, § 9, Rdn. 6.
[370] Kolodziejcok/Recken, Naturschutz, Nr. 1129, Rdn. 1.
[371] Nach dem BNatSchGNeuregG § 20 AbS. 4 BNatSchG. Dieser sieht wie die bisherige bayerische Regelung die Aufnahme von Ersatzmaßnahmen in den Begleitplan vor. Daneben sollen auch Vermeidungsmaßnahmen in diesen aufgenommen werden, was wegen deren engerem Zusammenhang mit der Ausgestaltung des Vorhabens im Planfeststellungsbeschluß selbst problematisch erscheint.

derlichen Ausgleichsmaßnahmen in dem Fachplan oder in einem landschaftspflegerischen Begleitplan in Text und Karte darzustellen. Werden sie in einem
landschaftspflegerischen Begleitplan dargestellt, so ist dieser Bestandteil des
Fachplanes, im Falle der Fernstraßenplanung also des Planfeststellungsbeschlusses, der die Zulässigkeit des Straßenbauvorhabens feststellt.

Nach den bundesrechtlichen Vorgaben sind allein Ausgleichsmaßnahmen im
landschaftspflegerischen Begleitplan darzustellen. Art. 6b Abs. 4 BayNatSchG
erweitert diese Pflicht auf Ersatzmaßnahmen nach Art. 6a Abs. 3 BayNatSchG.
Diese Zusammenfassung beider Regelungskomplexe ist auch durchaus sachgerecht: Denn sowohl bei Ausgleichs- als auch bei Ersatzmaßnahmen handelt es
sich um aus Gründen von Naturschutz und Landschaftspflege angeordnete, über
das Fachrecht hinausgehende zusätzliche Anforderungen an das Straßenbauvorhaben. Somit wird ein schneller Überblick über die gestellten naturschutzrechtlichen Anforderungen ermöglicht.

Mit dieser Regelung stellt der Gesetzgeber klar, dass die aufgrund von § 8
Abs. 2 Satz 1, 2. HS BNatSchG, Art. 6a Abs. 1 Satz 1, 2. HS BayNatSchG angeordneten Ausgleichsmaßnahmen und die nach Art. 6a Abs. 3 BayNatSchG
erfolgenden Ersatzmaßnahmen Teil des Planfeststellungsbeschlusses sind und
an den Wirkungen der Planfeststellung (Art. 75 BayVwVfG, § 19 Abs. 2 FStrG)
teilnehmen. Insbesondere ist daher auch eine Enteignung für Ausgleichs- und
Ersatzmaßnahmen zulässig.[372] Damit wird der konstruktive Grundgedanke der
Eingriffsregelung, diese in das fachrechtliche Prüfprogramm einzugliedern und
es durch ein auf die Belange von Naturschutz und Landschaftspflege zugeschnittenes Folgenbewältigungsytem zu ergänzen, konsequent fortgeführt, indem sowohl die auf fachrechtlichen Anforderungen basierenden als auch die naturschutzrechtlichen Regelungen in einer einheitlichen Behördenentscheidung zusammengefasst werden. Daraus ergibt sich auch, dass es sich beim landschaftspflegerischen Begleitplan nicht um einen Spezialfall der allgemeinen Land-

---

[372] R. Breuer, NuR 1980, 89 (101); BVerwG, Urt. v. 23. August 1996, NVwZ 1997, 486
(487).

schaftsplanung nach §§ 5-7 BNatSchG handelt.[373] Denn diese dient der Vorsorge und der Umsetzung der Ziele und Grundsätze der §§ 1 und 2 BNatSchG in konkrete fachliche Zielvorstellungen für den jeweiligen Planungsraum.[374] Dagegen handelt es sich bei den im landschaftspflegerischen Begleitplan dargestellten Maßnahmen um konkrete Folgemaßnahmen, die durch ein bestimmtes in Natur und Landschaft eingreifendes Vorhaben erforderlich wurden. Eine Entwicklung von allgemein für einen Naturraum geltenden naturschutzfachlichen Zielvorstellungen aus Gründen der Vorsorge geht damit nicht einher. Der landschaftspflegerische Begleitplan ist also ein lediglich im Gesetz gesondert genannter Teil der einheitlichen Zulassungsentscheidung.

Für die Beantwortung der Frage, wann ein eigenständiger landschaftspflegerischer Begleitplan erforderlich ist und wann die Darstellung im Planfeststellungsbeschluss genügt, kommt es auf die im Einzelfall erforderlichen Ausgleichs- und Ersatzmaßnahmen an. Nur soweit es sich um Natur und Landschaft relativ gering beeinträchtigende Vorhaben handelt kommt eine Darstellung im Planfeststellungsbeschluss in Frage. Ansonsten ist bereits aus Gründen der Übersichtlichkeit und der Klarheit ein eigenständiger landschaftspflegerischer Begleitplan vorzuziehen, aus dem der Umfang der Maßnahmen sofort erkennbar ist.[375] Bei dem Bau oder Ausbau von Bundesfernstraßen ist daher stets ein landschaftspflegerischer Begleitplan aufzustellen.

Was den Inhalt eines landschaftspflegerischen Begleitplans im Einzelnen angeht, enthält sich sowohl das Bundes- als auch das Landesrecht einer Aussage. Auszugehen ist davon, dass der Plan seinem Zweck gerecht werden muss, die Folgen des Eingriffs für Natur und Landschaft nach Maßgabe der Eingriffsregelung zu bewältigen. Er muss daher die folgenden, bereits aufgrund seiner Gliederung klar erkennbaren Angaben enthalten:

---

[373] So aber Kolodziejcok/Recken, Naturschutz, Nr. 1125, Rdn. 40.
[374] Louis, BNatSchG, Einf. vor §§ 5-7, Rdn. 1.
[375] Louis, BNatSchG, § 8, Rdn. 188; Kolodziejcok/Recken, Naturschutz, Nr. 1125, Rdn. 39.

- Darstellung und Bewertung des vorhandenen Zustands von Naturhaushalt und Landschaftsbild, wobei Schutzgebiete, geschützte Biotope, Waldflächen usw. hervorzuheben sind,

- Darstellung der infolge des Eingriffs zu erwartenden Beeinträchtigungen (einschließlich des zeitlichen Ablaufs der Eingriffsmaßnahme) und ihre Bewertung,

- Darstellung der Maßnahmen zur Verminderung, zum Ausgleich und zum Ersatz der Beeinträchtigungen von Natur und Landschaft.[376]

Ausgleichs- und Ersatzmaßnahmen sind grundsätzlich so detailliert darzustellen, dass sowohl ihr Nutzen für Natur und Landschaft als auch ihre eventuellen nachteiligen Folgen hinreichend deutlich werden.[377] Es ist daher die jeweilige Funktion einer jeden Ausgleichs- oder Ersatzmaßnahme im Hinblick auf die erwarteten Beeinträchtigungen von Naturhaushalt und Landschaftsbild schlüssig zu umschreiben. Neben der textlichen Darstellung sollen zur Veranschaulichung auch Lagepläne, und zwar sowohl vom vorgefundenen Bestand als auch von den zu erwartenden Beeinträchtigungen und den Ausgleichs- und Ersatzmaßnahmen beigefügt werden.[378]

Nach § 8 Abs. 4 BNatSchG, Art. 6b Abs. 4 BayNatSchG richtet sich die Pflicht zur Erstellung eines landschaftspflegerischen Begleitplans an den „Planungsträger". Die überwiegende Meinung im Schrifttum geht davon aus, dass es sich dabei um die das Vorhaben planende Behörde, den Vorhabenträger, im Falle der Bundesfernstraßenplanung also um die Landesstraßenbaubehörde handelt.[379] Diese Auffassung ist jedoch nicht zutreffend.

---

[376] Fischer-Hüftle, in: Engelhardt/Brenner/Fischer-Hüftle, BayNatSchG, Art. 6b, Rdn. 16; Kuschnerus, DVBl. 1986, 75 (79f.); vgl. auch BMV, RAS-LP 1, S. 7.

[377] Kuschnerus, DVBl. 1986, 75 (81).

[378] BMV, RAS-LP 1, S. 7.

[379] Louis, BNatSchG, § 8, Rdn. 187 f.; Fischer-Hüftle, in: Engelhardt/Brenner/Fischer-Hüftle, BayNatSchG, Art. 6b, Rdn. 13; Gassner, in: Gassner/Bendomir-Kahlo/Schmidt-Räntsch, BNatSchG, § 8, Rdn. 40; Rinke, in: Kodal/Krämer, Straßenrecht, Kap. 31, Rdn. 2.

„Planungsträger" kann nur sein, wer das in Natur und Landschaft eingreifende Vorhaben plant. Kennzeichnend für den Vorgang der Planung ist die planerische Gestaltungsfreiheit, nach Aussage des Bundesverwaltungsgerichts ist Planung ohne planerische Gestaltungsfreiheit nicht denkbar, sie würde einen Widerspruch in sich darstellen.[380] Allerdings ist bei der Planfeststellung umstritten, wem diese planerische Gestaltungsfreiheit zukommt.[381] Dieses Problem ergibt sich daraus, dass das Bundesverwaltungsgericht seine Rechtsprechung zur planerischen Gestaltungsfreiheit zunächst für den Bereich der Bauleitplanung entwickelte und dann auf die Fälle der Planfeststellung übertrug. Anders als bei der Bauleitplanung treten in Planfeststellungsverfahren aber mit dem Träger des Vorhabens und der Planfeststellungsbehörde zwei Stellen auf, die sich mit der Planung befassen. So wird vertreten, dass planerische Gestaltungsfreiheit nur dem Vorhabenträger,[382] nur der Planfeststellungsbehörde[383] oder beiden, allerdings in unterschiedlicher Weise[384] zukommt.

Ohne auf alle Aspekte dieses Streits vertieft einzugehen wird man für die hier interessierende Frage, wer als Planungsträger im Sinne von § 8 Abs. 4 BNatSchG, Art. 6b Abs. 4 BayNatSchG anzusehen ist, Folgendes feststellen müssen: Dem Träger des Vorhabens, hier also der Straßenbaubehörde, kommt schon kraft Natur der Sache eine gewisse „planerische Gestaltungsfreiheit" zu. Denn ihre Aufgabe ist es ja gerade, das Vorhaben zu entwerfen und die im Planfeststellungsverfahren vorzulegenden Planunterlagen herzustellen. Auch angesichts gewisser Bindungen durch Bedarfsplan, Linienbestimmung und raumordnerische Ziele und Grundsätze muss ihr zur Erfüllung ihres Planungsauftrags ein gewisser Spielraum zustehen. Dies ist aber im Grunde selbstverständlich und ohne besonderen Erkenntniswert. Denn das Ergebnis der Planung der Straßen-

---

[380] Ständige Rechtsprechung des BVerwG, grundlegend das Urt. v. 14. Februar 1975, BVerwGE 48, 56 (59).
[381] Vgl. zum Ganzen Hoppe/Just, DVBl. 1997, 789 ff. m.w.N.
[382] Ule/Laubinger, Verwaltungsverfahrensrecht, § 39, Rdn. 8, § 41, Rdn. 11.
[383] Wahl, DVBl. 1982, 51 (52 f.).
[384] Hoppe/Just, DVBl. 1997, 789 (795); Dürr, in: Knack, VwVfG, § 74, Rdn. 76; Allesch/Häußler, in: Obermayer, VwVfG, § 74, Rdn. 18.

baubehörde ist lediglich ein Entwurf für das Vorhaben, dem noch keine rechtliche Verbindlichkeit zukommt. Im Rahmen der Aufstellung des landschaftspflegerischen Begleitplans geht es aber um die Darstellung von *verbindlich* festgesetzten Ausgleichs- und Ersatzmaßnahmen. Diese werden erst durch die Planfeststellungsbehörde festgesetzt, welche jedenfalls unter bestimmten Voraussetzungen von den eingereichten Planunterlagen abweichen kann. Sie trägt letztlich die Verantwortung für die verbindliche Planung und ist daher grundsätzlich mit planerischer Gestaltungsfreiheit ausgestattet. Folglich ist Planungsträger im Sinne von § 8 Abs. 4 BNatSchG, Art. 6b Abs. 4 BayNatSchG allein die Planfeststellungsbehörde.

Dass als Planungsträger nicht die mit der Aufstellung des Entwurfs befasste Straßenbaubehörde gemeint sein kann, bestätigt auch eine andere Überlegung: Nach § 8 Abs. 4 BNatSchG, Art. 6b Abs. 4 BayNatSchG sind die Ausgleichs- und Ersatzmaßnahmen im landschaftspflegerischen Begleitplan oder im Planfeststellungsbeschluss selbst darzustellen. Der Planfeststellungsbeschluss wird aber unzweifelhaft allein von der Planfeststellungsbehörde aufgestellt. Die Vorarbeiten durch den Vorhabenträger, die Landesstraßenbaubehörde, stellen dabei nur einen Teil der Verfahrensgrundlagen dar, die die Planfeststellungsbehörde neben den Stellungnahmen der betroffenen Behörden und dem Ergebnis der Öffentlichkeitsbeteiligung zu berücksichtigen hat. Der landschaftspflegerische Begleitplan ist aber nach § 8 Abs. 4, 2. HS BNatSchG, Art. 6b Abs. 4 Satz 1, 2. HS BayNatSchG Bestandteil des Fachplans, also hier des Planfeststellungsbeschlusses. Kann dieser nur durch die Planfeststellungsbehörde festgestellt werden, so gilt folglich das Gleiche auch für den landschaftspflegerischen Begleitplan.

Dies bedeutet jedoch nicht, dass der Träger des Vorhabens nicht verpflichtet ist, den inhaltlichen Anforderungen an einen landschaftspflegerischen Begleitplan entsprechende Unterlagen vorzulegen. In Ergänzung zum Grundsatz des Art. 73 Abs. 1 BayVwVfG bestimmt § 6 UVPG detailliert die unter dem Gesichtspunkt der Umweltauswirkungen vorzulegenden Unterlagen. Damit enthalten die vom Vorhabenträger vorzulegenden Unterlagen auch die wesentlichen Gliederungspunkte des landschaftspflegerischen Begleitplans (vgl. Teil 2, B. I. 2.a)).

Ergänzend könnte noch auf Art. 6b Abs. 3 BayNatSchG zurückgegriffen werden, nach dem die Planfeststellungsbehörde die Vorlage zusätzlicher geeigneter Unterlagen verlangen kann, wenn die vorgelegten Unterlagen für die Beurteilung möglicher Beeinträchtigungen nicht ausreichen und wenn die Ermittlung für die Behörde nicht oder nur mittels höheren Aufwands als für den Vorhabenträger möglich wäre. Angesichts der umfangreichen Vorlagepflichten nach dem UVPG ist hierfür jedenfalls bei straßenrechtlichen Planfeststellungsverfahren höchstens in Ausnahmefällen Raum.

Im Ergebnis ist also bereits von der Landesstraßenbaubehörde zusammen mit dem Straßenentwurf ein inhaltlich dem landschaftspflegerischen Begleitplan entsprechender Entwurf vorzulegen. Diese Pflicht folgt aber entgegen der Ansicht der überwiegenden Meinung in der Literatur nicht aus § 8 Abs. 4 BNatSchG, Art. 6b Abs. 4 BayNatSchG, sondern aus § 6 UVPG.

IV. *Ökoflächenkataster, Art. 6b Abs. 7 BayNatSchG*

Bisher entstand aufgrund der Tatsache, dass die für Ausgleichs- oder Ersatzmaßnahmen in Anspruch genommenen Flächen nicht erfasst wurden, ein erhebliches Vollzugsproblem. Weder den Naturschutzbehörden noch den mit der Zulassung eines in Natur und Landschaft eingreifenden Vorhabens befassten Fachbehörden war bekannt, ob eine für Ausgleichs- oder Ersatzmaßnahmen vorgesehene Fläche nicht bereits im Rahmen eines früher zugelassenen Vorhabens für Ausgleichs- oder Ersatzmaßnahmen in Anspruch genommen wurde. Aus diesem Grunde konnten einzelne Flächen mehrfach überplant und für Ausgleichs- oder Ersatzmaßnahmen verwendet werden.[385]

Um diesem Missstand abzuhelfen sieht der 1998 neu eingeführte Art. 6b Abs. 7 BayNatSchG eine Pflicht der für die Entscheidung über die Eingriffsregelung zuständigen Fachbehörden zur Meldung der für Ausgleichs- oder Ersatzmaßnahmen vorgesehenen Flächen an das beim Landesamt für Umweltschutz geführte (vgl. Art. 39 Nr. 5 BayNatSchG) Ökoflächenkataster vor. In diesem sol-

---

[385] Amtliche Begründung, LT-DrS. 13/10535, S. 20.

len unter anderem die für Ausgleich und Ersatz vorgesehenen Flächen aufgeführt und so die Feststellung, ob eine Fläche bereits für die naturschutzrechtliche
Eingriffsregelung in Anspruch genommen oder noch „frei" ist, erleichtert werden. Die Bestimmung dient damit der Sicherung der Ausgleichs- und Ersatzziele
der Eingriffsregelung. Gerade aufgrund der Tatsache, dass es oft Jahre dauert,
bis landschaftspflegerische Maßnahmen voll wirksam werden, ist die Bedeutung
dieser Datenerfassung nicht zu unterschätzen. Ihre praktische Wirksamkeit
hängt natürlich auch davon ab, dass die zuständigen Behörden von der Möglichkeit des Datenabgleichs Gebrauch machen.

B.   Inhaltliche Anforderungen der Eingriffsregelung

I.   Vorbemerkung: Bestimmung der Leistungsfähigkeit des Naturhaushalts und des Landschaftsbildes

Um die materiellrechtlichen Anforderungen der naturschutzrechtlichen Eingriffsregelung abarbeiten zu können, sind umfangreiche naturschutzfachliche Ermittlungen, Bewertungen und Prognosen erforderlich. Eine besondere Bedeutung kommt dabei der Bestimmung der Leistungsfähigkeit des Naturhaushalts und des Landschaftsbildes zu. Diese werden an mehreren Punkten der Entscheidung über die Eingriffsregelung relevant. Zunächst ist der Eingriffsbegriff nach § 8 Abs. 1 BNatSchG, Art. 6 Abs. 1 BayNatSchG zu nennen. Hier sind die Leistungsfähigkeit des Naturhaushalts und das Landschaftsbild einerseits bei der Bestimmung des Status quo von Natur und Landschaft und andererseits bei der Prognose der Auswirkungen des Vorhabens auf Natur und Landschaft, also bei der Ermittlung der zu erwartenden Beeinträchtigungen relevant. Daneben sind sie aber auch für die Bestimmung der Eignung von Flächen für Ausgleichs- und Ersatzmaßnahmen und für die Prognose von Kompensationswirkungen von Bedeutung.[386]

Wie die Leistungsfähigkeit des Naturhaushalts und das Landschaftsbild bestimmt werden können, ist eine naturschutzfachliche Frage. Wegen der Bedeutung der naturschutzfachlichen Entscheidungsgrundlagen für die Rechtsanwendung sollen die Grundzüge dieser Ermittlungen hier zum besseren Verständnis kurz dargestellt werden. Die Darstellung baut dabei auf einem Gutachten auf, das das Institut für Landschaftspflege und Naturschutz der Universität Hannover im Jahre 1996 im Auftrag der Länderarbeitsgemeinschaft Naturschutz, Landschaftspflege und Erholung erstellt hat. Gegenstand des Gutachtens war die Methodik der Ermittlung, Beschreibung und Bewertung von Eingriffen in Natur

---

[386] LANA, Methodik III; Ziff. B 2.; Kuschnerus, Schriftenreihe Natur und Recht, Band 2, 11 (21); Lambrecht, Laufener Seminarbeiträge 2/96, 99 (101).

und Landschaft, die Bemessung von Ausgleichs- und Ersatzmaßnahmen sowie von Ausgleichszahlungen. Zur Klarstellung ist darauf hinzuweisen, dass es sich bei den insoweit wiedergegebenen Ausführungen zur Methodik der Eingriffsregelung „nur" um den Stand von Wissenschaft und Technik handelt. Die Aussagen beanspruchen daher keine absolute Gültigkeit. Eine Fortentwicklung der Methodik wird nicht ausgeschlossen und bleibt angesichts der gegenwärtigen Erkenntnislücken auch wünschenswert.

1. Beurteilungsraum

Ausgangspunkt der Ermittlungen ist die Festlegung des Beurteilungsraums, in dem die Ermittlungen stattfinden und für den die gefundenen Ergebnisse einer Bewertung unterzogen werden sollen.

Er umfasst grundsätzlich den Vorhabensort, den Eingriffsraum, den Wirkraum und den potenziellen Kompensationsraum (vgl. Abb. 1). *Eingriffsraum* ist dabei der Raum, in dem, bezogen auf einzelne Funktionen, erhebliche oder nachhaltige Beeinträchtigungen erwartet werden. Dagegen umfasst der *Wirkraum* sämtliche Flächen, auf denen negative Veränderungen der Leistungsfähigkeit des Naturhaushalts oder des Landschaftsbildes prognostiziert werden können, ohne dass diese auf den ersten Blick als erheblich oder nachhaltig zu bezeichnen wären.[387] Als *Kompensationsraum* ist schließlich der Raum zu bezeichnen, in dem Ausgleichs- und Ersatzmaßnahmen angesiedelt werden können.

---

[387] LANA, Methodik III, Ziff. B 2.1.2; Stüer, in: Hoppe-FS, 853 (857).

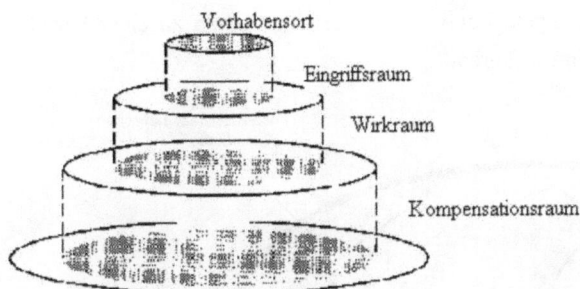

Abb. 2: Komponenten des Beurteilungsraums (Quelle: LANA, Methodik III, Ziff. 2.1.2)

Da die Festlegung des Beurteilungsraumes auf Prognosen beruht, kann es bei fortschreitender Untersuchung mit der Gewinnung neuer Daten erforderlich werden, den Untersuchungsraum zu verändern und an die neuen Erkenntnisse anzupassen.

Bei der Abgrenzung des Beurteilungsraumes ist grundsätzlich zwischen der Leistungsfähigkeit des Naturhaushalts und dem Landschaftsbild zu unterscheiden. Hinsichtlich des Naturhaushalts sind die Eingriffsräume bzw. Wirkräume anhand der jeweiligen Funktionen zu ermitteln. So unterscheidet sich beispielsweise der Eingriffsraum bzgl. der Lebensraumfunktionen (vgl. unten 2., Funktionen Ia und Ib) von dem bzgl. der Grundwasserneubildungsfunktion (vgl. unten 2., Funktion IVa). Die Zusammenfassung dieser funktionsabhängigen Eingriffs- bzw. Wirk-räume bildet den Gesamtbeurteilungsraum.[388]

Hinsichtlich des Landschaftsbildes ist grundsätzlich vom Sichtraum auszugehen, also dem Bereich, von dem aus das Vorhaben eingesehen werden kann. Da sich der Begriff des Landschaftsbildes aber nicht auf die optische Wahrnehmung beschränkt, sondern alle sinnlich wahrnehmbaren Bestandteile der Landschaft in sich schließt (vgl. Teil 1, A. IV. 1.), können auch potenzielle Beeinträchtigungen

---

[388] LANA, Methodik III, Ziff. B 2.1.2.

der Erholungsvoraussetzungen durch Lärm oder Emissionen zu einer Erweiterung des Beurteilungsraumes führen.[389]

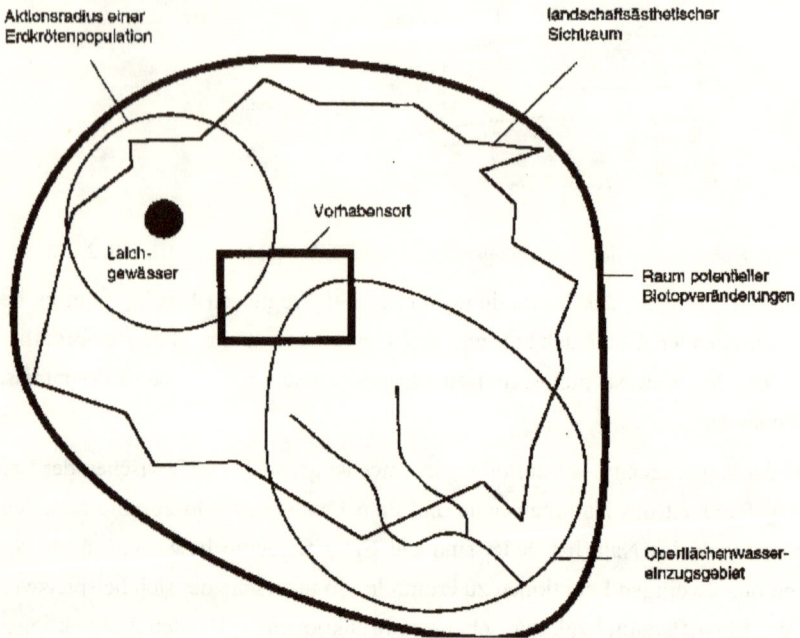

Abb. 3: Gesamtbeurteilungsraum und funktionsbezogene Wirkräume (Quelle: LANA, Methodik III, Ziff. 2.1.2)

2.   Beurteilungsinhalte

Die gesetzlichen Bestimmungen des § 8 BNatSchG, Art. 6 f. BayNatSchG geben grundsätzlich mit der Nennung der Leistungsfähigkeit des Naturhaushalts und des Landschaftsbildes vor, worauf sich die naturschutzfachliche Beurteilung zu beziehen hat. Für eine direkte Anwendung sind diese Vorgaben jedoch zu ungenau. Nach überwiegender Fach- und Rechtsauffassung stellt die Beurteilung anhand von Schutzgütern und Funktionen ein geeignetes Modell für die

---

[389] LANA, Methodik III, Ziff. B 2.1.2.

Beschreibung der Leistungsfähigkeit des Naturhaushalts und des Landschafts-bildes und zur Prognose möglicher Beeinträchtigungen dar.[390]

Die zu betrachtenden Schutzgüter ergeben sich aus der Definition des Natur-haushalts, wie sie sich in § 2 Nr. 6 PflSchG findet. Danach sind die folgenden Schutzgüter in die Betrachtung einzubeziehen:

• Boden

• Wasser

• Klima/Luft

• Tier und Pflanzenarten (Arten und Lebensgemeinschaften)

Hinzu tritt noch das ausdrücklich bereits in den gesetzlichen Vorgaben der Ein-griffsregelung genannte Schutzgut des Landschaftsbildes.[391]

Es erfolgt also grundsätzlich eine sektorale Betrachtung. Für den Begriff des Naturhaushalts kennzeichnend ist zwar die über die sektorale Betrachtung hi-nausgehende Einbeziehung der Wechselwirkungen zwischen den einzelnen Be-standteilen des Naturhaushalts. Wegen der fehlenden naturschutzfachlichen Er-kenntnismöglichkeiten ist diese jedoch nur in Einzelfällen möglich. Ausgangs-punkt muss daher die sektorale Betrachtungsweise sein, die gegebenenfalls um Wechselwirkungen ergänzt wird.[392]

Die Betrachtung der genannten Schutzgüter ist zur Ermittlung der Leistungsfä-higkeit des Naturhaushalts und des Landschaftsbildes jedoch noch nicht ausrei-chend.[393] Dies ergibt sich daraus, dass die Ermittlung der vor dem Eingriff be-stehenden Leistungsfähigkeit des Naturhaushalts einerseits dazu dient, die durch

---

[390] Kuschnerus, Schriftenreihe Natur und Recht, Band 2, 11 (18) m.w.N.; LANA, Methodik III, Ziff. B 2.1.3.

[391] Kuschnerus, Schriftenreihe Natur und Recht, Band 2, 11 (18); LANA, Methodik III, Ziff. 2.1.3; BMV, HNL-S 99, S. 6.

[392] Kuschnerus, Schriftenreihe Natur und Recht, Band 2, 11 (19); Brahms/Jungmann, Laufe-ner Seminarbeiträge 2/96, 127.

[393] Kuschnerus, Schriftenreihe Natur und Recht, Band 2, 11 (19); LANA, Methodik III, Ziff. 2.1.3.

das Vorhaben ausgelösten Beeinträchtigungen zu prognostizieren, andererseits die Grundlage für die Prognose von Ausgleichs- und Ersatzmöglichkeiten darstellt. Gerade Ausgleichs- und Ersatzmaßnahmen müssen aber definitionsgemäß einen Bezug zu den jeweiligen, durch das Vorhaben beeinträchtigten Funktionen von Naturhaushalt und Landschaftsbild aufweisen (vgl. im Einzelnen unten IV. und VI.). Für die Ersatzmaßnahmen stellt diesen Funktionsbezug bereits die gesetzliche Regelung des Art. 6a Abs. 3 Satz 1 BayNatSchG heraus, er gilt aber gleichermaßen auch für Ausgleichsmaßnahmen.[394] Würde nicht nach einzelnen Funktionen unterschieden, so ließen sich daher aufgrund der Ermittlung des bestehenden Zustands keine Ausgleichs- oder Ersatzmaßnahmen zur Kompensation der Eingriffsfolgen ableiten.

Die Darstellung einzelner Funktionen des Naturhaushalts und des Landschaftsbildes ist eine naturschutzfachliche Frage, die daher nach dem jeweiligen Stand der wissenschaftlichen Erkenntnis zu beantworten ist. Der Funktionskatalog unterliegt daher den Veränderungen, die mit dem Fortschreiten der naturwissenschaftlichen Erkenntnis verbunden sind und kann je nach der vom Bearbeiter des naturschutzfachlichen Beitrags vertretenen Meinung unterschiedlich aussehen. Dennoch soll hier im Interesse der Veranschaulichung der Darstellung nicht auf einen derartigen Funktionskatalog verzichtet werden. Im Weiteren wird daher ein Katalog von Funktionen zugrunde gelegt, den das Institut für Landschaftspflege und Naturschutz der Universität Hannover in dem bereits genannten Gutachten zur bundeseinheitlichen Anwendung der Eingriffsregelung im Auftrag der Länderarbeitsgemeinschaft Naturschutz, Landschaftspflege und Erholung (LANA) ausgearbeitet hat. Danach können die folgenden Funktionen unterschieden werden, die jeweils aus pragmatischen Gründen einem Schutzgut zugeordnet wurden. Tatsächlich spielen bei den meisten Funktionen aber mehrere Schutzgüter eine Rolle. Darin spiegelt sich die Bedeutung der Wechselwirkungen für Natur und Landschaft.

---

[394] Fischer-Hüftle, in: Engelhardt/Brenner/Fischer-Hüftle, BayNatSchG, Art. 6a, Rdn. 17, 19.

B. Inhaltliche Anforderungen der Eingriffsregelung

I Schutzgut Arten und Lebensgemeinschaften (Biozönosen):

- Ia Arten- und Lebensraumfunktion: seltene/gefährdete Biotope und Arten.

- Ib Spezielle Lebensraumfunktionen: Minimalareale, Vernetzungsfunktion (Habitate, Teilhabitate, Trittsteinhabitate).

II Schutzgut Landschaftsbild:

- IIa Naturerfahrungs- und -erlebnisfunktion: optische, akustische, haptische und sonstige strukturelle und funktionale räumliche Voraussetzungen für das Natur- und Landschaftserleben und für die Erholung.

- IIb Dokumentations- und Informationsfunktion: Zeugnisse der Natur- und Landschaftsgeschichte, z. B. Böden u. a. geologische Besonderheiten, Kulturlandschaften usw.

III Schutzgut Boden:

- IIIa Puffer- und Filterfunktion: Zurückhaltung flüssiger oder gasförmiger Einträge in den Boden.

- IIIb Infiltrationsfunktion: Durchlässigkeit von Böden und Bodenoberflächen für die Grundwasserneubildung.

- IIIc Erosionsschutzfunktion: Schutz des fruchtbaren Oberbodens vor Abtrag durch Wasser oder Wind, Bodenfeuchte, Vegetationsbedeckung, Hangneigung, klimatische Einflüsse usw.

- IIId Biotische Ertragsfunktion: Natürliche Ertragsfähigkeit des Bodens als Grundlage für die Produktion von Biomasse und die nachhaltige Nutzung zur Erzeugung gesunder Nahrungsmittel unter Minimierung zusätzlicher Energiezufuhr.

- IIIe Lebensraumfunktion: Boden als Standort für Pflanzen, Lebensraum für Tiere und zur Entwicklung von Biotopen.

IV Schutzgut Wasser:
• IVa Grundwasserneubildungsfunktion: Grundwasserneubildungsmengen und Qualität des zugeführten Wassers.
• IVb Grundwasserschutzfunktion: Schutz der Grundwasserkörper und -vor-kommen vor Verschmutzung und „übermäßigem" Entzug; Deckschichten, Bodenarten usw.
• IVc Oberflächenwasser-Schutzfunktion: Schutz der Wasserqualität und -men-gen der Oberflächengewässer (u. a. als Lebensgrundlage und -raum für Tiere und Pflanzen; Gewässer als Lebensräume siehe Schutzgut „Arten und Lebensgemeinschaften").
• IVd Retentionsfunktion: Wasserrückhaltung „auf der Fläche" und durch die Erhaltung und den Ausbau von Retentionsräumen und -anlagen.
V Schutzgut Klima/Luft:
• Va Bioklimatische Ausgleichsfunktion: Thermische Komponente: Überwärmungen in Agglomerationsräumen/Bereichen hoher Versiegelung. Physikalische Komponente: Kaltluftentstehung und -transport, Reinluftentstehung und -transport.
• Vb Immissionsschutzfunktion: Schutz vor Luftverunreinigungen aller Art. Vegetation als Filter belasteter Luft, Luftschadstoffe, klimatische Einflüsse (u. a. als Lebensgrundlage und -raum für Tiere und Pflanzen).

Tabelle 1: Schutzgüter und Funktionen (Quelle: LANA, Methodik III, Ziff. 2.1.3)

3.   Ermittlungstiefe

Die Tiefe, mit der die für die Eingriffsregelung erforderlichen Daten zu ermitteln sind, lässt sich nur schwer abstrakt bestimmen. Maßgeblich hierfür sind die Umstände des Einzelfalles und der Grundsatz der Verhältnismäßigkeit. Der Ermittlungs- und Beurteilungsaufwand muss daher in einem angemessenen Verhältnis zu den potenziellen Beeinträchtigungen und der daraus resultierenden Problemintensität stehen.[395]

Die Ermittlungen sollen die Basis dafür liefern, wie der konkrete Eingriff zu bewerten und im gestuften Entscheidungsprogramm des § 8 BNatSchG abzuarbeiten ist. Sie sind daher in einem solchen Umfang durchzuführen, dass eine sachgerechte Planungsentscheidung möglich ist. Dagegen dienen die Ermittlungen im Rahmen der Eingriffsregelung nicht zu einer allgemeinen Bestandsaufnahme von Natur und Landschaft. Es ist daher häufig nicht erforderlich, z. B. die von dem Vorhaben betroffenen Tier- und Pflanzenarten vollständig zu erfassen. Eine Begrenzung auf für den Untersuchungsraum bedeutsame Repräsentanten von Tier- und Pflanzengruppen und die Heranziehung von Indikatoren für die Bewertung des Eingriffs kann daher ausreichend sein. Je typischer die Gebietsstruktur des Beurteilungsraums ist, desto eher kann auf typisierende Merkmale und allgemeine Erfahrungen abgestellt werden. Liegen dagegen Anhaltspunkte für besonders seltene Arten vor, so ist dem im Rahmen der Ermittlungen konkret nachzugehen.[396] Insoweit fordert die Eingriffsregelung keine tiefergehenden Ermittlungen als sie das UVPG fordert. Auch hier sind Rückschlüsse auf der Basis der vorgefundenen Vegetationsstrukturen und anhand von Literaturangaben methodisch nicht zu beanstanden.[397]

Klarstellend ist noch darauf hinzuweisen, dass die wirtschaftlichen Möglichkeiten des Eingriffsverursachers kein Kriterium für die Ermittlungstiefe darstellen.[398] Verhältnismäßigkeit bedeutet hier, dass der durch weitere Ermittlungen erwartete Erkenntnisgewinn in einem angemessenen Verhältnis zum damit verbundenen Aufwand stehen muss. Eine Beschränkung durch die finanziellen

---

[395] Kiemstedt/Mönnecke/Ott, Naturschutz und Landschaftsplanung 1996, 261 (264); LANA, Methodik III, Ziff. 2.1.3.

[396] BVerwG, Beschl. v. 21. Februar 1997, NVwZ-RR 1997, 607 f.; BayVGH. Beschl. v. 21. Januar 1992, NuR 1992, 337 (339); Stüer, in: Hoppe-FS, 853 (858).

[397] BVerwG, Beschl. v. 14. Juni 1996, NVwZ-RR 1997, 340 (342).

[398] Kiemstedt/Mönnecke/Ott, Naturschutz und Landschaftsplanung 1996, 261 (264); LANA, Methodik III, Ziff. 2.1.3.

Möglichkeiten des Eingriffsverursachers würde dem Zweck der Eingriffsregelung nicht gerecht. Denn damit werden ihm zwingende Folgelasten für die Durchführung seines Vorhabens auferlegt. Wird dadurch das Vorhaben für ihn zu kostspielig, so kann er sich dieser Kosten nicht zu Lasten von Natur und Landschaft entledigen, sondern muss stattdessen gegebenenfalls das Vorhaben aufgeben.

4. Bewertung

Neben der Ermittlung des Status quo von Natur und Landschaft ist als Grundlage für die Prüfung der Anforderungen der Eingriffsregelung auch eine Bewertung dieses Zustands erforderlich. So sollen nach dem Vermeidungsgebot Beeinträchtigungen von Flächen mit wertvollen Funktionsausprägungen möglichst vermieden werden. Ausgleichs- und Ersatzmaßnahmen sind dagegen grundsätzlich auf Flächen, die unter den Gesichtspunkten von Naturschutz und Landschaftspflege als geringwertig einzustufen sind, vorzusehen.[399] Außerdem sollen durch Kompensationsmaßnahmen die vorgefundenen Funktionen gleichartig oder wenigstens gleichwertig kompensiert werden.[400]

Die Bewertung erfolgt grundsätzlich nach naturschutzfachlichen Grundsätzen. Rechtliche Vorgaben sind aber auch hier zu berücksichtigen. So muss eine höhere Bewertung insbesondere bei besonders geschützten Arten im Sinne von § 20a Abs. 1 Nr. 7 BNatSchG und nach § 20c BNatSchG, Art. 13d BayNatSchG geschützten Biotopen erfolgen. Gleiches gilt für Flächen, die Biotope des Anhangs I bzw. Arten des Anhangs II der Richtlinie 92/43/EWG (FFH-Richtlinie)[401] oder

---

[399] BVerwG, Gerichtsbescheid v. 10. September 1998, NVwZ 1999, 532 (533).

[400] LANA, Methodik III, Ziff. 2.1.4.

[401] Richtlinie 92/43/EWG des Rates vom 21. Mai 1992, ABl. EG 1992 Nr. L 206/7, geändert durch die Richtlinie 97/62/EG des Rates vom 27. Oktober 1997, ABl. EG 1997 Nr. L 305/42.

europäische Vogelarten nach Anhang I der Richtlinie 79/409/EWG (Vogelschutz-Richtlinie)[402] enthalten.

Die Bewertung ist grundsätzlich anhand der Funktionen der einzelnen Schutzgüter vorzunehmen. Soweit dies möglich ist, wie z. B. bei der Grundwasserneubildungsfunktion (vgl. oben Funktion IVa, Schutzgut Wasser), sollten diesen Bewertungen kardinale Skalen zugrunde gelegt werden, hier also die Grundwasserneubildungsrate. Ein Vergleich der unterschiedlichen Wertigkeiten ist so aufgrund der gleichen Wertskala leicht möglich.[403]

Allerdings lassen sich viele Funktionsausprägungen bzw. ihre Beeinträchtigung nicht in absoluten Zahlen ausdrücken. Häufig ist lediglich ein Werturteil dergestalt möglich, dass die eine Fläche eine bestimmte Funktion in höheren Maße erfüllt als eine andere bzw. die Beeinträchtigung einer Funktion auf dieser Fläche als stärker zu prognostizieren ist als auf einer anderen. In derartigen Fällen kann die Bewertung nur anhand von ordinalen Skalen erfolgen. Dabei ist darauf hinzuweisen, dass ein Vergleich von an gleicher Stelle aufgeführten Ausprägungen unterschiedlicher Funktionen nicht ohne weiteres möglich ist. Eine Fläche, die die Puffer- und Filterfunktion des Schutzgutes Boden (vgl. oben Funktion IIIa) am zweitbesten erfüllt ist nicht automatisch für den Naturhaushalt ebenso wertvoll wie eine gleich große Fläche, die bei der Bewertung der Immissionsschutzfunktion des Schutzgutes Klima/Luft (vgl. oben Funktion Vb) die zweite Position einnimmt. Für die abschließende Bewertung ist vielmehr eine argumentative, naturschutzfachliche Auseinandersetzung mit den vorgefundenen und bewerteten Funktionsausprägungen erforderlich. Aus diesem Grunde ist es auch nicht möglich, die einzelnen Funktionsausprägungen mittels Rechenoperationen zu verknüpfen um zu einer Bewertung der Flächen zu gelangen.[404] Denn die

---

[402] Richtlinie 79/409/EWG des Rates vom 2. April 1979, ABl. EG 1979 Nr. L 103/1, geändert durch die Richtlinie 97/49/EG der Kommission vom 29. Juli 1997, ABl. EG 1997 Nr. L 223/9.

[403] LANA, Methodik III, Ziff. 2.1.4.

[404] LANA, Methodik III, Ziff. 2.1.4; Stüer, in: Hoppe-FS, 853 (858); Lambrecht, Laufener Seminarbeiträge 2/96, 99 (116).

Aufgliederung von Natur und Landschaft in einzelne Funktionen und Schutzgüter ist nur ein ungenaues Modell zur Darstellung des Naturhaushalts und des
Landschaftsbildes. Mangels menschlicher Erkenntnismöglichkeiten zur Erfassung des zwischen den einzelnen Bestandteilen von Natur und Landschaft bestehenden Wirkungsgefüges muss jedoch auf derartige Hilfsmittel zurückgegriffen werden. Eine Verknüpfung anhand von Rechenoperationen würde jedoch
eine Genauigkeit und Exaktheit der gewonnenen Erkenntnisse vorspiegeln, die
tatsächlich nicht gegeben ist. Sie würde daher dem Gegenstand der Bewertung
nicht gerecht. Auch insofern gilt nach der naturschutzrechtlichen Eingriffsregelung nichts anderes als für die Bewertung der Umweltauswirkungen nach § 12
UVPG. Auch diese fordert nur eine bewertende Darstellung der Umweltbela-
stungen im qualitativ-verbalen Sinn.[405]

II.   Der Eingriffsbegriff § 8 Abs. 1 BNatSchG, Art. 6 Abs. 1 BayNatSchG

Der Begriff des Eingriffs in Natur und Landschaft stellt den materiellrechtlichen
Anknüpfungspunkt der naturschutzrechtlichen Eingriffsregelung dar. Nur wenn
ein Eingriff in Natur und Landschaft vorliegt, kommt das ausdifferenzierte Folgenbewältigungssystem von § 8 BNatSchG, Art. 6 ff. BayNatSchG überhaupt
zur Anwendung. Je weiter man den Eingriffsbegriff versteht, desto weiter ist
daher auch der Anwendungsbereich der Eingriffsregelung.

Die Definition des Eingriffs in § 8 Abs. 1 BNatSchG[406] ist wie die gesamte Eingriffsregelung Bundesrahmenrecht (§ 4 BNatSchG). Inhaltlich stellt sie jedoch
eine abschließende Vollregelung dar, die auch in Rahmengesetzen bei grundlegenden Bestimmungen zulässig ist und von der der Landesgesetzgeber nicht
abweichen kann.[407] Dementsprechend gibt Art. 6 Abs. 1 BayNatSchG die Bestimmung identisch wieder.

---

[405] BVerwG, Urt. v. 8. Juni 1995, BVerwGE 98, 339 (364).
[406] Nach dem BNatSchGNeuregG § 18 AbS. 1 BNatSchG.
[407] Maunz, in: Maunz/Dürig, Komm. z. GG, Art. 75, Rdn. 25; BVerwG, Urt. v. 27. September 1990, BVerwGE 85, 348 (357).

Der Eingriffsbegriff des § 8 Abs. 1 BNatSchG, Art. 6 Abs. 1 BayNatSchG setzt sich aus zwei Elementen zusammen, die nach *Gassner*[408] als Verletzungs- und als Sachfolgentatbestand bezeichnet werden können.

1. Der Verletzungstatbestand

Aus ökologischer Sicht ist unter einem Eingriff jede Art von Flächennutzung oder ihre Änderung sowie jede Art von stofflicher Einwirkung zu verstehen, die landschaftliche Ökosysteme zerstört oder verändert und damit die Leistungsfähigkeit des Naturhaushalts nachhaltig beeinträchtigt.[409] Davon wären also auch indirekte Einwirkungen auf Grundflächen wie der saure Regen oder Abgase erfasst.

Der Eingriffsbegriff des Bundesnaturschutzgesetzes geht nicht so weit. Ob dies ein Manko der naturschutzrechtlichen Eingriffsregelung darstellt, sei hier dahingestellt.[410] Eine Ausweitung des Eingriffsbegriffs auf jegliche Einwirkungen würde aber jedenfalls zu enormen praktischen Problemen führen: Denn ungeklärt ist insbesondere, von welchem Verursacher denn nun die Abgase stammen, die für die Schädigung eines bestimmten Ökosystems verantwortlich sind und wem die Schädigung daher zuzurechnen ist. Der Eingriffsbegriff des § 8 Abs. 1 BNatSchG, Art. 6 Abs. 1 BayNatSchG beschränkt sich insoweit auf das Machbare.

Der bayerische Gesetzgeber hat von der Ermächtigung des § 8 Abs. 8 BNatSchG[411] keinen Gebrauch gemacht. Es existiert also weder eine Positiv- noch eine Negativliste von Vorhaben, die im Regelfall einen Eingriff darstellen bzw. bei denen im Regelfall der Eingriffsbegriff nicht erfüllt ist. Ob ein Eingriff in Natur und Landschaft vorliegt muss daher für jedes zur Prüfung anstehende

---

[408] Gassner, in: Gassner/Bendomir-Kahlo/Schmidt-Räntsch, BNatSchG, § 8, Rdn. 2.
[409] Lorz, in: Wurzel/Olschowy, Eingriffe in Natur und Landschaft, S. 358.
[410] So aber Lorz a.a.O.
[411] Nach dem BNatSchGNeuregG § 18 AbS. 4 BNatSchG.

Vorhaben anhand der Legaldefinition des § 8 Abs. 1 BNatSchG, Art. 6 Abs. 1 BayNatSchG geprüft werden.

Erfasst ist zunächst die Veränderung der Gestalt von Grundflächen. Mit der Gestalt ist die äußere Form von Grundflächen gemeint, wie sie sich dem Betrachter darbietet. Neben morphologischen Gegebenheiten gehört auch die Landschaftsstruktur mit den sie prägenden Lebensformen zur Gestalt einer Grundfläche, also die gesamte Vegetation wie Wald, typische Einzelbäume, Schilfbestände oder Wasserflächen. Änderung der Gestalt ist jede sichtbare Andersartigkeit, die durch das Vorhaben entstehen könnte und die bei Andauern der bestehenden Situation voraussichtlich nicht zustande kommen würde. Sie kann durch das Vorhaben direkt herbeigeführt werden oder über ökologische Wirkungsketten, zwar nicht in unmittelbarem zeitlichen Zusammenhang, aber doch als direkte kausale Folge entstehen. Ein Beispiel hierfür wären Veränderungen der Vegetation aufgrund einer durch das Vorhaben ausgelösten Grundwasserabsenkung.[412]

Neben der Veränderung der Gestalt erfasst § 8 Abs. 1 BNatSchG, Art. 6 Abs. 1 BayNatSchG auch die Veränderung der Nutzung von Grundflächen.[413] Der Nutzungsbegriff ist in diesem Zusammenhang weit auszulegen, er umfasst nicht nur ökonomische Nutzungen, sondern jedes Verwenden einer Fläche zu einem bestimmten Zweck, auch wenn die Fläche dazu in ihrem natürlichen Zustand belassen wird.[414]

---

[412] Kiemstedt/Mönnecke/Ott, Naturschutz und Landschaftsplanung 1996, 261 (263); Gassner, in: Gassner/Bendomir-Kahlo/Schmidt-Räntsch, BNatSchG, § 8, Rdn. 4.

[413] Der BNatSchGNeuregG fügt dem die „Veränderung des mit der belebten Bodenschicht in Verbindung stehendem Grundwasserspiegels" hinzu. Damit soll klargestellt werden, dass Veränderungen des Grundwasserspiegels nur insofern für den Eingriffsbegriff relevant werden, als sie den Naturhaushalt erheblich beeinträchtigen können. Daneben wird die Bedeutung des Grundwassers für die Leistungs- und Funktionsfähigkeit hervorgehoben. Es handelt sich also nicht um eine Änderung der bisherigen Rechtslage, sondern um eine Klarstellung.

[414] Gassner, in: Gassner/Bendomir-Kahlo/Schmidt-Räntsch, BNatSchG, § 8, Rdn. 4; Louis, BNatSchG, § 8 Rdn. 7.

Umstritten ist insoweit, ob zwischen einer Veränderung der Nutzungsart und der Nutzungsintensität zu unterscheiden ist[415] oder ob der Eingriffstatbestand Beides erfasst.[416] Bedeutung erlangt dieser Streit vor allem bei der Beurteilung landwirtschaftlicher Nutzungen, die ohnehin aufgrund von § 8 Abs. 7 BNatSchG, Art. 6 Abs. 2 BayNatSchG eine Sonderstellung einnehmen. Für die fernstraßenrechtliche Planfeststellung ist die Frage jedoch von untergeordneter Bedeutung, da die Inanspruchnahme von Grundflächen für ein Straßenbauvorhaben regelmäßig eine Änderung der Nutzungs*art* darstellt und mit einer Änderung der *Gestalt* von Grundflächen einhergeht.

2. Der Sachfolgentatbestand

Nicht jede Veränderung der Gestalt oder der Nutzung von Grundflächen stellt aber einen Eingriff dar. Erforderlich ist vielmehr, dass die Veränderung die Leistungsfähigkeit des Naturhaushalts oder das Landschaftsbild erheblich oder nachhaltig beeinträchtigen *kann*. Es kommt also auf eine Prognose der zu erwartenden Auswirkungen des Vorhabens auf die Schutzgüter der Leistungsfähigkeit des Naturhaushalts und des Landschaftsbilds durch einen Sachverständigen an. Diese Regelung ist Ausdruck des umweltrechtlichen Vorsorgeprinzips. Es muss nicht sicher sein, dass die negativen Folgen für die Leistungsfähigkeit des Naturhaushalts oder für das Landschaftsbild eintreten. Die Prognose, dass ihr Eintritt wahrscheinlich ist, reicht aus.[417] Denn gerade bei Beeinträchtigungen des Naturhaushalts ist die Kenntnis der ökologischen Zusammenhänge oft unvollständig, so dass eine sichere Kenntnis der zu erwartenden Beeinträchtigungen regelmäßig gar nicht möglich ist.

---

[415] So Kolodziejcok/Recken, Naturschutz, Nr. 1125, Rdn. 8; Schink, DVBl. 1992, 1390 (1394).

[416] So Gassner, in: Gassner/Bendomir-Kahlo/Schmidt-Räntsch, BNatSchG, § 8, Rdn. 5.

[417] Louis, BNatSchG, § 8, Rdn. 22; VG Gießen, Beschl. v. 23. November 1987, NVwZ-RR 1988, 66 f.; BayVGH, Urt. v. 21. April 1998, NuR 1999, 153 (155).

a)   Fachliche Grundsätze für die Prognose von Beeinträchtigungen

Wie eine Beeinträchtigung der Leistungsfähigkeit des Naturhaushalts oder des Landschaftsbildes prognostiziert werden kann, richtet sich nach fachwissenschaftlichen Grundsätzen. Insoweit hat sich in den letzten Jahren ein gewisser fachlicher Standard herausgebildet.[418] Da einige der dabei relevanten Fachbegriffe auch für die Reichweite der Gebote der Eingriffsregelung von Bedeutung sind (vgl. unten III. und IV.) sollen die Grundzüge der Beeinträchtigungsprognose hier kurz dargestellt werden. Wie bei anderen naturschutzfachlichen Bewertungen ist auch hier darauf hinzuweisen, dass es sich um den Stand von Wissenschaft und Technik und nicht um regelhafte Vorgaben handelt. Sowohl abweichende Meinungen als auch eine Fortentwicklung dieser Grundsätze sind daher möglich. Die Ausführungen im Anschluss folgen dabei der Darstellung in dem bereits genannten Gutachten im Auftrag der Länderarbeitsgemeinschaft Naturschutz, Landschaftspflege und Erholung (LANA) zur bundeseinheitlichen Anwendung der Eingriffsregelung.[419]

Beeinträchtigungen lassen sich als negative Wirkungen eines Vorhabens auf die Schutzgüter von Natur und Landschaft verstehen. Ihre Prognose hat grundsätzlich anhand des konkreten Einzelfalls zu erfolgen, also bezogen auf das jeweilige Vorhaben und auf den jeweiligen Beurteilungsraum. Im Interesse einer Vereinheitlichung und Beschleunigung des Verfahrens werden dabei in der Praxis häufig Checklisten herangezogen.[420]

Beeinträchtigungen werden jeweils durch einzelne Aspekte eines Vorhabens ausgelöst. Dabei kann zwischen bau-, anlage- und betriebsbedingten Aspekten unterschieden werden.[421] Das LANA-Gutachten bezeichnet die bau- und anlagebedingten Aspekte als *Wirkfaktoren*, die betriebsbedingten als *Betriebsfolgen*.[422]

---

[418] LANA, Methodik III, Ziff. 2.2.1; Brahms/Jungmann, Laufener Seminarbeiträge 2/96, 127.
[419] LANA, Methodik III.
[420] Lambrecht, Laufener Seminarbeiträge 2/96, 99 (101).
[421] BMV, Hinweise zu § 6 UVPG, S. 22.
[422] LANA, Methodik III, Ziff. 2.2.1.

Als Oberbegriff für beide wird in der vorliegenden Arbeit, um die Bedeutung dieser Aspekte des Vorhabens für die Ableitung der Beeinträchtigungen zu betonen, der Begriff der *Beeinträchtigungsfaktoren* verwendet werden. Tabelle 2 stellt in Form einer Checkliste mögliche, von einem Straßenbauvorhaben ausgehende Wirkfaktoren zusammen. In Tabelle 3 werden in der gleichen Art mögliche Betriebsfolgen dargestellt.

Wirkfaktoren eines Straßenbauvorhabens:
• Vegetationsveränderung und/oder -beseitigung
• Zerschneidung von Biotopfunktionen
• Zerschneidungseffekte durch bestimmungsgemäße Nutzung der Anlage (im Hinblick auf Fauna, Unfallgefahren, Migrationsbeeinflussung)
• Unmittelbare Beeinflussung der Grundwasserverhältnisse (Absenkung, Aufstau, Umleitung, Qualitätsänderung usw.)
• Anschnitt/Offenlegung von Grundwasser durch Bodenabbau
• Beseitigung von Oberflächengewässern durch Verfüllen
• Veränderung der Gewässermorphologie
• Abtrag von Boden- und/oder Gesteinsschicht durch Abbau
• Bodenversiegelung

Tabelle 2: Wirkfaktoren eines Straßenbauvorhaben (Quelle: LANA, Methodik III, Ziff. 2.2.1)

Betriebsfolgen eines Straßenbauvorhabens:
• Lärm
• Staub
• verschmutztes Abwasser, Gewässerverschmutzung
• verschmutzte Luft/Abgase

• Licht
• Vegetationsbeseitigung und/oder Beeinflussung durch permanente bzw. periodische Pflege- und Unterhaltungsmaßnahmen (Grundräumungen, Gehölzrückschnitt usw.)
• Stoffeintrag in den Boden
• Faunengefährdung (Vogelschlag, Wildunfälle u.ä.)

Tabelle 3: Betriebsfolgen eines Straßenbauvorhabens (Quelle: LANA, Methodik III, Ziff. 2.2.1)

Die genannten Beeinträchtigungsfaktoren wirken auf die einzelnen Schutzgüter von Natur und Landschaft ein. Ob dadurch tatsächlich eine Beeinträchtigung eines Schutzgutes ausgelöst wird, hängt ab von der *Art* und der *Intensität* bzw. dem *Ausmaß* der Beeinträchtigungsfaktoren und von der spezifischen *Empfindlichkeit* des jeweiligen Schutzgutes gegenüber dem Beeinträchtigungsfaktor.[423]

Tabelle 4 stellt potenzielle Beeinträchtigungen, geordnet nach Schutzgütern, zusammen. Die Aufstellung ist nicht abschließend und sollte für jeden Anwendungsfall ergänzt und weiterentwickelt werden.

Schutzgut Arten und Lebensgemeinschaften:
• Flächenverluste von Lebensräumen
• Veränderung der Lebensraumstrukturen
• Beeinträchtigung der Standortbedingungen von Lebensräumen
• Dezimierung von Pflanzen und Tieren (unmittelbare Verluste: Trittschäden, Vogelschlag, Verkehrsunfalltod usw.)
• Veränderung des genetischen Austausches (Zerschneidung, Isolation)

---

[423] Brahms/Jungmann, Laufener Seminarbeiträge 2/96, 127 (129); dort findet sich auch ein Vorschlag für die naturschutzfachliche Beurteilung der Empfindlichkeit des Schutzgutes Boden.

Schutzgut Boden:

- Bodenverlust, Bodenabtrag

- Veränderung des Bodengefüges (Bodenaufbau, Bodenschichtung)

- Veränderung der Erosionsanfälligkeit

- Veränderung der Bodenorganismen

- Veränderung des Nährstoff- und Wasserhaushalts

- Bodenverdichtung

- Beeinträchtigung der natürlichen biotischen Ertragsfähigkeit

Schutzgut Wasser:

- Veränderung der Uferstruktur von Oberflächengewässern (Ausbauzustand)

- Veränderung der Sohlenbeschaffenheit von Oberflächengewässern

- Veränderung der Linienführung von Oberflächengewässern

- Veränderung der Gewässerdynamik von Oberflächengewässern (Wasserstände, Abflussdynamik)

- Veränderung der Gewässergüte, Wasserqualität

- Herabsetzung der Selbstreinigungskraft von Oberflächengewässern

- Verlust von Retentionsräumen und Retentionsfähigkeit

- Veränderung des Grundwasserstandes und der -höffigkeit

- Veränderung der Schwankungsamplitude des Grundwassers

- Veränderung der Geschwindigkeit und Richtung des Grundwasserstroms

- Veränderung der Grundwasserneubildung

Schutzgut Klima/Luft:

- Veränderung der Luftaustauschbahnen (Kalt-/Frischluftzufuhr)

• Veränderung der Verdunstungsrate und der Luftfeuchtigkeit
• Veränderung der geländebedingten Windgeschwindigkeit und -richtung
• Veränderung der Lufttemperatur
• Veränderung der Luftqualität, -güte
• Veränderung des Wärmeaustausches
• Veränderung des Mikroklimas

Tabelle 4: Potenzielle Beeinträchtigungen durch ein Straßenbauvorhaben (Quelle: LANA, Methodik III, Ziff. 2.2.1)

Um die von einem Vorhaben zu erwartenden Beeinträchtigungen von Natur und Landschaft prognostizieren zu können ist also das geplante Vorhaben in seiner konkreten Ausgestaltung in Beziehung zu den Schutzgütern von Natur und Landschaft zu setzen. Abbildung 4 versucht diesen Zusammenhang grafisch zu veranschaulichen:

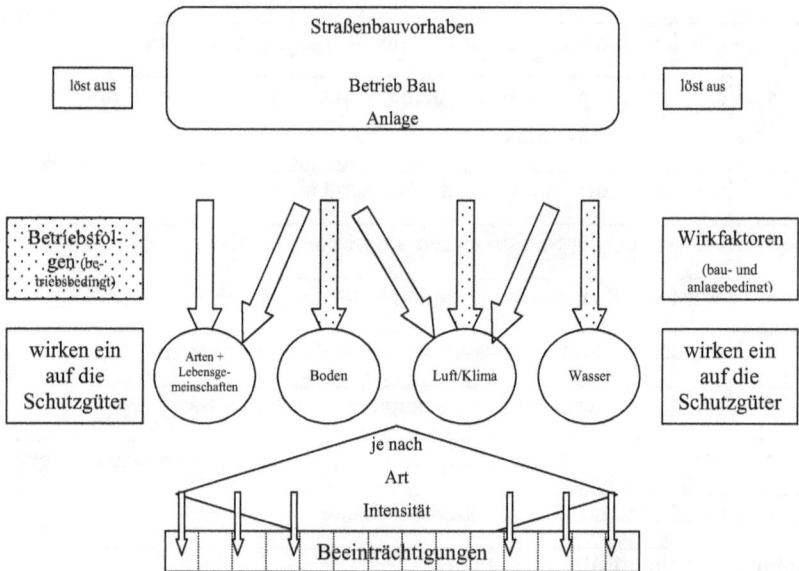

(Abb. 4: Ableitung von Beeinträchtigungen des Naturhaushalts)

150

b) *Leistungsfähigkeit des Naturhaushalts*

Unter Naturhaushalt sind nach der Legaldefinition des § 2 Nr. 6 PflSchG die Bestandteile Boden, Wasser, Luft, Tier- und Pflanzenarten sowie das Wirkungsgefüge zwischen ihnen zu verstehen.[424] Mit dem Begriff des Naturhaushalts ist daher zwingend eine Gesamtbewertung aller Auswirkungen auf die genannten Naturgüter, wie sie auch von § 2 Abs. 1 Satz 2 UVPG gefordert wird, verbunden.

Der Begriff der Leistungsfähigkeit des Naturhaushalts kann mit dem Begriff der Funktionsfähigkeit gleichgesetzt werden (siehe Teil 1, A. I. 3.).[425]

aa) Beeinträchtigung des Naturhaushalts

Das Schutzgut der Leistungsfähigkeit des Naturhaushalts umfasst daher grundsätzlich einen verhältnismäßig weiten Bereich. Eine Störung der Leistungs- bzw. Funktionsfähigkeit des Naturhaushalts erscheint einerseits über die ihn konstituierenden Naturgüter wie auch durch Einwirkung auf die zwischen diesen bestehenden Beziehungen und Wechselwirkungen möglich. Bezeichnenderweise wurden seit dem Inkrafttreten der Eingriffsregelung verschiedene Versuche unternommen, ihren Anwendungsbereich bereits durch eine restriktive Auslegung des Schutzgutes der Leistungsfähigkeit des Naturhaushalts einzuschränken. So sollten bestimmte Formen der Einwirkung auf den Naturhaushalt wie auch die Einwirkung auf bestimmte Naturgüter von vornherein ungeeignet sein, eine Beeinträchtigung der Leistungsfähigkeit des Naturhaushalts im Sinne des § 8 Abs. 1 BNatSchG auszulösen.

Schutzgüter der Eingriffsregelung sind sowohl der Naturhaushalt als solcher als auch seine Einzelbestandteile, die abiotischen und biotischen Naturgüter. Als

---

[424] Vgl. nur Fischer-Hüftle, in: Engelhardt/Brenner/Fischer-Hüftle, BayNatSchG, Art. 6, Rdn. 9; BT-DrS. 7/3879, S. 23.

[425] Dementsprechend ergänzt das BNatSchGNeuregG den Eingriffsbegriff um den Begriff der Funktionsfähigkeit. Dies stellt sich als konsequente Folgeänderung des in der gleichen Weise geänderten § 1 BNatSchG dar.

übergreifender Begriff schließt der Naturhaushalt die Schutzgüter der Nummern 1-3 des § 1 Abs. 1 BNatSchG mit ein (vgl. Teil 1, A. II. und III.). Daher ist es ohne Erkenntniswert, wie *Ronellenfitsch* zwischen dem unmittelbaren Schutz des Naturhaushalts und des Landschaftsbilds und dem mittelbaren Schutz der vom Begriff des Naturhaushalts umfassten Naturgüter zu unterscheiden.[426] Denn auch die einzelnen Naturgüter wie Boden, Luft oder die Tier- und Pflanzenwelt sind Elemente des Begriffs „Naturhaushalt". Eine Störung der Leistungsfähigkeit kann daher von jeder Beeinträchtigung eines seiner Bestandteile oder der zwischen diesen bestehenden Wechselwirkungen ausgehen. Eine Differenzierung zwischen dem unmittelbaren Schutz des Naturhaushalts und dem mittelbaren Schutz der ihn konstituierenden Naturgüter ist daher überflüssig.

Gerade wegen der Komplexität des Schutzgutes „Naturhaushalt" ist es auch nicht sachgerecht, die Betrachtung auf *unmittelbare* Beeinträchtigungen dieser Bestandteile des Naturhaushalts zu beschränken.[427] In Ökosystemen treten typischerweise komplexe Kausalitätsketten auf, so dass eine Einwirkung an einer Stelle des Ökosystems oft erst über mehrere Zwischenstationen zu einer Beeinträchtigung eines Naturguts wird. Eine Begrenzung auf unmittelbare Beeinträchtigungen wird daher dem Schutzgut „Naturhaushalt" nicht gerecht.[428] Darüber hinaus dürfte bereits die Abgrenzung zwischen unmittelbaren und mittelbaren Folgen des Vorhabens in der Praxis häufig undurchführbar sein. Außerdem stellt die Eingriffsregelung eine Konkretisierung des Verursacherprinzips dar. Verursacht aber ein Vorhaben zurechenbar eine Beeinträchtigung, dann ist diese dem Verursacher zuzurechnen und im Rahmen des § 8 Abs. 1 BNatSchG, Art. 6 Abs. 1 BayNatSchG zu berücksichtigen.[429] Für eine Begrenzung auf unmittelbare Beeinträchtigungen enthält die gesetzliche Regelung keinerlei Anhaltspunkte.

---

[426] Ronellenfitsch, VerwArch 77 (1986), 177 (180); ders., NuR 1986, 284 (286).

[427] VG Frankfurt/M., Urt. v. 14.April 1982, NuR 1983, 160 (162); R. Breuer, NuR 1980, 89 (92).

[428] Gassner, in: Gassner/Bendomir-Kahlo/Schmidt-Räntsch, BNatSchG, § 8, Rdn. 7; Gassner, Landschaft, S. 128; Louis, BNatSchG, § 8, Rdn. 14; OVG Münster, Beschl. v. 18. Juli 1997, NuR 1997, 617 (619).

[429] Burmeister, Schutz von Natur und Landschaft, S. 74; Gassner, Landschaft, S. 128.

Stattdessen ist jede Beeinträchtigung des Naturhaushalts, die nach sachverständiger Prognose mittelbar oder unmittelbar durch das Vorhaben ausgelöst werden wird, zu berücksichtigen.

Einige Stimmen in der Literatur[430] wollen das Schutzgut des Naturhaushalts aber insoweit beschränken, als spezielle Schutzgesetze für das jeweilige Naturgut bestehen. Nach der Systematik des Umweltrechts komme dem Naturschutzrecht lediglich die Funktion der Lückenfüllung zu, Spezialgesetze des medialen Umweltschutzes wie das Bundesimmissionsschutzgesetz, das Bundesbodenschutzgesetz oder die Wassergesetze sollten nicht verdrängt werden. Beeinträchtigungen der spezialgesetzlich geschützten Naturgüter Luft, Boden und Wasser sollten daher für die Beurteilung, ob ein Eingriff im Sinne von § 8 Abs. 1 BNatSchG, Art. 6 Abs. 1 BayNatSchG vorliegt, außer Acht bleiben.

Dieser Meinung ist jedoch nicht zu folgen. Denn tatsächlich besteht zwischen dem medialen Umweltschutz des Bundesimmissionsschutzgesetzes, des Bundesbodenschutzgesetzes und der Wassergesetze und dem Naturschutzrecht keine Konkurrenzsituation derart, dass es sich bei der einen Materie um das speziellere und bei der anderen um das allgemeinere Gesetz handelt. Das Naturschutzrecht unterscheidet sich stattdessen von den Gesetzen des medialen Umweltschutzes vor allem durch allgemeine Steuerungsansätze wie die Landschaftsplanung und eben auch die Eingriffsregelung.[431] Bei vielen Vorhaben, die einen Eingriff nach § 8 Abs. 1 BNatSchG, Art. 6 Abs. 1 BayNatSchG darstellen, ist aber der Anknüpfungspunkt für die Regelungen etwa der Wassergesetze bereits aus dem Grund nicht gegeben, da das Vorhaben nicht auf eine Benutzung eines Gewässers i.S.v. § 3 WHG abzielt. Die „spezielleren" Umweltschutzgesetze können aber nur Vorrang haben, soweit ihr spezieller Inhalt reicht. Außerhalb dessen greift das Naturschutzrecht, das einen über die einzelnen Umweltmedien hinausgehenden und diese einschließenden Ansatz verfolgt, ein.[432] Die naturschutzrechtliche Eingriffsregelung fordert mit dem Begriff des Naturhaushalts

---

[430] Pielow, NuR 1979, 15; R. Breuer, NuR 1980, 89 (92).
[431] Schmidt-Aßmann, in: UGB-BT, S. 349 f.
[432] Gassner, NuR 1984, 81 (83).

gerade, dass, falls der Verletzungstatbestand gegeben ist, eine Gesamtbewertung der dem Vorhaben zurechenbaren Eingriffswirkungen erfolgt.[433] Die Beeinträchtigungen einzelner Naturgüter dürfen daher nicht ausgeklammert werden, was zur Folge hätte, dass, da der mediale Umweltschutz regelmäßig nicht eingreift, diese Beeinträchtigungen weder vermieden noch ausgeglichen noch im Rahmen der Abwägung nach § 8 Abs. 3 BNatSchG, Art. 6a Abs. 2 BayNatSchG berücksichtigt werden können. Der Schutz für diese Naturgüter, denen aufgrund ihrer speziellen Schutzgesetze eigentlich eine herausragende Stellung im Umweltschutz zukommen müsste, würde daher ungerechtfertigterweise verkürzt.

Bezeichnenderweise hat sich die Praxis auch schon sehr früh über diese restriktive Auffassung hinweg gesetzt.[434]

Der Begriff der Beeinträchtigung des Naturhaushalts stellt eine maßgebliche materielle Voraussetzung dafür dar, dass die Eingriffsregelung überhaupt anwendbar ist. Schränkt man ihn zu sehr ein, so wird für diese Bereiche die Eingriffsregelung in ihrer Gesamtheit ausgeblendet. Im Interesse einer konsequenten Umsetzung des Zwecks der Eingriffsregelung, der ja in einem Minimalschutz für Natur und Landschaft im besiedelten wie im unbesiedelten Bereich liegt, ist der Begriff der Beeinträchtigung daher weit zu verstehen.[435] Eine Beeinträchtigung des Naturhaushalts kann damit sowohl durch eine Beeinträchtigung der ihn konstituierenden Naturgüter als auch der zwischen ihnen bestehenden Wechselwirkungen erfolgen. Eine Beschränkung auf Beeinträchtigungen von Naturgütern, die nicht durch spezielle Umweltschutzgesetze geschützt sind, lässt sich nicht aus der gesetzlichen Regelung ableiten. Die Beeinträchtigungen müssen nicht auf den Flächen eintreten, die durch das Vorhaben in ihrer Gestalt

---

[433] Ramsauer, NuR 1997, 419 (420).
[434] Schriewer, Laufener Seminarbeiträge 1/85, 43 (44).
[435] Vgl. auch BVerwG, Beschl. v. 4. Oktober 1994, Buchholz 406.401, Nr. 14 zu § 8 BNatSchG, 1 (2); Lambrecht, Laufener Seminarbeiträge 2/96, 99 (100).

oder in ihrer Nutzung verändert werden. Maßgeblich ist allein die Kausalität des Vorhabens für die Beeinträchtigung.[436]

bb) Beeinträchtigung der Leistungsfähigkeit

Allerdings spricht § 8 Abs. 1 BNatSchG, Art. 6 Abs. 1 BayNatSchG nicht von Beeinträchtigungen des Naturhaushalts, sondern von einer Beeinträchtigung der *Leistungsfähigkeit* des Naturhaushalts. Auf den ersten Blick deutet dies darauf hin, dass der Sachfolgentatbestand des Eingriffsbegriffs nicht bei jeder Beeinträchtigung des Naturhaushalts im genannten, weit verstandenen Sinne erfüllt ist, sondern erst, wenn auch seine Leistungsfähigkeit beeinträchtigt ist. Entsprechend will *Kuschnerus* die Formulierung in § 8 Abs. 1 BNatSchG, Art. 6 Abs. 1 BayNatSchG so verstanden wissen, dass damit neben der Erheblichkeitsschwelle (vgl. im Folgenden d)) ein weiterer „Filter" vor die inhaltlichen Anforderungen der Eingriffsregelung geschaltet wurde. Schon der Begriff der Beeinträchtigung setze daher nicht bei jeder negativen Veränderung an, sondern erst bei einer solchen von spürbarem Gewicht.[437]

Bei genauerer Betrachtung belegen die von ihm zitierten Entscheidungen des OVG Münster diese Forderung aber nicht. Keine dieser Entscheidungen betrifft den Eingriffsbegriff nach der dem § 8 Abs. 1 BNatSchG inhaltlich voll entsprechenden Regelung des § 4 Abs. 1 des nordrhein-westfälischen Landschaftsgesetzes (LG NW). Stattdessen ging es in der Entscheidung vom 7. März 1985[438] um § 67 Abs. 2 Nr. 1 LG NW, der die Genehmigungsfähigkeit einer Errichtung, Erweiterung oder des Betriebs von Tiergehegen regelt. Eine solche Genehmigung darf danach nur erteilt werden, wenn „weder der Naturhaushalt noch das Landschaftsbild beeinträchtigt" wird. Die Norm weicht also insofern von der

---

[436] Für diese Auslegung des Eingriffsbegriffs spricht auch die Ergänzung des Verletzungstatbestands um die Veränderungen des mit der belebten Bodenschicht in Verbindung stehenden Grundwasserspiegels im BNatSchGNeuregG. Auch eine Veränderung des spezialgesetzlich geschützten Naturgutes Grundwasser kann zu einem Eingriff führen.

[437] Kuschnerus, Schriftenreihe Natur und Recht, Band 2, 11 (18).

[438] OVG Münster, Urt. v. 7. März 1985, NuR 1985, 288.

Eingriffsdefinition ab, als sie weder den Begriff der Leistungsfähigkeit nennt noch eine erhebliche Beeinträchtigung fordert. Das OVG wollte aber offensichtlich „auf Nummer sicher" gehen und formulierte wie folgt: „Dieser Naturhaushalt würde . . . auch im Sinne des § 67 Abs. 2 Nr. 1 1.HS LG BW beeinträchtigt. Unter Berücksichtigung der . . . ist als Beeinträchtigung im vorgenannten Sinne *zumindest* jede seine *Leistungsfähigkeit nicht nur unerheblich* mindernde (negative) Veränderung des Naturhaushalts zu verstehen."[439] Das Gericht versuchte also hier, durch die Bejahung einer erheblichen Beeinträchtigung des Naturhaushalts seiner Argumentation ein stärkeres Gewicht zu verleihen. Da sogar eine die Leistungsfähigkeit des Naturhaushalts erheblich mindernde Veränderung vorlag, musste dies umso mehr für die hier nur geforderte einfache Beeinträchtigung des Naturhaushalts gelten. Irgendwelche Rückschlüsse auf den Eingriffsbegriff des § 8 Abs. 1 BNatSchG, Art. 6 Abs. 1 BayNatSchG lassen sich daraus schon wegen der unterschiedlichen Formulierungen der betreffenden Normen nicht ziehen.

Gleiches gilt für die ebenfalls zitierte Entscheidung des OVG Münster vom 13. März 1991.[440] Dort wird unter Verweis auf die oben genannte Entscheidung festgestellt, dass eine die Leistungsfähigkeit des Naturhaushalts herabsetzende Veränderung immer dann anzunehmen sei, wenn die den Naturhaushalt konkret ausmachenden Ökosysteme *nennenswert* nachteilig beeinflusst wurden. Allerdings fehlt es an einer Begründung für dieses Postulat. Darüber hinaus betrifft auch diese Entscheidung nicht den Eingriffsbegriff. Stattdessen ging es um die Genehmigung eines Vorhabens in einem Landschaftsschutzgebiet. Der für die Ausweisung von Landschaftsschutzgebieten einschlägige § 21 LG NW nennt zwar den Begriff der Leistungsfähigkeit des Naturhaushalts, im Gegensatz zu § 8 Abs. 1 BNatSchG fehlt hier aber eine der Erheblichkeitsschranke entsprechende Formulierung. Ein Ausschluss von geringfügigen Beeinträchtigungen ist daher dort nur über eine restriktive Auslegung des Begriffs der Beeinträchtigung des Naturhaushalts möglich. Im Rahmen des Eingriffsbegriffs kommt diese Be-

---

[439] OVG Münster, Urt. v. 7. März 1985, NuR 1985, 288.
[440] OVG Münster, Urt. v. 13. März 1991, NWVBl. 1991, 352.

deutung aber gerade dem Merkmal der Erheblichkeit oder Nachhaltigkeit zu.[441] Für eine zusätzliche Geringfügigkeitsschwelle ist daher beim Eingriffsbegriff kein Raum. Zudem bleibt unklar, wie *Kuschnerus* die beiden Kriterien voneinander abgrenzen will, also wie bestimmt werden kann, ob eine konkrete Beeinträchtigung des Naturhaushalts wegen ihrer Schwere zwar eine Beeinträchtigung der Leistungsfähigkeit des Naturhaushalts, aber keine solche erheblicher Art darstellt.

Bezeichnenderweise findet sich auch in der sonstigen Rechtsprechung und Literatur keine derartige Unterscheidung zwischen Beeinträchtigungen des Naturhaushalts und seiner Leistungsfähigkeit nach deren Schwere. Es stellt sich daher die Frage, ob es sich bei der Erwähnung der Leistungsfähigkeit des Naturhaushalts in § 8 Abs. 1 BNatSchG, Art. 6 Abs. 1 BayNatSchG um ein Redaktionsversehen des Gesetzgebers handelt, um ein Tatbestandsmerkmal, dem keine Bedeutung zukommt.

Eine solche Einschätzung würde allerdings zu weit gehen. Die Nennung der Leistungsfähigkeit des Naturhaushalts im Eingriffsbegriff des § 8 Abs. 1 BNatSchG, Art. 6 Abs. 1 BayNatSchG erlangt ihre Bedeutung daraus, dass hier die Formulierung des § 1 Abs. 1 Nr. 1 BNatSchG wiederholt wird. Damit wird auch für die naturschutzrechtliche Eingriffsregelung klargestellt, dass nicht nur der Naturhaushalt in seiner bestehenden Ausprägung, sondern dass auch seine Entwicklungs- und Regenerationsfähigkeit, also auch die potenziellen Leistungen des Naturhaushalts in den Blick zu nehmen sind.[442] Daneben ist die Leistungsfähigkeit auch als Funktionsfähigkeit zu verstehen (vgl. Teil 1, A. I. 3.). Für die Eingriffsregelung ist daher grundsätzlich auf eine funktionsbezogene, ökosystemare Sichtweise des Naturhaushalts abzustellen. Entscheidende Bedeutung erlangt die Definition von Funktionen des Naturhaushalts bei der Bestimmung von Ausgleichs- und Ersatzmaßnahmen. Wie die Bestimmung der Lei-

---

[441] Fischer-Hüftle, in: Engelhardt/Brenner/Fischer-Hüftle, BayNatSchG, Art. 6, Rdn. 13.

[442] Gassner, in: Gassner/Bendomir-Kahlo/Schmidt-Räntsch, BNatSchG, § 8, Rdn. 6.

stungsfähigkeit des Naturhaushalts gezeigt hat ist sie aber auch bereits bei der Frage, ob überhaupt ein Eingriff vorliegt, von Bedeutung.

Die Erwähnung der Leistungsfähigkeit kann also nicht als eine neben den Kriterien der Erheblichkeit und Nachhaltigkeit stehende Geringfügigkeitsschwelle angesehen werden. Stattdessen verdeutlicht sie den für das gesamte Naturschutzrecht geltenden funktionsbezogenen Ansatz für den Bereich der Eingriffsregelung. Eine Beeinträchtigung der Leistungsfähigkeit des Naturhaushalts im Sinne von § 8 Abs. 1 BNatSchG, Art. 6 Abs. 1 BayNatSchG liegt daher vor, wenn eine Beeinträchtigung des Naturhaushalts im genannten Sinn zu erwarten ist.

c)   *Landschaftsbild*

Der Sachfolgentatbestand ist auch erfüllt, wenn nach sachverständiger Prognose eine Beeinträchtigung des Landschaftsbildes durch das Vorhaben ausgelöst werden wird.

Vielfalt, Eigenart und Schönheit von Natur und Landschaft und damit das Landschaftsbild sind stets unter Bezugnahme auf den konkreten Naturraum zu ermitteln (vgl. Teil 1, B. IV. 2.). Im Rahmen des Eingriffstatbestandes ist dabei ausschließlich das vor Ausführung des Vorhabens vorgefundene Landschaftsbild, der Ist-Zustand, von Bedeutung. Wenn die für ihn typischen Verhältnisse verändert werden, liegt eine Beeinträchtigung des Landschaftsbildes vor. Wird dagegen ein Landschaftsbestandteil, der als für den vorliegenden Naturraum atypisch zu bezeichnen ist, durch das eingreifende Vorhaben beseitigt, so kann nicht von einer Beeinträchtigung des Landschaftsbildes gesprochen werden: Denn hier wird die Eigenart der Landschaft gerade erhalten oder gar verbessert.[443]

Nach der Rechtsprechung des Bundesverwaltungsgerichts ist nicht erforderlich, dass das Vorhaben zu einer Verunstaltung des Landschaftsbildes führt.[444] Stattdessen soll eine Beeinträchtigung bereits dann vorliegen, wenn die Veränderung

---

[443] W. Breuer, Informationsdienst Naturschutz Niedersachsen 4/91, 63 (65).
[444] So aber Fickert, BayVBl. 1978, 681 (686).

von einem für die Schönheiten der natürlich gewachsenen Landschaft aufgeschlossenen Durchschnittsbetrachter als nachteilig empfunden wird.[445]

Diese Formel nimmt Bezug auf den Begriff der Schönheit von Natur und Landschaft in § 1 Abs. 1 Nr. 4 BNatSchG. Wie bereits dargestellt wurde, hat das Kriterium der Schönheit von Natur und Landschaft aber neben Vielfalt und Eigenart für die Beurteilung des Landschaftsbildes keine eigenständige Bedeutung
(vgl. Teil 1, A. IV. 2). Die Formel ist daher für die Frage, ob eine Beeinträchtigung des Landschaftsbildes durch das Vorhaben zu erwarten ist, nicht heranzuziehen. Stattdessen ist nur danach zu fragen, ob im obigen Sinne eine der Möglichkeiten für eine Beeinträchtigung des Landschaftsbildes nach sachverständiger Prognose zu erwarten ist. Dies hat den nicht zu unterschätzenden Vorteil,
dass der Eingriffsbegriff von der Problematik der Beurteilung, ob es sich bei
dem Eingriffsvorhaben nun um eine Beeinträchtigung des ästhetischen Empfin-
dens handelt oder nicht, entlastet werden kann. Die Frage, ob eine Beeinträchtigung des Landschaftsbildes durch den Eingriff zu erwarten ist, richtet sich also
wie die Bestimmung des Landschaftsbildes des konkreten Naturraums ausschließlich nach objektiv feststellbaren Kriterien. So wird eine eindeutige Bestimmung, ob die Eingriffsregelung zur Anwendung kommt oder nicht, erleichtert.

Tabelle 5 stellt zur Veranschaulichung einige mögliche Beeinträchtigungen des
Landschaftsbildes – nicht abschließend – zusammen.

Schutzgut Landschaftsbild:
• Verfremdung der Eigenart der Landschaft
• Veränderung typischer Raumstrukturen
• Verlust typischer Ausstattungselemente und Ensembles
• Reliefveränderungen

---

[445] BVerwG, Urt. v. 27. September 1990, BVerwGE 85, 348 (359); ebenso R. Breuer, NuR
1980, 89 (92); Schink, DVBl. 1992, 1390 (1395).

- Ausräumen der Landschaft

- Lärmbeeinträchtigungen

Tabelle 5: Mögliche Beeinträchtigungen des Landschaftsbildes (Quelle: LANA, Methodik III, Ziff. 2.2.2)

d)   Erheblich oder nachhaltig

Ein Eingriff liegt jedoch nur vor, wenn die zu erwartende Beeinträchtigung der Leistungsfähigkeit des Naturhaushalts oder des Landschaftsbildes erheblich oder nachhaltig ist. Mit diesem Merkmal des Eingriffstatbestands sollen Vorhaben, die nur zu geringfügigen Beeinträchtigungen des Naturhaushalts oder des Landschaftsbildes führen, aus dem Anwendungsbereich der Eingriffsregelung ausgenommen werden. Es korrespondiert daher mit dem oben dargestellten weiten Verständnis der Beeinträchtigung: Während bei der Frage, ob eine Beeinträchtigung der Leistungsfähigkeit des Naturhaushalts oder des Landschaftsbildes vorliegt, die Qualität der Beeinträchtigung nicht von Bedeutung ist, ist hier nun wertend festzustellen, ob es sich nicht ausnahmsweise um ein Vorhaben mit derart geringfügigen Auswirkungen auf Natur und Landschaft handelt, dass das komplexe Prüfprogramm der Eingriffsregelung außer Acht bleiben kann.

Aus der Funktion des Eingriffsbegriffs als materielle Voraussetzung für die Anwendbarkeit der gesamten Eingriffsregelung lässt sich eine weitere Folgerung für die Auslegung der Merkmale „erheblich" und „nachhaltig" ableiten: Kann nicht eindeutig festgestellt werden, ob das Vorhaben über oder unter der Geringfügigkeitsschwelle liegt, so ist im Zweifel davon auszugehen, dass die ausgelösten Beeinträchtigungen erheblich sind. Denn die Eingriffsregelung soll nach der Intention des Gesetzgebers einen Mindestschutz für Natur und Landschaft im gesamten Raum darstellen (vgl. Teil 1, B.). Diesen Zweck kann sie aber nur erfüllen, wenn es der zuständigen Behörde überhaupt ermöglicht wird zu prüfen, ob Vermeidungs-, Ausgleichs- oder Ersatzmaßnahmen in Frage kommen. Da regelmäßig anderweitige Ermächtigungsgrundlagen für behördliche Anordnungen fehlen, würde es bei einer hoch angesetzten Geringfügigkeitsschwelle häufig dazu kommen, dass Beeinträchtigungen von Natur und Landschaft, obwohl sie leicht vermeidbar oder ausgleichbar wären, trotzdem eintreten. Dies wäre aber mit der gesetzlichen Zielsetzung der Eingriffsregelung nicht vereinbar. Dieses unbefriedigende Ergebnis kann vermieden werden, wenn in Zweifelsfällen von der Erheblichkeit bzw. Nachhaltigkeit der Beeinträchtigungen ausgegangen wird.

§ 8 Abs. 1 BNatSchG erfasst zwei Fälle von Beeinträchtigungen: Die Erheblichkeit betrifft die Intensität, die Nachhaltigkeit die Dauer der Beeinträchtigung.[446]

aa) Erheblichkeit

Ob eine Beeinträchtigung erheblich ist, hängt von ihrer Intensität und damit von den Umständen des Einzelfalls ab. Literatur und Rechtsprechung haben in den 25 Jahren seit Inkrafttreten der Eingriffsregelung in verschiedener Weise versucht, den unbestimmten Rechtsbegriff zu präzisieren und damit handhabbar zu machen. So soll eine erhebliche Beeinträchtigung immer dann vorliegen, wenn Natur und Landschaft in einer Weise nachteilig verändert werden, die nach Art, Umfang und Schwere nicht völlig unwesentlich ist,[447] wenn die Leistungs- und Funktionsfähigkeit des Naturhaushaltes so herabgesetzt wird, dass dies ohne weiteres und ohne komplizierte Untersuchungen feststellbar ist bzw. wenn die nachteilige Veränderung des Landschaftsbildes auch für jeden normalen, ungeschulten Beobachter wahrzunehmen ist[448] oder wenn die Beeinträchtigung von einiger Größe und Gewicht ist und nach den Umständen des Einzelfalls geeignet ist, Einzelelemente oder den Gesamtzusammenhang von Natur und Landschaft zu stören oder zu schädigen.[449]

Die genannten Definitionsversuche beschränken sich im Wesentlichen darauf, einen unbestimmten Rechtsbegriff (den der Erheblichkeit) durch einen oder mehrere andere unbestimmte Rechtsbegriffe („nicht völlig unwesentlich", „ohne

---

[446] Louis, BNatSchG, § 8, Rdn. 20 f.; Schink, DVBl. 1992, 1390 (1395).

[447] Fischer-Hüftle, in: Engelhardt/Brenner/Fischer-Hüftle, BayNatSchG, Art. 6, Rdn. 13.

[448] Kolodziejcok/Recken, Naturschutz, Nr. 1125, Rdn. 15.

[449] OVG Münster, Urt. v. 3. November 1980, NuR 1981, 106 (107).

komplizierte Untersuchungen feststellbar" etc.) zu ersetzen. Sie erleichtern die Rechtsanwendung zwar insoweit, als sie einige für die Bewertung der Erheblichkeitsschwelle zu berücksichtigende Parameter nennen, es zeigt sich aber, dass es sich grundsätzlich um eine Wertungsfrage handelt, wann man eine zu erwartende Beeinträchtigung als erheblich betrachtet und wann nicht.[450]

Für die Frage, ob eine im konkreten Einzelfall zu erwartende Beeinträchtigung als erheblich zu bewerten ist, ist auf fachwissenschaftliche Erkenntnisse zurückzugreifen. Denn ob beispielsweise die abiotische Komponente Wasser des Naturhaushalts mehr als nur geringfügig beeinträchtigt wird, kann nur nach ökologischen Kriterien beurteilt werden.

Maßgebliche Kriterien für die naturschutzfachliche Bestimmung der Erheblichkeit sind die Empfindlichkeit des jeweiligen Naturgutes gegenüber dem jeweiligen Beeinträchtigungsfaktor und die Schutzwürdigkeit des Naturgutes.[451] Die Schutzwürdigkeit hängt wiederum von der Bedeutung der Funktionen, die die jeweilige Fläche erfüllt, für den Naturhaushalt und das Landschaftsbild ab. Hinsichtlich des Schutzgutes Arten und Lebensgemeinschaften kann dabei z. B. auf die in den so genannten Roten Listen aufgeführten besonders gefährdeten Arten und Biotoptypen[452] zurückgegriffen werden. Diese sind als im hohen Maße schutzwürdig zu betrachten, werden sie beeinträchtigt, so ist daher im Regelfalle von einer erheblichen Beeinträchtigung auszugehen. Daneben sind auch gesetzliche Wertungen wie die Aufnahme bestimmter Arten in den Katalog der besonders geschützten Arten nach § 20a Abs. 7 BNatSchG oder die Zugehörigkeit zu den Biotopen des Anhangs I der FFH-Richtlinie[453] zu berücksichtigen.[454]

---

[450] Gassner, Landschaft, S. 130; Fischer-Hüftle, in: Engelhardt/Brenner/Fischer-Hüftle, BayNatSchG, Art. 6, Rdn. 16.
[451] Brahms/Jungmann, Laufener Seminarbeiträge 2/96, 127 (131).
[452] Vgl. hierzu weiterführend Riecken/Ssymank, Laufener Seminarbeiträge 2/96, 149 ff.
[453] Richtlinie 92/43/EWG des Rates vom 21. Mai 1992, ABl. EG 1992 Nr. L 206/7, geändert durch die Richtlinie 97/62/EG des Rates vom 27. Oktober 1997, ABl. EG 1997 Nr. L 305/42.
[454] Vgl. zur Bewertung der Funktionen und der Beeinträchtigungen von Natur und Landschaft allgemein die Ausführungen unter I. 4.

Hinzuweisen ist allerdings noch darauf, dass für das Überschreiten der Erheblichkeitsschwelle alle Beeinträchtigungen des Schutzgutes Leistungsfähigkeit des Naturhaushalts wie des Landschaftsbildes zusammen zu beurteilen sind. Mehrere, für sich allein genommen noch unerhebliche, Beeinträchtigungen der Leistungsfähigkeit des Naturhaushalts können sich so zu einer erheblichen Beeinträchtigung summieren.[455] Dies ergibt sich daraus, dass sich Beeinträchtigungen zwar jeweils aus einzelnen Beeinträchtigungsfaktoren ergeben. Alle diese Beeinträchtigungsfaktoren werden jedoch durch das gleiche Vorhaben ausgelöst und sind daher für die Frage, ob das Vorhaben einen Eingriff im Sinne von § 8 Abs. 1 BNatSchG, Art. 6 Abs. 1 BayNatSchG darstellt, zusammen zu betrachten.

bb) Nachhaltigkeit (und Verhältnis zur Erheblichkeit)

Nachhaltige Beeinträchtigungen sind solche, die die Leistungsfähigkeit des Naturhaushalts oder das Landschaftsbild auf Dauer beeinträchtigen können.[456] Sie erreichen nicht die für das Überschreiten der Erheblichkeitsschwelle erforderliche Intensität, kommen den erheblichen Beeinträchtigungen aber aufgrund ihrer stetigen Wirkung gleich.[457] Umstritten ist allerdings, ob eine nur nachhaltige Beeinträchtigung ausreichend[458] oder ob ein gewisses Mindestmaß an Intensität auch insoweit zu fordern ist.[459]

Ausgehend vom Zweck der Einschränkung auf erhebliche oder nachhaltige Beeinträchtigungen wird man Folgendes für richtig erachten müssen: Durch dieses Merkmal soll verhindert werden, dass die Eingriffsregelung auch dann zur Anwendung kommt, wenn nur geringfügige Beeinträchtigungen durch das Vorha-

---

[455] Kiemstedt/Mönnecke/Ott, Naturschutz und Landschaftsplanung 1996, 261 (264); Gassner, in: Gassner/Bendomir-Kahlo/Schmidt-Räntsch, BNatSchG, § 8, Rdn. 13 m.w.N.

[456] Louis, BNatSchG, § 8, Rdn. 21; Gassner, in: Gassner/Bendomir-Kahlo/Schmidt-Räntsch, BNatSchG, § 8, Rdn. 13.

[457] Gassner, in: Gassner/Bendomir-Kahlo/Schmidt-Räntsch, BNatSchG, § 8, Rdn. 13.

[458] Pielow, NuR 1979, 15.

[459] Louis, BNatSchG, § 8, Rdn. 21; Kolodziejcok/Recken, Naturschutz, Nr. 1125, Rdn. 16.

ben ausgelöst werden. Das Vorhaben muss also diese „Geringfügigkeitsschwelle" überschreiten. Eine nur geringfügige, aber nachhaltige Beeinträchtigung reicht hierfür nicht aus. Nach Sinn und Zweck des § 8 Abs. 1 BNatSchG kann „nachhaltig" insofern nur bedeuten, dass eine an sich unerhebliche Beeinträchtigung der Leistungsfähigkeit des Naturhaushalts oder des Landschaftsbildes gerade auf Grund ihrer Dauerhaftigkeit als mehr als nur geringfügig bewertet werden muss.[460] § 8 Abs. 1 BNatSchG fordert also eine „Erheblichkeit im weiteren Sinne", die in den beiden Ausprägungen der Erheblichkeit (im engeren Sinn) und der Nachhaltigkeit auftreten kann.[461]

Der Bau und die Änderung von Bundesfernstraßen nach § 17 Abs. 1 FStrG führt regelmäßig zu erheblichen *und* nachhaltigen Beeinträchtigungen der Leistungsfähigkeit des Naturhaushalts und des Landschaftsbildes. Bereits die Inanspruchnahme von Grundflächen für den Straßenkörper führt zu einer Beeinträchtigung des Schutzgutes Boden im Wege des Verlustes von Bodenfunktionen durch Bodenversiegelung.[462] Angesichts des Umfangs eines solchen Vorhabens ist die Beeinträchtigung als erheblich und wegen ihrer fortdauernden Wirkung auch als nachhaltig anzusehen. Daneben führt jedenfalls ein Neubau einer Bundesfernstraße regelmäßig auch zu einer erheblichen und nachhaltigen Beeinträchtigung des Landschaftsbilds.[463]

Dies bedeutet jedoch nicht, dass die dargestellten Untersuchungen und Überlegungen zum Eingriffsbegriff bei planfeststellungspflichtigen Fernstraßenbau-

---

[460] Fischer-Hüftle, in: Engelhardt/Brenner/Fischer-Hüftle, BayNatSchG, Art. 6, Rdn. 13; Louis, BNatSchG, 3 8, Rdn. 21; Kolodziejcok/Recken, Naturschutz, Nr. 1125, Rdn. 16; Gassner, in: Gassner/Bendomir-Kahlo/Schmidt-Räntsch, BNatSchG, § 8, Rdn. 13; OVG Münster, Urt. v. 3. November 1980, NuR 1981, 106 (107).

[461] Für diese Auslegung spricht auch die Neufassung des § 18 AbS. 1 BNatSchG aufgrund des BNatSchGNeuregG, die auf das Merkmal der Nachhaltigkeit verzichtet. Ausweislich der Begründung des Entwurfs sollte damit aber keine Änderung der Rechtslage verbunden sein. Vielmehr wird ausdrücklich darauf hingewiesen, dass die Nachhaltigkeit einer Beeinträchtigung bei der Frage nach der Erheblichkeit zu berücksichtigen ist.

[462] Brahms/Jungmann, Laufener Seminarbeiträge 2/96, 127 (128).

[463] BVerwG, Beschl. v. 4. Oktober 1994, Buchholz 406.401, Nr. 14 zu § 8 BNatSchG, 1 (2).

vorhaben überflüssig wären. Sie erlangen ihre maßgebliche Bedeutung nur nicht bei der Frage der Eingriffsbestimmung, sondern im Rahmen der Bestimmung der Rechtsfolgen nach § 8 Abs.2, 3 und 9 BNatSchG, Art. 6a BayNatSchG, wenn es darum geht zu bestimmen, welche der zu erwartenden Beeinträchtigungen vermeidbar, ausgleichbar oder durch Ersatzmaßnahmen zu kompensieren sind.

Daneben können sie bei Änderungen von Bundesfernstraßen, bei denen die Möglichkeit einer Beeinträchtigung der Leistungsfähigkeit des Naturhaushalts oder des Landschaftsbildes nicht so augenfällig ist, wie Kurvenabflachungen, Veränderungen der Tragweite von Brücken etc.,[464] eine Rolle spielen. Hier sind die Voraussetzungen des Eingriffsbegriffs in jedem Fall wie dargestellt im Einzelnen nachzuprüfen.

III.   Das Vermeidungsgebot § 8 Abs. 2 Satz 1, 1. HS BNatSchG, Art. 6a Abs. 1 Satz 1, 1. HS BayNatSchG

Als erste materiellrechtliche Pflicht, die den Verursacher eines Eingriffs aufgrund der naturschutzrechtlichen Eingriffsregelung trifft, legt § 8 Abs. 2 Satz 1, 1. HS BNatSchG,[465] Art. 6a Abs. 1 Satz 1, 1. HS BayNatSchG fest, dass der Verursacher vermeidbare Beeinträchtigungen von Natur und Landschaft zu unterlassen hat. Das Vermeidungsgebot stellt daher die primäre, den Verursacher an erster Stelle treffende Pflicht der Eingriffsregelung dar. Die Fragen nach einem Ausgleich, der Abwägung nach § 8 Abs. 3 BNatSchG, Art. 6a Abs. 2 BayNatSchG oder nach Ersatzmaßnahmen (§ 8 Abs. 9 BNatSchG, Art. 6a Abs. 3 BayNatSchG) stellen sich erst, wenn eine Vermeidung der Beeinträchtigungen nicht möglich ist. Durch das Vermeidungsgebot wird das Ziel der Eingriffsregelung, eine Verschlechterung von Natur und Landschaft zu verhindern und den Status quo zu erhalten, umgesetzt. Das Vermeidungsgebot kann daher, wie auch die Untersagung nach § 8 Abs. 3 BNatSchG, Art. 6a Abs. 2 BayNatSchG, als

---

[464] Vgl. Dürr, in: Kodal/Krämer, Straßenrecht, Kap. 34, Rdn. 7.32.
[465] Nach dem BNatSchGNeuregG § 19 AbS. 1 BNatSchG.

konservierendes Instrument im Gegensatz zu den reparierenden Instrumenten der Ausgleichs- und Ersatzverpflichtung bezeichnet werden.[466]

Anordnungen, die auf das Vermeidungsgebot gestützt werden, sind als Nebenbestimmungen in den Planfeststellungsbeschluss aufzunehmen.[467] Eine Aufnahme in den landschaftspflegerischen Begleitplan kommt mangels einer Nennung der Vermeidungsmaßnahmen in den einschlägigen Vorschriften nicht in Frage. Sie weisen zudem regelmäßig einen engeren Bezug zum Vorhaben selbst auf, so dass die Aufnahme in den Planfeststellungsbeschluss selbst auch sinnvoller ist.[468]

1.   Der Begriff der Vermeidbarkeit

§ 8 Abs. 2 Satz 1, 1.HS BNatSchG, Art. 6a Abs. 1 Satz 1, 1. HS BayNatSchG fordert, vermeidbare Beeinträchtigungen zu unterlassen. Eine Unterlassung von Beeinträchtigungen kann grundsätzlich auf verschiedene Art und Weise erfolgen, und zwar durch

- Unterlassung des gesamten Vorhabens,

- Wahl eines anderen Standorts, einer anderen Trasse oder sonstigen Alternative für das Vorhaben (Alternativenauswahl),

- Veränderung des Vorhabens durch technische Veränderungen am Vorhaben selbst (Ausgestaltung) oder

- unmittelbare technische oder landschaftspflegerische Ergänzungen, die zum Vorhaben hinzutreten.

Auf das Vermeidungsgebot der Eingriffsregelung kann aber nicht jede dieser genannten Möglichkeiten zur Vermeidung von Beeinträchtigungen gestützt werden. Vielmehr ist hier zu differenzieren.

---

[466] Burmeister, Schutz von Natur und Landschaft, S. 77.

[467] Pielow, NuR 1979, 15 (16); Louis, BNatSchG, § 8, Rdn. 159.

[468] § 20 AbS. 4 BNatSchG in der Fassung des BNatSchGNeuregG sieht jedoch trotzdem die Aufnahme der Vermeidungsmaßnahmen in den landschaftspflegerischen Begleitplan vor.

## a)	Vermeidung durch Unterlassung des Vorhabens

Zunächst ist festzustellen, dass § 8 Abs. 2 Satz 1, 1. HS BNatSchG, Art. 6a Abs. 1 Satz 1, 1. HS BayNatSchG nur von der Pflicht zur Vermeidung von *Beeinträchtigungen* von Natur und Landschaft spricht. Auf der Ebene des Vermeidungsgebots geht es daher schon aufgrund des Wortlauts der Regelung nicht um die Untersagung des *Eingriffs*, sondern um die Untersagung von durch diesen ausgelösten vermeidbaren *Beeinträchtigungen*. Interessanterweise fehlt es in weiten Teilen der Literatur an einer insoweit sauberen begrifflichen Differenzierung zwischen dem Eingriff und den durch ihn ausgelösten Beeinträchtigungen.[469]

Allgemein anerkannt ist jedenfalls, dass das Vermeidungsgebot nicht in einem absoluten Sinne derart zu verstehen ist, dass es die Vermeidung von Beeinträchtigungen in jedem Falle, notfalls auch durch Aufgabe des Vorhabens verlangt.[470] Über die grundsätzliche Zulässigkeit des in Natur und Landschaft eingreifenden Vorhabens trifft das Vermeidungsgebot keine Aussage. Dies folgt schon daraus, dass es sich bei der Eingriffsregelung um ein Folgenbewältigungssystem für die Schutzgüter Naturhaushalt und Landschaftsbild handelt. Sie stellt lediglich einige im Interesse von Natur und Landschaft zu beachtende zusätzliche Anforderungen an das Vorhaben auf. Ob das Vorhaben zugelassen wird, beurteilt sich aber nach wie vor nach dem Fachrecht, hier also nach dem Fernstraßenrecht.

Neben der Systematik des Verhältnisses von Fachrecht und Eingriffsregelung (vgl. Teil 4, B.) spricht auch die Systematik der Eingriffsregelung selbst gegen ein derartiges Verständnis des Vermeidungsgebots: Denn diese sieht in § 8 Abs.

---

[469] Ronellenfitsch, NuR 1986, 284 (287); ders., VerwArch. 77 (1986), 177 (181); Fickert, BayVBl. 1978, 681 (686); Gassner, UPR 1988, 321 (323); Czybulka/Rodi, BayVBl. 1996, 513 (518).

[470] BVerwG, Urt. v. 21. März 1996, BVerwGE 100, 370 (381); BVerwG, Beschl. v. 30. Oktober 1992, Buchholz 406.401, Nr. 13 zu § 8 BNatSchG, 26 (34); Louis, BNatSchG, § 8, Rdn. 33; Kolodziejcok/Recken, Naturschutz, Nr. 1125, Rdn. 26; Schink, DVBl. 1992, 1390 (1397); Ramsauer, NuR 1997, 419 (421); anders insoweit nur Burmeister, Schutz von Natur und Landschaft, S. 91.

3 BNatSchG, Art. 6a Abs. 2 BayNatSchG selbst eine Möglichkeit für die Untersagung des Vorhabens aus Gründen des Naturschutzes und der Landschaftspflege vor. Eine Untersagung aufgrund von § 8 Abs. 2 Satz 1, 1. HS BNatSchG, Art.
6a Abs. 1, Satz 1, 1. HS BayNatSchG würde diese Systematik durchbrechen.
Ein Vorhaben könnte danach schon aufgrund des Vermeidungsgebots untersagt
werden, auch wenn sämtliche Beeinträchtigungen von Natur und Landschaft
ausgeglichen werden könnten. Die Ausgleichsverpflichtung nach § 8 Abs. 2 Satz
1, 2. HS BNatSchG, Art. 6a Abs. 1, Satz 1, 2. HS BayNatSchG würde daher
nicht mehr zur Anwendung kommen. Dies widerspräche der Systematik der
Eingriffsregelung. Eine Unterlassung des gesamten Vorhabens kann daher nicht
aufgrund des Vermeidungsgebots gefordert werden.

b) Vermeidung durch Wahl einer anderen Alternative

Eine weitere Frage, die im Zusammenhang mit der Auslegung des Vermeidungsgebots diskutiert wird, ist die, ob das Vermeidungsgebot, wenn es schon
nicht die Untersagung eines Vorhabens rechtfertigen kann, wenigstens zur Prüfung von Alternativen und zur Wahl der am wenigsten Natur und Landschaft
beeinträchtigenden Variante des Vorhabens zwingt. Ein derartiges Verständnis
des Vermeidungsgebots scheint auch dem neuen Art. 6a Abs. 1 Satz 3 Bay-
NatSchG zugrunde zu liegen, nach dem Beeinträchtigungen auch vermeidbar
sind, wenn das mit dem Eingriff verfolgte Ziel „auf andere zumutbare, die Natur
und Umwelt schonendere Weise" erreicht werden kann. Im Rahmen der Fernstraßenplanung geht es bei der Frage der Variantenprüfung vordringlich um die
Wahl von unterschiedlichen Trassenführungen, aber auch andere Ausführungs-
varianten können von Bedeutung sein (z. B. Führung der Trasse durch einen
Tunnel oder einen Geländeeinschnitt).

Die Eingriffsregelung gilt ohne inhaltliche Unterschiede für alle Vorhaben, die
in Natur und Landschaft eingreifen und für die eine behördliche Bewilligung,
Erlaubnis etc. nach § 8 Abs. 2 Satz 2 BNatSchG, Art. 6a Abs. 1 Satz 2 Bay-
NatSchG erforderlich ist. Für den Inhalt des Vermeidungsgebots ist daher nicht
zwischen den einzelnen Zulassungsformen, die das jeweilige Recht vorsieht, zu

differenzieren. Das Vermeidungsgebot gilt also in gleicher Weise für Planfeststellungen wie für Anlagengenehmigungen z. B. nach dem Bundesimmissionsschutzgesetz.

Ist für die Zulassung des konkreten Vorhabens eine Planfeststellung vorgesehen, so ist die Planfeststellungsbehörde nach dem Abwägungsgebot verpflichtet, Alternativen, die sich nach Lage der konkreten Verhältnisse aufdrängen oder zumindest naheliegen (vgl. Teil 2, B. II. 5. d)), im Rahmen der Abwägung zu prüfen und zu berücksichtigen. Anders sieht dies aus, wenn nach dem jeweiligen Fachrecht eine Anlagengenehmigung vorgesehen ist. Denn bei dieser kommt der Genehmigungsbehörde kein Recht zur Prüfung von Alternativen zu: Liegen die Voraussetzungen für die Genehmigung des Vorhabens nach den vorgelegten Unterlagen vor, so ist die Genehmigung zu erteilen, auch wenn nach Ansicht der Behörde die Durchführung an einem alternativen Standort vorzuziehen wäre.[471]

Dieser grundlegende Unterschied zwischen einem Genehmigungs- und einem Planfeststellungsverfahren ist auch für das Vermeidungsgebot der naturschutzrechtlichen Eingriffsregelung von Bedeutung. Unterliegt das in Natur und Landschaft eingreifende Vorhaben einer Genehmigungspflicht, so stellt der Vorhabenträger bei der zuständigen Behörde einen Antrag auf Genehmigung eines genau bezeichneten Vorhabens. Zusätzlich zu den nach dem einschlägigen Fachrecht (z. B. dem Bundesimmissionsschutzgesetz) möglichen Nebenbestimmungen kann die Genehmigungsbehörde auch aufgrund von § 8 Abs. 2 Satz 1, 1. HS BNatSchG, Art. 6a Abs. 1 Satz 1, 1. HS BayNatSchG Nebenbestimmungen zur Vermeidung von Beeinträchtigungen von Natur und Landschaft treffen.[472] Gegenstand des Verfahrens bleibt aber dennoch das zur Genehmigung beantragte Vorhaben. Nebenbestimmungen, die sich auf das naturschutzrechtliche Vermeidungsgebot stützen, müssen sich daher, um rechtmäßig zu sein, im Rahmen dieses Vorhabens halten. Versuchte die Genehmigungsbehörde unter Berufung auf das Vermeidungsgebot, das Vorhaben an einem anderen Standort als beantragt

---

[471] Vgl. für die immissionsschutzrechtliche Genehmigung Jarass, BImSchG, § 6, Rdn. 19a.
[472] Louis, BNatSchG, § 8, Rdn. 160.

zu genehmigen, so handelte es sich um eine so genannte *modifizierte Gewährung*, die wesentlich vom gestellten Antrag abwiche und daher als von diesem nicht mehr gedeckt und folglich als rechtswidrig zu beurteilen wäre.[473] Im Falle eines Genehmigungsverfahrens ist es daher zweifellos so, dass aus dem Vermeidungsgebot keine Befugnis der Behörde zur Alternativenprüfung folgt. Es steht ihr lediglich die Möglichkeit offen, das beantragte Vorhaben durch Auflagen oder auch Inhaltsbestimmungen aufgrund von § 8 Abs. 2 Satz 1, 1. HS BNatSchG, Art. 6a Abs. 1 Satz 1, 1. HS BayNatSchG im Sinne einer Vermeidung von Beeinträchtigungen zu modifizieren. Das genehmigte Vorhaben darf sich aber dadurch nicht vom beantragten wesentlich unterscheiden.

Allein die Tatsache, dass ein Vorhaben nicht einer Genehmigungspflicht unterliegt, sondern dass stattdessen ein Planfeststellungsverfahren durchzuführen ist, kann aber nicht zu einem unterschiedlichen Inhalt des Vermeidungsgebots in beiden Zulassungsformen führen. Der maßgebliche Unterschied zwischen beiden Formen der Anlagenzulassung ist der, dass der Planfeststellungsbehörde anders als einer Genehmigungsbehörde grundsätzlich planerische Gestaltungsfreiheit zukommt. Allerdings besteht planerische Gestaltungsfreiheit nur, soweit die Behörde lediglich an das Abwägungsgebot gebunden ist (vgl. Teil 2, B. II. 5.). Die Anforderungen der naturschutzrechtlichen Eingriffsregelung sind allerdings nicht dem Abwägungsgebot, sondern der Ebene des strikten Rechts zuzuordnen (vgl. Teil 4, A.). Die Tatsache, dass der Planfeststellungsbehörde planerische Gestaltungsfreiheit zukommt, ist daher für den *Inhalt* des Vermeidungsgebots ohne Bedeutung. Der Vergleich mit der Anlagengenehmigung spricht daher gegen eine eigenständige Alternativen- oder Variantenprüfung im Rahmen des Vermeidungsgebots.

Ebenfalls dagegen spricht auch der Zweck der naturschutzrechtlichen Eingriffsregelung. Sie dient als „sekundärrechtliches Instrument"[474] der Bewältigung der durch das Vorhaben ausgelösten Folgen für Natur und Landschaft (vgl. Teil 1,

[473] Pietzner/Ronellenfitsch, Assessorexamen, § 9, Rdn. 19; Knack, VwVfG, § 36, Rdn. 3.2.4.
[474] BVerwG, Urt. v. 7. März 1997, BVerwGE 104, 144 (148).

B.) und ergänzt damit das jeweilige Fachrecht. Die Eingriffsregelung und das Fachrecht haben daher einen unterschiedlichen Regelungsbereich: Während das Fachrecht die grundsätzlichen Anforderungen an die *Zulassung* des Vorhabens regelt, betrifft die Eingriffsregelung die *Folgen* des Vorhabens. Fragen, die bereits durch das Fachrecht gelöst werden, stehen daher bei der Prüfung der Eingriffsregelung schon aus dem Grunde nicht erneut zur Disposition, als ansonsten die Gefahr bestünde, dass ein und dieselbe Frage in beiden Rechtsgebieten unterschiedlich beantwortet würde. Ein solcher Widerspruch ist schon allein im Interesse der Einheit der Rechtsordnung zu vermeiden.

Eine Prüfung von Vorhabenalternativen und -varianten sieht bei der fernstraßenrechtlichen Planfeststellung aber bereits das Abwägungsgebot des § 17 Abs. 1 Satz 2 FStrG vor (vgl. Teil 2, B. II. 5. d)). Diese Prüfung bezieht sich sowohl auf verschiedene Trassenführungen als auch auf sonstige Varianten (z. B. Führung durch einen Tunnel anstatt Geländeeinschnitt). Als Folgenbewältigungssystem für Natur und Landschaft lässt die Eingriffsregelung die fachrechtlichen Zulassungsvoraussetzungen unberührt. Für eine eigenständige Variantenprüfung im Rahmen des Vermeidungsgebots ist daher kein Raum mehr.[475]

Das Vermeidungsgebot ist aber auch nicht so zu verstehen, dass es die fernstraßenrechtliche Abwägung derart steuert, dass die Planfeststellungsbehörde verpflichtet wäre, diejenige Variante des Vorhabens zu wählen, die Natur und Landschaft am wenigsten beeinträchtigt. Wäre dies der Fall, so handelte es sich beim Vermeidungsgebot um ein *Optimierungsgebot* im Sinne der oben in Teil 2, B II. 5. c) dargestellten planungsrechtlichen Terminologie. Richtigerweise stellt das Vermeidungsgebot allerdings striktes Recht dar und ist einer Abwägung nicht zugänglich (vgl. Teil 4, A. I.). Es kann daher die fernstraßenrechtliche Abwägung nicht in dem genannten Sinne steuern, da seine Anforderungen nicht

---

[475] Lambrecht, ZAU 1998, 167 (172); Kuchler, NuR 1991, 465 (466); OVG Saarlouis, Urt. v. 16. Februar 1990, NuR 1992, 348 (350).

auf deren Ebene zur Anwendung kommen und daher die planerische Abwägung, die für die Trassenwahl entscheidend ist, unberührt lassen.[476]

Nachdem das Vermeidungsgebot nach der bundesrahmenrechtlichen Regelung weder eine eigenständige Variantenprüfung verlangt noch die Prüfung im Rahmen des Abwägungsgebots steuert, stellt sich die Frage, welche Bedeutung dann dem neu eingeführten Art. 6a Abs. 1 Satz 3 BayNatSchG zukommen kann. Nach seinem Wortlaut („auf andere . . ., die Natur und Umwelt schonendere Weise") könnte durch diese Neuregelung auch eine Variantenprüfung gefordert sein. Insofern würde sich dann die Frage nach der Vereinbarkeit mit dem Bundesrecht stellen.

Allerdings ist eine derartige Auslegung nicht zwingend. Die Regelung kann vielmehr auch so verstanden werden, dass damit die Bedeutung einer Natur und Landschaft schonenden *Ausführung* für die Vermeidung von Beeinträchtigungen betont werden sollte. Nach der Gesetzesbegründung[477] hat der Vorhabenträger aufgrund der neuen Regelung darzulegen, „dass er sein Vorhaben in der *vorgesehenen* Art und am *vorgesehenen* Ort nicht auf eine für den Naturschutz weniger bedenkliche Weise verwirklichen kann". Dies zeigt, dass eine Variantenprüfung damit nicht eingeführt werden sollte. Die Regelung dient damit nur dazu, den Verursacher zu einer naturverträglichen Ausführung des Vorhabens anzuhalten[478] und geht nicht über die Anforderungen, die § 8 Abs. 2 Satz 1, 1.HS BNatSchG stellt, hinaus. Dementsprechend gering ist auch die praktische Bedeutung der Neuregelung. Sie stellt ein Beispiel für im Wesentlichen symbolische, kosmetische Gesetzgebung dar.

---

[476] BVerwG, Urt. v. 7. März 1997, BVerwGE 104, 144 (149); Stüer, in: Hoppe-FS, 853 (861) m.w.N.

[477] LT-DrS. 13/10535, S. 18.

[478] Egner/Fischer-Hüftle, BayVBl. 1999, 680 (682).

c)   *Vermeidung durch technisch-fachliche Optimierung*

Somit verbleiben als mögliche Vermeidungsmaßnahmen „nur" Veränderungen des Vorhabens selbst im Wege einer optimalen technisch-fachlichen Ausgestaltung und technische oder landschaftspflegerische Ergänzungen zum Vorhaben. Daneben kann entsprechend dem Wortlaut des Vermeidungsgebots ein Unterlassen verlangt werden.[479] Es kann daher als ein Gebot zur technisch-fachlichen Optimierung des Eingriffsvorhabens unter dem Gesichtspunkt des Naturschutzes verstanden werden, vergleichbar der Regelung des § 22 Abs. 1 Nr. 1 BImSchG.[480]

Das Vermeidungsgebot der Eingriffsregelung lässt die sich aus den Vorgaben des Planungsrechts ergebende Planungskonzeption des Vorhabens unberührt. Diese stellt damit die Grenze für die Anordnung von Vermeidungsmaßnahmen dar: Eine solche kann nicht angeordnet werden, wenn sie die Planungskonzeption wesentlich verändern und das Vorhaben damit zu einem „aliud" würde. Die durch die Planung festgelegten Ziele und Konzepte sind daher für die Anwendung des Vermeidungsgebotes verbindlich.[481] Vermeidungsmaßnahmen müssen sich in dem von der Planungskonzeption gezogenen Rahmen halten. Wann dieser Rahmen verlassen wird, beurteilt sich nach dem jeweiligen Vorhaben und lässt sich abstrakt nicht festlegen.[482]

Das Vermeidungsgebot zielt auf die Vermeidung einzelner Beeinträchtigungen von Natur und Landschaft ab. Lassen sich – wie im Regelfall – nicht alle Beeinträchtigungen vermeiden, so kann es auch als Minimierungsgebot verstanden werden: Bezogen auf das in Natur und Landschaft eingreifende Vorhaben sind

---

[479] Fischer-Hüftle, in: Engelhardt/Brenner/Fischer-Hüftle, BayNatSchG, Art. 6a, Rdn. 9.

[480] Lambrecht, ZAU 1998, 167 (176); Kuchler, NuR 1991, 465 (466); VGH Mannheim, Urt. v. 30. Juli 1985, NuR 1987, 31 (33).

[481] Kuschnerus, Speyerer Forschungsbericht 157, 39 (52); Stüer, in: Hoppe-FS, 853 (859).

[482] Kuschnerus, Speyerer Forschungsbericht 157, 39 (52).

die von diesem ausgelösten Beeinträchtigungen möglichst gering zu halten.[483] Sie sind auf das unvermeidbare Maß zu minimieren.

Im Unterschied zu Ausgleichs- und Ersatzmaßnahmen zielen Vermeidungsmaßnahmen nicht darauf ab, eine bereits entstandene Beeinträchtigung von Natur und Landschaft auszugleichen oder sonst zu kompensieren, sondern bereits ihre Entstehung zu verhindern. Dementsprechend setzen sie nicht erst bei der bereits entstandenen Beeinträchtigung einer Funktion an, sondern bereits bei den dafür verantwortlichen Beeinträchtigungsfaktoren (vgl. oben II. 2. a)).[484] Nur wenn diese nach ihrer Art, ihrem Ausmaß oder ihrer Intensität reduziert werden, kann eine Entstehung der jeweiligen Beeinträchtigungen bereits im Ansatz verhindert werden. Hinsichtlich möglicher Vermeidungsmaßnahmen ist zwischen bau-, betriebs- und anlagebedingten Beeinträchtigungen zu unterscheiden: Betriebsfolgen sind möglichst zu verringern, Wirkfaktoren möglichst auszuschließen.

Was die möglichen Vermeidungsmaßnahmen angeht, so hat sich inzwischen ein gewisser „Stand der Technik" von anerkannten und erprobten Maßnahmen herausgebildet, die in Leitfäden, Richtlinien oder Empfehlungen verschiedener mit der Planung und Genehmigung von Eingriffen zuständigen Stellen dargestellt werden.[485] In Tabelle 6 werden, untergliedert nach bau-, anlage- und betriebsbedingten Beeinträchtigungen, daher zur Veranschaulichung einige mögliche Vermeidungsmaßnahmen dargestellt.

Vermeidung baubedingter Beeinträchtigungen:
• Minderung der Inanspruchnahme von Bauflächen: z. B. Reduzierung notwendiger Lagerplätze, gezielte Auswahl von Aufschüttungs- und Zwischenlagerplätzen unter Arten- und Biotopschutzgesichtspunkten.
• Sachgemäße Behandlung von Oberboden, der temporär entnommen und

---

[483] Lambrecht, ZAU 1998, 167 (176); Kuchler, NuR 1991, 465 (468).

[484] Brahms/Jungmann, Laufener Seminarbeiträge 2/96, 127 (128); LANA, Methodik III, Ziff. 3.

[485] Vgl. BMV, RAS-LP 1; Lambrecht, ZAU 1998, 167 (178) m.w.N.

zwischengelagert werden muss: z. B. separate Entnahme und Lagerung unterschiedlicher Bodentypen, Sicherung des gelagerten Bodens vor Erosion durch Ansaat.

- Schutz von Oberflächengewässern vor Einträgen: z. B. durch vorübergehende Sandfänge.

- Durchführung von Baumaßnahmen außerhalb von Brut- und Laichzeiten, insb. Maßnahmen der Biotop- und Vegetationsbeseitigung.

- Grundbautechnische Maßnahmen zur Sicherung der Fließverhältnisse des Grundwassers in Bereichen mit Spundwänden u.ä.

- Temporäre Verpflanzung bzw. Umsetzung besonders seltener Pflanzen und Tiere in Ersatzbiotope, falls keinerlei Möglichkeit besteht, den Standort/Lebensraum zu schonen.

- Wiederverfüllung temporärer Baugruben mit grundwasserunschädlichem Material, vorzugsweise mit eigenem Abraum.

Vermeidung anlagebedingter Beeinträchtigungen:

- Modifikationen in der Gestaltung von Vorhaben im Hinblick auf Vermeidung von Landschaftsbildbeeinträchtigungen: z. B. Wahl orts- oder landschaftstypischer Baustoffe, Schonung landschaftsbildprägender Elemente.

- Reduzierung des Versiegelungsgrades: z. B. durch Wahl durchlässiger Baustoffe.

- Vermeidung der Verringerung der Grundwasserneubildung und der Verstärkung der Hochwassergefährdung: z. B. Versickerung des Oberflächenwassers in Mulden, Teichen oder Regenwasserrückhaltebecken, Dachbegrünungen zur gleichmäßigeren/verzögerten Abführung des Dachflächenwassers.

- Technische Modifikationen von Vorhaben zur Erhaltung von Migrationswegen von Tieren: z. B. Grünbrücken und Durchlässe an Verkehrs-

wegen.
• Vermeidung von Klimabeeinträchtigungen durch Platzierung, Ausrichtung und Gestaltung von Baukörpern und Nebenanlagen: z. B. Berücksichtigung von Kalt- und Frischluftbahnen bei der Ausrichtung und Dimensionierung von Brückenbauwerken, Minimierung bzw. Beschattung von aufheizbaren Gebäuden oder Straßenoberflächen.
• Vermeidung von Beeinträchtigungen des Grundwasserflusses durch Fundamente u.ä.: z. B. Ausrichtung von Bauwerksfundamenten entlang der Grundwasserfließrichtung zur Verhinderung von Grundwasserstau.
Vermeidung betriebsbedingter Beeinträchtigungen:
• Vermeidung von Lärmemissionen: z. B. Einsatz lärmmindernder Straßenbeläge, Beschränkung künftiger Geschwindigkeiten, Bau von Lärmschutzwällen.
• Vermeidung von Einträgen in Grundwasser und Oberflächengewässer: z. B. Sammlung von verschmutztem Oberflächenwasser in Trennsystemen und Zuführung zu Kläranlagen oder Absetzbecken.
• Vermeidung der Tötung von Tieren durch (technische) Ergänzungen von Verkehrswegen: z. B. Wildschutzzäune, Greifvögelansitze.
• Regelungen zu Zeitpunkten und Intensität von Pflege- und Unterhaltungsmaßnahmen: z. B. Festsetzung geeigneter Zeitpunkte für Pflegemaßnahmen (außerhalb von Brut- und Laichzeiten), Reduzierung des Einsatzes von Tausalz.

Tabelle 6: Mögliche Maßnahmen zur Vermeidung von Beeinträchtigungen (Quelle: LANA, Methodik III, Ziff. 3)

2.   Einschränkungen des Vermeidungsgebots

Betrachtet man die dargestellten möglichen Vermeidungsmaßnahmen, so wird schnell klar, dass diese zu nicht unerheblichen finanziellen Belastungen für den Träger des in Natur und Landschaft eingreifenden Vorhabens führen können. Es stellt sich daher die Frage, ob das Vermeidungsgebot, so wie oben dargestellt, ohne Einschränkungen gilt oder ob es Beschränkungen unterliegt.

Weit verbreitet ist die Ansicht, die das Vermeidungsgebot nur unter der Voraussetzung des Verhältnismäßigkeitsgrundsatzes zur Anwendung kommen lassen will.[486] Umstritten ist insoweit nur, ob sich diese Bindung daraus ergibt, dass es sich beim Verhältnismäßigkeitsgrundsatz um einen jedes staatliche Handeln bestimmenden Maßstab handelt[487] oder aus dem letzten Teilsatz von § 8 Abs. 2 Satz 1 BNatSchG, Art. 6a Abs. 1 Satz 1 BayNatSchG, nach dem die Pflichten nur zu erfüllen sind, „soweit es zur Verwirklichung der Ziele des Naturschutzes und der Landschaftspflege erforderlich ist".[488]

Der Verhältnismäßigkeitsgrundsatz kann für die Anwendung des Vermeidungsgebots jedenfalls in der hier interessierenden Konstellation einer Planfeststellung nach dem Bundesfernstraßengesetz per se nicht von Bedeutung sein. Denn ihm kommt eine die individuelle Rechts- und Freiheitssphäre verteidigende Funktion zu. Sein Geltungsbereich beschränkt sich daher auf das Verhältnis Staat-Bürger.[489] Bei der Bundesfernstraßenplanung tritt aber der Staat als Planfeststellungsbehörde dem Staat als Vorhabenträger gegenüber. Die Landesstraßenbaubehörde bzw. der Bund als Vorhabenträger nimmt insoweit keine eigenen Rechte wahr, die für die Anwendbarkeit des Verhältnismäßigkeitsgrundsatzes maßgebliche Situation liegt daher nicht vor.

---

[486] Schroeter, DVBl. 1979, 14 (16); R. Breuer, NuR 1980, 89 (93); Gaentzsch, Laufener Seminarbeiträge 1/85, 23 (25); Ehrlein, VBlBW 1990, 121 (123); Schink, DVBl. 1992, 1390 (1398); Kuschnerus, Speyerer Forschungsbericht 157, 39 (53); Gassner, in: Gassner/Bendomir-Kahlo/Schmidt-Räntsch, BNatSchG, § 8, Rdn. 25; Louis, BNatSchG, § 8, Rdn. 38.

[487] So ausdrücklich Kuschnerus, Speyerer Forschungsbericht 157, 39 (53); Kolodziejcok/Recken, Naturschutz, Nr. 1125, Rdn. 27.

[488] Schroeter, DVBl. 1979, 14 (16).

[489] BVerfG, Urt. v. 22. Mai 1990, BVerfGE 81, 310 (338); BVerfG, Urt. v. 18. April 1989, BVerfGE 79, 311 (341); Sommermann, in: v. Mangoldt/Klein/Starck, Bonner Grundgesetz, Art. 20, Rdn. 307; Schulze-Fielitz, in: Dreier, GG, Art. 20 (Rechtsstaat), Rdn. 176.

Dass der Verhältnismäßigkeitsgrundsatz unabhängig von einer gesetzlichen Anordnung seiner Geltung in der hier interessierenden Fallkonstellation nicht anwendbar ist, zeigt auch ein Vergleich mit der Parallelnorm des § 41 BImSchG. Danach ist beim Bau oder der wesentlichen Veränderung von öffentlichen Straßen, Eisenbahnen, Magnetschwebebahnen oder Straßenbahnen sicherzustellen, dass keine schädlichen Umwelteinwirkungen durch Verkehrsgeräusche hervorgerufen werden können, die nach dem Stand der Technik vermeidbar sind.

Die Bestimmung bezweckt die Verhinderung der Entstehung vom schädlichen Umwelteinwirkungen i.S.v. § 3 Abs. 1 BImSchG speziell durch Verkehrsgeräusche. § 41 BImSchG regelt dabei den so genannten aktiven Schallschutz, während der nachrangige passive Schallschutz in § 42 BImSchG geregelt ist.[490] Der aktive Schallschutz ähnelt dem Vermeidungsgebot der naturschutzrechtlichen Eingriffsregelung, da er wie dieses bereits bei den Immissionen i.S.v. § 3 Abs. 2 BImSchG auslösenden Faktoren ansetzt, nach der unter II. 2. a) dargestellten Terminologie also bei den *Beeinträchtigungsfaktoren.* Verkehrsgeräusche, die zu schädlichen Umwelteinwirkungen führen können, sollen aufgrund des aktiven Schallschutzes gar nicht erst zur Entstehung kommen oder jedenfalls nicht auf die Betroffenen einwirken können. In Frage kommen daher insbesondere die Verwendung schallhemmender Straßenbeläge oder die Errichtung von Schallschutzwänden oder Lärmschutzwällen.[491] Rechtstechnisch ist die Bestimmung wie das Vermeidungsgebot der naturschutzrechtlichen Eingriffsregelung als striktes Recht ausgestaltet: Kann Verkehrslärm nach dem Stand der Technik vermieden werden, so ist er auch zu vermeiden. Dieses Ergebnis kann nicht aufgrund einer folgenden Abwägung geändert werden.[492]

---

[490] Vgl. nur Jarass, BImSchG, § 41, Rdn. 2.

[491] Czajka, in: Feldhaus, BImSchG, § 41, Rdn. 64, § 42, Rdn. 6.

[492] BVerwG (4. Senat), Urt. v. 28. Januar 1999, UPR 1999, 268 (270); Schulze-Fielitz, in: GK-BImSchG, § 41, Rdn. 16 ff.; a.A. der 11. Senat des BVerwG, Urt. v. 5. März 1997, NVwZ 1998, 513 (519), der die Verhältnismäßigkeitsprüfung nach § 41 AbS. 2 BImSchG als untrennbar mit der planerischen Abwägung verbunden betrachtet und die aktiven Schallschutzmaßnahmen daher unter den Vorbehalt der planerischen Abwägung stellt.

Nicht nur was seinen Inhalt angeht, sondern auch seinem Anwendungsbereich nach ähnelt § 41 BImSchG der hier interessierenden Konstellation. Die Bestimmung gilt für Infrastrukturvorhaben, die von staatlichen Stellen oder von mehrheitlich im Eigentum des Staates stehenden privatrechtlich organisierten Gesellschaften geplant werden. Soweit es sich nicht ausnahmsweise um von Privaten betriebene Eisen-, Straßen- oder Magnetschwebebahnen handelt, kann sich in allen geregelten Fällen der Vorhabenträger als staatliche Stelle bzw. von diesem abhängiges Privatrechtssubjekt gegenüber der über die Zulassung des Vorhabens entscheidenden Behörde nicht auf Grundrechte berufen.[493] Entsprechend kommt dem Verhältnismäßigkeitsgrundsatz als verfassungsrechtliche Begrenzung der staatlichen Möglichkeiten zum Eingriff in subjektive Rechte hier nicht zur Anwendung. § 41 BImSchG regelt also vordringlich Fälle, in denen sich der Vorhabenträger nicht unmittelbar auf den verfassungsrechtlichen Grundsatz der Verhältnismäßigkeit berufen kann.

Für diese Fälle ordnet der Gesetzgeber in § 41 Abs. 2 BImSchG explizit an, dass aktiver Schallschutz nicht verlangt werden kann, soweit die *Kosten* der Schutzmaßnahme außer Verhältnis zu dem angestrebten *Schutzzweck* stehen würden. Verlangt wird also eine Abwägung der Kosten der Maßnahme gegen den damit verfolgten Zweck.[494] Auf eine aktive Schallschutzmaßnahme kann verzichtet werden, wenn sie gemessen am damit verfolgten Zweck unverhältnismäßig ist. Obwohl der Verhältnismäßigkeitsgrundsatz also eigentlich nicht anwendbar ist, fordert die gesetzliche Bestimmung eine Prüfung der Verhältnismäßigkeit der Maßnahme. Für die naturschutzrechtliche Eingriffsregelung in der Fernstraßenplanung kann daher nichts anderes gelten: Eine Prüfung der Verhältnismäßigkeit einer auf sie gestützten Maßnahme ist nur zulässig und erforderlich, wenn sie gesetzlich angeordnet ist. Dies könnte durch § 8 Abs. 2 Satz 1 a. E. BNatSchG, Art. 6a Abs. 1 Satz 1 a. E. BayNatSchG erfolgt sein.

---

[493] Vgl. zur Grundrechtsträgerschaft privatrechtlich organisierter, aber von der öffentlichen Hand beherrschten Gesellschaften Dreier in: Dreier, GG, Art. 19 III, Rdn. 48.

[494] Czajka, in: Feldhaus, BImSchG, § 41, Rdn. 69 ff.; Schulze-Fielitz, in: GK-BImSchG, § 41, Rdn. 68.

Richtigerweise ist der letzte Teilsatz von § 8 Abs. 2 Satz 1 BNatSchG, Art. 6a Abs. 1 Satz 1 BayNatSchG („soweit es zur Verwirklichung der Ziele des Naturschutzes und der Landschaftspflege erforderlich ist") nicht nur auf das Ausgleichsgebot, sondern auch auf das naturschutzrechtliche Vermeidungsgebot zu beziehen. Der Wortlaut der Regelung lässt eine derartige Auslegung ohne weiteres zu. Auch der Gesetzgeber wollte insoweit nicht zwischen Vermeidungs- und Ausgleichsgebot differenzieren. Sowohl die Begründung zum Regierungsentwurf des Bundesnaturschutzgesetzes als auch der Bericht des federführenden Bundestagsausschusses gehen übereinstimmend davon aus, dass Vermeidungs- und Ausgleichsmaßnahmen nur Anforderungen enthalten dürfen, die objektiv möglich, erforderlich und angemessen sind.[495] Für eine Differenzierung zwischen den beiden Geboten des § 8 Abs. 2 Satz 1 BNatSchG, Art. 6a Abs. 1 BayNatSchG besteht kein Anlass.

Es gilt daher zunächst festzuhalten, dass sich der letzte Halbsatz von § 8 Abs. 2 Satz 1 BNatSchG, Art. 6a Abs. 1 Satz 1 BayNatSchG sowohl auf das Vermeidungsgebot als auch auf das Ausgleichsgebot bezieht. Maßnahmen, die auf eines der beiden Gebote gestützt werden, sind nur zulässig, soweit sie zur Verwirklichung der Ziele des Naturschutzes und der Landschaftspflege erforderlich sind.

Allerdings stellt sich nunmehr die weitere Frage, ob die Anforderungen, die diese „Erforderlichkeitsklausel" an die Vermeidungs- und Ausgleichsmaßnahmen stellt, tatsächlich den Anforderungen des Verhältnismäßigkeitsgrundsatzes entsprechen. Nach der allgemein anerkannten Rechtsprechung des Bundesverfassungsgerichts fordert der Verhältnismäßigkeitsgrundsatz als Ausprägung des Rechtsstaatsprinzips, dass mit der Maßnahme ein *legitimer Zweck* verfolgt wird, dass sie zur Erreichung dieses Zwecks *geeignet* ist, dass sie das zur Erreichung des Zwecks unter mehreren gleich geeigneten Mitteln das mildeste Mittel darstellt *(Erforderlichkeit)* und dass die Schwere des Eingriffs in einem angemesse-

---

[495] Begründung zum Regierungsentwurf vom 22. Juni 1973, BT-DrS. 7/886, S. 34; Bericht des federführenden BT-Ausschusses vom 21. Mai 1976, BT-DrS. 7/5251, S. 8.

nen Verhältnis zum verfolgten Zweck steht *(Verhältnismäßigkeit im engeren Sinne)*.[496]

§ 8 Abs. 2 Satz 1 BNatSchG, Art. 6a Abs. 1 Satz 1 BNatSchG nennt als legitimes Ziel der Maßnahmen die Ziele von Naturschutz und Landschaftspflege. Diese werden damit zum Maßstab für die Erforderlichkeit im Sinne der gesetzlichen Bestimmung. Allgemein formuliert sind die Ziele von Naturschutz und Landschaftspflege in § 1 BNatSchG. Sie werden durch die Grundsätze von Naturschutz und Landschaftspflege in § 2 BNatSchG und Art. 1 Abs. 2 BayNatSchG konkretisiert. Die Umsetzung dieser abstrakten Vorgaben und die Entwicklung konkreter, auf den jeweiligen Planungsraum zugeschnittener Zielvorstellungen des Naturschutzes und der Landschaftspflege ist die zentrale Aufgabe der Landschaftsplanung. Diese hat die auch untereinander konfligierenden Ziele und Grundsätze gegeneinander abzuwägen und in auf den jeweiligen Naturraum bezogene Anforderungen und Maßnahmenkonzepte umzusetzen.[497] Im Idealfall kann daher die Planfeststellungsbehörde auf die in den Landschaftsplänen nach § 6 BNatSchG, Art. 3 Abs. 2 BayNatSchG enthaltenen örtlichen Zielvorstellungen von Naturschutz und Landschaftspflege zurückgreifen. Allerdings gelingt es der Landschaftsplanung in der Realität nur selten, diesem Ideal zu entsprechen. So fehlt es z. B. häufig an einer systematischen Erfassung des Bestandes der Arten und Lebensgemeinschaften im Planungsgebiet. Die Effektivität der Landschaftsplanung wird daher verbreitet als verbesserungsbedürftig betrachtet.[498] Soweit also entweder kein Landschaftsplan für das betreffende Gebiet vorliegt oder dessen Darstellungen nicht aussagekräftig sind, kann ersatzweise auf die in Schutzgebietsausweisungen nach §§ 12 ff. BNatSchG, Arten- und Biotopschutzprogrammen oder in den fachspezifischen Aussagen der Raumordnung und Landesplanung zum Ausdruck kommenden Zielvorstellun-

---

[496] Sommermann, in: v. Mangoldt/Klein/Starck, Bonner Grundgesetz, Art. 20, Rdn. 304 m.w.N.

[497] Louis, BNatSchG, Einf. vor §§ 5-7, Rdn. 1.

[498] Riedel, in: Czybulka (Hrsg.), Naturschutz in europäischer Perspektive, 25 (27); Dierßen, in: Czybulka (Hrsg.), Erkennen, Bewerten etc., 25 (31) m.w.N.

gen zurückgegriffen werden.[499] Hilft auch dies im konkreten Fall nicht weiter, so sind anhand der allgemeinen Ziele und Grundsätze konkrete, auf den Beurteilungsraum zugeschnittene, Zielvorstellungen von Naturschutz und Landschaftspflege auszuarbeiten.

Das Vermeidungsgebot zielt jedoch vordringlich auf die Erhaltung des vor dem Eingriff bestehenden Zustands von Naturschutz und Landschaftspflege ab. Es stellt ein konservierendes Instrument zur Bewältigung der Eingriffsfolgen dar (vgl. Teil 1, B.). Die Bedeutung der in den genannten Quellen formulierten konkreten Ziele von Naturschutz und Landschaftspflege ist daher für das Vermeidungsgebot eher gering: Kann eine Beeinträchtigung von vornherein verhindert werden, so ist sie im Interesse der Erhaltung des Status quo auch zu verhindern. Bedeutsam werden die Ziele von Naturschutz und Landschaftspflege insofern allerdings, wenn zugleich nur eine von zwei Beeinträchtigungen vermeidbar ist. In einem solchen Fall geben die Ziele vor, welche Beeinträchtigung zu vermeiden und welche erst im Rahmen des Ausgleichsgebots zu berücksichtigen ist. Mehr Spielraum für die Verwirklichung der genannten Ziele besteht dagegen bei den kreativen Instrumenten des Ausgleichsgebotes und der Festsetzung von Ersatzmaßnahmen (vgl. unten IV. und VI.).

Eine konkrete Vermeidungsmaßnahme kann nur dann zur Verwirklichung der Ziele von Naturschutz und Landschaftspflege erforderlich sein, wenn sie überhaupt *geeignet* ist, die Beeinträchtigung zu vermeiden. Die Eignung der Maßnahme zur Verhinderung einer Beeinträchtigung schließt die technische Realisierbarkeit und Wirksamkeit mit ein. Beides ist für viele Maßnahmen inzwischen durch langjährige Erfahrungen gesicherter Stand der Technik (vgl. Tabelle 6).

Des weiteren bedeutet Erforderlichkeit, dass es zur Erreichung des Vermeidungserfolgs kein anderes, für den Vorhabenträger weniger belastendes, aber nach dem Stand der Technik zur Vermeidung der jeweiligen Beeinträchtigung ebenso geeignetes Mittel gibt. Ist dies der Fall, so ist die den Verursacher weni-

---

[499] Gassner, Landschaft, S. 151.

ger belastende Maßnahme zu wählen.[500] Bis zu diesem Punkt decken sich die Anforderungen des Verhältnismäßigkeitsgrundsatzes ohne Zweifel mit denen des § 8 Abs. 2 Satz 1 a. E. BNatSchG, Art. 6a Abs. 1 Satz 1 a. E. BayNatSchG.

Zweifel könnten jedoch angebracht sein, ob auch die „Erforderlichkeitsklausel" der naturschutzrechtlichen Eingriffsregelung eine Überprüfung der Verhältnismäßigkeit im engeren Sinn erlaubt, also der Frage, ob der Aufwand in einem angemessenen Verhältnis zum bezweckten Nutzen für Naturschutz und Landschaftspflege steht. Dagegen könnte sprechen, dass die Eingriffsregelung nur von „Erforderlichkeit" spricht. Die Erforderlichkeitsprüfung ist im klassischen Aufbauschema der Verhältnismäßigkeitsprüfung aber nur die dritte Stufe, die Prüfung der Verhältnismäßigkeit im engeren Sinne erfolgt erst im Anschluss daran. Demnach könnte auch die Prüfung nach § 8 Abs. 2 Satz 1 a. E. BNatSchG, Art. 6a Abs. 1 Satz 1 a. E. BayNatSchG mit der Frage nach dem mildesten Mittel enden.

Eine solche Auslegung der Bestimmung ist jedoch nicht zwingend. Eine identische Auslegung des Begriffs „erforderlich" ist bereits aus dem Grunde nicht geboten, als es in der hier vorliegenden Konstellation gerade nicht um einen Anwendungsfall des allgemeinen Verhältnismäßigkeitsgrundsatzes geht. Der Wortlaut als Ausgangspunkt und äußerste Grenze einer jeden Auslegung[501] lässt eine andere Auslegung ebenfalls zu. So ist es ohne weiteres vertretbar, eine Maßnahme auch dann als nicht zur Verwirklichung der Ziele von Naturschutz und Landschaftspflege erforderlich anzusehen, wenn der mit ihr erreichbare Gewinn für Natur und Landschaft eben den mit der Maßnahme verbundenen Aufwand erheblich übersteigt. Im Rahmen der Prüfung der allgemeinen Verhältnismäßigkeit kann dagegen auf der dritten Prüfungsstufe ein restriktives Verständnis des Begriffs der Verhältnismäßigkeit zugrunde gelegt werden, da ohnehin nach der anerkannten Dogmatik noch die vierte Stufe, die Verhältnismäßigkeit im engeren Sinne nachfolgt.

---

[500] Fischer-Hüftle, in: Engelhardt/Brenner/Fischer-Hüftle, BayNatSchG, Art. 6a, Rdn. 10; Kuchler, NuR 1991, 465 (467).

[501] Larenz, Methodenlehre, S. 322.

Dass das enge Verständnis der Erforderlichkeit als Frage nach dem mildesten Mittel nicht zwingend ist, zeigt auch ein Vergleich mit der fachplanungsrechtlichen materiellen Rechtmäßigkeitsvoraussetzung der Planrechtfertigung. Bei der Planrechtfertigung geht es nach der ständigen Rechtsprechung des Bundesverwaltungsgerichts ebenfalls um die Frage, ob die Planung objektiv *erforderlich* ist.[502] Die Planung wird aber nicht nur als erforderlich betrachtet, wenn die Planung das mildeste Mittel zur Erreichung des beabsichtigten Zwecks darstellt, sondern bereits dann, wenn sie auf einer in sich schlüssigen Konzeption beruht und damit vernünftigerweise geboten ist.[503] Die Bedeutung des Begriffs „Erforderlichkeit" unterscheidet sich also auch hier von der Verwendung in der Verhältnismäßigkeitsprüfung.

Eine Auslegung der Erforderlichkeit in der Art, dass eine im Sinne der allgemeinen Verhältnismäßigkeitsprüfung unangemessene Vermeidungsmaßnahme als nicht erforderlich anzusehen ist, ist aber nicht nur möglich, sondern sogar geboten. Hierfür spricht zum einen die historische Auslegung. Wie die genannten Gesetzesbegründungen zeigen, wollte der historische Gesetzgeber kein unbeschränktes Vermeidungs- bzw. Ausgleichsgebot einführen, sondern nur geeignete, erforderliche und angemessene Maßnahmen ermöglichen. Aber auch Sinn und Zweck der Gebote der naturschutzrechtlichen Eingriffsregelung sprechen für einen Ausschluss von unangemessenen Maßnahmen. Denn jeder Eingriff des Menschen führt regelmäßig zu einer unüberschaubaren Vielzahl von Auswirkungen. Es ist regelmäßig weder möglich, alle Auswirkungen zu prognostizieren noch alle zu vermeiden. Vielmehr ist es für Naturschutz und Landschaftspflege geradezu charakteristisch, dass sich die Entscheidungsträger auf bestimmte, besonders wichtige Schwerpunkte konzentrieren und damit notwendigerweise im Interesse der Handhabbarkeit der Materie andere Aspekte außer Acht lassen. Würde das Vermeidungsgebot verlangen, dass *jede* vermeidbare Beeinträchtigung zu vermeiden sei, so würde die Leistungsfähigkeit der Regelung insbesondere angesichts der zu berücksichtigenden Wechselwirkungen

---

[502] BVerwG, Urt. v. 14. Februar 1975, BVerwGE 48, 56 (60).
[503] Steinberg/Berg/Wickel, Fachplanung, § 3, Rdn. 48 m.w.N.

überspannt. Mit dem Ausschluss unangemessener Maßnahmen spiegelt die Erforderlichkeitsklausel diese fachliche Problematik wider und ermöglicht damit die Konzentration auf die wesentlichen Beeinträchtigungen.

Die „Erforderlichkeitsprüfung" nach § 8 Abs. 2 Satz 1 a. E. BNatSchG, Art. 6a Abs. 1 Satz 1 a. E. BayNatSchG entspricht daher inhaltlich der Prüfung des allgemeinen Verhältnismäßigkeitsgrundsatzes.[504] Auf der letzten Prüfungsstufe ist folglich die Angemessenheit der angeordneten Vermeidungsmaßnahme zu prüfen. Der Aufwand für die Vermeidung darf nicht außer Verhältnis zum angestrebten Erfolg stehen.[505] Zu berücksichtigen ist dabei auf der einen Seite der durch die Vermeidungsmaßnahme ausgelöste finanzielle Aufwand für den Verursacher des Eingriffs, auf der anderen Seite die Schwere der zu unterlassenden Beeinträchtigung von Natur und Landschaft. Dies schließt auch die Frage ein, ob es sich um eine wichtige oder um eine eher unbedeutende Funktion des Naturhaushalts oder des Landschaftsbildes handelt, deren Beeinträchtigung hier verhindert werden soll. Die Belange von Naturschutz und Landschaftspflege wiegen umso schwerer, je intensiver der Eingriff und je schutzwürdiger Naturhaushalt und Landschaftsbild im konkreten Fall sind.[506] Soweit vorhanden kann hier auf die nach § 6 Abs. 2 Nr. 1 BNatSchG, Art. 3 Abs. 4 Nr. 1 BayNatSchG in einem Landschaftsplan enthaltene Bewertung des bestehenden Zustands von Natur und Landschaft zurückgegriffen werden. Die privaten und öffentlichen Interessen, die abgesehen von den genannten Gesichtspunkten für die Zulassung des Eingriffsvorhabens selbst oder dagegen sprechen, sind im Rahmen der Ver-

---

[504] Die Neufassung des Vermeidungsgebots nach dem BNatSchGNeuregG (§ 19 AbS. 1 BNatSchG) sieht dagegen keine Erforderlichkeitsklausel vor. Es besteht damit kein rechtlicher Ansatzpunkt mehr für das Absehen von Vermeidungsmaßnahmen, deren Aufwand im Vergleich zum Nutzen unangemessen ist, wenn der Vorhabenträger kein Privater, sondern ein Teil des Staates ist. Streng genommen müssten daher die Anforderungen an die Vermeidung von Beeinträchtigungen bei öffentlichen in Natur und Landschaft eingreifenden Vorhaben steigen.

[505] R. Breuer, NuR 1980, 89 (93 f.); Kuchler, NuR 1991, 465 (467); Louis, BNatSchG, § 8, Rdn. 38.

[506] Kuschnerus, Speyerer Forschungsbericht 157, 39 (53); Schink, DVBl. 1992, 1390 (1397); Kuchler, NuR 1991, 465 (467).

hältnismäßigkeitsprüfung nicht zu berücksichtigen.[507] Ihnen kommt Bedeutung allein im Rahmen des für die Vorhabenzulassung maßgeblichen Fachrechts und bei der naturschutzrechtlichen Abwägung nach § 8 Abs. 3 BNatSchG, Art. 6a Abs. 2 BayNatSchG zu.

Die Abhängigkeit der Vermeidungsmaßnahmen von der Erforderlichkeitsprü-fung nach § 8 Abs. 2 Satz 1 a. E. BNatSchG, Art. 6a Abs. 1 Satz 1 a. E. Bay-NatSchG bedeutet zunächst, dass nicht jede durch den Eingriff zurechenbar aus-gelöste vermeidbare Beeinträchtigung auch vermieden werden muss. Es können keine Maßnahmen angeordnet werden, die eines Aufwands bedürfen, der im Vergleich zum erreichbaren Vorteil für Natur und Landschaft unangemessen hoch ist.[508] Die Frage, wann eine derartige Unangemessenheit vorliegt, lässt sich nur anhand einer Wertung der im konkreten Einzelfall betroffenen Belange und nicht abstrakt beantworten. Dabei ist allerdings Folgendes zu bedenken: Die na-turschutzrechtliche Eingriffsregelung zielt darauf ab, den Status quo von Natur und Landschaft gegenüber eingreifenden Vorhaben zu erhalten. Das Vermei-dungsgebot stellt dabei die vordringliche Pflicht des Vorhabenträgers dar. Erst wenn eine Vermeidung von Beeinträchtigungen nicht möglich ist, kommen Ausgleichs- oder Ersatzmaßnahmen in Frage. Ein Ausgleich von Beeinträchti-gungen ist aber häufig gar nicht oder erst nach einer längeren, ungestörten Ent-wicklung zu erreichen. Ausgleich und Ersatz bleiben daher regelmäßig qualitativ zumindest vorübergehend hinter dem Status quo zurück. Wegen dieser Minder-wertigkeit der Kompensation hat die Vermeidung von Beeinträchtigungen im Rahmen der Eingriffsregelung eine überragende Bedeutung.[509] Diese Bedeutung darf nicht dadurch unterlaufen werden, dass über das Instrument der Erforder-lichkeitsprüfung eine mögliche Vermeidung mit dem Argument ausgeschlossen wird, dass sie zu hohe Kosten verursache. An der fehlenden Angemessenheit

---

[507] Kuchler, NuR 1991, 465 (467).

[508] Kuchler, NuR 1991, 465 (467); R. Breuer, NuR 1980, 89 (93); Schroeter, DVBl. 1979, 14 (16); Fischer-Hüftle, in: Engelhardt/Brenner/Fischer-Hüftle, BayNatSchG, Art. 6a, Rdn. 10.

[509] Lambrecht, ZAU 1998, 167 (184).

kann eine der Vermeidung von Beeinträchtigungen dienende Maßnahme daher *nur* scheitern, wenn es sich um eine geringfügige Beeinträchtigung oder um eine relativ wenig schutzwürdige Funktion des Naturhaushalts handelt.

Abzulehnen ist allerdings die Ansicht von *Lambrecht*, der von vornherein nur erhebliche und nachhaltige Beeinträchtigungen der Leistungsfähigkeit des Naturhaushalts und des Landschaftsbildes dem Vermeidungsgebot unterwerfen will. Er begründet dies damit, dass die Eingriffsregelung nur bei erheblichen oder nachhaltigen Beeinträchtigungen zur Anwendung kommt und daher nur solche erfasst sein könnten.[510] Damit versteht er aber das System der Eingriffsregelung falsch. Mit den Begriffen Erheblichkeit und Nachhaltigkeit in § 8 Abs. 1 BNatSchG, Art. 6 Abs. 1 BayNatSchG soll lediglich erreicht werden, dass das umfangreiche Folgenbewältigungssystem der Eingriffsregelung nicht bei nur geringfügig in Natur und Landschaft eingreifenden Vorhaben zur Anwendung kommt. Ist diese Geringfügigkeitsschwelle allerdings einmal überschritten, so zielt die Eingriffsregelung auf die Erhaltung des bestehenden Zustands von Natur und Landschaft ab. Wie bereits aus dem Wortlaut von § 8 Abs. 2 Satz 1 BNatSchG, Art. 6a Abs. 1 Satz 1 BayNatSchG hervorgeht, unterliegen grundsätzlich alle Beeinträchtigungen dem Vermeidungs- und dem Ausgleichsgebot. Die Intensität einer Beeinträchtigung kann nur im Rahmen der Erforderlichkeitsprüfung Bedeutung erlangen. Aber auch danach sind im Sinne von § 8 Abs. 1 BNatSchG, Art. 6 Abs. 1 BayNatSchG unerhebliche Beeinträchtigungen soweit möglich zu vermeiden, falls entsprechende Maßnahmen im dargestellten Sinne erforderlich sind.

Das Vermeidungsgebot kann also auch zu der Anordnung von Maßnahmen führen, die zwar im Sinne des Verhältnismäßigkeitsgrundsatzes angemessen sind, aber dennoch derartig hohe Kosten verursachen, dass der Vorhabenträger von der Verwirklichung aus Kostengründen absieht. Die Vermeidungsmaßnahmen würden in diesem Fall das Vorhaben faktisch verhindern. *Kuchler* hält dies für der Systematik der Eingriffsregelung widersprechend, da diese eine Untersa-

---

[510] Lambrecht, ZAU 1998, 167 (169).

gung des Vorhabens aus Gründen des Naturschutzes und der Landschaftspflege nur aufgrund der naturschutzrechtlichen Abwägung nach § 8 Abs. 3 BNatSchG, Art. 6a Abs. 2 BayNatSchG vorsieht. Um diesen Widerspruch aufzulösen will er daher die Voraussetzungen des § 8 Abs. 3 BNatSchG, Art. 6a Abs. 2 Bay-NatSchG in § 8 Abs. 2 Satz 1, 1. HS BNatSchG, Art. 6a Abs. 1, Satz 1, 1. HS BayNatSchG hineinlesen. Das Vorhaben faktisch verhindernde Maßnahmen sollen nur dann gefordert werden können, wenn das Vorhaben bei der Abwägung aller Anforderungen an Natur und Landschaft gegenüber den Belangen des Naturschutzes und der Landschaftspflege nachrangig ist.[511]

Gegen diese Ansicht spricht zum einen, dass es praktisch keine objektiven Kriterien gibt, nach denen zu beurteilen wäre, wann eine „faktische Verhinderung" vorliegt. Die Behörde wäre insoweit auf die Angaben des Vorhabenträgers angewiesen, der es damit in der Hand hätte, Vermeidungsmaßnahmen allein mit dem Argument zu Fall zu bringen, dies zwinge ihn zur Aufgabe des Vorhabens. Vermeidungsmaßnahmen würden so unter den Vorbehalt der wirtschaftlichen Leistungsfähigkeit des Eingriffsverursachers gestellt, der Schutz von Natur und Landschaft würde von ökonomischen Kriterien abhängig gemacht. Dies entspricht aber weder der Systematik noch dem Sinn und Zweck der Eingriffsregelung. Auch im Rahmen von § 8 Abs. 3 BNatSchG, Art. 6a Abs. 2 BayNatSchG ist die wirtschaftliche Leistungsfähigkeit nicht zu berücksichtigen. Das „systematische Argument" geht ohnehin völlig fehl: Denn die Eingriffsregelung baut auf einer streng einzuhaltenden Stufenfolge von unterschiedlichen Pflichten, die den Verursacher des Eingriffs treffen, auf.[512] Die Abwägung nach § 8 Abs. 3 BNatSchG, Art. 6a Abs. 2 BayNatSchG hat danach eindeutig erst zu erfolgen, nachdem Vermeidungs- und Ausgleichsmaßnahmen festgesetzt sind. Außerdem müssen bei der Abwägung nur die Beeinträchtigungen von Natur und Landschaft berücksichtigt werden, die nicht vermieden oder ausgeglichen werden konnten (vgl. unten V.). Wie dies nach dem Vorschlag *Kuchlers* bewältigt werden kann, ist nicht ersichtlich.

---

[511] Kuchler, NuR 1991, 465 (467).
[512] BVerwG, Urt. v. 28. Februar 1996, NuR 1996, 517 (519).

Es bleibt also dabei, dass das Vermeidungsgebot auch zur Anordnung von Maßnahmen führen kann, die den Vorhabenträger dazu veranlassen, das Vorhaben aufzugeben. Es widerspricht dem Sinn und Zweck der naturschutzrechtlichen Eingriffsregelung, es dem Verursacher zu erlauben, sein Kostenrisiko sozusagen auf die Natur abzuwälzen. Er muss diesen Kostenfaktor einkalkulieren und das Vorhaben gegebenenfalls aufgeben.[513] Mit der Einführung der Eingriffsregelung wurde ja gerade bezweckt, Beeinträchtigungen von Natur und Landschaft nicht mehr zum Nulltarif zu erlauben, sondern stattdessen Sanktionen für den Verursacher daran zu knüpfen.

IV.   Das Ausgleichsgebot § 8 Abs. 2 Satz 1, 2. HS BNatSchG, Art. 6a Abs. 1 Satz 1, 2. HS BayNatSchG

Das Ausgleichsgebot des § 8 Abs. 2 Satz 1, 2. HS BNatSchG,[514] Art. 6a Abs. 1 Satz 1, 2. HS BayNatSchG stellt die zweite materiellrechtliche Verpflichtung dar, die den Verursacher eines Eingriffs aufgrund der naturschutzrechtlichen Eingriffsregelung trifft. Sie gelangt nur zur Anwendung, wenn nicht sämtliche durch den Eingriff ausgelösten Beeinträchtigungen im obigen Sinne vermieden werden können.

Das Bundesnaturschutzgesetz definiert in § 8 Abs. 2 Satz 4, wann ein Eingriff im Sinne des Ausgleichsgebots als ausgeglichen zu betrachten ist. Dabei handelt es sich um eine, zwar rahmenrechtliche und daher nicht unmittelbar geltende, inhaltliche Vollregelung. Dem Landesgesetzgeber verbleibt kein Regelungsspielraum für die Frage, wann ein Ausgleich vorliegt. Derartige Vollregelungen sind bei grundlegenden Begriffsbestimmungen in Bundesrahmengesetzen zulässig.[515] Dementsprechend deckt sich die Regelung des bayerischen Naturschutzgesetzes inhaltlich voll mit dem Bundesrecht.

---

[513] Fischer-Hüftle, in: Engelhardt/Brenner/Fischer-Hüftle, BayNatSchG, Art. 6a, Rdn. 11; Ehrlein, VBlBW 1990, 121 (123).

[514] Nach dem BNatSchGNeuregG § 19 AbS. 2 Satz 1, 1. HS BNatSchG.

[515] BVerwG, Urt. v. 27. September 1990, BVerwGE 85, 348 (357); Maunz, in: Maunz/Dürig, Komm. z. GG, Art. 75, Rdn. 25 (Stand: Oktober 1999).

Anordnungen aufgrund des Ausgleichsgebots werden als Nebenbestimmungen zum Planfeststellungsbeschluss getroffen.[516] Nach § 8 Abs. 4 BNatSchG, Art. 6b Abs. 4 BayNatSchG können sie im Fachplan oder in einem separaten landschaftspflegerischen Begleitplan angeordnet werden (vgl. oben A. III.). Für die Ausführung der Maßnahmen hat die Behörde dem Vorhabenträger nach § 8 Abs. 2 Satz 1, 2. HS BNatSchG, Art. 6a Abs. 1 Satz 1, 2. HS BayNatSchG eine Frist zu setzen.

1.   Der Begriff des Ausgleichs

Für die Anwendung des Ausgleichsgebots ist zwischen dem *Ziel* des Ausgleichs und den zu diesem Zwecke durchzuführenden Ausgleichs*maßnahmen* zu unterscheiden. § 8 Abs. 2 Satz 4 BNatSchG,[517] Art. 6a Abs. 1 Satz 4 BayNatSchG definiert mit dem Begriff des Ausgleichs lediglich das allgemeine Ausgleichsziel. Dieses muss, bevor das Ausgleichsgebot angewendet werden kann, für den Einzelfall, also die jeweils auszugleichende Beeinträchtigung konkretisiert werden. Welche Ausgleichs*maßnahmen* zur Erreichung dieses Zieles zu ergreifen sind, bestimmt sich vor allem nach naturschutzfachlichen Erkenntnissen und dem Stand von Wissenschaft und Technik.

Während das Ausgleichsgebot in § 8 Abs. 2 Satz 1, 2. HS BNatSchG, Art. 6a Abs. 1 Satz 1, 2.HS BayNatSchG den Ausgleich von unvermeidbaren Beeinträchtigungen fordert, spricht die Definition des Ausgleichsbegriffs in § 8 Abs. 2 Satz 4 BNatSchG, Art. 6a Abs. 1 Satz 4 BayNatSchG vom Ausgleich des *Eingriffs*. Dieser Unterschied ist so zu verstehen, dass im Ausgleichsbegriff zunächst der Ausgleich aller Beeinträchtigungen, und damit des gesamten Eingriffs gemeint ist. Die Regelung gilt aber in gleicher Weise für den Ausgleich einer jeden einzelnen Beeinträchtigung. Eine *Beeinträchtigung* des Naturhaushalts oder des Landschaftsbildes ist daher als ausgeglichen zu betrachten, wenn

---

[516] Louis, BNatSchG, § 8, Rdn. 159.
[517] Nach dem BNatSchGNeuregG ist der Ausgleichsbegriff in § 19 AbS. 2 Satz 2 BNatSchG definiert.

nach Beendigung des Eingriffs die Beeinträchtigung des Naturhaushalts nicht zurückbleibt und das Landschaftsbild landschaftsgerecht wiederhergestellt oder neu gestaltet ist.

Beim Ausgleichsbegriff handelt es sich um einen Rechtsbegriff. Es wird insbesondere keine Naturalrestitution im naturwissenschaftlichen Sinne gefordert. Eine Wiederherstellung von Natur und Landschaft exakt in der Art und Weise, wie sie sich vor dem Eingriff darstellten, wäre auch gar nicht möglich.[518] Stattdessen konzentriert sich der Ausgleichsbegriff auf das Ziel der Wiederherstellung der einzelnen *Funktionen*, die Natur und Landschaft vor dem Eingriff erfüllten.

Der Ausgleichsbegriff differenziert zwischen den Schutzgütern Naturhaushalt und Landschaftsbild. Wann eine Beeinträchtigung als ausgeglichen betrachtet werden kann ist daher nach unterschiedlichen Kriterien zu beurteilen.

a)   *Naturhaushalt*

Beeinträchtigungen des Naturhaushalts sind als im Sinne des Ausgleichsbegriffs ausgeglichen zu betrachten, wenn nach Beendigung des Eingriffs keine erhebliche oder nachhaltige Beeinträchtigung zurückbleibt. Das Ausgleichsgebot zielt daher nur auf den Ausgleich von erheblichen oder nachhaltigen Beeinträchtigungen des Naturhaushalts.[519] Die Beeinträchtigungen sollen unter diese Geringfügigkeitsschwelle gedrückt werden.[520] Beeinträchtigungen, die von vornherein nicht als erheblich oder nachhaltig bewertet wurden, werden vom Ausgleichsgebot im Gegensatz zum Vermeidungsgebot (vgl. oben III. 2.) gar nicht erst erfasst.

---

[518] Halama, NuR 1998, 633 (635); Schink, DVBl. 1992, 1390 (1398) m.w.N.

[519] Das BNatSchGNeuregG fordert in § 19 AbS. 2 Satz 2 BNatSchG dagegen die Wiederherstellung der beeinträchtigten Funktionen des Naturhaushalts in gleichartiger Weise. Erfasst werden daher auch Beeinträchtigungen, die für sich genommen nicht die Erheblichkeitsschwelle überschreiten.

[520] Fischer-Hüftle, in: Engelhardt/Brenner/Fischer-Hüftle, BayNatSchG, Art. 6a, Rdn. 14.

Die Beeinträchtigungen des Naturhaushalts sind unter Bezugnahme auf die einzelnen Funktionen, die der Naturhaushalt in der konkreten Situation erfüllt, zu
ermitteln (vgl. oben II. 2.a)). Daher ist auch für die Frage, ob das Ziel eines
Ausgleichs von Beeinträchtigungen erreicht werden kann, auf diese funktionsbezogene Sichtweise abzustellen. Ziel von Ausgleichsmaßnahmen ist es, die
durch einen Eingriff gestörten Funktionen wiederherzustellen. In dem betroffenen Landschaftsraum soll ein Zustand herbeigeführt werden, der den früheren
Zustand in gleicher Art und mit gleicher Wirkung fortführt.[521] Maßgebliches
Kriterium für die Eignung einer naturschutzfachlichen Maßnahme zum Ausgleich von Beeinträchtigungen ist also die Erfüllung der beeinträchtigten Funktionen in *gleicher Art* und mit *gleicher Wirkung*. Diese Eignung ist für jede Beeinträchtigung separat zu beurteilen, allerdings können einzelne Maßnahmen
sich durchaus auf mehrere beeinträchtigte Funktionen positiv auswirken.[522]

Aus der Eignung einer Maßnahme zur Gewährleistung der jeweiligen Funktion
in gleicher Art und mit gleicher Wirkung ist auch die Verortung der Maßnahme
im Raum abzuleiten.[523] Die Ausgleichsmaßnahme muss nach der genannten Definition den vor dem Eingriff in dem betroffenen Landschaftsraum bestehenden
Zustand in der gleichen *Art* und mit der gleichen *Wirkung* fortführen. Dies erfordert nicht, dass sie am Ort des Eingriffs ausgeführt wird, schränkt den räumlichen Bereich, für den sie in Betracht kommt, jedoch insofern ein, als vorausgesetzt wird, dass sie sich dort, wo die durch das Vorhaben ausgelösten Beeinträchtigungen auftreten, noch auswirken kann. Zwischen Eingriffsort und Aus-

---

[521] BVerwG, Urt. v. 23. August 1996, NVwZ 1997, 486.

[522] Kuschnerus, Speyerer Forschungsbericht 157, 39 (55).

[523] Auch die Neufassung des Ausgleichsbegriffs nach dem BNatSchGNeuregG fordert eine
gleich*artige* Wiedergutmachung der Beeinträchtigungen. Allerdings soll mit der bundesrechtlichen Definition des Ausgleichs gerade keine Aussage über die Verortung der Maßnahme im Raum mehr getroffen werden. Aus kompetenzrechtlichen Gründen soll diese
Frage künftig in den Regelungsbereich der Länder fallen. So sehr dies aus föderalistischer
Sicht zu begrüßen sein mag, so bestehen aus der Sicht des Naturschutzes doch erhebliche
Bedenken: Denn die Anforderungen an den Ausgleich werden damit jedenfalls zunächst
gesenkt, die Eingriffsregelung wird zu einem stumpferen Schwert.

gleichsmaßnahme muss ein funktionaler Zusammenhang bestehen.[524] Ein eigenständiges räumliches Erfordernis[525] lässt sich dagegen aus § 8 Abs. 2 Satz 4 BNatSchG, Art. 6a Abs. 1 Satz 4 BayNatSchG nicht ableiten.[526]

Grundsätzlich können daher nur solche Maßnahmen als Ausgleich betrachtet werden, deren positive Wirkungen gerade die Räume betreffen, in denen die erheblichen oder nachhaltigen Beeinträchtigungen eintreten. Der Raum, in dem Ausgleichsmaßnahmen festgesetzt werden können, ist daher für jede Beeinträchtigung gesondert festzustellen und kann einmal enger und einmal weiter ausfallen. So ist beispielsweise für eine Beeinträchtigung von Tierpopulationen auf den jeweiligen Zootopkomplex, für eine Beeinträchtigung von Grundwasserfunktionen wie z. B. der Grundwasserneubildungsfunktion (vgl. Tabelle 1, Funktion IVa), auf den gleichen Grundwasseraquifer abzustellen.[527]

Welche Ausgleichsmaßnahmen für das jeweilige Vorhaben in Frage kommen richtet sich danach, welche Maßnahmen nach dem naturschutzfachlichen Kenntnisstand zur Erreichung der funktionsabhängigen Ausgleichsziele im konkreten Fall geeignet sind. Eine abschließende Aufzählung von in Frage kommenden Ausgleichsmaßnahmen ist hier nicht möglich. Zur Veranschaulichung werden jedoch in Tabelle 7 exemplarisch einige Ausgleichsmaßnahmen dargestellt.

Schutzgut Arten und Lebensgemeinschaften:

- Entwicklung neuer Biotope oder Teillebensräume auf ökologisch geeigneten Flächen

---

[524] BVerwG, Urt. v. 27. September 1990, BVerwGE 85, 348 (360); Urt. v. 23. August 1996, NVwZ 1997, 486; Ehrlein, VBlBW 1990, 121 (123); Czybulka, BayVBl. 1996, 513 (519); Halama, NuR 1998, 633 (636) m.w.N.

[525] Schroeter, DVBl. 1979, 15 (17); unklar Stüer, in: Hoppe-FS, 853 (864).

[526] BVerwG, Urt. v. 23. August 1996, NVwZ 1997, 486; Czybulka/Rodi, BayVBl. 1996, 513 (519); Halama, NuR 1998, 633 (636).

[527] LANA, Methodik III, Ziff. 4.1.3.

• Wiederherstellung bzw. Optimierung von Biotopen, z. B. Beseitigung von Trennwirkungen, Wiedervernässung ehemaliger Feuchtwiesen, Anlage von Trittsteinbiotopen und Linearstrukturen zur Biotopvernetzung
• Maßnahmen für bestimmte Tierarten, z. B. Anlage von Ersatzlaichgewässern für Amphibien, Anbringen von Sitzstangen für Greifvögel
Schutzgut Boden:
• Entsiegelung befestigter Flächen
• Extensivierung landwirtschaftlicher Flächen
• Renaturierung bzw. Rekultivierung nicht mehr benötigter Straßenflächen, Deponien etc.
Schutzgut Wasser:
• Wiederherstellung bzw. Anlage naturnah gestalteter Gewässer, z. B. Altwässer, Weiher, Gräben
• Verbesserung des Grundwasserschutzes in Gebieten mit wertvollen bzw. genutzten Grundwasservorkommen z. B. durch Aufforstungen
• Anreicherung des Grundwassers durch Versickerung von vorgeklärtem Straßenwasser über Sickerbecken
Schutzgut Klima/Luft:
• Abbau von baulichen Barrieren
• Aufforstungen

Tabelle 7: Mögliche Ausgleichsmaßnahmen bei Beeinträchtigungen des Naturhaushalts (Quelle: BMV, RAS-LP 1, S. 26)

b)   *Landschaftsbild*

Beeinträchtigungen des Landschaftsbildes sind nach § 8 Abs. 2 Satz 4 BNatSchG, Art. 6a Abs. 1 Satz 4 BayNatSchG als ausgeglichen zu betrachten, wenn dieses landschaftsgerecht wiederhergestellt oder neu gestaltet[528] ist.

In seiner ersten Variante deckt sich der Ausgleichsbegriff hinsichtlich des Landschaftsbildes mit dem, was für einen Ausgleich von Beeinträchtigungen des Naturhaushalts verlangt wird: die Wiederherstellung der durch das Vorhaben beeinträchtigten Funktionen des Landschaftsbildes. Dagegen geht die zweite Variante darüber hinaus: Für einen Ausgleich von Beeinträchtigungen des Landschaftsbildes genügt auch die landschaftsgerechte Neugestaltung des vom Eingriff betroffenen Naturraums. Damit wird die Bindung an den vor dem Eingriff bestehenden Zustand, den Status quo ante, für Beeinträchtigungen des Landschaftsbildes gelockert.

Diese Differenzierung zwischen den beiden Schutzgütern der Eingriffsregelung lässt sich damit erklären, dass die Bedeutung des Landschaftsbildes sich vor allem aus seiner sinnlichen Wirkung auf den Menschen als Voraussetzung für dessen Erholung ableitet. In Deutschland haben wir es aber weitestgehend nicht mit unberührter Naturlandschaft, sondern mit in vielen Jahrhunderten vom Menschen geprägter Kulturlandschaft zu tun. Es kann also nicht so sehr darum gehen, bestimmte sinnliche Eindrücke unverändert zu erhalten, da sie im Regelfall bereits ein Ergebnis von Veränderungen durch den Menschen sind, sondern unvermeidbare Eingriffe des Menschen in das Landschaftsbild in einer landschaftsgerechten Weise aufzufangen. Umgestaltungen des Landschaftsbildes können dabei sogar im Einzelfall zu einer Verbesserung des Landschaftsbildes führen.[529] Dagegen ist der Naturhaushalt auch um seiner selbst willen zu schüt-

---

[528] Nach dem BNatSchGNeuregG stellt die landschaftsgerechte Neugestaltung sowohl einen Ausgleich als auch eine Kompensation in sonstiger Weise dar (§ 19 AbS. 2, Sätze 2 und 3 BNatSchG). Ob diese Definition sinnvoll ist, ist zu bezweifeln, mag aber dahingestellt bleiben. Es verdeutlicht aber, dass eine Differenzierung zwischen Ausgleich und Ersatz nach dem BNatSchGNeuregG weitestgehend überflüssig ist.

[529] BVerwG, Urt. v. 27. September 1990, BVerwGE 85, 348 (361).

zen, also nicht in Abhängigkeit von seiner sinnlichen Wahrnehmbarkeit durch den Menschen. Wegen der unzureichenden Kenntnisse des Menschen von der Wirkungsweise des Naturhaushalts scheidet bezüglich dieses Schutzgutes eine Neugestaltung von vornherein aus, der Mensch muss stattdessen versuchen, die Funktionen, die er durch sein Eingreifen beeinträchtigt, so weit wie möglich wiederherzustellen, um den Naturhaushalt in seinem zuvor bestehenden Zustand zu sichern.

Ein Ausgleich von Beeinträchtigungen des Landschaftsbildes im Wege der Neugestaltung ist daher auch möglich, wenn eine Veränderung im Vergleich zum Status quo ante und damit die Tatsache eines Eingriffs weiterhin optisch oder sonst sinnlich wahrnehmbar bleibt.[530] Stattdessen kommt es darauf an, dass das Landschaftsbild im Beurteilungsraum nach Durchführung aller Ausgleichsmaßnahmen in seiner Art und Bewertung dem naturraumtypischen Landschaftsbild entspricht, das auch vor dem Eingriff vorhanden war.

Als Ausgleichsmaßnahmen zur Erreichung dieses Ausgleichszieles bieten sich daher an:

- landschaftsästhetische Restitution im Sinne der *Beseitigung* vergleichbarer Störungen im gleichen Landschaftsbildraum

- Maßnahmen zur landschaftsästhetischen Aufwertung im gleichen Landschaftsbildraum durch *Einbringung* von Elementen oder *Schaffung* von Strukturen, wie sie *durch das Vorhaben* beseitigt wurden

- Maßnahmen zur ästhetischen *Aufwertung* des gleichen Landschaftsbildraumes entsprechend der landschaftsraumtypischen Spezifika und/oder landschaftsästhetischer Zielvorstellungen der Landschaftsplanung.[531]

Gerade bei großflächigen Infrastrukturvorhaben wie dem Neubau einer Bundesfernstraße ist aber genau darauf zu achten, ob tatsächlich ein vollständiger Ausgleich der Landschaftsbildbeeinträchtigung im Sinne einer Wiederherstellung

---

[530] BVerwG, Urt. v. 27. September 1990, BVerwGE 85, 348 (360).
[531] LANA, Methodik III, Ziff. 4.2.

oder landschaftsgerechten Neugestaltung erreicht wird. Denn das Band der Straße verbleibt jedenfalls in der Landschaft und ist damit regelmäßig auch weiterhin wahrnehmbar. Insoweit bleibt daher die Wiederherstellung oder Neugestaltung des Landschaftsbildes regelmäßig hinter dem zuvor bestehenden Zustand zurück.[532]

c)   Das zeitliche Moment

Der Ausgleichsbegriff des § 8 Abs. 2 Satz 4 BNatSchG, Art. 6a Abs. 1 Satz 4 BayNatSchG verlangt, dass das Ausgleichsziel „nach Beendigung" des Eingriffs erreicht ist. Das Ausgleichsziel beinhaltet damit auch ein zeitliches Moment, die Fortführung des vor dem Eingriff bestehenden Zustands in gleicher Art und mit gleicher Wirkung muss „nach Beendigung des Eingriffs" erreicht sein.

Fraglich ist jedoch, wann dies der Fall ist. Fernstraßenbauvorhaben sind grundsätzlich darauf angelegt, dauerhaft in der Landschaft zu bleiben, streng genommen wird der Eingriff in Natur und Landschaft daher nicht beendet. Das Gesetz meint nicht den ungewissen Zeitpunkt einer etwaigen Beseitigung der Anlage. Denn die Ausgleichspflicht fordert ja gerade nicht die Wiederherstellung des früheren Zustands von Natur und Landschaft in dem fiktiven Fall des Rückbaus der Fernstraße, sondern die Wahrung des Status quo von Naturhaushalt und Landschaftsbild in ihrer funktionalen Ausprägung trotz Verwirklichung des Eingriffsvorhabens.[533]

Da das Ausgleichsgebot sich aber auf die einzelnen konkret beeinträchtigten Funktionen bezieht, ist auch hier auf diesen Funktionsbezug abzustellen. Anders als das Vermeidungsgebot, das die Entstehung von Beeinträchtigungen zu verhindern und zu diesem Zweck bereits die einzelnen Beeinträchtigungsfaktoren zu eliminieren sucht, zielt das Ausgleichsgebot auf den Ausgleich von *entstandenen* Beeinträchtigungen, auf die Wiederherstellung der beeinträchtigten Funktionen, ab. Die Funktion ist aber erst in dem Moment beeinträchtigt, in dem der

---

[532] BVerwG, Beschl. v. 4. Oktober 1994, Buchholz 406.401, Nr. 14 zu § 8 BNatSchG, 1 (2).
[533] Fischer-Hüftle, in: Engelhardt/Brenner/Fischer-Hüftle, BayNatSchG, Art. 6a, Rdn. 22.

Beeinträchtigungsfaktor auf das jeweilige Schutzgut eingewirkt hat (vgl. II. 2. a)). In diesem Moment muss daher auch der Ausgleich *in gleicher Art und mit gleicher Wirkung* erreicht sein. In zeitlicher Hinsicht ist das Ausgleichsziel erreicht, wenn trotz Einwirkung des Beeinträchtigungsfaktors auf das jeweilige Schutzgut keine Beeinträchtigung der Funktion mehr vorliegt.

Für die Frage, wann der Eingriff im Sinne von § 8 Abs. 2 Satz 4 BNatSchG, Art. 6a Abs. 1 Satz 4 BayNatSchG „beendet" ist, ist wegen der unterschiedlichen Arten von Beeinträchtigungsfaktoren, die zu unterschiedlichen Zeitpunkten auf die Schutzgüter einwirken, zu differenzieren. Bei baubedingten Beeinträchtigungen ist auf den Beginn der Bauphase, bei anlagebedingten Beeinträchtigungen auf die Fertigstellung des beeinträchtigenden Anlagenteils und bei betriebsbedingten Beeinträchtigungen auf die Inbetriebnahme der Fernstraße, also der Freigabe für den Verkehr, abzustellen. Ist zu diesen Zeitpunkten eine Wiederherstellung der beeinträchtigten Funktionen erreicht, so ist das Ausgleichs*ziel* erfüllt.[534]

Das zeitliche Moment erlangt aber auch in einem anderen Zusammenhang Bedeutung: Manche Bestandteile von Natur und Landschaft, deren Herstellung Ausgleichsmaßnahmen zum Ziel haben müssten, benötigen einen derartig langen Entwicklungszeitraum, dass dieser nach menschlichen Maßstäben nicht mehr planbar ist. Als ein Extrembeispiel können z. B. Hochmoore gelten, bei denen die Entstehung einer etwa 1 m dicken Torfschicht ca. 1.000 Jahre dauert.[535] Aber auch bei geringeren Zeitspannen lässt sich aufgrund der hohen Dynamik der Veränderungen in unserer modernen Gesellschaft häufig nicht sicherstellen, dass die erforderliche Zeit zur Verfügung steht. Beeinträchtigungen, die auf derartigen Flächen eintreten, gelten daher als grundsätzlich nicht ausgleich-

---

[534] In Übereinstimmung mit dieser Auslegung des zeitlichen Moments definiert auch die Neufassung des Ausgleichsbegriffs nach dem BNatSchGNeuregG eine Beeinträchtigung als ausgeglichen, das Ausgleichsziel also als erreicht, „wenn und sobald die beeinträchtigten Funktionen des Naturhaushalts oder das Landschaftsbild in gleichartiger Weise wiederhergestellt sind". Insofern ergibt die Neufassung daher keine Änderung.

[535] SRU, Umweltgutachten 1987, S.160.

bar. Ausgleichsmaßnahmen scheiden insofern von vornherein aus, stattdessen können nur Ersatzmaßnahmen festgesetzt werden.

Ab welcher Entwicklungszeit man generell Nichtausgleichbarkeit annimmt ist eine Wertungsfrage, die sich vor allem nach naturschutzfachlichen Kriterien richtet. In der fachwissenschaftlichen Literatur wird insoweit regelmäßig von Nichtausgleichbarkeit ausgegangen, wenn die Regeneration der betroffenen Funktionen einen Zeitraum von zwischen 25 und 30 Jahren benötigt.[536] Ist dies der Fall, so können Untersuchungen hinsichtlich möglicher Ausgleichsmaßnahmen daher von vornherein unterbleiben.[537] Die beeinträchtigten Funktionen sind damit erst auf den folgenden Prüfungsstufen der Eingriffsregelung zu berücksichtigen.

2.   Einschränkungen des Ausgleichsgebots

Ausgleichsmaßnahmen, die die Behörde auf der Grundlage des Ausgleichsgebots der naturschutzrechtlichen Eingriffsregelung anordnen kann, zielen also auf einen Ausgleich im Sinne des in § 8 Abs. 2 Satz 4 BNatSchG, Art. 6a Abs. 1 Satz 4 BayNatSchG formulierten Ausgleichsbegriffs ab. Dies bedeutet jedoch nicht, dass alle zur Erreichung des Ausgleichszieles geeigneten Maßnahmen angeordnet werden können. Vielmehr unterliegt die Behörde insoweit rechtlichen Schranken.

a)   Erforderlichkeitsklausel

Nach § 8 Abs. 2 Satz 1 a. E. BNatSchG, Art. 6a Abs. 1 Satz 1 a. E. BayNatSchG sind Beeinträchtigungen nur auszugleichen, „soweit es zur Verwirklichung der Ziele des Naturschutzes und der Landschaftspflege erforderlich ist". Ausgleichsmaßnahmen unterliegen daher wie Vermeidungsmaßnahmen einer inhalt-

---

[536] LANA, Methodik III, Ziff. 4.1.2.2; BMV, RAS-LP 1, S. 11; Schweppe-Kraft, Naturschutz und Landschaftsplanung 1994, 5 (9) m.w.N.

[537] Vgl. hierzu die Übersichten bei LANA, Methodik III, Ziff. 4.1.2.2 und BMV, RAS-LP 1, S. 11.

lich den Anforderungen des Verhältnismäßigkeitsgrundsatzes entsprechenden Erforderlichkeitsprüfung. Dieser ist in der hier interessierenden Situation, in der eine staatliche Behörde als Vorhabenträger auftritt, nicht per se anwendbar, da es gerade nicht um die Anwendung der Eingriffsregelung im Verhältnis Staat-Bürger geht (vgl. oben III. 2.).[538]

Als Maßstab, an dem die Erforderlichkeit einer Ausgleichsmaßnahme zu messen ist, nennt § 8 Abs. 2 Satz 1 a. E. BNatSchG, Art. 6a Abs. 1 Satz 1 a. E. BayNatSchG die Ziele des Naturschutzes und der Landschaftspflege. Diese ergeben sich abstrakt aus § 1 BNatSchG und konkret für den jeweiligen Landschaftsraum aus den Landschaftsplänen, hilfsweise auch aus Schutzgebietsausweisungen, Arten- und Biotopschutzprogrammen oder fachlichen Aussagen in Raumordnungsplänen (vgl. oben III. 2.).

Welches Ziel mit Ausgleichsmaßnahmen zu verfolgen ist, ergibt sich grundsätzlich bereits aus dem gesetzlich definierten Ausgleichsbegriff: Die durch das Vorhaben beeinträchtigten Funktionen sollen in gleicher Art und mit gleicher Wirkung durch die Ausgleichsmaßnahme erfüllt werden. Der Ausgleich stellt damit ebenfalls ein Ziel des Naturschutzes und der Landschaftspflege im Sinne von § 8 Abs. 2 Satz 1 a. E. BNatSchG, Art. 6a Abs. 1 Satz 1 a. E. BayNatSchG dar. Eine Wahlmöglichkeit kommt der Planfeststellungsbehörde daher bei Ausgleichsmaßnahmen grundsätzlich nicht zu, insofern ist auch die Bedeutung der räumlich konkreten Ziele von Naturschutz und Landschaftspflege, was den Ausgleich von Beeinträchtigungen des Naturhaushalts und die Wiederherstellung des Landschaftsbildes angeht, eher gering. Gleiches gilt auch für Ziele der Raumordnung nach § 7 Abs. 2 Satz 2 ROG 1998, nach denen Beeinträchtigungen *an anderer* Stelle ausgeglichen werden können. Denn der Ausgleichsbegriff

---

[538] Das BNatSchGNeuregG führt wie beim Vermeidungsgebot auch beim Ausgleichsgebot zu einer Veränderung der rechtlichen Anforderungen, da § 19 AbS. 2 Satz 2 BNatSchG danach keine Erforderlichkeitsklausel enthält. Da der Verhältnismäßigkeitsgrundsatz in den Fällen, in denen der Vorhabenträger eine Behörde ist, nicht per se anwendbar ist, müssen nunmehr auch unangemessene Ausgleichsmaßnahmen angeordnet werden. Die Anforderungen an den Ausgleich müssten daher bei derartigen Vorhaben steigen.

geht gerade von einer Bindung an den betroffenen Funktionsraum aus, die nicht beliebig gelockert werden kann.

Anders sieht dies aber bei dem Ausgleich im Wege der landschaftsgerechten Neugestaltung des Landschaftsbildes aus. Hier bestehen weitgehende Spielräume der Behörde, da insoweit die Bindung an die Funktionsbeeinträchtigung gelockert ist. Daher hat die Behörde hier auf die in der Landschaftsplanung formulierten Zielvorstellungen vom anzustrebenden Zustand des Landschaftsbildes zurückzugreifen (§ 6 Abs. 2 Nr. 2 BNatSchG, Art. 3 Abs. 4 Nr. 2 Bay-NatSchG).[539] Fehlt es daran, so hat sie selbst räumlich konkrete Ziele aus den Zielen und Grundsätzen von Naturschutz und Landschaftspflege in §§ 1, 2 BNatSchG und Art 1 Abs. 2 BayNatSchG zu entwickeln. Daneben kommt ihnen Bedeutung zu, wenn nur eine von mehreren ausgleichbaren Beeinträchtigungen ausgeglichen werden kann.[540]

Ausgleichsmaßnahmen müssen zunächst zur Erreichung des Ausgleichszieles geeignet sein, um im Sinne der Erforderlichkeitsklausel als erforderlich gelten zu können. Diese Eignung beurteilt sich grundsätzlich nach naturschutzfachlichen Grundsätzen und dem insoweit bestehenden Stand von Wissenschaft und Technik. Die Flächen, auf denen Ausgleichsmaßnahmen vorgesehen sind, müssen dabei aufwertungsbedürftig und aufwertungsfähig sein. Dies ist der Fall, wenn sie in einen Zustand versetzt werden können, der im Vergleich zum vorherigen als ökologisch oder unter dem Gesichtspunkt des Landschaftsbildes höherwertig einzustufen ist. Flächen, die bereits jetzt die Funktionen erfüllen, deren Beeinträchtigungen ausgeglichen werden sollen, kommen daher nicht in Frage.[541] An der Eignung fehlt es ebenfalls, wenn auf den für Ausgleichsmaß-

---

[539] Kuschnerus, Speyerer Forschungsbericht 157, 39 (54).

[540] Louis, BNatSchG, § 8, Rdn. 58; Gassner, in: Gassner/Bendomir-Kahlo/Schmidt-Räntsch, BNatSchG, § 8, Rdn. 32; LANA, Methodik III, Ziff. 4.2.

[541] BVerwG, Urt. v. 23. August 1996, NVwZ 1997, 486 (488); BVerwG, Gerichtsbescheid v. 10. September 1998, NVwZ 1999, 532 (533).

nahmen vorgesehenen Flächen durch diese weitere Beeinträchtigungen des Naturhaushalts oder des Landschaftsbildes auftreten würden.[542]

Die jeweilige Ausgleichsmaßnahme muss auch zur Erreichung des Ausgleichszieles erforderlich sein, d. h. es darf keine andere, für den Vorhabenträger weniger aufwendige aber zum Ausgleich der jeweiligen Funktionsbeeinträchtigung gleich wirksame Maßnahme zur Verfügung stehen.[543] Ist dies dennoch der Fall, so ist diese Maßnahme zu wählen.

Schließlich muss die Ausgleichsmaßnahme dem Vorhabenträger gegenüber angemessen sein. Der erforderliche Aufwand darf nicht außer Verhältnis zum Nutzen für Natur und Landschaft stehen.[544] Maßstab für die Frage der Angemessenheit ist also der erzielbare Nutzen für Natur und Landschaft. Die wirtschaftliche Leistungsfähigkeit des Eingriffsverursachers ist auch im Rahmen des Ausgleichsgebotes grundsätzlich nicht zu berücksichtigen. Insbesondere ist die Ansicht von *Kuchler*, nach der Ausgleichsmaßnahmen, die wegen ihres Umfangs den Vorhabenträger zur Aufgabe des Vorhabens zwingen und damit das Vorhaben faktisch verhindern, unzulässig sind,[545] aus den bereits im Rahmen des Vermeidungsgebotes dargestellten Gründen abzulehnen. Wird dem Verursacher das Vorhaben wegen der naturschutzrechtlichen Folgekosten zu teuer, so muss er eben das Vorhaben aufgeben.[546] Er kann seine Kosten nicht auf die Natur abwälzen (vgl. oben III. 2.).

Für die Beantwortung der Frage, wann eine Ausgleichsmaßnahme im genannten Sinne unangemessen ist, ist Folgendes zu bedenken: Anders als das Vermeidungsgebot, das alle Arten von Beeinträchtigungen betrifft, geht es dem Ausgleichsgebot nur um den Ausgleich von erheblichen oder nachhaltigen Beein-

---

[542] Fischer-Hüftle, in: Engelhardt/Brenner/Fischer-Hüftle, BayNatSchG, Art. 6a, Rdn. 20.

[543] Fischer-Hüftle, in: Engelhardt/Brenner/Fischer-Hüftle, BayNatSchG, Art. 6a, Rdn. 10, 20.

[544] Ehrlein, VBlBW 1990, 121 (123); R. Breuer, NuR 1980, 89 (94); Kuchler, NuR 1991, 465 (469).

[545] Kuchler, NuR 1991, 465 (469).

[546] Fischer-Hüftle, in: Engelhardt/Brenner/Fischer-Hüftle, BayNatSchG, Art. 6a, Rdn. 11, 20; Ehrlein, VBlBW 1990, 121 (123).

trächtigungen. Diese müssen auch nicht vollständig ausgeglichen werden, sondern nur soweit, dass sie unter die Geringfügigkeitsschwelle fallen. Der Ausschluss von Maßnahmen, die nur geringfügige Beeinträchtigungen betreffen, erfolgt beim Ausgleichsgebot also schon über den Ausgleichsbegriff. Daher kann Unangemessenheit hier nicht deswegen vorliegen, weil die auszugleichende Beeinträchtigung unterhalb der Geringfügigkeitsschwelle liegt, sondern nur wegen eines besonders großen Aufwandes für den Vorhabenträger. Einer der klassischen Fälle ist dabei die Unangemessenheit aus zeitlichen Gründen.

Es ist für Natur und Landschaft geradezu charakteristisch, dass Ausgleichsmaßnahmen erst nach längerer Zeit greifen. Sollen Biotope angelegt werden, so benötigen diese für die Entwicklung ihrer vollen Funktionsfähigkeit eine gewisse Zeit und auch eine Aufforstung zum Ausgleich von Beeinträchtigungen des Landschaftsbildes kann nicht von heute auf morgen erfolgen. Der Ausgleichsbegriff verlangt aber grundsätzlich, dass die Beeinträchtigungen bereits im Moment der negativen Einwirkung auf die Schutzgüter im obigen Sinne voll ausgeglichen sind. Dies kann grundsätzlich dadurch erreicht werden, dass mit der Durchführung der Ausgleichsmaßnahme schon *vor* Beginn der Arbeiten am Eingriffsvorhaben begonnen wird[547]: Steht in dem Moment, in dem z. B. das Habitat einer Tierart durch betriebsbedingte Beeinträchtigungsfaktoren beeinträchtigt wird, bereits ein Ersatzhabitat zur Verfügung, auf das die Population ausweichen kann, so ist die Beeinträchtigung ausgeglichen. Derartige Maßnahmen sind natürlich besonders aufwendig, und daher nur unter Beachtung der Erforderlichkeitsprüfung dem Vorhabenträger zuzumuten. Die Durchführung einer Ausgleichsmaßnahme vor Baubeginn kann z. B. angemessen sein bei einer Ansiedlung *besonders* gefährdeter Tiere oder Pflanzen auf Ausgleichsflächen, deren bisheriges Habitat durch das Eingriffsvorhaben vernichtet wird,[548] also wenn der gesteigerte Ausgleichsaufwand wegen der besonderen Bedeutung der beeinträchtigten Funktion gerechtfertigt ist. Bei der Schaffung von Aus-

---

[547] VG Darmstadt, Urt. v. 28. November 1990, NuR 1991, 391 (398); Gassner, in: Gassner/Bendomir-Kahlo/Schmidt-Räntsch, BNatSchG, § 8, Rdn. 34.

[548] BMV, RAS-LP 1, S. 13.

gleichsbiotopen muss sich die Planfeststellungsbehörde dagegen häufig auf die bloße Schaffung einer Ausgangslage beschränken, durch die natürliche Prozesse in Gang gesetzt und die gegebenenfalls durch Pflege- und Entwicklungsmaßnahmen unterstützt werden. Denn dauert z. B. die Zeit bis zur vollen Entwicklung eines Biotops fünf Jahre, dann ist es dem Vorhabenträger regelmäßig nicht zumutbar, bereits jetzt eine Ausgleichsmaßnahme durchzuführen, aber noch fünf Jahre mit der Durchführung seines Vorhabens zu warten, was aber nötig wäre, um einen Ausgleich im Sinne des Ausgleichsbegriffs zu erreichen. Die bloße Schaffung einer Ausgangslage stellt sich daher als die einzig angemessene und damit einzig rechtmäßige Ausgleichsmaßnahme dar.[549]

Diese Gesichtspunkte sind von der Behörde auch bei der Festsetzung der Ausgleichsfrist nach § 8 Abs. 2 Satz 1, 2. HS BNatSchG, Art. 6a Abs. 1 Satz 1, 2. HS BayNatSchG zu berücksichtigen: Grundsätzlich sind Beeinträchtigungen für einen Ausgleich im Sinne des Ausgleichsbegriffs sofort auszugleichen. Ist aus Gründen der Verhältnismäßigkeit aber kein sofortiger Ausgleich möglich, so hat die Behörde eine entsprechend längere Frist festzusetzen.

Derartige Einschränkungen der Ausgleichspflicht aufgrund der Erforderlichkeitsklausel führen dazu, dass ein Teil der Beeinträchtigungen nicht ausgeglichen wird. Das Ausgleichsziel wird durch die Ausgleichsmaßnahme nicht vollständig erreicht. So bleibt es in den Fällen, in denen nur die Ausgangslage für die Entstehung bestimmter Biotopen geschaffen wird, bei einer Beeinträchtigung des Naturhaushalts und/oder des Landschaftsbildes bis zur vollständigen Wirksamkeit. Dieses Ausgleichsdefizit ist auf den nachfolgenden Stufen der Eingriffsregelung, also im Rahmen der naturschutzrechtlichen Abwägung und bei der Festsetzung von Ersatzmaßnahmen oder Ersatzzahlungen zu berücksichtigen. Der *Eingriff* ist damit in diesen Fällen nur zum Teil ausgeglichen.

---

[549] Im Ergebnis ebenso OVG Münster, Urt. v. 10. November 1993, NWVBl. 1994, 463 (466); Kuschnerus, Schriftenreihe Natur und Recht, Band 2, 11 (24).

b) Enteignung für Ausgleichsmaßnahmen

§ 19 FStrG gesteht dem Träger der Straßenbaulast das Enteignungsrecht zur Erfüllung seiner Aufgaben zu. Nach § 19 Abs. 1 Satz 2 FStrG ist die Enteignung zulässig, *soweit* sie zur Ausführung eines nach § 17 FStrG festgestellten oder genehmigten Bauvorhabens *notwendig* ist. Die Zulässigkeit der Enteignung wird gemäß § 19 Abs. 1 Satz 3 FStrG i.V.m. Art. 28 BayEG bereits mit dem Planfeststellungsbeschluß festgestellt, die Enteignungsbehörde ist daran gebunden, § 19 Abs. 2 FStrG.

Das Recht zur Enteignung erstreckt sich auch auf Flächen, die für Ausgleichsmaßnahmen nach der naturschutzrechtlichen Eingriffsregelung vorgesehen sind. Denn macht der Gesetzgeber die fachplanerische Zulassung des Vorhabens von der Durchführung naturschutzrechtlicher Kompensationsmaßnahmen abhängig, so ist auch die Enteignung für diese Zwecke notwendig im Sinne von § 19 FStrG.[550] Indem die naturschutzrechtliche Eingriffsregelung materielle Rechtmäßigkeitsvoraussetzung für die Durchführung des Straßenbauvorhabens ist, gehört es ebenfalls zu den „Aufgaben des Straßenbaulastträgers" im Sinne von § 19 Abs. 1 FStrG, für unvermeidbare Beeinträchtigungen von Natur und Landschaft Ausgleichsmaßnahmen zu schaffen.[551]

Die Tatsache, dass eine Enteignung auch für Ausgleichsmaßnahmen in Frage kommt, ist für die Rechtmäßigkeit des Planfeststellungsbeschlusses mehrfach von Bedeutung: Zum einen ist die Möglichkeit der Enteignung für eine bestimmte Fläche als abwägungserheblicher Belang in der fachplanerischen Abwägung nach § 17 FStrG zu berücksichtigen. Zum anderen ist ein Zugriff auf ein konkretes Grundstück im Wege der Enteignung nur zulässig, wenn dieser ver-

---

[550] BVerwG, Urt. v. 23. August 1996, NVwZ 1997, 486 (487); BVerwG, Urt. v. 1. September 1997, BVerwGE 105, 178 (181); Kuschnerus, DVBl. 1986, 75 (80); Steinberg/Berg/Wickel, Fachplanung, § 4, Rdn. 97 ff. m.w.N.; anders nur de Witt/Burmeister, NVwZ 1994, 38 f.

[551] VGH Mannheim, Urt. v. 20. Februar 1992, NVwZ 1993, 595 (596).

hältnismäßig ist.[552] Anderenfalls kann die Enteignung nicht als *notwendig* im Sinne von § 19 Abs. 1 Satz 2 FStrG bezeichnet werden.

Die Enteignung der für den Ausgleich vorgesehenen Fläche muss also den Verhältnismäßigkeitsgrundsatz wahren. Die Fläche muss zur Erreichung des Ausgleichszieles *geeignet*, der Zugriff auf das private Grundeigentum muss *erforderlich* sein und die Folgen für den von der Enteignung Betroffenen dürfen *nicht außer Verhältnis* zum beabsichtigten Erfolg, also zum durch den Ausgleich der Beeinträchtigung bezweckten Gewinn für Natur und Landschaft sein. An der Erforderlichkeit fehlt es, wenn Ausgleichsmaßnahmen an anderer Stelle gleichen Erfolg versprechen, für den von der Enteignung Betroffenen aber weniger einschneidend sind, also z. B. auf Flächen möglich sind, die im Eigentum des Vorhabenträgers oder eines sonstigen Rechtsträgers der öffentlichen Hand stehen. Außer Verhältnis zum bezweckten Gewinn für Natur und Landschaft können Ausgleichsmaßnahmen stehen, wenn beispielsweise dadurch die wirtschaftliche Existenz des Betroffenen gefährdet oder gar vernichtet wird.[553] Insofern kann sich auch die Frage stellen, ob der Vorhabenträger aus Gründen der Verhältnismäßigkeit verpflichtet ist, dem von der Enteignung betroffenen Ersatzland zur Verfügung zu stellen.[554]

Klarstellend ist noch darauf hinzuweisen, dass die Verhältnismäßigkeitsprüfung aufgrund der enteignungsrechtlichen Vorwirkung von der oben dargestellten Erforderlichkeitsprüfung nach § 8 Abs. 2 Satz 1 a. E. BNatSchG, Art. 6a Abs. 1 a. E. BayNatSchG trotz einiger Gemeinsamkeiten wie der Notwendigkeit einer Eignung der für den Ausgleich vorgesehenen Flächen, zu unterscheiden ist. Denn auf der letzten Prüfungsstufe, der Verhältnismäßigkeit im engeren Sinn oder Angemessenheit, ist im ersten Fall die Angemessenheit gegenüber dem *Vorhabenträger*, im zweiten dagegen die Zumutbarkeit dem von der Enteignung betroffenen *Bürger* gegenüber zu betrachten. Der mit dem Ausgleich bezweckte

---

[552] BVerwG, Urt. v. 1. September 1997, BVerwGE 105, 178 (185); Dürr, in: Kodal/Krämer, Straßenrecht, Kap. 34, Rdn. 22.43.

[553] BVerwG, Urt. v. 1. September 1997, BVerwGE 105, 178 (186).

[554] BVerwG, Urt. v. 28. Januar 1999, NVwZ-RR 1999, 629 (630 f.).

Nutzen für Naturschutz und Landschaftspflege ist also einerseits dem Aufwand, der dadurch für den Vorhabenträger ausgelöst wird, und andererseits den Belastungen des Bürgers durch die Enteignung gegenüberzustellen. Insofern ist also bei Ausgleichsmaßnahmen, für die eine Enteignung erforderlich wird, eine *doppelte* Verhältnismäßigkeitsprüfung notwendig.

V. Die naturschutzrechtliche Abwägung § 8 Abs. 3 BNatSchG, Art. 6a Abs. 2 BayNatSchG

Sind nicht sämtliche Beeinträchtigungen vermeidbar oder im erforderlichen Maße ausgleichbar, so sind nach § 8 Abs. 3 BNatSchG, Art. 6a Abs. 2 BayNatSchG die Belange von Naturschutz und Landschaftspflege gegen alle anderen Anforderungen an Natur und Landschaft abzuwägen. Die naturschutzrechtliche Abwägung kommt also nur zur Anwendung, wenn es auf den vorgelagerten Prüfungsstufen des Vermeidungs- und des Ausgleichsgebotes nicht gelungen ist, die Eingriffsintensität unter die Geringfügigkeitsschwelle zu drücken. Eine Abwägung ist nicht erforderlich, wenn alle Beeinträchtigungen vermieden wurden oder, soweit eine Vermeidung aus tatsächlichen oder rechtlichen Gründen nicht möglich war, die Beeinträchtigungen soweit ausgeglichen werden konnten, dass der gesamte Eingriff als ausgeglichen im Sinne von § 8 Abs. 2 Satz 4 BNatSchG, Art. 6a Abs. 1 Satz 4 BayNatSchG gelten kann. Konnte eine an sich geeignete Ausgleichsmaßnahme aus rechtlichen Gründen nicht angeordnet werden, so ist ein Vollausgleich des Eingriffs nicht erreicht und die Planfeststellungsbehörde hat die Abwägung nach § 8 Abs. 3 BNatSchG, Art. 6a Abs. 2 BayNatSchG durchzuführen.

1. Inhalt der Abwägung

Was den Inhalt der Abwägung angeht, so sind nach dem Gesetzeswortlaut alle Anforderungen an Natur und Landschaft abzuwägen. Das Eingriffsvorhaben ist zu untersagen, wenn die Belange von Naturschutz und Landschaftspflege dabei vorgehen. Abzuwägen sind also die Belange von Naturschutz und Landschaftspflege gegen die für die Durchführung des Vorhabens sprechenden Anforderungen an Natur und Landschaft. Es handelt sich um eine zweiseitige, „bipolare"[555] Abwägung, bei der die für und gegen die Zulassung sprechenden Anforderungen an Natur und Landschaft zu berücksichtigen sind.

„Anforderungen an Natur und Landschaft" im Sinne der Abwägungsklausel sind grundsätzlich alle Nutzungsansprüche, denen Natur und Landschaft aufgrund der unterschiedlichen menschlichen Nutzungsansprüche ausgesetzt sind.[556] Im vorliegend interessierenden Fall ist dies also die Nutzung als Bundesfernstraße. Damit sind auf der einen Seite alle *für* dieses Vorhaben sprechenden Gründe wie Verkehrsbedarf, Erschließungsfunktion für eine wirtschaftlich zu fördernde Region etc. in die Abwägung einzustellen.[557] Nicht zu berücksichtigen sind dagegen die sich aus anderen Gesichtspunkten als den Belangen von Naturschutz und Landschaftspflege ergebenden Gründe, die *gegen* das Vorhaben sprechen. Dies ergibt sich bereits aus der Formulierung der Abwägungsklausel, die eine Untersagung des Vorhabens nur aus Gründen von Naturschutz und Landschaftspflege und nicht aus anderen Gründen zulässt.[558]

Auf der anderen Seite der „bipolaren Abwägung" sind die Belange des Naturschutzes und der Landschaftspflege zu berücksichtigen. Diese umfassen alle durch das Vorhaben ausgelösten Beeinträchtigungen des Naturhaushalts und des Landschaftsbildes, die nicht durch Vermeidungsmaßnahmen verhindert oder durch Ausgleichsmaßnahmen im erforderlichen Maße ausgeglichen werden können.[559] Zweckmäßig ist insofern die Aufstellung einer Ausgleichsbilanz, in der die für das Vorhaben prognostizierten Beeinträchtigungen den zu vermeidenden und auszugleichenden Beeinträchtigungen gegenübergestellt werden. Je

---

[555] Kuschnerus, Schriftenreihe Natur und Recht, Band 2, 11 (25); Gassner, in: Gassner/Bendomir-Kahlo/Schmidt-Räntsch, BNatSchG, § 8, Rdn. 47; Stüer, in: Hoppe-FS, 853 (866).

[556] Louis, BNatSchG, § 8, Rdn. 178.

[557] Stüer, in: Hoppe-FS, 853 (865); Kuschnerus, Schriftenreihe Natur und Recht, Band 2, 11 (25); Czybulka/Rodi, BayVBl. 1996, 513 (520).

[558] Ramsauer, NuR 1997, 419 (424).

[559] Kuschnerus, Schriftenreihe Natur und Recht, Band 2, 11 (25); Stüer, in: Hoppe-FS, 853 (866).

größer das verbleibende Ausgleichsdefizit der nicht vermeidbaren und nicht ausgleichbaren Beeinträchtigungen ist, umso gewichtiger müssen die für das Vorhaben sprechenden Belange sein. Je kleiner es ist, umso eher müssen die Belange von Naturschutz und Landschaftspflege in der Abwägung zurückstehen.[560] Zu berücksichtigen ist auch die Bewertung der einzelnen Beeinträchtigungen, wie sie bereits für die Bestimmung des Eingriffs bedeutsam wurde: Bleiben ausschließlich nicht erhebliche Beeinträchtigungen unausgeglichen, so werden die Belange von Naturschutz und Landschaftspflege eher zurücktreten müssen als wenn es sich um bedeutende und damit über der Erheblichkeitsschwelle liegende Beeinträchtigungen handelt.

In keiner Weise zu berücksichtigen sind dagegen Ersatzmaßnahmen nach Art. 6a Abs. 3 BayNatSchG.[561] [562] Dass sie für die Aufstellung der Ausgleichsbi-

[560] BVerwG, Urt. v. 27. Oktober 2000, DVBl. 2001, 386 (392); Halama, NuR 1998, 633 (637); Louis, BNatSchG, § 8, Rdn. 177.

[561] BVerwG, Urt. v. 27. Oktober 2000, DVBl. 2001, 386 (392); Louis, BNatSchG, § 8, Rdn. 177; Halama, NuR 1998, 633 (637); Kuchler, NuR 1991, 465 (472); anders nur Ronellenfitsch, NuR 1986, 284 (288).

[562] An dieser Stelle wird die gravierendste Änderung der Eingriffsregelung nach dem BNatSchGNeuregG relevant: Nach § 19 AbS. 2 Satz 1, 2. HS BNatSchG wären nunmehr Ersatzmaßnahmen *vor* der naturschutzrechtlichen Abwägung anzuordnen und damit wäre auch der Umfang des möglichen Ersatzes bei der Abwägung zu berücksichtigen. Damit sinkt die Wahrscheinlichkeit, dass diese Abwägung einmal zu Lasten des Eingriffsvorhabens ausgeht, erheblich. Denn eine Kompensation in sonstiger Weise, wie sie das BNatSchGNeuregG als Ersatz definiert, wird sich fast immer anordnen lassen. Das Ausgleichs- (bzw. dann wohl besser: Ersatz-) defizit wird daher regelmäßig nur sehr gering sein. Der Entwurf rechtfertigt diese Änderung mit einer dadurch erhöhten Praktikabilität der Eingriffsregelung. Der Vollzug werde erleichtert, die Rechtsklarheit werde verbessert und ein wesentlicher Beitrag zur verbesserten Akzeptanz und Anwendung in der Vollzugspraxis geleistet. Gegen diese Neuregelung sprechen aber gewichtige Bedenken, wie sie unter anderem der Rat der Sachverständigen für Umweltfragen in seiner Stellungnahme zum Entwurf vom März 2001 geäußert hat. Zum einen ist dabei die faktische Unmöglichkeit der Untersagung aufgrund der naturschutzrechtlichen Abwägung zu nennen. Zum anderen forderte die Differenzierung zwischen Ausgleich und Ersatz eine starke Orientierung an den verloren gegangenen Funktionen des Naturhaushalts und des LandschaftsbildeS. Mit der Gleichstellung von Ausgleich und Ersatz steht daher zu befürchten, dass es regelmäßig nur zu Ersatzmaßnahmen kommt, und darunter stets zu den billigsten, so dass einer Homogenisierung der Landschaft Vorschub geleistet wird.

lanz nicht von Bedeutung sein können ergibt sich bereits aus der Systematik der Eingriffsregelung: Die Abwägung nach § 8 Abs. 3 BNatSchG stellt den Schlusspunkt des bundesrahmenrechtlich geregelten Entscheidungsprogramms dar. Ersatzmaßnahmen beruhen dagegen auf der Ermächtigung der Länder in § 8 Abs. 9 BNatSchG zum Erlass weitergehender Vorschriften. Eine Berücksichtigung im Rahmen der Abwägung würde daher deren bundesrahmenrechtlich vorgegebenen Charakter verändern, da ein Ersatz erheblich leichter zu erreichen ist als ein Ausgleich von Beeinträchtigungen und damit die Ausgleichsbilanz viel häufiger gegen eine Untersagung des Vorhabens sprechen würde. Daneben macht auch die Formulierung des Art. 6a Abs. 3 BayNatSchG deutlich, dass die Festsetzung von Ersatzmaßnahmen voraussetzt, dass vorher die naturschutzrechtliche Abwägung zugunsten des Eingriffsvorhabens ausging.

Mögliche Ersatzmaßnahmen sind aber auch insofern nicht für die Abwägung von Bedeutung, als dadurch die Bedeutung und das Gewicht der verbleibenden Beeinträchtigungen mit der Begründung, es wäre ein Ersatz für die verbleibenden Beeinträchtigungen möglich,[563] geschmälert würde. Denn die Festsetzung von Ersatzmaßnahmen setzt gerade voraus, dass die naturschutzrechtliche Abwägung für das Vorhaben positiv ausging. Eine irgendwie geartete Berücksichtigung von Ersatzmaßnahmen bereits auf der vorhergehenden Stufe würde daher der Systematik der Eingriffsregelung widersprechen.[564]

Ergibt die Abwägung, dass die Belange des Naturschutzes und der Landschaftspflege im Range vorgehen, so ergibt sich bereits aus dem Wortlaut der Bestimmung, dass das Vorhaben *zwingend* zu untersagen ist. Für eine Ermessensentscheidung der Behörde ist insoweit kein Raum.[565] Eine Untersagung ist aber auch nur möglich, wenn ein *Übergewicht* der Belange von Naturschutz und Landschaftspflege festgestellt wird. Besteht ein Gleichgewicht, so ist das Vor-

---

[563] So aber Ronellenfitsch, NuR 1986, 284 (288).

[564] Kuschnerus, Schriftenreihe Natur und Recht, Band 2, 11 (25).

[565] Louis, BNatSchG, § 8, Rdn. 177; Fischer-Hüftle, in: Engelhardt/Brenner/Fischer-Hüftle, BayNatSchG, Art. 6a, Rdn. 28, 31; Kuschnerus, NVwZ 1996, 235 (240); BVerwG, Beschl. v. 22. Mai 1996, NVwZ-RR 1997, 217 (218); BVerwG, Urt. v. 27. Oktober 2000, DVBl. 2001, 386 (393).

haben jedenfalls aus naturschutzrechtlichen Gründen zulässig. Eine Untersagung kann dann nicht aufgrund von § 8 Abs. 3 BNatSchG, Art. 6a Abs. 2 Bay-NatSchG erfolgen.

2.   Besonderheiten nach Art. 6a Abs. 2 Satz 2 BayNatSchG

Mit Gesetz vom 10. Juli 1998[566] wurde der naturschutzrechtlichen Abwägungs-klausel in Art. 6a Abs. 2 BayNatSchG ein zweiter Satz angefügt. Danach ist ein Eingriff, als dessen Folge Biotope zerstört werden, die für dort wildwachsende Pflanzen und wildlebende Tiere der streng geschützten Arten nicht ersetzbar sind, nur zulässig, wenn für den Eingriff sprechende Gründe des Gemeinwohls besonders schwer wiegen.[567]

Vorbild der Neuregelung war der § 13 Abs. 2 des brandenburgischen Natur-schutzgesetzes von 1992.[568] Sie stellt eine nach § 8 Abs. 9 BNatSchG zulässige, „weitergehende" landesrechtliche Vorschrift zur naturschutzrechtlichen Abwä-gungsklausel dar, da sie die nach der bundesrahmenrechtlichen Regelung beste-henden naturschutzrechtlichen Anforderungen an in Natur und Landschaft ein-greifende Vorhaben verschärft.[569]

Voraussetzung für die Anwendbarkeit der Norm ist, dass durch das Vorhaben Biotope, die für dort lebende wildwachsende Pflanzen oder wildlebende Tiere

---

[566] GVBl. S. 403.

[567] In ähnlicher Weise ergänzt das BNatSchGNeuregG die Abwägungsklausel des § 19 AbS. 3 BNatSchG um folgenden Satz 2: „Werden als Folge des Eingriffs Biotope zerstört, die für dort wild lebende Tiere und wild wachsende Pflanzen der streng geschützten Arten nicht ersetzbar sind, ist der Eingriff nur zulässig, wenn er aus zwingenden Gründen des überwiegenden öffentlichen Interesses gerechtfertigt ist." Die Neuerung lehnt sich aus-drücklich an die entsprechenden Bestimmungen des bayerischen und brandenburgischen Naturschutzrechts an und weicht nur in unbedeutenden Einzelheiten von ihr ab. Inhaltlich ergeben sich keine Unterschiede. Die Anforderungen an die für das Vorhaben sprechenden Gründe werden erhöht und im Zweifel ist von einem Vorrang des Naturschutzes auszuge-hen.

[568] GVBl. I S. 208.

[569] Gassner, in: Gassner/Bendomir-Kahlo/Schmidt-Räntsch, BNatSchG, § 8, Rdn. 47.

streng geschützter Arten nicht ersetzbar sind, zerstört werden. Die Zerstörung des Biotops muss nicht unmittelbar durch das Vorhaben geschehen, sie kann auch eine mittelbare Folge darstellen, die nach fachlicher Prognose über kurz oder lang durch den Eingriff ausgelöst wird.[570] Streng geschützte Arten sind in § 20a Abs. 1 Nr. 8 BNatSchG mit unmittelbarer Wirkung (§ 4 Satz 3 BNatSchG) legaldefiniert. Darunter fallen zum einen die in Anhang A der Verordnung Nr. 338/97 des Rates vom 9. Dezember 1996 zum Schutz von Exemplaren wildlebender Tier- und Pflanzenarten durch Überwachung des Handels[571] genannten Arten, zum anderen die im Anhang IV der FFH-Richtlinie[572] genannten Arten, sowie Arten, die in einer Verordnung des Bundes nach § 20e Abs. 2 BNatSchG oder in einer bayerischen Verordnung nach § 20e Abs. 2, 5 BNatSchG i.V.m. Art. 18 Abs. 1 Satz BayNatSchG aufgeführt sind.

Nicht ersetzbar sind die Biotope für die dort lebenden Exemplare der streng geschützten Arten, wenn die Beeinträchtigungen nicht ausgleichbar und die Biotope für das Überleben der Populationen unbedingt erforderlich sind. Da die streng geschützten Arten regelmäßig auf bestimmte Standort- bzw. Habitattypen angewiesen sind, sie nur in seltenen Fällen ausweichen und neue Lebensräume nur begrenzt geschaffen werden können, greift die Klausel bei einer Zerstörung von derartigen Biotopen regelmäßig ein.[573]

Unter diesen Voraussetzungen ist ein Vorhaben nur zulässig, wenn die für den Eingriff sprechenden Gründe des Gemeinwohls besonders schwer wiegen. Gefordert wird also auch hier eine „bipolare Abwägung" in der oben beschriebenen Art. Diese wird allerdings in zweierlei Art und Weise modifiziert: Einerseits müssen die für das Vorhaben sprechenden Gründe des Gemeinwohls besonders

[570] Egner/Fischer-Hüftle, BayVBl. 1999, 680 (682); Fischer-Hüftle, in: Engelhardt/Brenner/Fischer-Hüftle, BayNatSchG, Art. 6a, Rdn. 35.
[571] ABl. EG 1997 Nr. L 61 S. 1, Nr. L 100 S. 72, Nr. L 298 S. 70.
[572] Richtlinie 92/43/EWG des Rates vom 21. Mai 1992 zur Erhaltung der natürlichen Lebensräume sowie der wildlebenden Tiere und Pflanzen (ABl. EG 1992 Nr. L 206 S. 7).
[573] Egner/Fischer-Hüftle, BayVBl. 1999, 680 (682); Fischer-Hüftle, in: Engelhardt/Brenner/Fischer-Hüftle, BayNatSchG, Art. 6a, Rdn. 35.

schwer wiegen. Die Anforderungen an die für die Zulassung sprechenden Gründe werden dadurch also verschärft. Abzulehnen ist jedoch die Ansicht von *Fischer-Hüftle*, nach der hier wie bei § 19c Abs. 4 BNatSchG, Art. 49a Abs. 2 Satz 3 BayNatSchG nur Gründe der menschlichen Gesundheit und der öffentlichen Sicherheit herangezogen werden können.[574] Denn bei Art. 6a Abs. 2 Satz 2 BayNatSchG handelt es sich gerade nicht um eine Norm, die der Umsetzung der FFH-Richtlinie dient. Die streng geschützten Arten sind auch nicht ausschließlich prioritäre Arten und die jeweiligen Biotope nicht nur prioritäre Biotope im Sinne der Richtlinie. Eine richtlinienkonforme Auslegung des Rechtsbegriffs der Gründe des Gemeinwohls ist daher hier weder geboten noch veranlasst.

Andererseits wird der Eingriff nur zugelassen, wenn die Gründe besonders schwer wiegen. Insoweit wird also in den Fällen des Satzes 2 die Argumentationslast umgekehrt.[575] Nicht das Überwiegen der Naturschutzbelange ist in der Behördenentscheidung zu begründen, sondern vielmehr, dass trotz einer Zerstörung der für streng geschützte Arten lebensnotwendigen Biotope ein besonders wichtiger Grund des Gemeinwohls für das Vorhaben spricht. Dass die Belange von Naturschutz und Landschaftspflege überwiegen, wird also bei Vorliegen der Tatbestandsvoraussetzungen des Art. 6a Abs. 2 Satz 2 BayNatSchG vermutet, die Ausnahme ist begründungsbedürftig.

VI. Die Ersatzverpflichtung Art. 6a Abs. 3 Satz 1 BayNatSchG

Die nächste Stufe der naturschutzrechtlichen Eingriffsregelung betrifft die Festsetzung von Ersatzmaßnahmen nach Art. 6a Abs. 3 BayNatSchG. Im Gegensatz zu den bisher behandelten Stufen fehlt es hierfür an einer bundesrahmenrechtlichen Regelung.[576] Das bundesrechtlich verbindlich vorgegebene Prüfungsprogramm ist mit der naturschutzrechtlichen Abwägung abgeschlossen. § 8 Abs. 9 BNatSchG ermächtigt die Länder allerdings zum Erlass von weitergehenden

---

[574] Fischer-Hüftle, in: Engelhardt/Brenner/Fischer-Hüftle, BayNatSchG, Art. 6a, Rdn. 35.

[575] Gassner, in: Gassner/Bendomir-Kahlo/Schmidt-Räntsch, BNatSchG, § 8, Rdn. 47.

[576] Das BNatSchGNeuregG sieht erstmals bundesrahmenrechtlich Ersatzmaßnahmen vor, § 19 AbS. 2 Satz 1, 2. HS BNatSchG.

Vorschriften zu den Absätzen 2 und 3, insbesondere zu Regelungen über Ersatzmaßnahmen. Der bayerische Gesetzgeber hat mit Art. 6a Abs. 3 BayNatSchG von dieser „Öffnungsklausel"[577] der bundesrahmenrechtlichen Regelung Gebrauch gemacht.

Eine Anordnung von Ersatzmaßnahmen kommt nach dem Wortlaut des Art. 6a Abs. 3 BayNatSchG nur in Frage, wenn ein Eingriff nicht im Sinne von § 8 Abs. 2 Satz 4 BNatSchG, Art. 6a Abs. 1 Satz 4 BayNatSchG ausgleichbar ist. Ergänzend ist noch hinzuzufügen, dass natürlich auch keine komplette Vermeidbarkeit der zu erwartenden Beeinträchtigungen vorliegen darf.[578] Die Ausgleichsbilanz des Eingriffs darf also nicht vollständig ausgeglichen sein. Daneben muss die naturschutzrechtliche Abwägung für das Eingriffsvorhaben positiv ausgegangen sein. In diesen Fällen ist die Ersatzverpflichtung eine konsequente Anwendung des der Eingriffsregelung zugrunde liegenden Verursacherprinzips. Ohne die Ersatzverpflichtung wäre der Träger eines stärker in Natur und Landschaft eingreifenden Vorhabens, bei dem keine Beeinträchtigungen ausgeglichen werden können, gegenüber dem Verursacher eines kleineren, voll ausgleichbaren Eingriffsvorhabens bevorzugt: Während der Erstere nicht mit landschaftspflegerischen Maßnahmen belastet wird, hat der Letztere die Kosten für unter Umständen sehr umfangreiche Ausgleichsmaßnahmen zu tragen. Eine derartige Besserstellung des Eingriffsverursachers allein aus dem Grund, weil der Eingriff im Einzelfall nicht voll ausgleichbar ist, erscheint aus der Sicht von Naturschutz und Landschaftspflege nicht einsichtig.[579]

Ersatzmaßnahmen werden wie Ausgleichsmaßnahmen als Nebenbestimmungen der Entscheidung über die Zulassung des Eingriffsvorhabens festgesetzt. Nach Art. 6b Abs. 4 BayNatSchG können sie im Planfeststellungsbeschluss selbst oder im landschaftspflegerischen Begleitplan, der Teil des Planfeststellungsbeschlusses ist, dargestellt werden (vgl. oben A. III.).

---

[577] BVerwG, Urt. v. 20. Januar 1989, BVerwGE 81, 220 (223).
[578] Fischer-Hüftle, in: Engelhardt/Brenner/Fischer-Hüftle, BayNatSchG, Art. 6a, Rdn. 36.
[579] BVerwG, Urt. v. 20. Januar 1989, BVerwGE 81, 220 (225).

1.   Der Begriff des Ersatzes

Ersatzmaßnahmen zielen anders als Ausgleichsmaßnahmen nicht auf eine Behebung von durch das Eingriffsvorhaben ausgelösten Beeinträchtigungen ab, sondern auf eine Verbesserung der naturalen Gesamtbilanz im vom Eingriff betroffenen Raum. Ihnen liegt die Überlegung zugrunde, dass die Leistungsfähigkeit des Naturhaushalts, ebenso wie die anderen in § 1 BNatSchG genannten Naturgüter, insgesamt erhalten oder jedenfalls geschont werden kann, wenn ein unvermeidbarer Eingriff mit landespflegerischen Maßnahmen an anderer Stelle einhergeht.[580]

Der bayerische Gesetzgeber hat diese allgemeine Zielsetzung von Ersatzmaßnahmen in Art. 6a Abs. 3 Satz 1 BayNatSchG konkretisiert. Ersatzmaßnahmen zielen danach darauf ab, „die durch den Eingriff gestörten Funktionen des Naturhaushalts oder Werte des Landschaftsbilds in dem vom Eingriff betroffenen Landschaftsraum möglichst gleichartig"[581] zu gewährleisten. Dieses allgemeine Ziel ist für die Rechtsanwendung auf den jeweiligen Einzelfall zu konkretisieren. Wie bei der Ausgleichspflicht sind also auch hier zunächst die Ziele des Ersatzes zu definieren, bevor die zu deren Erfüllung fachlich geeigneten Maßnahmen festgesetzt werden können. Es ist also zwischen den Ersatzzielen und den zu deren Erreichung geeigneten landschaftspflegerischen Maßnahmen zu unterscheiden.[582]

Was das Ziel der Ersatzverpflichtung angeht, so zeigt sich in der gesetzlichen Formulierung, dass auch hier grundsätzlich von den durch das Eingriffsvorhaben

---

[580] BVerwG, Urt. v. 20. Januar 1989, BVerwGE 81, 220 (222); BVerwG, Urt. v. 23. August 1996, NVwZ 1997, 486; Berkemann, UTR Band 20, 93 (125) m.w.N.

[581] Die im BNatSchGNeuregG vorgesehene bundesrahmenrechtliche Legaldefinition des § 19 AbS. 2 Satz 3 BNatSchG beschränkt dagegen den Ersatz auf *gleichwertigen* Ersatz der beeinträchtigten Funktionen und landschaftsgerechte Neugestaltung des LandschaftsbildeS. Damit wirft die Neuregelung, die ja auf eine Vereinfachung der Eingriffsregelung abzielte, eine neue Streitfrage auf: Wann ist eine Funktion einer anderen Funktion gleichwertig?

[582] LANA, Methodik III, Ziff. 6.

gestörten Funktionen auszugehen ist. Im Gegensatz zum Ausgleichsgebot ist allerdings der funktionelle Bezug gelockert.[583] Indem die bayerische Regelung eine *möglichst gleichartige* Gewährleistung der beeinträchtigten Funktionen verlangt, lehnt sie sich relativ stark an den Ausgleichsbegriff an.[584] Ersatz kann aber bereits aus systematischen Gründen nur sein, was den Anforderungen des Ausgleichsgebots, sei es aus funktionellen, räumlichen oder zeitlichen Gründen, nicht entspricht.

In räumlicher Hinsicht wird der Ersatz auf den *betroffenen Landschaftsraum* begrenzt.[585] Damit wird nicht verlangt, dass die Maßnahme wie beim Ausgleichsgebot auf den Ort der Beeinträchtigung zurückwirkt, sondern, dass überhaupt eine räumliche Beziehung zwischen dem Ort des Eingriffs und der Ersatzmaßnahme besteht.[586] Neben dem funktionellen ist also auch der räumliche Bezug des Ersatzes zur Beeinträchtigung gelockert. Im Gegensatz zum Ausgleichsgebot muss daher hier bei der Bestimmung des Kompensationsraums nicht zwischen den im Einzelnen zu kompensierenden Beeinträchtigungen differenziert werden. Kompensationsraum im unter I. 1. dargestellten Sinne ist für Ersatzmaßnahmen immer der betroffene Landschaftsraum. Dieser lässt sich nicht metrisch abgrenzen, sondern hängt von den jeweiligen ökologischen bzw. landschaftlichen Gegebenheiten ab. Jedenfalls dann, wenn der Bereich, in dem Ersatzmaßnahmen durchgeführt werden sollen, durch ökologische Wechselbeziehungen unmittelbar mit dem Eingriffsort verbunden ist, ist dem Erfordernis

---

[583] Fischer-Hüftle, in: Engelhardt/Brenner/Fischer-Hüftle, BayNatSchG, Art. 6a, Rdn. 38; LANA, Methodik III, Ziff. 6.

[584] BVerwG, Urt. v. 27. Oktober 2000, DVBl. 2001, 386 (392).

[585] Die Neuregelung nach dem BNatSchGNeuregG enthält sich dagegen einer Aussage über den räumlichen Bezug. Insoweit sollte bewusst ein Regelungsspielraum der Länder verbleiben. Es bleibt zu hoffen, dass der bayerische Gesetzgeber sich auch weiterhin für eine enge Bindung an den betroffenen Landschaftsraum entscheidet, wodurch die ursprüngliche Zielsetzung der Eingriffsregelung, den Status quo von Natur und Landschaft in seiner funktionalen Ausprägung gerade im betroffenen Landschaftsraum weitgehend zu erhalten, gewahrt bliebe.

[586] Fischer-Hüftle, in: Engelhardt/Brenner/Fischer-Hüftle, BayNatSchG, Art. 6a, Rdn. 38.

des räumlichen Bezuges im Sinne der Vorschrift auch bei größeren Entfernungen Genüge getan.[587]

Nach Art. 6a Abs. 3 Satz 1 BayNatSchG ist es das Ziel von Ersatzmaßnahmen, die gestörten Funktionen des Naturhaushalts oder die Werte des Landschaftsbilds *möglichst gleichartig* zu gewährleisten. Ersatz kann zwar nur sein, was den Anforderungen des Ausgleichsgebots aus funktionellen, räumlichen oder zeitlichen Gründen nicht entspricht, er soll dem Ausgleich aber möglichst nahe kommen. Bei der Bestimmung der Ersatzziele stellt sich auch immer wieder die Frage, ob ein Ersatz der *gleichen Funktionen* in größerer Entfernung zum Ort der Beeinträchtigung einem Ersatz nur *ähnlicher Funktionen* in größerer Nähe zum Eingriffsort vorzuziehen ist. Die bayerische Regelung entscheidet diese Frage zugunsten des Ersatzes der gleichen Funktionen, sei es auch in weiterer Entfernung. Indem § 6a Abs. 3 Satz 1 BayNatSchG eine möglichst *gleichartige* Kompensation der entstandenen Beeinträchtigungen fordert, macht er deutlich, dass es vorrangig um die Verbesserung der beeinträchtigten Funktionen geht. Erst wenn dies im betroffenen Landschaftsraum nicht möglich ist, kann auf ähnliche Funktionen zurückgegriffen werden. Der Ersatz zielt daher auf eine möglichst weitgehende Erhaltung des Naturhaushalts und des Landschaftsbildes in ihrer funktionalen Ausprägung ab. Gelockert wird vor allem der räumliche Bezug, der sich nunmehr auf den betroffenen Landschaftsraum erstreckt. Nur wenn in diesem größeren Raum keine funktional gleichartige Kompensation möglich ist, kann auch eine funktional ähnliche Kompensation angeordnet werden.

---

[587] BVerwG, Urt. v. 23. August 1996, NVwZ 1997, 486 (487) zu der insoweit identischen Regelung des § 14 BbgNatSchG.

Ausgehend von diesem Verständnis des Ersatzbegriffs ist der Bestimmung von Ersatzmaßnahmen eine Stufenfolge von Kompensationszielen zu Grunde zu legen.[588] Ist eine Kompensation auf der übergeordneten Stufe aus tatsächlichen oder rechtlichen Gründen nicht möglich, so sind die Ziele der darunter liegenden Stufe anzustreben. Danach haben sich Ersatzmaßnahmen

1. auf möglichst gleiche Funktionen

2. auf möglichst ähnliche Funktionen des gleichen Schutzgutes

3. auf Funktionen anderer Schutzgüter mit Korrelationen zu den beeinträchtigten Funktionen oder

4. auf Funktionen anderer Schutzgüter zu beziehen.[589]

Im Rahmen der Ersatzverpflichtung kommt der Landschaftsplanung eine, verglichen mit dem Vermeidungs- und dem Ausgleichsgebot, gesteigerte Bedeutung zu. Während bei den Verpflichtungen nach § 8 Abs. 2 Satz 1 BNatSchG, Art. 6a Abs. 1 BayNatSchG das Vermeidungs- bzw. Ausgleichsziel bereits gesetzlich vorgegeben ist und nur noch für den Einzelfall konkretisiert werden muss, die Bedeutung der Landschaftsplanung sich daher im Wesentlichen darauf beschränkt, den Maßstab für die Erforderlichkeitsprüfung vorzugeben, besteht bei der Bestimmung der Ersatzziele ein Spielraum, der unter Heranziehung der in der Landschaftsplanung für den Planungsraum konkretisierten Zielvorstellungen von Naturschutz und Landschaftspflege auszufüllen ist. So kann sich aus

---

[588] Eine derartige Stufenfolge lässt sich jedenfalls aus dem neuen bundesrahmenrechtlichen Ersatzbegriff nicht ableiten. Gegenüber der gegenwärtigen bayerischen Regelung hat die Bestimmung daher den Nachteil, dass dem Planer für die Auswahl der Ersatzmaßnahmen, bei der ihm definitionsgemäß ein größerer Freiraum zusteht, keine Anleitung gegeben wird. Eine einheitliche und im Sinne des Naturschutzes anspruchsvolle Anwendung ist damit nicht gewährleistet. Wegen der bereits angesprochenen verbreiteten Mängel der Landschaftsplanung kann auch die Bestimmung des § 19 AbS. 2 Satz 4 BNatSchG, nach dem bei der Festsetzung von Art und Umfang der Maßnahmen Landschaftsprogramme, Landschaftsrahmenpläne und Landschaftspläne zu berücksichtigen sind, nicht über dieses Manko hinweghelfen.

[589] LANA, Methodik III, Ziff. 6.1.

den Darstellungen eines Landschaftsplanes ergeben, *wo* im betroffenen Landschaftsraum die beeinträchtigten Funktionen zu kompensieren sind. Desgleichen kann ihm entnommen werden, *welche* von mehreren der beeinträchtigten Funktion ähnlichen Funktionen durch Ersatzmaßnahmen zu verbessern sind.

Fehlt es im Planungsraum an einer diesen Anforderungen entsprechenden Landschaftsplanung oder ist eine solche überhaupt nicht vorhanden, so ist auf anderweitige Konkretisierungen der Ziele von Naturschutz und Landschaftspflege wie sie sich z. B. in Arten- und Biotopschutzprogrammen oder in den fachspezifischen Aussagen der Raumordnung und Landschaftsplanung finden, zurückzugreifen. Nach § 7 Abs. 2 Satz 2 ROG 1998 kann in Raumordnungsplänen bestimmt werden, dass unvermeidbare Beeinträchtigungen der Leistungsfähigkeit des Naturhaushalts oder des Landschaftsbildes *an anderer Stelle* ersetzt werden können. Bestehen derartige Ziele der Raumordnung für den Planungsraum, so legen sie verbindlich fest, *wo* die beeinträchtigten Funktionen durch Ersatzmaßnahmen zu kompensieren sind.

Geben auch diese Quellen keine verwertbaren Anhaltspunkte, so hat die Behörde insoweit aus den Zielen und Grundsätzen von §§ 1 und 2 BNatSchG, Art. 1 Abs. 2 BayNatSchG eigene Zielvorstellungen zu entwickeln.[590]

Eine Sonderstellung nehmen Ersatzmaßnahmen ein, die sich auf das Landschaftsbild beziehen. Der Ausgleichsbegriff ist hinsichtlich des Landschaftsbildes weiter gefasst als dies bei Beeinträchtigungen der Leistungsfähigkeit des Naturhaushalts der Fall ist, da hier auch die landschaftsgerechte Neugestaltung für den Ausgleich genügt (vgl. oben IV. 1. b)).[591] Ein Ersatz von Beeinträchtigungen des Landschaftsbildes kommt daher nur in Frage, wenn eine Neugestaltung nicht zu einem gleichwertigen Landschaftsbild führt und damit ein Ausgleich nicht erreicht werden kann. Dies ist insbesondere bei besonders großen Eingriffsvorhaben, wie z. B. auch einem Neubau einer Bundesfernstraße, der

---

[590] LANA, Methodik III, Ziff. 6.1, Fn. 253.
[591] Nach dem BNatSchGNeuregG fällt die landschaftsgerechte Neugestaltung des Landschaftsbildes nunmehr unter den Ausgleichsbegriff.

Fall.[592] Hier verbleibt das jeweilige Bauwerk als weithin wahrnehmbarer Fremdkörper in der Landschaft, eine vollständige landschaftsgerechte Neugestaltung ist daher nicht möglich. Insofern kommt als Ersatz für die nicht ausgleichbare Beeinträchtigung des Landschaftsbildes eine landschaftsgerechte Neugestaltung des Landschaftsbildes an einer *anderen Stelle* im betroffenen Landschaftsraum in Frage.

Was die zur Umsetzung der Ersatzziele in Frage kommenden Ersatzmaßnahmen angeht, so sind diese nach fachlichen Grundsätzen zu bestimmen. Die gleichen Maßnahmen können im einen Fall dem Ausgleich, in einem anderen Fall dem Ersatz dienen (vgl. die beispielhafte Aufstellung bei IV. 1., Tabelle 7). Entscheidend für ihre Zuordnung zum Ausgleichsgebot oder zur Ersatzpflicht ist nur das mit ihnen verfolgte Ziel.

2.   Einschränkungen der Ersatzpflicht

a)   *Ermessensgerechte Anordnung*

Anders als das Vermeidungs- und das Ausgleichsgebot ist die Verpflichtung zur Festsetzung von Ersatzmaßnahmen als Kannbestimmung formuliert.[593] Der bayerische Gesetzgeber hat damit, im Unterschied zu den Regelungen der anderen Bundesländer, die auch hier eine gebundene Entscheidung vorsehen,[594] die Festsetzung von Ersatzmaßnahmen grundsätzlich in das Ermessen der Behörde gestellt. Es stellt sich daher die Frage, welche Gesichtspunkte dieses Ermessen leiten und ob die Anordnung und das Absehen von Ersatzmaßnahmen hier gleichwertige Alternativen sind.

---

[592] Gassner, NuR 1989, 61 (66); BVerwG, Beschl. v. 4. Oktober 1994, Buchholz 406.401, Nr. 14 zu § 8 BNatSchG, 1 (2).

[593] Das BNatSchGNeuregG gestaltet die Ersatzverpflichtung ebenfalls als gebundene Entscheidung aus.

[594] Fischer-Hüftle, in: Engelhardt/Brenner/Fischer-Hüftle, BayNatSchG, Art. 6a, Rdn. 39; Lambrecht, Laufener Seminarbeiträge 2/96, 99 (107); z. B. § 5 AbS. 1 LG NW.

Zum Zweck von Ersatzmaßnahmen führt die Regierungsbegründung zu Art. 6a Abs. 3 BayNatSchG[595] Folgendes aus: „Die Regelung geht davon aus, dass die Naturgüter nicht unbeschränkt zur Verfügung stehen und dass jedem nicht ausgleichbarem Eingriff deshalb eine naturbegünstigende Maßnahme gegenüberstehen *muss*. Sie beruht auf dem Verursacherprinzip. Ohne Pflicht zu Ersatzleistungen wäre der Verursacher eines schwerwiegenden Eingriffs mit nichtausgleichbaren Beeinträchtigungen bevorzugt gegenüber dem eines kleinen Eingriffs mit Ausgleichsmöglichkeit." Der bayerische Gesetzgeber ging also bei der Einführung des Art. 6a Abs. 3 BayNatSchG davon aus, dass das der Eingriffsregelung zugrunde liegende Verursacherprinzip im Regelfall die Anordnung von Ersatzmaßnahmen bei nicht vollständig ausgleichbaren Eingriffen fordert.

Nach Art. 40 BayVwVfG ist die Behörde bei der Ausübung ihres Ermessens an den Zweck der Ermächtigung gebunden. Bei der Ermessensbetätigung ist daher zu berücksichtigen, dass der Vorhabenträger den Eingriff verursacht hat und damit die nicht ausgleichbaren Beeinträchtigungen durch sein Tätigwerden ausgelöst werden. Da die Eingriffsregelung und damit auch die Ersatzpflicht auf dem Grundgedanken des Verursacherprinzips beruhen (vgl. Teil 1, B.), spricht dies generell für die Anordnung einer konkreten Ersatzmaßnahme. Gleiches gilt für die Überlegung, dass ohne die Festsetzung von Ersatzmaßnahmen eine Privilegierung eines schwerwiegenden, nicht vollständig ausgleichbaren Eingriffs gegenüber einem vollständig ausgleichbaren Eingriff bestünde.[596] Während der Erstere keiner finanziellen Belastung durch landschaftspflegerische Maßnahmen ausgesetzt wäre müsste der Verursacher des weniger stark in Natur und Landschaft eingreifenden Vorhabens mit den Kosten der Ausgleichsmaßnahmen belastet werden.

Zweck der Regelung, an dem sich die Ermessensbetätigung zu orientieren hat, ist die Erhaltung des Naturhaushalts und des Landschaftsbildes nicht nur in ihrer

---

[595] LT-DrS. 9/10375, S. 19.
[596] BVerwG, Urt. v. 20. Januar 1989, BVerwGE 81, 220 (225); Fischer-Hüftle, in: Engelhardt/Brenner/Fischer-Hüftle, BayNatSchG, Art. 6a, Rdn. 36.

jeweiligen örtlichen Ausprägung, sondern „insgesamt".[597] Bei der Ermessensbetätigung ist daher auch der durch die Ersatzmaßnahme zu erwartende Gewinn für Natur und Landschaft zu berücksichtigen. Unter Berücksichtigung des Verursacherprinzips und zur Verhinderung einer Privilegierung nicht ausgleichbarer Eingriffe wird dieser Aspekt aber nur in Ausnahmefällen dazu führen, dass eine Ersatzmaßnahme ermessensfehlerfrei nicht angeordnet werden kann. Denkbar ist dies vor allem, wenn es sich um eine vergleichsweise aufwendige Maßnahme handelt, die nur zu einem geringen Nutzen für Natur und Landschaft führt und eine ungerechtfertigte Privilegierung des Vorhabens bereits dadurch ausgeschlossen ist, dass andere, mehr Erfolg versprechende Ersatzmaßnahmen angeordnet wurden. Eine Abwägung von Kosten und Nutzen der Ersatzmaßnahme führt daher nur in extremen Einzelfällen zu einem Verzicht auf die Maßnahme.

Nicht überzeugen kann auch die Ansicht, die aus der Tatsache, dass auf der vorangegangenen Stufe der naturschutzrechtlichen Abwägung eine Untersagung des Vorhabens nicht erfolgt ist, ableiten will, dass nur Ersatzmaßnahmen festgesetzt werden dürften, die die Realisierbarkeit des Vorhabens auch unter wirtschaftlichen Aspekten nicht in Frage stellen.[598] Hiergegen spricht bereits, dass die wirtschaftliche Realisierbarkeit – abgesehen von der fehlenden Planrechtfertigung in Ausnahmefällen – überhaupt nicht Gegenstand der Prüfung durch die Planfeststellungsbehörde ist. Stattdessen geht es nur um die Zulässigkeit eines Vorhabens nach öffentlich-rechtlichen Vorschriften und um dessen Einfügung in den Raum. Die Grenze, ab der ein Vorhaben aufgrund von naturschutzrechtlichen Auflagen „faktisch verhindert" wird, lässt sich zudem praktisch nicht feststellen (vgl. oben III. 2.). Und schließlich handelt es sich bei einer für die Durchführung des Vorhabens sprechenden naturschutzrechtlichen Abwägung um die systematische Voraussetzung für die Anordnung von Ersatzmaßnahmen, und nicht um eine Grenze für deren Zulässigkeit.

---

[597] BVerwG, Urt. v. 20. Januar 1989, BVerwGE 81, 220 (221).
[598] Stüer, in: Hoppe-FS, 853 (867); Kuschnerus, NVwZ 1996, 235 (241); Kuchler, NuR 1991, 465 (471).

Im Ergebnis stellt das Absehen von einer Ersatzmaßnahme nur in Ausnahmefällen eine zu ihrer Anordnung gleichwertige Alternative dar. Das Ermessen der Behörde ist weitgehend auf Null reduziert. Die Regelung ist insoweit vergleichbar mit der des § 31 Abs. 1 BauGB: Auch hier wird das Ermessen der Behörde regelmäßig nur ordnungsgemäß betätigt, wenn die Ausnahme von den Festsetzungen des Bebauungsplans erteilt wird.[599]

b)   Enteignung für Ersatzmaßnahmen

Die Möglichkeit der Enteignung zugunsten des Straßenbaulastträgers nach § 19 FStrG erstreckt sich nicht nur auf die naturschutzrechtlichen Ausgleichsmaßnahmen, sondern auch auf die für Ersatzmaßnahmen erforderlichen Flächen. Da das Gesetz die Zulässigkeit eines Straßenbauvorhabens von der Erfüllung der Ersatzverpflichtung abhängig macht, ist auch die Enteignung für diese Zwecke notwendig im Sinne von § 19 FStrG.[600] Es gehört damit auch zu den „Aufgaben des Straßenbaulastträgers" im Sinne von § 19 Abs. 1 FStrG, Ersatzmaßnahmen für unvermeidbare und nicht ausgleichbare Beeinträchtigungen von Natur und Landschaft zu schaffen.[601] Es gelten insoweit die bereits oben im Rahmen der Enteignung für Ausgleichsmaßnahmen (IV. 2. b)) gemachten Ausführungen entsprechend.

Der Zugriff auf ein konkretes Grundstück, das für eine Ersatzmaßnahme vorgesehen ist, muss also verhältnismäßig sein.[602] Anderenfalls kann die Enteignung nicht als *notwendig* im Sinne von § 19 Abs. 1 Satz 2 FStrG bezeichnet werden. Die vorgesehene Fläche muss *geeignet*, der Zugriff auf privates Eigentum muss

---

[599]   Söfker, in: Ernst/Zinkahn/Bielenberg, BauGB, § 31, Rdn. 26 (Stand: 1. September 2000) m.w.N.

[600]   BVerwG, Urt. v. 23. August 1996, NVwZ 1997, 486 (487); BVerwG, Urt. v. 1. September 1997, BVerwGE 105, 178 (181); Steinberg/Berg/Wickel, Fachplanung, § 4, Rdn. 99 m.w.N.; anders nur de Witt/Burmeister, NVwZ 1994, 38 f.

[601]   VGH Mannheim, Urt. v. 20. Februar 1992, NVwZ 1993, 595 (596).

[602]   BVerwG, Urt. v. 1. September 1997, BVerwGE 105, 178 (185); Dürr, in: Kodal/Krämer, Straßenrecht, Kap. 34, Rdn. 22.43.

erforderlich und die Folgen für den von der Enteignung Betroffenen dürfen *nicht außer Verhältnis* zum bezweckten Gewinn für Natur und Landschaft sein.

Hinsichtlich der Eignung der vorgesehenen Flächen ist zu beachten, dass Ersatzmaßnahmen nur auf Flächen ausgeführt werden können, die aufwertungsbedürftig und -fähig sind. Dies ist der Fall, wenn sie in einen Zustand versetzt werden können, der sich im Vergleich zum vorherigen als ökologisch oder unter dem Gesichtspunkt des Landschaftsbildes höherwertig einstufen lässt.[603] Erfüllen die Flächen aber schon vorher hochwertige, nicht mehr weiter aufwertbare Funktionen, so scheiden sie als Grundlage von Ersatzmaßnahmen von vornherein aus. Im Rahmen der Prüfung der Erforderlichkeit stellt sich die Frage, ob die Maßnahmen nicht ebenso gut auf Flächen des Vorhabenträgers oder anderer Rechtsträger der öffentlichen Hand durchgeführt werden können. Schließlich kann eine Enteignung für eine Ersatzmaßnahme unangemessen sein, wenn dadurch die wirtschaftliche Existenz der Betroffenen gefährdet oder vernichtet wird.[604] Zur Vermeidung dieser Folge kann es für den Vorhabenträger erforderlich werden, dem von der Enteignung Betroffenen Ersatzland zur Verfügung zu stellen.[605]

Anzumerken ist noch, dass es bei Ersatzmaßnahmen nur zu der dargestellten, *einfachen* Verhältnismäßigkeitsprüfung gegenüber dem von der Enteignung betroffenen Dritten kommt. Ob eine Ersatzmaßnahme gegenüber dem Vorhabenträger, der Straßenbaubehörde, als verhältnismäßig zu beurteilen wäre, ist entgegen einer in der Literatur weit verbreiteten Ansicht[606] nicht zu prüfen. Denn da es sich hier bei dem Vorhabenträger nicht um einen dem Staat gegenübertretenden Dritten, sondern ebenfalls um eine Behörde handelt, ist der Verhältnismä-

---

[603] BVerwG, Urt. v. 23. August 1996, NVwZ 1997, 486 (488); BVerwG, Gerichtsbescheid v. 10. September 1998, 532 (533).

[604] BVerwG, Urt. v. 1. September 1997, BVerwGE 105, 178 (186).

[605] BVerwG, Urt. v. 28. Januar 1999, NVwZ-RR 1999, 629 (630 f.).

[606] Fischer-Hüftle, in: Engelhardt/Brenner/Fischer-Hüftle, BayNatSchG, Art. 6a, Rdn. 40; Kuschnerus, Schriftenreihe Natur und Recht, Band 2, 11 (26); Ramsauer, NuR 1997, 419 (425); Kuchler, NuR 1991, 465 (471).

ßigkeitsgrundsatz nicht per se von der Planfeststellungsbehörde zu beachten (vgl. oben 4. b) aa)). Eine gesetzliche Norm, die wie die Erforderlichkeitsklausel des § 8 Abs. 2 Satz 1 a. E. BNatSchG, Art. 6a Abs. 1 Satz 1 a. E. BayNatSchG eine inhaltlich dem allgemeinen Verhältnismäßigkeitsgrundsatz entsprechende Prüfung vorsieht, fehlt bei der Ersatzverpflichtung aber gerade. Allerdings erfüllt hier die Ermessensregelung des Art. 6a Abs. 3 BayNatSchG eine ähnliche Funktion wie die Prüfung der Verhältnismäßigkeit im engeren Sinn: Steht der durch eine Maßnahme erreichbare Nutzen für Natur und Landschaft völlig außer Verhältnis zum hierfür erforderlichen Aufwand, so kann die Behörde in Einzelfällen ermessensfehlerfrei auf die Anordnung der Ersatzmaßnahme verzichten.[607]

VII. Die Ersatzzahlung Art 6a Abs. 3 Sätze 2-7 BayNatSchG

Anstelle von vorrangig durchzuführenden tatsächlichen Ersatzmaßnahmen kann nach Art. 6a Abs. 3 Sätze 2-7 BayNatSchG vom Verursacher des Eingriffs eine Ersatzzahlung verlangt werden. Bei der Bestimmung handelt es sich um eine bundesrahmenrechtlich nach § 8 Abs. 9 BNatSchG zulässige, „weitergehende" Regelung. Die Gesetzesmaterialien geben keinen Hinweis darauf, dass der Bundestag, indem er eine entsprechende Regelung nicht in § 8 BNatSchG aufnahm, Ersatzzahlungen in den Landesnaturschutzgesetzen ausschließen wollte.[608] Tatsächlich drückt § 8 Abs. 9 BNatSchG die Offenheit der bundesrechtlichen Regelung für weitergehende landesrechtliche Bestimmungen aus. Damit sind über das bundesrechtlich geregelte Maß hinausgehende Förderungsmaßnahmen für Natur und Landschaft gemeint, die auch über eine zweckgebunden zu verwen-

---

[607] Nach dem BNatSchGNeuregG steht die Ersatzverpflichtung nicht mehr im Ermessen der Behörde, auch eine Erforderlichkeitsprüfung wie in der bisherigen Fassung des Vermeidungs- und Ausgleichsgebots ist nicht vorgesehen. Auf unangemessene, unverhältnismäßig aufwendige Ersatzmaßnahmen kann daher nach der Neufassung nicht mehr verzichtet werden.

[608] So aber Schroeter, DVBl. 1979, 14 (18).

dende Abgabe sichergestellt werden können.[609] Das Verlangen einer Ersatzzahlung stellt daher wie die Festsetzung von Ersatzmaßnahmen eine konsequente Verwirklichung des der Eingriffsregelung zugrunde liegenden Verursacherprinzips dar.[610] [611]

Die Ersatzzahlung verstößt auch nicht gegen die Finanzverfassung des Grundgesetzes. Bei ihr handelt es sich nicht um eine Sonderabgabe mit Finanzierungszweck im Sinne der Rechtsprechung des Bundesverfassungsgerichts. Im Vordergrund steht bei ihr die Schadensausgleichsfunktion und nicht die Finanzierungsfunktion, eine Abgrenzung zur Steuer ist daher hier nicht erforderlich. Die Ersatzzahlung stellt einen systemgerechten Bestandteil der naturschutzrechtlichen Eingriffsregelung dar und ist daher auch von der Gesetzgebungskompetenz des Landesgesetzgebers gedeckt.[612]

Die Ersatzzahlung ist nach Art. 6a Abs. 3 Satz 5 BayNatSchG an den Bayerischen Naturschutzfonds zu entrichten. Dieser hat mit dem Geld landschaftspflegerische Maßnahmen im Zuständigkeitsbereich der betroffenen unteren Naturschutzbehörde nach deren Bestimmung auszuführen. Über die konkrete Ver-

---

[609] Eckardt, NuR 1979, 133 (134); BVerwG, Urt. v. 4. Juli 1986, BVerwGE 74, 308 (313 f.); BVerwG, Urt. v. 20. Januar 1989, BVerwGE 81, 220 (222).

[610] BVerwG, Urt. v. 20. Januar 1989, BVerwGE 81, 220 (225).

[611] Das BNatSchGNeuregG nennt daher auch zur Klarstellung als weitergehende Regelungen zu den materiellrechtlichen Anforderungen der Eingriffsregelung beispielhaft Ersatzzahlungen. Daneben sollen die Länder nunmehr auch „Vorgaben zur Anrechnung von Kompensationsmaßnahmen treffen". Damit sind Regelungen über Ökokonten und Flächenpools gemeint, von denen günstige Wirkungen auf die Schutzgüter der Eingriffsregelung ausgehen und die ohne rechtliche Verpflichtung durchgeführt werden. So nützlich derartige freiwillige Maßnahmen für Natur und Landschaft auch sein können, so zeigt sich daran doch, dass die Eingriffsregelung sich mit der Neufassung von ihrer ursprünglichen Zielsetzung, gerade Natur und Landschaft im betroffenen Landschaftsraum in seiner konkreten funktionalen Ausprägung zu erhalten, entfernt. Es steht eine Lockerung der Funktionszusammenhänge zu erwarten, so dass ein Eingriff an der einen Stelle mit „Wohltaten" für Natur und Landschaft an anderer Stelle erkauft werden kann. Frösche ließen sich dann mit Vögeln oder Trockenrasen „ersetzen".

[612] BVerwG, Urt. v. 4. Juli 1986, BVerwGE 74, 308 (309 ff.); BVerwG, Urt. v. 20. Januar 1989, BVerwGE 81, 220 (225); Eckardt, NuR 1979, 133 (135 f.).

wendung entscheidet nicht der Naturschutzfonds, sondern die untere Natur-schutzbehörde wegen ihrer größeren Sachnähe. Damit trägt auch die Ersatzzahlung der Bindung der Ersatzmaßnahmen an den vom Eingriff betroffenen Landschaftsraum Rechnung. Indem die untere Naturschutzbehörde die auszuführenden landschaftspflegerischen Maßnahmen bestimmen muss, wird die Verantwortung für die Durchführung vom Verursacher auf die staatlichen Behörden verschoben. Eine Ersatzzahlung führt daher zu einer Entlastung des Verursachers und zu einer Belastung der Behörden.[613]

1. Voraussetzungen

Die Voraussetzungen, unter denen eine Ersatzzahlung verlangt werden kann, ergeben sich aus Art. 6a Abs. 3 Sätze 1 und 2 BayNatSchG. Da die Ersatzzahlung nachrangig zu tatsächlichen Ersatzmaßnahmen ist, müssen auch die hierfür erforderlichen Voraussetzungen vorliegen. Einzelne Beeinträchtigungen müssen also weder vermeidbar noch ausgleichbar sein und die naturschutzrechtliche Abwägung muss zugunsten des Vorhabens ausgegangen sein. Außerdem darf die Festsetzung einer Ersatzmaßnahme nicht ausnahmsweise ermessensfehlerhaft sein. Aus der Formulierung des Gesetzes, dass eine Ersatzzahlung *an Stelle von vorrangig durchzuführenden Ersatzmaßnahmen* verlangt werden kann, folgt also eine Pflicht zur inzidenten Prüfung aller Voraussetzungen einer Ersatzmaßnahme. Daneben stellt Art. 6a Abs. 3 Satz 2 BayNatSchG zwei alternative Bedingungen für die Zulässigkeit einer Ersatzzahlung. Objektiv mögliche Ersatzmaßnahmen müssen dem Verursacher entweder subjektiv nicht möglich sein oder die Ziele von Naturschutz und Landschaftspflege müssen durch die Ersatzzahlung besser zu verwirklichen sein.

Da dem Vorhabenträger in der Fernstraßenplanung das Enteignungsrecht auch für Flächen, die für Ersatzmaßnahmen vorgesehen sind, zusteht (vgl. oben VI.),

---

[613] Fischer-Hüftle, in: Engelhardt/Brenner/Fischer-Hüftle, BayNatSchG, Art. 6a, Rdn. 43 f.

kommt der ersten Alternative hier keine praktische Bedeutung zu.[614] Der Vorhabenträger kann sich die für Ersatzmaßnahmen erforderlichen Flächen schließlich notfalls auch im Wege der Enteignung verschaffen.

Daneben ist die Festsetzung einer Ersatzzahlung auch möglich, „wenn mittels der Ersatzzahlung die Ziele und Grundsätze des Naturschutzes und der Landschaftspflege besser verwirklicht werden können". Wie sich bereits im Rahmen der Darstellung der Ersatzmaßnahmen gezeigt hat, sind die in der Landschaftsplanung enthaltenen örtlichen Ziele von Naturschutz und Landschaftspflege für diese von gesteigerter Bedeutung: Aus ihnen lässt sich einerseits ableiten, *welche* Funktionen anstatt der nicht ausgleichbaren, durch das Vorhaben beeinträchtigten Funktionen zu verbessern sind und andererseits, *wo* die beeinträchtigten Funktionen kompensiert werden sollen. Ist aber bereits anderweitig eine Entscheidung über eine bestimmte landschaftspflegerische Maßnahme zur Verbesserung einer konkreten Funktion gefallen, so kann es für die Ziele von Naturschutz und Landschaftspflege besser sein, wenn der Verursacher diese Maßnahme durch eine Ersatzzahlung finanziell unterstützt, anstatt eine andere, von der Landschaftsplanung nur als nachrangig erachtete Maßnahme selbst durchzuführen. Dementsprechend nennt auch die amtliche Begründung zu Art. 6a Abs. 3 BayNatSchG als ein Beispiel für die bessere Verwirklichung der Ziele von Naturschutz und Landschaftspflege die Finanzierung eines laufenden oder beabsichtigten Naturschutzprojektes.[615]

Eine Ersatzzahlung kommt jedoch auch noch in einem anderen Fall in Frage. Viele Beeinträchtigungen von Funktionen des Naturhaushalts und des Landschaftsbildes können bereits aus dem Grunde nicht im Sinne von § 8 Abs. 2 Satz 4 BNatSchG, Art. 6a Abs. 1 Satz 4 BayNatSchG ausgeglichen werden, da sie für ihre Entwicklung eine zu lange Zeit benötigen. Für diese Beeinträchtigungen können daher keine Ausgleichs-, sondern nur Ersatzmaßnahmen festgesetzt werden. Aber auch soweit noch ein Ausgleich innerhalb überschaubarer Zeit

---

[614] Vgl. Fischer-Hüftle, in: Engelhardt/Brenner/Fischer-Hüftle, BayNatSchG, Art. 6a, Rdn. 43.

[615] LT-DrS. 13/10535, S. 19.

erreicht werden kann, bleibt es bis zur vollen Wirksamkeit der Ausgleichsmaßnahme bei einer temporären Beeinträchtigung (vgl. oben IV. 1. c)). Zur Kompensation dieser temporären Beeinträchtigungen wird die Erhebung einer
„Time-lag-Abgabe"[616] vorgeschlagen, soweit dies nach den landesgesetzlichen
Bestimmungen möglich ist.[617]

Die bayerische Regelung der Ersatzzahlung ermöglicht eine derartige „Time-
lag-Abgabe". Diese kann im Einzelfall eine bessere Möglichkeit zur Verwirklichung der Ziele von Naturschutz und Landschaftspflege im Sinne von Art. 6a
Abs. 3 Satz 2 BayNatSchG darstellen. Grundsätzlich wäre nämlich das temporäre Ausgleichsdefizit durch zusätzliche Ersatzmaßnahmen zu kompensieren. Sobald die Ausgleichsmaßnahme allerdings ihre volle Wirksamkeit erreicht hätte,
würde die Rechtfertigung für diese Ersatzmaßnahmen entfallen, sie wären daher
wieder zu beseitigen. Hierdurch können im Einzelfall erneut Kosten ausgelöst
werden, denen kein entsprechender Nutzen gegenübersteht. Diese Kosten würden durch eine Ersatzzahlung vermieden. Da Art. 6a Abs. 3 Satz 5 BayNatSchG
die zweckgebundene Verwendung im Zuständigkeitsbereich der räumlich betroffenen unteren Naturschutzbehörde, also im betroffenen Landschaftsraum,
gewährleistet, würde eine sinnvollere Verwendung der den Eingriffsverursacher
treffenden Aufwendungen erfolgen.

Dass die Ersatzzahlung die Ziele und Grundsätze von Naturschutz und Landschaftspflege besser gewährleistet, ist, anders als die erste Alternative des
Art. 6a Abs. 3 Satz 2 BayNatSchG, die vom Eingriffsverursacher nachgewiesen
werden muss, von der Behörde darzulegen. Der Vorhabenträger kann daraus allerdings keinen Einwand gegen die Festsetzung tatsächlicher Ersatzmaßnahmen
ableiten. Die Möglichkeit, eine Ersatzzahlung festzusetzen, besteht insoweit
nicht in seinem Interesse, sondern ausschließlich in dem von Natur und Land-

---

[616] time lag (engl.): Verzögerung, zeitliche Lücke.
[617] LANA, Methodik III, Ziff. 6.2.2 und 4.3.4.; Schweppe-Kraft, Naturschutz und Landschaftsplanung 1994, 5 (11).

schaft.[618] Es besteht insbesondere für ihn auch kein Wahlrecht zwischen Ersatz-maßnahmen und Ersatzzahlungen. Erstere sind vorrangig und auf eine Ersatz-zahlung darf nur in den genau bezeichneten Einzelfällen ausgewichen werden.

2. Höhe der Ersatzzahlung

Was die Höhe der Ersatzzahlung angeht, so enthalten Art. 6a Abs. 3 Sätze 3 und 4 BayNatSchG nur einige wenige grundsätzliche Vorgaben. Die genauere Aus-gestaltung wird ebenso wie das Verfahren der Erhebung einer Rechtsverordnung der Staatsregierung überlassen, die auch mehr als 2 Jahre nach dem Inkrafttreten der Neuregelung am 1. September 1998[619] noch nicht erlassen wurde.

Nach Art. 6a Abs. 3 Satz 3 BayNatSchG bemisst sich die Ersatzzahlung grund-sätzlich nach den Gesamtkosten der unterbliebenen Ersatzmaßnahme, also unter Einschluss der Kosten der ersparten Grundstücksbeschaffung, Planung etc.[620] Damit wird sichergestellt, dass die Ersatzzahlung nicht zu einer Besserstellung des Verursachers gegenüber der Festsetzung von Ersatzmaßnahmen führt.

Für nachhaltige Beeinträchtigungen des Landschaftsbildes stellt schließlich Art. 6a Abs. 3 Satz 4 BayNatSchG klar, dass Umfang und Schwere der Beein-trächtigung und insbesondere auch deren Fernwirkung zu berücksichtigen ist.

3. Ermessen

Liegen die genannten Voraussetzungen vor, so *kann* eine Ersatzzahlung ange-ordnet werden. Im Gegensatz zu den meisten anderen Ländern[621] hat der bayeri-sche Gesetzgeber die Regelung der Ersatzzahlung als Ermessensvorschrift aus-

---

[618] Fischer-Hüftle, in: Engelhardt/Brenner/Fischer-Hüftle, BayNatSchG, Art. 6a, Rdn. 44; Egner/Fischer-Hüftle, BayVBl. 1999, 680 (683).

[619] § 4 AbS. 1 des Gesetzes zur Änderung des Bayerischen Naturschutzgesetzes und des Bayerischen Wassergesetzes vom 10. Juli 1998, GVBl. S. 403.

[620] Fischer-Hüftle, in: Engelhardt/Brenner/Fischer-Hüftle, BayNatSchG, Art. 6a, Rdn. 44; LT-DrS. 13/1053, S. 19.

[621] Fischer-Hüftle, in: Engelhardt/Brenner/Fischer-Hüftle, BayNatSchG, Art. 6a, Rdn. 42; z. B. § 5 AbS. 3 LG NW.

gestaltet. Fraglich ist insoweit nur, worauf sich dieses Ermessen bezieht und welche Gesichtspunkte bei seiner Betätigung zu berücksichtigen sind.

Eine Ersatzzahlung kann nach Art. 6a Abs. 3 Satz 2 BayNatSchG *an Stelle von vorrangig durchzuführenden Ersatzmaßnahmen* verlangt werden. Diese tritt dann an die Stelle der Ersatzmaßnahme. Vorausgesetzt wird also, dass die Festsetzung einer konkreten Ersatzmaßnahme ermessensgerecht ist. Ist sie dies ausnahmsweise einmal nicht, so ist auch für eine Ersatzzahlung kein Raum mehr.

Das Ermessen der Behörde kann sich daher nicht auf die Frage beziehen, ob eine Ersatzzahlung oder überhaupt kein Ersatz (also auch keine tatsächliche Ersatzmaßnahme) angeordnet wird. Die Entscheidung, ob ein Ersatz für nicht vermeidbare und nicht ausgleichbare Beeinträchtigungen verlangt wird, fällt abschließend auf der vorgelagerten Ebene der Ersatzmaßnahmen. Im Rahmen des Art. 6a Abs. 3 Satz 2 BayNatSchG hat die Behörde daher nur ein Ermessen hinsichtlich der Frage, ob eine Ersatz*maßnahme* oder eine Ersatz*zahlung* verlangt wird. Ein vollständiger Verzicht auf Ersatz steht nicht mehr in ihrem Ermessen.

Zudem ist zwischen den beiden Varianten des Art. 6a Abs. 3 Satz 2 BayNatSchG zu differenzieren: Bei der ersten Variante ist eine Ersatzmaßnahme objektiv möglich, dem Eingriffsverursacher allerdings unmöglich. Würde eine Ersatzmaßnahme festgesetzt, so wäre von vornherein klar, dass auf diesem Wege keine Verbesserung für Natur und Landschaft erreicht werden kann. Der Normzweck des Art. 6a Abs. 3 BayNatSchG könnte daher nur durch die Festsetzung einer Ersatzzahlung erfüllt werden. Hier liegt deshalb immer eine Ermessensreduzierung dergestalt vor, dass nur die Ersatzzahlung ermessensgerecht ist.

Anders sieht dies bei der zweiten Variante, also dem Fall, dass die Ersatzzahlung für die Verwirklichung der Ziele und Grundsätze von Naturschutz und Landschaftspflege besser geeignet ist, aus. Hier ist sowohl die Durchführung der Ersatzmaßnahme als auch die Ersatzzahlung dem Verursacher grundsätzlich möglich. Die Behörde kann daher zwischen beiden Varianten nach pflichtgemäßem Ermessen wählen. Hierbei ist zu Gunsten der Ersatzzahlung zu berücksichtigen, dass sie einen größeren Nutzen für Natur und Landschaft verspricht und dass sie für den Eingriffsverursacher eine Erleichterung darstellt. Dagegen spricht, dass mit der Ersatzzahlung die Verantwortung für die Kompensation ebenso wie die Verwaltungsarbeit auf die Behörde übertragen wird. Diese sollte aber durch die Neufassung des Art. 6a Abs. 3 BayNatSchG gerade entlastet werden.[622] Eine Reduzierung des Ermessens kann aus dieser Überlegung gleichwohl nicht abgeleitet werden.

Ein Ermessen besteht also nur hinsichtlich der Wahl zwischen einer Ersatzmaßnahme und der Ersatzzahlung.

---

[622] LT-DrS. 13/10535, S. 19; Fischer-Hüftle, in: Engelhardt/Brenner/Fischer-Hüftle, Bay-NatSchG, Art. 6a, Rdn. 44.

Teil 4:   Integration der Eingriffsregelung in die Planfeststellung

Bei der Einführung der naturschutzrechtlichen Eingriffsregelung war noch weitgehend unklar, wie sich deren Anforderungen in der Planfeststellung angesichts
der dort der Planfeststellungsbehörde zugestandenen planerischen Gestaltungsfreiheit berücksichtigen ließen. So wurde z. B. vertreten, dass die Eingriffsregelung nicht über die Anforderungen des Abwägungsgebots hinausgehe, sondern
konkretisiere, mit welchen Mitteln das Ziel der Schonung von Natur und Landschaft zu erreichen sei.[623] Auch ließen sich die Fragen nach Vermeidung und
Ausgleich nur schwer von der Abwägung trennen, so dass die Anforderungen
nicht als Planungsleitsätze, sondern als Optimierungsgebote im Sinne der Terminologie des Urteils des Bundesverwaltungsgerichts vom 22. März 1985[624] anzusehen seien.[625]

Inzwischen ist die Frage, wie die einzelnen Anforderungen der Eingriffsregelung zu beurteilen sind, weitgehend geklärt (vgl. im Folgenden A.). Unstimmig-
keiten bestehen vor allem noch was die Qualifizierung der naturschutzrechtlichen Abwägung nach § 8 Abs. 3 BNatSchG, Art. 6a Abs. 2 BayNatSchG angeht.

Anders ist dies bei der Frage, wie sich das gestufte Prüfungsprogramm der Eingriffsregelung in die Prüfung der materiellen Rechtmäßigkeit eines Planfeststellungsbeschlusses einfügen lässt. Hier wird sowohl eine Prüfung *vor* der planerischen Abwägung nach § 17 Abs. 1 Satz 2 FStrG[626] als auch erst im Anschluss an

---

[623] Schroeter, DVBl. 1979, 14 (16).

[624] BVerwGE 71, 163 ff.; vgl. hierzu Teil 2, B. II. 5. c).

[625] Ronellenfitsch, VerwArch 77 (1986), 177, 184 (192); Ehrlein, VBlBW 1990, 121 (125)
m.w.N.; VGH Kassel, Urt. v. 20. Januar 1987, NuR 1988, 250 (252).

[626] Gassner, in: Gassner/Bendomir-Kahlo/Schmidt-Räntsch, BNatSchG, § 8, Rdn. 47; in diese
Richtung deutend auch BVerwG, Beschl. v. 22. Mai 1996, NVwZ-RR 1997, 217 (218).

die abschließende Feststellung der Zulässigkeit des Vorhabens nach dem Fachplanungsrecht[627] vertreten (hierzu im Folgenden B.).

A. Die einzelnen Anforderungen der Eingriffsregelung

Die naturschutzrechtliche Eingriffsregelung stellt ein ausdifferenziertes System unterschiedlicher Anforderungen zur Bewältigung der durch ein in Natur und Landschaft eingreifendes Vorhaben ausgelösten Beeinträchtigungen dar. Ihre Anforderungen stehen in einer strikt einzuhaltenden Stufenfolge und sind daher auch in dieser Reihenfolge zu prüfen.[628] Da sie also aus mehreren unterschiedlichen Geboten besteht ist auch für jedes dieser Gebote separat festzustellen, ob es nach seinem Inhalt als Optimierungsgebot oder striktes Recht zu qualifizieren ist.

Diese Qualifizierung hängt grundsätzlich vom eigenen Geltungsanspruch der jeweiligen Norm ab.[629] Nur danach kann beurteilt werden, ob diese eine strikte Verbindlichkeit oder lediglich die Berücksichtigung in der Abwägung verlangt. Die Methode, mit der dieser Geltungsanspruch ermittelt wird, ist die der Auslegung. Dabei ist zu bedenken, dass der eindeutige Wortsinn einer Norm stets die äußerste Grenze einer jeden Auslegung darstellt.[630] Ergibt also bereits der eindeutige Wortlaut einer Bestimmung, dass diese in jedem Fall eine strikte Verbindlichkeit beansprucht und einer Abwägung nicht zugänglich ist, so kann es sich nur um striktes Recht im dargestellten Sinne handeln. Der mögliche Wortsinn ist damit Ausgangspunkt und Grenze einer jeden Auslegung. Lässt er nur eine bestimmte Bedeutung zu, so sind andere Auslegungsmethoden im Grunde

---

[627] BVerwG, Urt. v. 7. März 1997, BVerwGE 104, 144 (147); Halama, NuR 1998, 633 (634) m.w.N.

[628] BVerwG, Urt. v. 28. Februar 1996, NuR 1996, 517 (519); Gassner, in: Gassner/Bendomir-Kahlo/Schmidt-Räntsch, BNatSchG, § 8, Rdn. 45.

[629] Gaentzsch, Laufener Seminarbeiträge 1/85, 23 (25); Czybulka/Rodi, BayVBl. 1996, 513 (523); J. Dreier, Abwägung, S. 91, 300; BVerwG, Urt. v. 9. März 1990, BVerwGE 85, 44 (46).

[630] Larenz, Methodenlehre, S. 324; Ibler, Schranken, S. 185.

überflüssig, da sie sich nicht über den Wortsinn hinwegsetzen können. Dementsprechend geht auch das Bundesverwaltungsgericht bei der Ermittlung von Normen des strikten Rechts, allerdings ohne dies explizit auszusprechen, vornehmlich vom Gesetzeswortlaut aus.[631]

I.   Das Vermeidungsgebot § 8 Abs. 2 Satz 1, 1.HS BNatSchG, Art. 6a Abs. 1 Satz 1, 1. HS BayNatSchG

Trotz einiger anders lautender Stimmen in Literatur und Rechtsprechung,[632] die das Vermeidungsgebot nur als Optimierungsgebot im Sinne des Urteils des Bundesverwaltungsgerichts vom 22. März 1985[633] ansehen wollten, hat sich das oberste deutsche Verwaltungsgericht schon relativ früh dafür entschieden, in § 8 Abs. 2 Satz 1, 1. HS BNatSchG und den entsprechenden Vorschriften der Länder einen Planungsleitsatz nach der älteren bzw. striktes Recht nach der aktuellen planungsrechtlichen Begrifflichkeit zu sehen.[634]

Die Tatsache, dass das Vermeidungsgebot nicht alle Möglichkeiten erfasst, mittels derer eine Vermeidung von Beeinträchtigungen möglich ist, sondern im Wesentlichen nur auf eine „technisch-fachliche Optimierung" des Eingriffsvorhabens abzielt (vgl. oben Teil 3, B. III.), mag auf den ersten Blick für die Qualifizierung als Optimierungsgebot sprechen. Tatsächlich geht es aber bei der Frage, ob ein Optimierungsgebot oder striktes Recht vorliegt, darum, ob die Norm strikte Verbindlichkeit beansprucht oder ob sie in einer Abwägung zurückgestellt werden kann.[635] Schon aus dem Wortlaut des Vermeidungsgebots ergibt sich aber, dass es sich um nicht einer Abwägung zugängliches Recht handelt: Ist eine Beeinträchtigung vermeidbar, so *ist* sie auch zu vermeiden. Für eine Abwägung ist hier kein Raum. Dies ändert sich auch nicht dadurch, dass andere

---

[631]   Ibler, Schranken, S. 185.

[632]   Schroeter, DVBl. 1979, 14 (16); Kuchler, VBlBW 1989, 63 (65); J. Dreier, Abwägung, S. 303 ff; VGH Kassel, Urt. v. 20. Januar 1987, NuR 1988, 250 (252).

[633]   BVerwGE 71, 163 (165).

[634]   BVerwG, Beschl. v. 21. August 1990, Buchholz 406.401, Nr. 8 zu § 8 BNatSchG, 7 (8).

[635]   Schink, DVBl. 1992, 1390 (1393).

Aspekte einer Vermeidung von Beeinträchtigungen im Rahmen der planerischen Abwägung behandelt werden (Vermeidung durch andere Trassenwahl etc.). Denn das Vermeidungsgebot erfasst nur einen Teilaspekt der Vermeidbarkeit. Soweit dieser aber reicht, beansprucht es strikte Geltung. Kann eine Beeinträchtigung in diesem Sinne vermieden werden, so ist sie auch zu vermeiden. Es wird gerade nicht gefordert, dass Beeinträchtigungen „möglichst" zu unterlassen sind oder die Vermeidung einer Abwägung unterliegt. Das Postulat des Vermeidungsgebots, dass eine in dessen Sinne vermeidbare Beeinträchtigung zwingend zu vermeiden ist, kann daher aufgrund einer nachfolgenden Abwägung nicht mehr aufgehoben werden. Eine irgendwie geartete Steuerung des Abwägungsvorgangs, wie sie für ein Optimierungsgebot charakteristisch wäre, widerspräche ebenfalls dem klaren Wortsinn der Bestimmung und scheidet daher schon aus diesem Grunde aus. Die in Teil 3 gebrauchte Formulierung, dass das Vermeidungsgebot auf die *technisch-fachliche Optimierung* des Vorhabens abzielt, ist folglich nicht so zu verstehen, dass es sich beim Vermeidungsgebot um ein planungsrechtlichen Optimierungsgebot handle. Sie soll vielmehr verdeutlichen, dass § 8 Abs. 2 Satz 1, 1. HS BNatSchG, Art. 6a Abs. 1 Satz 1, 1. HS BayNatSchG im Ergebnis auf eine unter dem Gesichtspunkt von Naturschutz und Landschaftspflege optimale Ausgestaltung und Ausführung des Vorhabens abzielt. Dies ändert aber nichts daran, dass die Bestimmung eindeutig als striktes Recht ausgestaltet ist. Das Bundesverwaltungsgericht hat diese Auffassung in einer Entscheidung vom 30. Oktober 1992 bestätigt, sie ist seither ständige Rechtsprechung,[636] der sich auch die überwiegende Meinung in der Literatur angeschlossen hat.[637]

Gegen diese inzwischen herrschende Meinung argumentiert in neuerer Zeit *Johannes Dreier*. Er geht von der im Grunde zutreffenden Überlegung aus, dass

---

[636] BVerwG, Beschl. v. 30. Oktober 1992, Buchholz 406.401, Nr. 13 zu § 8 BNatSchG, 26 (34); vgl. auch BVerwG, Beschl. v. 30. Dezember 1996, NVwZ-RR 1998, 284 (287); BVerwG, Urt. v. 7. März 1997, BVerwGE 104, 144 (147).

[637] Fischer-Hüftle, in: Engelhardt/Brenner/Fischer-Hüftle, BayNatSchG, Art. 6a, Rdn. 10; Stüer, in: Hoppe-FS, 853 (860 f.); Steinberg/Berg/Wickel, Fachplanung, § 3, Rdn. 25, jeweils m.w.N.

die Frage, ob eine bestimmte Beeinträchtigung im Sinne des Vermeidungsgebots vermeidbar sei, nur anhand einer Gesamtabwägung aller einschlägigen Belange beantwortet werden könne. Für die Ermittlung des Begriffs der Vermeidbarkeit sei nämlich die Konzeption des Vorhabens zu berücksichtigen (vgl. Teil 3, B. III.). Obwohl die Bestimmung auf den ersten Blick als striktes Gebot formuliert sei, steuere sie daher in Wirklichkeit die planerische Abwägung lediglich von innen.[638]

Dreier übersieht hier aber den von ihm selbst immer wieder zitierten Grundsatz, dass ein Optimierungsgebot nur vorliegt, wenn es sich nach Wortlaut, Systematik und Ratio einer Norm durch Auslegung ergibt[639]. Er verwechselt Tatbestand und Rechtsfolge der Norm. Das Vermeidungsgebot ist als Tatbestand-Rechtsfolge-Schema aufgebaut: *Wenn* eine Beeinträchtigung vermieden werden kann, *dann* ist sie (unter der Voraussetzung der Erforderlichkeit) zu vermeiden. Auf der Tatbestandsseite ist die planerische Konzeption des Vorhabens und damit auch die Abwägung zu berücksichtigen. Kommt man aber zu dem Ergebnis, dass die Maßnahmen zur Vermeidung einer bestimmten Beeinträchtigung die planerische Konzeption nicht beeinträchtigen, dann schließt sich daran die zwingende Rechtsfolge an, dass die Beeinträchtigung zu vermeiden *ist*. Diese Rechtsfolge ist nach dem insoweit eindeutigen Wortlaut der Bestimmung zwingend (s. o.). Sie steht einer Abwägung nicht offen und ist daher nicht als Optimierungsgebot, sondern als striktes Recht zu qualifizieren.

Allerdings ist zu beachten, dass das Vermeidungsgebot nur das *Ziel* von Vermeidungsmaßnahmen strikt verbindlich vorgibt: Kann eine Beeinträchtigung im in Teil 3 dargestellten Sinne vermieden werden, so muss sie im Ergebnis vermieden werden. Dieses Ziel der Vermeidung kann nicht im Wege der naturschutzrechtlichen oder der planerischen Abwägung überwunden oder zurückgestellt werden. Über die Art und Weise, wie diese Vermeidung zu erreichen ist, trifft § 8 Abs. 2 Satz 1, 1. HS BNatSchG, Art. 6a Abs. 1 Satz 1, 1. HS Bay-

---

[638] J. Dreier, Abwägung, S. 303.
[639] J. Dreier, Abwägung, S. 91 f.

NatSchG dagegen keine Aussage. Insoweit besteht daher keine Bindung der Planfeststellungsbehörde durch striktes Recht.

Dies bedeutet, dass ihr insoweit grundsätzlich planerische Gestaltungsfreiheit zukommt. Allerdings stellt die Bindung an das strikt zu beachtende Recht nicht die einzige Bindung dar, der die Planfeststellungsbehörde unterliegt (vgl. oben Teil 2, B. II.). Sie ist daher bei der Bestimmung der Art und Weise, wie sie die Vermeidung erreichen will, an die Vorgaben des Abwägungsgebots gebunden.[640] Nach dem Abwägungsgebot hat die Behörde daher

die möglichen Maßnahmen zur Vermeidung der Beeinträchtigung zu ermitteln,

die unterschiedlichen Maßnahmen hinsichtlich ihrer Eignung, Erfolgsaussichten, Kosten und insb. auch ihrer unterschiedlichen Eingriffsintensitäten in Rechte Anderer zu bewerten und

die Maßnahmen entsprechend der Bewertung im Verhältnis zueinander zu gewichten.

Dementsprechend beschränkt sich insoweit auch die gerichtliche Kontrolle auf die Frage, ob Abwägungsfehler vorliegen. Ist dies nicht der Fall, so begegnet es daher auch keinen rechtlichen Bedenken, wenn sich die Behörde bei Wahl zwischen mehreren gleichwertigen Vermeidungsmaßnahmen für die eine und damit notwendig auch für die Zurückstellung aller anderen entscheidet.[641]

II. Das Ausgleichsgebot § 8 Abs. 2 Satz 1, 2. HS BNatSchG, Art. 6a Abs. 1 Satz 1, 2. HS BayNatSchG

Was das Ausgleichsgebot in § 8 Abs. 2 Satz 1, 2. HS BNatSchG, Art. 6a Abs. 1 Satz 1, 2. HS BayNatSchG angeht, so ging das Bundesverwaltungsgericht zunächst davon aus, dass „die rahmenrechtliche Vorschrift des § 8 Abs. 2 BNatSchG im Hinblick auf unvermeidbare Beeinträchtigungen nicht verlangt,

---

[640] Ramsauer, NuR 1997, 419 (424); OVG Bremen, Urt. v. 24. Oktober 1989, NuR 1990, 225 (226); OVG Saarlouis, Urt. v. 16. Februar 1990, NuR 1992, 348 (350).
[641] Vgl. BVerwG, Urt. v. 14. Februar 1975, BVerwGE 48, 56 (63).

dass die Landesgesetzgebung ein Verbot als Planungsleitsatz erlässt, sondern auf eine landesrechtliche Regelung durch ein in der Abwägung überwindbares *Optimierungsgebot* abzielt".[642] Diese Auffassung befand sich in Übereinstimmung mit einigen Stimmen in der Literatur und Rechtsprechung,[643] ließ sich aber nur schwer mit dem Wortlaut der als zwingende Vorgabe für in Natur und Landschaft eingreifende Vorhaben formulierten Bestimmung in Einklang bringen.

So korrigierte das Bundesverwaltungsgericht diese Auffassung auch schon 2 Jahre später ausdrücklich und betrachtet auch das Ausgleichsgebot nunmehr als striktes, nicht einer Abwägung zugängliches Recht.[644] Diese Auffassung fand in der Literatur allgemeine Zustimmung[645] und kann daher inzwischen als gefestigte, herrschende Meinung gelten. Sie deckt sich auch mit der Auslegung des Vermeidungsgebots: Dieses entspricht dem Ausgleichsgebot in Wortlaut und Aufbau weitestgehend, eine abweichende Auslegung des Ausgleichsgebots wäre daher nicht nachvollziehbar. Die Gründe, die für die Einstufung des Vermeidungsgebots als striktes Recht sprechen, sind daher auch auf das Ausgleichsgebot anwendbar.

Kann eine Beeinträchtigung daher im Sinne von § 8 Abs. 2 Satz 4 BNatSchG, Art. 6a Abs. 1 Satz 4 BayNatSchG ausgeglichen werden, so ist sie daher, unter der Voraussetzung, dass sie für die Verwirklichung der Ziele des Naturschutzes und der Landschaftspflege erforderlich ist, zwingend auszugleichen. Der Ausgleich kann nicht aufgrund der naturschutzrechtlichen oder der planerischen Abwägung zurückgestellt werden.

---

[642] BVerwG, Beschl. v. 21. August 1990, Buchholz 406.401, Nr. 8 zu § 8 BNatSchG, 7 (9).

[643] Ehrlein, VBlBW 1990, 121 (125); Ronellenfitsch, VerwArch 77 (1986), 177 (192); VGH Kassel, Urt. v. 20. Januar 1987, NuR 1988, 250 (252).

[644] BVerwG, Beschl. v. 30. Oktober 1992, Buchholz 406.401, Nr. 13 zu § 8 BNatSchG, 26 (36); BVerwG, Beschl. v. 4. Oktober 1994, Buchholz 406.401, Nr. 14 zu § 8 BNatSchG, 1 (3); BVerwG, Beschl. v. 22. Mai 1996, NVwZ-RR 1997, 217 (218).

[645] Louis, BNatSchG, § 8, Rdn. 40; Fischer-Hüftle, in: Engelhardt/Brenner/Fischer-Hüftle, BayNatSchG, Art. 6a, Rdn. 12; Stüer, in: Hoppe-FS, 853 (863) m.w.N.

Allerdings ist auch das Ausgleichsgebot nur insoweit striktes Recht, als es das Ziel des Ausgleichs zwingend vorgibt. Über die Art und Weise, wie dieses Ziel zu erreichen ist, macht es keine Angaben. Daher ist die Planfeststellungsbehörde bei der Auswahl von Art und Ort der Ausgleichsmaßnahme grundsätzlich frei, sie kann sich der ihr im Rahmen der Fernstraßenplanung zugestandenen planerischen Gestaltungsfreiheit bedienen. Gebunden ist sie dabei wie im Rahmen der Vermeidung von Beeinträchtigungen durch das Abwägungsgebot.[646]

Jedenfalls missverständlich ist daher die Formulierung des Bundesverwaltungsgerichts im Urteil vom 1. September 1997, wonach der Planfeststellungsbehörde bei der Anordnung von Ausgleichsmaßnahmen keine planerische Gestaltungsfreiheit zukomme.[647] Denn im weiteren Text stellt es richtigerweise klar, dass die Behörde an die „tatbestandlichen Voraussetzungen der landesrechtlichen Eingriffsregelung gebunden" sei. Die Bindung durch striktes Recht kann aber nicht weiter gehen als die landesgesetzliche Regelung überhaupt Aussagen trifft. Hinsichtlich Art und Ort der Ausgleichsmaßnahme fehlt es aber gerade daran.

Innerhalb der Grenzen des Abwägungsgebots (vgl. oben I. und Teil 2, B. II. 5.) kann sich daher die Planfeststellungsbehörde rechtmäßig für die eine und gegen eine andere Ausgleichsmaßnahme entscheiden. Ist für die ins Auge gefasste Ausgleichsmaßnahme die Enteignung einer bestimmten Fläche erforderlich, so ist daneben noch eine Prüfung der Verhältnismäßigkeit dieser Enteignung vorzunehmen.[648]

---

[646] Ramsauer, NuR 1997, 419 (424); Kuschnerus, DVBl. 1986, 75 (80); Fischer-Hüftle, Laufener Seminarbeiträge 5/90, 14 (17); OVG Bremen, Urt. v. 24. Oktober 1989, NuR 1990, 225 (226); OVG Saarlouis, Urt. v. 16. Februar 1990, NuR 1992, 348 (350).

[647] BVerwGE 105, 178 (185).

[648] BVerwG, Urt. v. 1. September 1997, BVerwGE 105, 178 (185); vgl. auch Teil 3, B IV. 2. b).

III. Die naturschutzrechtliche Abwägung § 8 Abs. 3 BNatSchG, Art. 6a Abs. 2 BayNatSchG

Wie § 17 Abs. 1 Satz 2 FStrG fordert auch § 8 Abs. 3 BNatSchG, Art. 6a Abs. 2 BayNatSchG eine Abwägung von Belangen. Es stellt sich daher zunächst die Frage, in welchem Verhältnis diese beiden Abwägungen zueinander stehen, ob die naturschutzrechtliche Abwägung in der fachplanungsrechtlichen Abwägung aufgeht oder ob beide voneinander zu unterscheiden sind.

Das Bundesverwaltungsgericht geht in ständiger Rechtsprechung von einer Trennung von naturschutzrechtlicher und fachplanerischer Abwägung aus.[649] Neben Zustimmung[650] hat dies in der Literatur auch Kritik hervorgerufen. So wendet sich *Ramsauer* gegen die von ihm als *Separationsmodell* bezeichnete Unterscheidung von naturschutzrechtlicher und fachplanerischer Abwägung und will stattdessen die Abwägung nach § 8 Abs. 3 BNatSchG, Art. 6a Abs. 2 BayNatSchG in die planerische Abwägung einbeziehen, wo ihr die Aufgabe einer „Binnensteuerung je nach Gewicht und Bedeutung" zukommen soll (*Integrationsmodell).*[651]

Gegen das Separationsmodell spreche, dass es aus der richterlichen Perspektive entwickelt wurde und daher nicht der planerischen Praxis entspreche. Denn in der Praxis komme es nur zu einer einzigen Planungsentscheidung auf der Grundlage einer einheitlichen Abwägung. Das Integrationsmodell entspreche daher einerseits der Praxis und würde andererseits auch im Interesse der Effektivität der Eingriffsregelung sinnvoller sein. Daneben sei die nach dem Separati-

---

[649] BVerwG, Beschl. v. 30. Oktober 1992, Buchholz 406.401, Nr. 13 zu § 8 BNatSchG, 26 (37); BVerwG, Beschl. v. 22. Mai 1996, NVwZ-RR 1997, 217 (218).

[650] Stüer, in: Hoppe-FS, 853 (866); Halama, NuR 1998, 633 (634); Czybulka/Rodi, BayVBl. 1996, 513 (523); Berkemann, UTR Band 20, 93 (118 f.); Kuschnerus, Schriftenreihe Natur und Recht, Band 2, 11 (25); Gassner, in: Gassner/Bendomir-Kahlo/Schmidt-Räntsch, BNatSchG, § 8, Rdn. 47.

[651] Ramsauer, NuR 1997, 419 (421 und 423 f.); ebenso Schink, DVBl. 1992, 1390 (1393 und 1399 f.); J. Dreier, Abwägung, S. 311 ff.; kritisch auch Steinberg/Berg/Wickel, Fachplanung, § 3, Rdn. 30 ff.

onsmodell erforderliche doppelte Abwägung ohnehin überflüssig: Gelange die Planfeststellungsbehörde bei der planerischen Abwägung zu dem Ergebnis, dass die für das Vorhaben sprechenden Belange die dagegen sprechenden Belange überwiegen, so könne die naturschutzrechtliche Abwägung nicht mehr zu einer Untersagung führen, da dort nicht alle gegen das Vorhaben sprechenden Belange berücksichtigt werden können, sondern nur die von Naturschutz und Landschaftspflege.

Diese Bedenken greifen im Ergebnis aber nicht durch. Dass die Unterscheidung beider Abwägungen nicht der planerischen Praxis entspricht, mag durchaus zutreffen. Daraus kann aber kein Argument gegen die gesetzlich geforderte Unterscheidung hergeleitet werden. Denn die Geltung einer gesetzlichen Norm wird zweifellos nicht dadurch gemindert, dass sie in der Praxis nicht beachtet wird. Dies kann Anlass für den Gesetzgeber sein, den Sinn der Norm zu überdenken und diese gegebenenfalls aufzuheben, von selbst wird sie damit aber nicht gegenstandslos. Außerdem trifft es nicht zu, dass planerisch nur einmal abgewogen wird. Tatsächlich finden nämlich während des Planungsprozesses immer wieder Abwägungsentscheidungen statt. Kommen beispielsweise am Beginn der Planung mehrere alternative Trassenführungen oder Ausbauvarianten in Frage, so ist für das Ausscheiden dieser Alternativen bzw. Varianten jeweils eine Abwägungsentscheidung erforderlich (vgl. oben Teil 2, B. II. 5. d)). Der Planungsprozess stellt sich daher als eine Folge von mehreren Abwägungsentscheidungen dar. Die Annahme *Ramsauers*, es finde nur eine Abwägung statt, trifft also nicht zu. Besondere Probleme, die gerade durch die Einfügung der naturschutzrechtlichen Abwägung in diese Abfolge von Abwägungsentscheidungen entstehen könnten, sind nicht ersichtlich.

Ramsauer bleibt auch die Antwort auf die Frage schuldig, wie die von ihm favorisierte *Binnensteuerung* der planerischen Abwägung aussehen soll. Dass eine derartige Steuerung durch § 8 Abs. 3 BNatSchG, Art. 6a Abs. 2 BayNatSchG möglich ist, erscheint wegen der unterschiedlichen Normstrukturen mehr als fraglich. Denn bei § 17 Abs. 1 Satz 2 FStrG geht es nicht nur um die Frage der Zulassung („ob") des Vorhabens, sondern auch um seine Ausgestaltung („wie").

Dagegen eröffnet die naturschutzrechtliche Abwägung keine Gestaltungsmöglichkeiten, eine für Naturschutz und Landschaftspflege positive Abwägung ist nur die Voraussetzung für die Rechtsfolge der Untersagung des Vorhabens.

Außerdem ist zu bedenken, dass das Folgenbewältigungssystem der Eingriffsregelung gestufte Pflichten an den Verursacher eines Eingriffsvorhabens stellt. Diese Stufenfolge würde jedoch aufgelöst, wenn die naturschutzrechtliche Abwägung in die fachplanerische Abwägung integriert würde.

Schließlich geht auch das Argument, dass die naturschutzrechtliche neben der planerischen Abwägung überflüssig wäre, fehl. Tatsächlich handelt es sich bei der naturschutzrechtlichen Abwägung um eine der abschließenden fachplanerischen Abwägung über das „ob" des Vorhabens vorgelagerte Prüfungsstufe. Sie unterscheidet sich von der fachplanerischen Abwägung vor allem durch einen eingeschränkten Prüfungsmaßstab: Während bei dieser grundsätzlich alle für und gegen das Vorhaben sprechenden Belange zu berücksichtigen sind, fordert die naturschutzrechtliche Abwägung nur eine Abwägung der für das Vorhaben sprechenden Belange gegen die gegenläufigen Belange von Naturschutz und Landschaftspflege. Gegenstand dieser „bipolaren" Abwägung ist also nur die Frage, ob das Vorhaben bereits aus den Gründen von Naturschutz und Landschaftspflege untersagt werden muss. Bei der fachplanerischen Abwägung dagegen sind *alle* für und gegen das Vorhaben sprechenden Belange zu berücksichtigen. Anders als bei der naturschutzrechtlichen Abwägung können dabei auch die dort aus systematischen Gründen ausgeschlossenen Ersatzmaßnahmen berücksichtigt werden, soweit sie im Einzelfall geeignet sind, die Gesamtkonzeption der Planung zu berühren.[652] Es kommt also zu einer gestuften Abwägung über das „ob" der Zulassung des Vorhabens,[653] bei der zunächst naturschutzrechtlich nach § 8 Abs. 3 BNatSchG, Art. 6a Abs. 2 BayNatSchG abzu-

---

[652] BVerwG, Beschl. v. 30. Oktober 1992, Buchholz 406.401, Nr. 13 zu § 8 BNatSchG, 26 (38).

[653] Berkemann, UTR Band 20, 93 (118); Schriewer, Laufener Seminarbeiträge 1/85, 43 (46); Paetow, Laufener Seminarbeiträge 1/85, 54 (57); Kuschnerus, Schriftenreihe Natur und Recht, Band 2, 11 (25).

wägen ist und erst anschließend fachplanungsrechtlich nach § 17 Abs. 1 Satz 2 FStrG. Da die naturschutzrechtliche Abwägung entgegen der Auffassung *Ramsauers* vor der fachplanerischen Abwägung erfolgt kommt ihr auch eine eigenständige Bedeutung zu.[654]

Die naturschutzrechtliche Abwägung ist also von der planerischen Abwägung zu unterscheiden. Die gegen dieses Separationsmodell geäußerten Bedenken vermögen nicht zu überzeugen.

Des weiteren stellt sich die Frage, ob die Abwägung nach § 8 Abs. 3 BNatSchG, Art. 6a Abs. 2 BayNatSchG der fachplanungsrechtlichen Abwägung entspricht, ob es sich also um eine *echte planerische Abwägung* oder nur um eine *die gesetzliche Wertung nachvollziehende Abwägung*, wie sie sich etwa auch in § 35 BauGB findet,[655] handelt.

Das Bundesverwaltungsgericht hatte seit einer Entscheidung aus dem Jahre 1990 in ständiger Rechtsprechung entschieden, dass die naturschutzrechtliche Abwägung eine echte planerische Abwägung wie die nach § 17 Abs. 1 Satz 2 FStrG darstelle.[656] Der überwiegende Teil der Literatur folgte dieser Rechtsprechung.[657] Bei genauer Betrachtung trifft diese Ansicht aber nicht zu.

Denn die Abwägung nach § 8 Abs. 3 BNatSchG, Art. 6a Abs. 2 BayNatSchG unterscheidet sich erheblich von der fachplanerischen Abwägung. Grundlage einer jeden planerischen Entscheidung ist die planerische Gestaltungsfreiheit des Planungsträgers. Das Bundesverwaltungsgericht hat seit der für das Fachpla-

---

[654] Vgl. auch unten B II. 2.

[655] Söfker, in: Ernst/Zinkahn/Bielenberg/Krautzberger, BauGB, § 35, Rdn. 76.

[656] BVerwG, Urt. v. 27. September 1990, BVerwGE 85, 348 (362 f.); BVerwG, Beschl. v. 30. Oktober 1992, Buchholz 406.401, Nr. 13 zu § 8 BNatSchG, 26 (37); BVerwG, Beschl. v. 22. Mai 1996, NVwZ-RR 1997, 217 (218).

[657] Vgl. Ronellenfitsch, VerwArch 77 (1986), 177 (183); Kuchler, NuR 1991, 465 (470); Berkemann, UTR Band 20, 93 (116); Czybulka/Rodi, BayVBl. 1996, 513 (520); Ramsauer, NuR 1997, 419 (423); Louis, BNatSchG, § 8,Rdn. 183; Gassner, in: Gassner/Bendomir-Kahlo/Schmidt-Räntsch, BNatSchG, § 8, Rdn. 46.

nungsrecht grundlegenden Entscheidung aus dem Jahre 1975[658] immer wieder betont, dass sich diese bereits aus der Ermächtigung an den Planungsträger zur Planung ergebe. Planung ohne planerische Gestaltungsfreiheit sei nicht denkbar und stelle einen Widerspruch in sich dar. Kennzeichnend für planungsrechtliche Normen ist daher gerade, dass sie die möglichen Ergebnisse nicht vorgeben, sondern ergebnisoffen formuliert sind, so dass mehrere mögliche Ergebnisse rechtmäßig sein können.[659] Planungsnormen sind dementsprechend auch nicht als Tatbestand-Rechtsfolge-Schema wie die Bestimmungen des strikten Rechts, sondern in der Form von Zweckprogrammen formuliert, die der planenden Behörde bei der Festlegung der konkreten Planungsziele und bei der Auswahl der zu ihrer Verwirklichung zu ergreifenden Mittel große Spielräume eröffnen, die mit dem Begriff der planerischen Gestaltungsfreiheit umschrieben werden.[660]

Betrachtet man die naturschutzrechtliche Abwägungsklausel unter diesem Gesichtspunkt, so ist festzustellen, dass sie keine Ähnlichkeit mit einer „echten" Planungsnorm aufweist. Sie ist als reines Tatbestand-Rechtsfolge-Schema konstruiert: *Wenn* die Abwägung zu dem Ergebnis kommt, dass die Belange von Naturschutz und Landschaftspflege überwiegen, *dann* ist das Vorhaben zu untersagen. Eine andere Entscheidung ist dann nicht möglich und irgendwelche Gestaltungsmöglichkeiten der zuständigen Behörde bestehen auf dieser Ebene ebenfalls nicht mehr. Da es also für die Behörde hier nichts mehr zu planen gibt, ist die Bezeichnung der naturschutzrechtlichen Abwägung als planerische Abwägung unzutreffend. Allein die Tatsache, dass die Norm als Tatbestandsvoraussetzung eine Abwägung von Belangen fordert, rechtfertigt es nicht, sie als echte planerische Abwägungsnorm einzustufen. Die Bestimmung gleicht eher Normen wie § 35 BauGB, wo eine Abwägung im Rahmen der Prüfung der Tatbestandsvoraussetzungen erforderlich ist, die Rechtsfolge (hier: Zulässigkeit oder Unzulässigkeit des Vorhabens unter bauplanungsrechtlichen Gesichtspunkten) aber zwingend vorgegeben ist.

---

[658] BVerwG, Urt. v. 14. Februar 1975, BVerwGE 48, 56.
[659] Kuschnerus, NVwZ 1996, 235 (240); Halama, NuR 1998, 633 (636).
[660] Vgl. nur Kühling, Fachplanungsrecht, Rdn. 9.

Die Qualifikation der Abwägungsklausel als echte planerische Abwägung lässt sich auch nicht mit der Argumentation *Ramsauers* rechtfertigen, dass es sich um eine Entscheidung über die räumliche Zuordnung von Nutzungsmöglichkeiten handele, also um die Frage des „Landverbrauchs am falschen Platz".[661] Denn diese Frage steht auf der Ebene der naturschutzrechtlichen Abwägung höchstens indirekt noch zur Disposition, als das Vorhaben komplett untersagt werden kann. Die Entscheidung, ob der Landverbrauch für das Eingriffsvorhaben an dieser Stelle auch unter dem Gesichtspunkt von Naturschutz und Landschaftspflege zulässig ist oder dieses stattdessen an anderer, ökologisch richtigerer Stelle durchzuführen ist, beurteilt sich nach dem Fachplanungsrecht. Auf der Ebene der Eingriffsregelung geht es um die möglichst weitgehende Folgenbewältigung, und nur wenn diese Folgen der Zulassung des konkreten Vorhabens entgegen stehen, wird nach § 8 Abs. 3 BNatSchG, Art. 6a Abs. 2 BayNatSchG die Untersagung ermöglicht. Abgesehen von der Ausgestaltung der Vermeidungs-, Ausgleichs- und Ersatzmaßnahmen kommt es aber auf dieser Ebene nicht mehr zu einer Planung im Sinne einer Gestaltung durch die Behörde.

Dass § 8 Abs. 3 BNatSchG, Art. 6a Abs. 2 BayNatSchG nicht zu einer planerischen Abwägung ermächtigt, hat inzwischen wohl auch das Bundesverwaltungsgericht anerkannt. So führt es in einem Urteil vom 27. Oktober 2000, ohne dass es darauf für die Entscheidung angekommen wäre, aus, dass es sich bei der naturschutzrechtlichen Abwägung um eine „die gesetzliche Wertung nachvollziehende Abwägung" handele.[662]

Die naturschutzrechtliche Abwägung ist also wie die Bestimmungen des strikten Rechts in der Form eines „wenn-dann-Schemas" aufgebaut. Die Abwägung ist lediglich Tatbestandsvoraussetzung für die zwingend angeordnete Rechtsfolge der Untersagung des Vorhabens aus Gründen von Naturschutz und Landschaftspflege. Die Norm eröffnet der planenden Behörde dementsprechend keinen planerischen Gestaltungsspielraum, eine Planung im Sinne einer Betätigung der

---

[661] Ramsauer, NuR 1997, 419 (423).
[662] BVerwG, Urt. v. 27. Oktober 2000, DVBl. 2001, 386 (393); anders noch VGH Mannheim, Urt. v. 20. April 2000, NuR 2001, 274 (276).

Gestaltungsfreiheit findet auf dieser Ebene nicht statt. Es handelt sich daher nicht um eine Planungsnorm, die Bestimmung ermächtigt nicht zu einer „echten planerischen Abwägung", sondern stattdessen nur zu einer „nachvollziehenden" Abwägung.

Bei der Abwägungsklausel handelt es sich daher um „striktes Recht" im Sinne der Dogmatik der Planfeststellung (s. o. Teil 2, E II. 2.).[663]

Die Streitfrage, ob § 8 Abs. 3 BNatSchG, Art. 6a Abs. 2 BayNatSchG zu einer „echten" oder zu einer „nachvollziehenden" Abwägung ermächtigt, erlangt Bedeutung vor allem bei der gerichtlichen Kontrolle. Versteht man die Bestimmung so, dass sie zu einer planerischen Abwägung ermächtigt, so folgt daraus, dass die gerichtliche Kontrolle auf das Vorliegen von Abwägungsfehlern beschränkt ist. Denn mit der Ermächtigung zur Planung wird der Planfeststellungsbehörde ein Freiraum zur eigenverantwortliche Gestaltung eröffnet, den die Rechtsprechung insoweit zu respektieren hat, als sie sich darauf beschränkt, die Abwägung auf das Fehlen von Abwägungsfehlern zu kontrollieren (vgl. Teil 2, B. II. 5.a)). Da sich nunmehr aber gezeigt hat, dass § 8 Abs. 3 BNatSchG, Art. 6a Abs. 2 BayNatSchG gerade nicht zu einer planerischen Abwägung ermächtigt, sondern eine Bestimmung des strikten Rechts darstellt, lässt sich auch die eingeschränkte gerichtliche Kontrolle nicht mit dieser Argumentation rechtfertigen. Die naturschutzrechtliche Abwägung ist daher wie andere Bestimmungen, die als Tatbestandsvoraussetzung eine die gesetzliche Wertung nachvollziehende Abwägung von Belangen vorsehen, wie z. B. § 35 Abs. 1 BauGB, gerichtlich voll überprüfbar.[664]

---

[663] BVerwG, Beschl. v. 22. Mai 1996, NVwZ-RR 1997, 217 (218); Louis, BNatSchG, § 8, Rdn. 177; Fischer-Hüftle, in: Engelhardt/Brenner/Fischer-Hüftle, BayNatSchG, Art. 6a, Rdn. 28; Halama, NuR 1998, 633 (636).
[664] Halama, NuR 1998, 633 (636); Kuschnerus, NVwZ 1996, 235 (240).

IV. Die Ersatzverpflichtung Art. 6a Abs. 3 Satz 1 BayNatSchG

Was die Qualifizierung der Ersatzverpflichtung angeht, so ist zunächst festzuhalten, dass die meisten Bundesländer diese als gebundene Entscheidung ausgestaltet haben: Sind die Beeinträchtigungen nicht vollständig vermeidbar oder ausgleichbar und spricht die naturschutzrechtliche Abwägung für das Vorhaben, so *sind* Ersatzmaßnahmen anzuordnen. Insofern unterscheidet sich die Ersatzverpflichtung nicht wesentlich vom Ausgleichsgebot, so dass sie unproblematisch als striktes Recht im Sinne der Dogmatik des Planungsrechts zu qualifizieren ist.[665]

Bayern hat die Ersatzverpflichtung dagegen als Ermessensregelung ausgestaltet. Ein Verzicht auf die Anordnung von Ersatzmaßnahmen ist daher unter bestimmten Voraussetzungen ermessensgerecht und damit rechtmäßig. Es stellt sich damit die Frage, ob auf die Festsetzung auch im Wege der fachplanerischen Abwägungsentscheidung verzichtet werden kann und damit Art. 6a Abs. 3 BayNatSchG nicht als striktes Recht, sondern als bloßer abwägungserheblicher Belang bzw. als Optimierungsgebot zu verstehen ist.

Allerdings ist zu bedenken, dass im Regelfall nur die Anordnung einer möglichen Ersatzmaßnahme ermessensgerecht ist. Es liegt meist eine Reduzierung des Ermessens auf Null vor, so dass ein Verzicht auf konkrete Ersatzmaßnahmen nur in Ausnahmefällen in Frage kommt. Ein derartiger Ausnahmefall liegt im Wesentlichen nur dann vor, wenn der Gewinn für Natur und Landschaft durch die Maßnahme außer Verhältnis zu ihrem Aufwand stehen würde (s. o. Teil 3, B, VI. 2. a)). Würde dagegen die Ersatzverpflichtung unter dem Vorbehalt der fachplanerischen Abwägung stehen, so könnte auf sie nicht nur aus bestimmten, vom Zweck der Ermessensvorschrift abhängigen (Art. 40 VwVfG), sondern aus allen denkbaren, bei der Abwägung zu berücksichtigenden Gründen zurückgestellt werden. Insbesondere wäre der mögliche Gewinn für Natur und Landschaft durch die Maßnahmen nicht mehr *der* ermessensleitende Gesichtspunkt,

---

[665] BVerwG, Urt. v. 1. September 1997, BVerwGE 105, 178 (184 f.) zur thüringischen Regelung des § 7 AbS. 5 NatSchG.

sondern nur ein Aspekt von mehreren in der Abwägung zu berücksichtigenden. Würde man die Ersatzverpflichtung so verstehen, dass sie unter dem Vorbehalt der fachplanerischen Abwägung stünde, so stünde dies ihrer eigentlichen Normstruktur entgegen. Entscheidend für die Klassifizierung als striktes Recht ist jedoch der eigene Geltungsanspruch der jeweiligen Norm.[666] Dieser ist aber trotz der Einräumung eines Ermessensspielraums nicht auf eine Zurückstellung von Ersatzmaßnahmen im Wege der planerischen Abwägung gerichtet.

Trotz ihrer Ausgestaltung als Ermessensvorschrift steht die Ersatzverpflichtung des Art. 6a Abs. 3 BayNatSchG also nicht unter dem Vorbehalt der fachplanerischen Abwägung. Sie ist damit als striktes Recht zu qualifizieren.[667]

Allerdings gibt die Ersatzverpflichtung wie auch das Ausgleichsgebot nur das *Ziel* vor, über die konkreten Maßnahmen, die Art und Weise, wie dieses erreicht werden soll, enthält es sich der Aussage. Eine strikte Bindung besteht daher auch nur an das Ersatzziel. Bei der Auswahl von Art und Ort der Ersatzmaßnahmen kann die Planfeststellungsbehörde daher die ihr zukommende planerische Gestaltungsfreiheit betätigen. Gebunden ist sie insoweit nur durch die Grenzen des Abwägungsgebots.[668] Die Aussage des BayVGH in seinem Urteil vom 21. Dezember 1999,[669] der Planfeststellungsbehörde komme bei der Anwendung der landesrechtlichen (Ausgleichs- und) Ersatzregelung keine planerische Gestaltungsfreiheit zu, ist daher zum Teil falsch oder jedenfalls missverständlich. Denn auch die strikte Bindung durch Art. 6a Abs. 3 BayNatSchG kann nur soweit gehen, als die Bestimmung eine Aussage trifft. Da über die Be-

---

[666] BVerwG, Urt. v. 22. März 1985, BVerwGE 71, 163 (164); BVerwG, Urt. v. 9. März 1990, BVerwGE 85, 44 (46); Czybulka/Rodi, BayVBl. 1996, 513 (523); Gaentzsch, Laufener Seminarbeiträge 1/85, 23 (25).
[667] BayVGH, Urt. v. 21. Dezember 1999, BayVBl. 2000, 469 (470).
[668] Ramsauer, NuR 1997, 419 (424); OVG Bremen, Urt. v. 24. Oktober 1989, NuR 1990, 225 (226); OVG Saarlouis, Urt. v. 16. Februar 1990, NuR 1992, 348 (350); VGH Mannheim, Urt. v. 20. Februar 1992, NVwZ 1993, 595 (597); BVerwG, Urt. v. 13. März 1995, NuR 1995, 248 (249).
[669] BayVBl. 2000, 469 (470).

stimmung des Ersatzzieles hinaus keine normativen Vorgaben gemacht werden, kann insoweit auch keine strikte Bindung bestehen.

Innerhalb der rechtlichen Grenzen des Abwägungsgebots (vgl. oben I. und Teil 2, B. II. 5.) kann sich daher die Planfeststellungsbehörde rechtmäßig für die eine und gegen die andere Ersatzmaßnahme entscheiden. Ist hierfür jedoch die Enteignung einer bestimmten Fläche erforderlich, so ist daneben noch eine Prüfung der Verhältnismäßigkeit der Enteignung nötig.[670]

V.   Die Ersatzzahlung Art. 6a Abs. 3 Sätze 2-7 BayNatSchG

Wie die Anordnung von Ersatzmaßnahmen steht auch die Forderung einer Ersatzzahlung nach Art. 6a Abs. 3 Sätze 2-7 BayNatSchG im Ermessen der Behörde. Dieses Ermessen bezieht sich allerdings nur auf die Frage, ob eine tatsächliche Ersatzmaßnahme oder stattdessen eine nachrangige Ersatzzahlung verlangt werden soll, ein gänzlicher Verzicht auf Ersatz steht auf dieser Ebene nicht mehr zur Disposition (s. o. Teil 3, B VII. 3.).

Die Ermessensregelung ist daher hier weniger problematisch als bei Art. 6a Abs. 3 Satz 1 BayNatSchG. Denn auch soweit Ermessen besteht, kann auf die Anordnung eines tatsächlichen oder finanziellen Ersatzes für nicht ausgleichbare Beeinträchtigungen von Natur und Landschaft nicht verzichtet werden. Die Regelung steht damit eindeutig nicht unter dem Vorbehalt der fachplanerischen Abwägung. Eine nach Art. 6a Abs. 3 BayNatSchG rechtmäßige Festsetzung einer Ersatzzahlung kann nicht im Rahmen der Abwägung zurückgestellt werden. Die Bestimmung enthält daher striktes, einer Abwägung nicht zugängliches Recht.

Zusammenfassend lässt sich also feststellen, dass sämtliche Gebote der naturschutzrechtlichen Eingriffsregelung für die Planfeststellungsbehörde striktes Recht darstellen, das nicht im Rahmen einer späteren Abwägung zurückgestellt werden kann. Dies gilt sowohl für die als gebundene Entscheidungen formulier-

---

[670] BVerwG, Urt. v. 1. September 1997, BVerwGE 105, 178 (185); vgl. auch Teil 3, B VI. 2. b).

ten Bestimmungen des Vermeidungs- und des Ausgleichsgebots als auch für die Untersagung aufgrund der naturschutzrechtlichen Abwägung sowie die Ermessensentscheidungen der Ersatzverpflichtung und der Verpflichtung zur Leistung einer Ersatzzahlung.

Was das Vermeidungs-, das Ausgleichsgebot und die Ersatzverpflichtung angeht gilt diese Feststellung aber nur insoweit, als das *Ziel* von Vermeidung, Ausgleich und Ersatz strikt verbindlich vorgegeben ist. Mangels entsprechender Aussagen in den gesetzlichen Regelungen besteht hinsichtlich der Art und Weise, *wie* dieses Ziel zu erreichen ist, eine planerische Gestaltungsfreiheit der Planfeststellungsbehörde, die nur durch das Abwägungsgebot gebunden ist.

B.   Die Einbeziehung der Eingriffsregelung in die Rechtmäßigkeitsprüfung der Planfeststellung

Es stellt sich nunmehr die Frage, wie die naturschutzrechtliche Eingriffsregelung mit ihrer strikt zu beachtenden Stufenfolge in die Prüfung der materiellen Rechtmäßigkeit eines Planfeststellungsbeschlusses eingefügt werden kann. Nach allgemein anerkannter Meinung ist die Planfeststellungsbehörde trotz der ihr grundsätzlich zugebilligten planerischen Gestaltungsfreiheit an die Erfordernisse einer Planrechtfertigung, an striktes Recht und an das Abwägungsgebot gebunden (vgl. oben Teil 2, B. II.). Die einzelnen Anforderungen der naturschutzrechtlichen Eingriffsregelung sind dabei der Kategorie des strikten Rechts zuzurechnen. Umstritten ist jedoch, ob die Eingriffsregelung *vor* oder *nach* dem planerischen Abwägungsgebot zu prüfen ist.

I.   Die Konzeption des Bundesverwaltungsgerichts

Das Bundesverwaltungsgericht geht in inzwischen ständiger Rechtsprechung davon aus, dass die naturschutzrechtliche Eingriffsregelung erst geprüft wird, nachdem das gesamte fachplanungsrechtliche Prüfprogramm „abgearbeitet" wurde und das Vorhaben nach dem Fachrecht zulässig ist. Nachdem diese Auffassung in einer früheren Entscheidung bereits angedeutet wurde,[671] hat sich das Gericht im Urteil vom 7. März 1997[672] ausdrücklich dafür ausgesprochen.

Die Eingriffsregelung ergänze die fachrechtlichen Zulassungstatbestände. Sie enthalte zusätzliche Anforderungen, die zu den fachgesetzlichen Zulässigkeitsvoraussetzungen hinzutreten. Die mit der Eingriffsregelung verbundenen Rechtsfolgen würden überhaupt erst dadurch ausgelöst, dass das Fachrecht den Weg für die Zulassung des Vorhabens freimache. Dies komme im Wortlaut des § 8 Abs. 2 Satz 1 BNatSchG deutlich zum Ausdruck. Denn dort werde nicht die

---

[671] BVerwG, Beschl. v. 30. Oktober 1992, Buchholz 406.401, Nr. 13 zu § 8 BNatSchG, 26 (36).

[672] BVerwGE 104, 144 (147 f.).

Frage thematisiert, ob der Eingriff unter den dort genannten Modalitäten zulässig sei oder nicht, die Zulässigkeit des Eingriffs als solche werde vielmehr *vorausgesetzt*.

Dies bestätige auch § 8 Abs. 3 BNatSchG. Denn erst auf der letzten (bundesrahmenrechtlich geregelten) Stufe räume der Gesetzgeber der Behörde die Möglichkeit ein, nicht bloß darauf hinzuwirken, dass die Eingriffsfolgen möglichst gering gehalten werden, sondern den Eingriff als solchen zu unterbinden. Die Eingriffsregelung sei daher dem fachgesetzlichen Zulässigkeitstatbestand „aufgesattelt".

Die Ansicht, dass die Eingriffsregelung die Zulässigkeit des Vorhabens nach den fachplanungsrechtlichen Bestimmungen voraussetze, und daher insbesondere die Abwägung nach § 8 Abs. 3 BNatSchG erst *nach* der planungsrechtlichen Abwägung des § 17 Abs. 1 Satz 2 BFStrG zu erfolgen habe, wurde vom Bundesverwaltungsgericht inzwischen bestätigt.[673] Sie findet auch in der Literatur verbreitet Zustimmung.[674]

II. Kritik

Bei genauerer Betrachtung begegnet die Konzeption des Bundesverwaltungsgerichts allerdings erheblichen systematischen Bedenken.

1. Fehlende Berücksichtigung der Besonderheiten einer Planungsentscheidung

Auf den ersten Blick erscheint sie zwar als logisch. Die naturschutzrechtliche Eingriffsregelung stellt zweifellos ein Instrument zur Bewältigung der Folgen

---

[673] BVerwG, Urt. v. 1. September 1997, BVerwGE 105, 178 (185); BVerwG, Urt. v. 27. Oktober 2000, DVBl. 2001, 386 (391).

[674] Stüer, in: Hoppe-FS, 853 (861); Fischer-Hüftle, in: Engelhardt/Brenner/Fischer-Hüftle, BayNatSchG, Art. 6a, Rdn. 4; Halama, NuR 1998, 633 (634); Kuchler, NuR 1991, 465 (461); Ronellenfitsch, VerwArch 77 (1986), 177 (181); Gassner, NuR 1984, 81 (84); R. Breuer, NuR 1980, 89 (93).

eines in Natur und Landschaft eingreifenden Vorhabens dar (vgl. oben Teil 1). *Folgen* kann aber nur ein Vorhaben haben, das auch durchgeführt wird. Scheitert seine Realisierung bereits an anderen Umständen, so können für Natur und Landschaft auch keine Folgen entstehen, die es zu bewältigen gälte. Diese Argumentation spricht dafür, die Eingriffsregelung als letzten abzuarbeitenden Punkt erst nach den Anforderungen des Fachplanungsrechts, also wenn die Zulässigkeit nach Fachrecht bereits feststeht, zu prüfen.

Daneben spricht auch der Gesichtspunkt der Verfahrensökonomie für diese Prüfungsreihenfolge: Um die Anforderungen der Eingriffsregelung fachlich zutreffend umsetzen zu können, sind umfangreiche Untersuchungen und sachverständige Prognosen erforderlich, die sich in nicht unerheblichen Belastungen des Vorhabenträgers niederschlagen können (s. o. Teil 3, B. I.). Führt bereits die allgemeine fachplanungsrechtliche Prüfung zu dem Ergebnis, dass das Vorhaben unzulässig ist, so könnte auf diesen administrativen und finanziellen Aufwand verzichtet werden.

Gleichwohl führt die Regelung des § 8 Abs. 2 Satz 2 BNatSchG, Art. 6a Abs. 1 Satz 2 BayNatSchG, nach der die materiellen Anforderungen der Eingriffsregelung nicht in einem eigenen Verfahren, sondern in einem anderweitig vorgesehenen Verfahren zu prüfen sind („Huckepack-Verfahren"), dazu, dass die Eingriffsregelung der Entscheidungsstruktur des zugrunde liegenden Verfahrens Rechnung tragen muss. Es kann daher durchaus von Bedeutung sein, wie das jeweilige Fachrecht die Zulassung des Eingriffsvorhabens regelt, ob als gebundene Genehmigung, auf die bei Vorliegen der gesetzlich geregelten Voraussetzungen ein Anspruch besteht,[675] oder als Planfeststellung, bei der der über die Zulassung entscheidenden Behörde planerische Gestaltungsfreiheit zukommt.[676]

Ist für die Zulassung eines konkreten Projektes eine Genehmigung gesetzlich vorgesehen, so lassen sich gegen die Konzeption des Bundesverwaltungsge-

---

[675] Steinberg/Berg/Wickel, Fachplanung, § 1, Rdn. 7; Maurer, Verwaltungsrecht, § 9, Rdn. 51.

[676] Gassner, Landschaft, S. 135.

richts keine Bedenken vorbringen: Liegen die gesetzlichen Voraussetzungen der Genehmigung vor, so ist das Vorhaben nach dem Fachrecht zulässig. Eine Wechselwirkung zwischen ihnen und den Anforderungen der Eingriffsregelung besteht nicht, so dass es sinnvoll sein kann, die Eingriffsregelung erst dann abzuarbeiten, wenn die fachplanungsrechtliche Zulässigkeit feststeht.

Die Übertragung dieser Prüfungsreihenfolge auf die Fälle, in denen eine Planfeststellung vorgesehen ist, trägt aber den Besonderheiten der planerischen Entscheidungsstruktur nicht Rechnung. Denn der Planfeststellungsbehörde kommt bei der Entscheidung über die Zulassung eines Vorhabens planerische Gestaltungsfreiheit zu (vgl. Teil 2, B. II. 1.). Sie kann nicht nur wie bei einer Genehmigung das Vorhaben bei Vorliegen der gesetzlichen Voraussetzungen (gegebenenfalls unter Hinzufügung von Nebenbestimmungen) zulassen bzw. bei deren Fehlen ablehnen. Wegen des in der Planfeststellungsentscheidung enthaltenen raumplanerischen Elements[677] trifft sie auch eine planerische Entscheidung über die Verortung des Vorhabens im Raum, bei der ihre Gestaltungsfreiheit im Wesentlichen nur durch das Abwägungsgebot beschränkt wird. Als Beispiel hierfür kann die Trassenwahl bei der Planfeststellung von Bundesfernstraßen dienen (vgl. oben Teil 2, B. II. 5. d)). Aus dem Abwägungsgebot folgt eine Pflicht der Planfeststellungsbehörde zur Prüfung alternativer Vorhabenvarianten, insbesondere von alternativen Trassenführungen, die sich nach der Lage der Dinge anbieten oder gar aufdrängen.[678] Diese Alternativenprüfung stellt einen den gesamten Planungsprozess begleitenden Vorgang dar. Dabei kann es passieren, dass die Entscheidung für eine bestimmte Trasse erst zu einem vergleichsweise späten Zeitpunkt des Planungsprozesses fällt. Die endgültige Trassenentscheidung ist aber für die naturschutzrechtliche Eingriffsregelung von erheblicher Bedeutung. Denn erst damit ist hinreichend genau festgelegt, aus welchen Flächen sich der für die Eingriffsregelung relevante Beurteilungsraum (Eingriffs-, Wirk- und Kompensationsraum) zusammensetzt. Vor diesem Zeitpunkt steht daher nicht

---

[677] Steinberg/Berg/Wickel, Fachplanung, § 1, Rdn. 5 ff.
[678] BVerwG, Urt. v. 30. Mai 1984, BVerwGE 69, 256 (273) m.w.N.

fest, auf welche Funktionen sich die Vermeidungs-, Ausgleichs- und Ersatz-maßnahmen beziehen müssen.

Die Belange von Naturschutz und Landschaftspflege spielen aber auch auf der Ebene des für die Trassenwahl entscheidenden Abwägungsgebots eine Rolle. Bei der Auswahl unter mehreren Trassenführungen kann es daher von Bedeu-tung sein, welche Trasse zu den geringsten Beeinträchtigungen von Natur und Landschaft führt. Abwägungsrelevant ist insofern auch der mögliche Ausgleich oder auch Ersatz für die durch die jeweilige Trasse zu erwartenden Beeinträchti-gungen: Lassen sich die Beeinträchtigungen von Natur und Landschaft bei einer Trasse weitestgehend ausgleichen oder durch Ersatzmaßnahmen anderweitig kompensieren, so spricht dies im Rahmen der Abwägungsentscheidung für diese Trasse.

Nach der Rechtsprechung des Bundesverwaltungsgericht sind Ausgleichs- und Ersatzmaßnahmen zwar nur dann abwägungserheblich, wenn sie geeignet sind, die Gesamtkonzeption der Planung zu berühren.[679] Diese Einschränkung ist sachgerecht, da eine Pflicht zur Berücksichtigung jeder, auch nur der kleinsten Kompensationsmaßnahme die Behörde überlasten würde und der Aufwand in-soweit in keinem Verhältnis zum erreichbaren Vorteil stünde. Gleichwohl be-rührt der unterschiedliche Grad der Kompensation der Beeinträchtigungen von Natur und Landschaft jedenfalls dann die Gesamtkonzeption der Planung, wenn mehrere Trassenvarianten zur Auswahl stehen. Eine sachgerechte Auswahl von Trassenvarianten ist daher ohne Berücksichtigung der Eingriffsintensität und des Kompensationsgrades der verschiedenen Varianten grundsätzlich nicht mög-lich.[680] An dieser grundsätzlichen Beachtlichkeit des Ausgleichs- und Ersatz-konzepts ändert auch die Einschränkung, die das Bundesverwaltungsgericht in seinem Urteil vom 12. Dezember 1996 gemacht hat, nämlich dass zur Auswahl der vorzugswürdigen Trasse nicht in *jedem* Fall ein vollständig ausgearbeitetes

---

[679] BVerwG, Beschl. v. 30. Oktober 1992, Buchholz 406.401, Nr. 13 zu § 8 BNatSchG, 26 (38); BVerwG, Beschl. v. 30. August 1994, Buchholz 316, Nr. 31 zu § 74 VwVfG, 8 (10).

[680] BVerwG, Urt. v. 12. Dezember 1996, BVerwGE 102, 331 (348); OVG Saarlouis, Urt. v. 16. Februar 1990, NuR 1992, 348 (349).

Ausgleichs- und Ersatzkonzept erforderlich ist,[681] nichts. Denn wenn sich bereits aufgrund einer summarischen Beurteilung zeigt, dass eine Variante unter dem Gesichtspunkt von Naturschutz und Landschaftspflege allen anderen bei weitem überlegen ist, so würde mit einer detaillierten Ausarbeitung nur noch ein überflüssiger Aufwand getrieben. Dennoch kann aber das Ausgleichs- und Ersatzkonzept im Einzelfall das „Zünglein an der Waage" für die Wahl einer bestimmten Trasse sein, es kann also nicht generell außer Betracht bleiben.

Die Anforderungen der naturschutzrechtlichen Eingriffsregelung erlangen also auch nach der Rechtsprechung des Bundesverwaltungsgerichts bereits auf der Ebene der Zulässigkeit des Vorhabens nach Fachplanungsrecht eine Bedeutung. Es ist daher schon systematisch nicht möglich, die Zulässigkeit des Vorhabens nach Fachplanungsrecht, die ja nach der im Urteil vom 7. März 1997 dargestellten Konzeption die Voraussetzung dafür ist, dass die naturschutzrechtliche Eingriffsregelung überhaupt zur Prüfung ansteht, vollständig unabhängig von den in § 8 BNatSchG, Art. 6a BayNatSchG formulierten materiellrechtlichen Anforderungen festzustellen. Diese Besonderheit der Anwendung der Eingriffsregelung auf Planfeststellungen lässt die Konzeption des Bundesverwaltungsgerichts außer Acht, indem sie die Planfeststellung ebenso wie eine Genehmigungsentscheidung behandelt.

2. Entbehrlichkeit der naturschutzrechtlichen Abwägung

Darüber hinaus verändert die Konzeption des Bundesverwaltungsgerichts den Inhalt des bundesrahmenrechtlich vorgesehenen Prüfprogramms der Eingriffsregelung, indem es die naturschutzrechtliche Abwägung nach § 8 Abs. 3 BNatSchG, Art. 6a Abs. 2 BayNatSchG überflüssig macht. Der Bestimmung käme danach bei Planfeststellungen kein eigener Regelungsgehalt mehr zu.

Die Frage nach dem Verhältnis von naturschutzrechtlicher Eingriffsregelung und den Anforderungen des Fachplanungsrechts ist im Grunde eine Frage der Auslegung der jeweiligen Bestimmungen: Ist die Regelung des § 8 BNatSchG,

---

[681] BVerwG, Urt. v. 12. Dezember 1996, BVerwGE 102, 331 (348).

B. Die Einbeziehung der Eingriffsregelung in die Rechtmäßigkeitsprüfung der Planfeststellung

Art. 6 ff. BayNatSchG, wovon das Bundesverwaltungsgericht ausgeht, so auszulegen, dass ihre Anwendung die fachrechtliche Zulässigkeit des Eingriffsvorhabens voraussetzt?

Charakteristisch für die naturschutzrechtliche Eingriffsregelung ist, dass sie nicht isoliert, sondern regelmäßig zusammen mit anderen Normen des Anlagenzulassungsrechts zur Anwendung kommt. Gewährleistet wird dies durch die Anordnung des „Huckepack-Verfahrens" in § 8 Abs. 2 Satz 2 BNatSchG, Art. 6a Abs. 1 Satz 2 BayNatSchG. Bei der Auslegung der Bestimmungen der naturschutzrechtlichen Eingriffsregelung ist daher im Rahmen einer systematischen Auslegung auch auf die Systematik des die allgemeine Zulassung des Vorhabens regelnden Fachrechts zu achten. Das Regime der Eingriffsregelung kann nur im Rahmen der Entscheidungsstruktur des spezifischen Zulassungsverfahrens zur Anwendung kommen und muss sich daher in dessen Systematik einfügen.[682]

Gleichwohl weist auch die naturschutzrechtliche Eingriffsregelung eine eigene Struktur auf. Diese Struktur ist auch bei der Auslegung des Fachrechts zu berücksichtigen. Der Gesetzgeber hat sie ohne Differenzierung für alle in Natur und Landschaft eingreifenden Vorhaben angeordnet. Die strikt zu beachtende Stufenfolge der Eingriffsregelung muss daher im Wege der Integration in die Entscheidungsstruktur des Fachrechts erhalten bleiben. Die Eingriffsregelung ist so in die Entscheidungsstruktur des Fachrechts, hier also der fernstraßenrechtlichen Planfeststellung, einzufügen, dass ihr Entscheidungsprogramm so, wie es vom Gesetzgeber beabsichtigt wurde, zur Geltung kommen kann.[683]

Eine Abweichung von diesen Grundsätzen ist nur dann angebracht, wenn sich zeigt, dass nach allen möglichen Auslegungen beider Rechtsgebiete die Strukturen sich nicht miteinander vereinbaren lassen, es also zwangsweise zu Brüchen kommen wird. Dann stellt sich die Frage, welchem Rechtsgebiet der Vorrang einzuräumen ist und wessen Grundsätze zu weichen haben. Lässt sich aber eine

---

[682] Gassner, Landschaft, S. 135.
[683] Gaentzsch, Laufener Seminarbeiträge 1/85, 23 (26).

B.   Die Einbeziehung der Eingriffsregelung in die Rechtmäßigkeitsprüfung der Planfeststellung

Auslegung finden, die eine Integration beider Rechtsgebiete unter Vermeidung von Brüchen ermöglicht, so ist dieser Auslegung der Vorzug vor allen anderen zu geben.

§ 8 Abs. 3 BNatSchG, Art. 6a Abs. 2 BayNatSchG fordert eine eigenständige Abwägung der Belange des Naturschutzes und der Landschaftspflege gegen alle anderen Anforderungen an Natur und Landschaft als Voraussetzung für die Untersagung des Vorhaben aus Gründen von Naturschutz und Landschaftspflege. Zu berücksichtigen sind dabei die Intensität des Eingriffs und die möglichen Vermeidungs- und Ausgleichsmaßnahmen auf der einen sowie die für die Durchführung des Vorhabens sprechenden Gründe auf der anderen Seite (vgl. Teil 3, B. V.). Nicht in die Abwägung einzustellen sind dagegen die Ersatzmaßnahmen nach Art. 6a Abs. 3 BayNatSchG, da diese nach der streng zu beachtenden Stufenfolge der Eingriffsregelung erst angeordnet werden können, wenn die Abwägung zugunsten des Vorhabens ausgegangen ist.

Nach der Konzeption des Bundesverwaltungsgerichts erfolgt die Prüfung der Anforderungen der Eingriffsregelung erst, wenn die Zulässigkeit des Vorhabens nach den Anforderungen des Fachplanungsrechts festgestellt ist, wenn also insbesondere die umfassende Abwägung aller relevanten Belange nach § 17 Abs. 1 Satz 2 FStrG zugunsten des Vorhabens ausgegangen ist. In der fachplanerischen Abwägung sind grundsätzlich alle abwägungsrelevanten, für und gegen das Vorhaben sprechenden Belange gegeneinander abzuwägen.[684] Kommt also die fachplanerische Abwägung zu dem Ergebnis, dass die für das Vorhaben sprechenden Belange gegenüber den gegen dieses sprechenden Belangen, von denen die Belange von Naturschutz und Landschaftspflege nur eine Teilmenge darstellen, zurückstehen müssen, so ist das Vorhaben nach Fachplanungsrecht zulässig. Nach der Konzeption des Bundesverwaltungsgerichts wäre nunmehr Raum für die Prüfung der naturschutzrechtlichen Eingriffsregelung mit der Möglichkeit der Untersagung aufgrund der Abwägung nach § 8 Abs. 3 BNatSchG, Art. 6a Abs. 2 BayNatSchG. Diese kann hier aber gar nicht mehr negativ für das Vor-

---

[684] Allesch/Häußler, in: Obermayer, VwVfG, § 74, Rdn. 28.

259

haben ausgehen. Denn es wurde ja bereits in der planungsrechtlichen Abwägung festgestellt, dass die für das Vorhaben sprechenden Belange *alle* dagegen sprechenden Belange überwiegen. Es ist daher nicht denkbar, dass die Belange von Naturschutz und Landschaftspflege, die ja nur einen Teil der gegen das Vorhaben sprechenden Belange ausmachen, bei der naturschutzrechtlichen Abwägung, wie von § 8 Abs. 3 BNatSchG, Art. 6a Abs. 2 Satz 1 BayNatSchG gefordert, überwiegen.[685] Auch in den Fällen des Art. 6a Abs. 2 Satz 2 BayNatSchG, also wenn Biotope mit streng geschützten Pflanzen- oder Tierarten durch das Vorhaben zerstört werden, wird der naturschutzrechtlichen Abwägung nur in seltenen Fällen eine Bedeutung zukommen: Denn neben den Belangen von Naturschutz und Landschaftspflege sprechen regelmäßig auch andere gewichtige Belange gegen einen Fernstraßenneubau (Beeinträchtigung der Planungshoheit einer Gemeinde, Beeinträchtigung der Anwohner etc.), die hinter den für das Vorhaben sprechenden Gründen zurücktreten mussten. „Besonders schwer wiegende Gründe des Gemeinwohls" im Sinne von Art. 6a Abs. 2 Satz 2 BayNatSchG werden daher regelmäßig nur in den Fällen fehlen, in denen es sich bei den gegen das Vorhaben sprechenden Belangen fast ausschließlich um solche von Naturschutz und Landschaftspflege handelt, die sich in den beiden Abwägungen gegenüberstehenden Belange also weitgehend identisch sind. Damit gibt die Normstruktur des Art. 6a Abs. 2 Satz 2 BayNatSchG, der ja im Zweifelsfall von einem Überwiegen der Belange von Naturschutz und Landschaftspflege ausgeht, den Ausschlag.

Würde man also die naturschutzrechtliche Abwägung erst im Anschluss an die fachplanerische Abwägung vornehmen, so wäre sie im Ergebnis überflüssig. Damit würde das bundesrahmenrechtlich vorgegebene gestufte Prüfungsprogramm verändert. Eine eigenständige Bedeutung kommt § 8 Abs. 3 BNatSchG, Art. 6a Abs. 2 BayNatSchG nur zu, wenn die Bestimmung *vor* der abschließenden fachplanerischen Abwägung über die Zulassung des Vorhabens geprüft wird. Sie stellt eine vorgelagerte Abwägungsentscheidung dar, die zu einer Un-

---

[685] Ramsauer, NuR 1997, 419 (424); Kuschnerus, DVBl. 1996, 235 (240).

tersagung des Vorhabens bereits aus dem Gesichtspunkt von Naturschutz und Landschaftspflege führen kann. Abzuwägen sind dabei nur bestimmte Belange, und zwar einerseits alle *für* das Vorhaben sprechenden Gründe, andererseits ausschließlich die Belange von Naturschutz und Landschaftspflege. Mögliche Ersatzmaßnahmen sind dabei aus systematischen Gründen noch nicht zu berücksichtigen (vgl. Teil 3, B. V. 1.). Führt die naturschutzrechtliche Abwägung nicht zu einer Untersagung des Eingriffsvorhabens, so ist in jedem Falle noch am Ende der materiellrechtlichen Prüfung in einer umfassenden fachplanerischen Abwägung über die Zulassung des Vorhabens zu entscheiden. Dabei sind grundsätzlich alle abwägungserheblichen Belange zu berücksichtigen, also auch alle gegen das Vorhaben sprechenden Gründe, die sich nicht auf Naturschutz und Landschaftspflege stützen. Daneben können insbesondere auch naturschutzrechtliche Ersatzmaßnahmen relevant werden, wenn sie geeignet sind, die Gesamtkonzeption der Planung zu berühren.[686] Es kommt damit zu einer gestuften Abwägung bezüglich der Zulässigkeit des Vorhabens, bei der die naturschutzrechtliche Abwägung die Vorstufe der fachplanungsrechtlichen Abwägung darstellt.[687]

Folgt man also der Konzeption des Bundesverwaltungsgerichts, so läuft die naturschutzrechtliche Abwägung weitgehend leer, die Stufenfolge der Eingriffsregelung wird verändert. Es kommt damit zu einem Bruch in der Systematik der Eingriffsregelung. Dieser Bruch ist jedoch hier nicht zwingend. Denn wie sich im Anschluss zeigen wird, können beide Rechtsmaterien auch so ausgelegt werden, dass sowohl die Stufenfolge der Eingriffsregelung als auch die Entscheidungsstruktur der Planfeststellung erhalten bleiben.

---

[686] BVerwG, Beschl. v. 30. Oktober 1992, Buchholz 406.401, Nr. 13 zu § 8 BNatSchG, 26 (38).

[687] Berkemann, UTR Band 20, 93 (118 f.); Schriewer, Laufener Seminarbeiträge 1/85, 43 (46); Paetow, Laufener Seminarbeiträge 1/85, 54 (57); Kuschnerus, Schriftenreihe Natur und Recht, Band 2, 11 (25).

B. Die Einbeziehung der Eingriffsregelung in die Rechtmäßigkeitsprüfung der Planfeststellung

Im Ergebnis ist die Konzeption des Bundesverwaltungsgerichts für planfeststellungspflichtige, in Natur und Landschaft eingreifende Vorhaben daher abzulehnen.[688]

III. Eigene Systematik

Als Ergebnis der kritischen Betrachtung der Konzeption des Bundesverwaltungsgerichts lassen sich zwei Feststellungen über das Verhältnis der fachplanerischen Entscheidung und der naturschutzrechtlichen Eingriffsregelung treffen, die hier nochmals wiederholt werden sollen.

- Die naturschutzrechtliche Eingriffsregelung setzt nicht voraus, dass das geplante Eingriffsvorhaben nach Fachplanungsrecht *abschließend* als zulässig beurteilt wurde.

- Der naturschutzrechtlichen Abwägung muss, auch soweit die Eingriffsregelung im Rahmen einer Planfeststellung geprüft wird, eine eigenständige Bedeutung neben der fachplanerischen Abwägung zukommen.

Ausgehend von diesen Prämissen ist zunächst zu konstatieren, dass das Bundesverwaltungsgericht insoweit Recht hat, als es die Eingriffsregelung als „sekundärrechtliches" Instrument, als „Folgenbewältigungssystem", das der Bewältigung der für Natur und Landschaft aus einem Eingriffsvorhaben entstehenden Folgen dient, qualifiziert.[689] Dies zwingt aber nicht zu dem Schluss, dass die Eingriffsregelung die Zulässigkeit des Vorhabens nach Fachplanungsrecht *voraussetzt*. Besser wäre die Formulierung, dass die Eingriffsregelung die Anforderungen des Fachplanungsrechts *unberührt lässt*. Denn ob ein Fernstraßenbauvorhaben allgemein zulässig ist, bestimmt sich nach dem Fachplanungsrecht,

---

[688] Ebenso Dürr, in: Kodal/Krämer, Straßenrecht, Kap. 34, Rdn. 46.24; Gassner, in: Gassner/Bendomir-Kahlo/Schmidt-Räntsch, BNatSchG, § 8, Rdn. 47; Gassner, NuR 1999, 79 (85); Kuschnerus, Schriftenreihe Natur und Recht, Band 2, 11 (25); Berkemann, UTR Band 20, 93 (118 f.); Paetow, Laufener Seminarbeiträge 1/85, 54 (57); Schriewer, Laufener Seminarbeiträge 1/85, 43 (46).

[689] BVerwG, Urt. v. 7. März 1997, BVerwGE 104, 144 (148).

insbesondere nach dem in § 17 Abs. 1 Satz 2 FStrG normierten Abwägungsgebot. Daran ändert die Eingriffsregelung nichts. Sie stellt lediglich daneben weitere Anforderungen auf, um die Folgen für Natur und Landschaft möglichst weitgehend zu bewältigen. Somit bestimmt sich die grundlegende Konzeption des Vorhabens nach dem Fachplanungsrecht, auf der basierend die naturschutzrechtliche Eingriffsregelung weitere, zusätzliche Anforderungen stellt.

Dieses Verständnis hat den Vorteil gegenüber der Formulierung des Bundesverwaltungsgerichts, dass es sowohl für Vorhaben, für die eine Anlagengenehmigung vorgesehen ist, als auch für Planfeststellungen passt. Bei Genehmigungen könnte man zwar, wie dargestellt, durchaus davon sprechen, dass die Eingriffsregelung die Zulässigkeit des Vorhabens nach dem einschlägigen Fachrecht *voraussetzt*. Bei Planfeststellungen ist dies jedoch nicht möglich, da zwischen Fachrecht und Eingriffsregelung verschiedene Wechselwirkungen bestehen. Eine abschließende Prüfung der Zulässigkeit des Vorhabens nach dem Fachplanungsrecht, *bevor* mit der Prüfung der Eingriffsregelung überhaupt begonnen wird, ist daher nicht möglich.

So können Ausgleichs- und Ersatzmaßnahmen für die planerische Abwägung abwägungserheblich sein, wenn sie die Gesamtkonzeption der Planung zu berühren geeignet sind.[690] Insofern kann es also bei der abschließenden, über die fachplanungsrechtliche Zulässigkeit des Vorhabens entscheidenden Abwägung auf die „sekundären" Bestimmungen der Eingriffsregelung ankommen. Diese können aber erst in die Abwägung eingestellt werden, wenn das Prüfprogramm der Eingriffsregelung vollständig abgearbeitet ist, also auch die Ersatzmaßnahmen, und zwar sowohl die tatsächlichen Ersatzmaßnahmen als auch eventuell anzuordnende Ersatzzahlungen bekannt sind.

In gesteigertem Maße können die Anforderungen der Eingriffsregelung bei der Abwägungsentscheidung, die zur Auswahl zwischen zwei Trassenvarianten, die nicht aufgrund einer Grobanalyse getroffen werden konnte, führt, relevant wer-

---

[690] BVerwG, Beschl. v. 30. Oktober 1992, Buchholz 406.401, Nr. 13 zu § 8 BNatSchG, 26 (38).

den. Hier kann es durchaus auf die Unterschiede der detaillierten Vermeidungs-, Ausgleichs- und Ersatzkonzepte ankommen, wenn beide Varianten ansonsten gleichwertig sind und den Auswirkungen auf Natur und Landschaft damit die Rolle des Z018ngleins an der Waage zukommt (vgl. Teil 2, B. II. 5. d)). Es besteht also wiederum eine Wechselwirkung zwischen Fachrecht und Eingriffsregelung.

Aber auch die naturschutzrechtliche Eingriffsregelung nimmt Bezug auf die Vorgaben des Fachrechts. So lässt insbesondere das Vermeidungsgebot des § 8 Abs. 2 Satz 1, 1.HS BNatSchG, Art. 6a Abs. 1 Satz 1, 1. HS BayNatSchG die planerische Konzeption des Vorhabens unberührt und verpflichtet den Vorhabenträger nur zur Vermeidung von Beeinträchtigungen im Rahmen dieser Konzeption (vgl. Teil 3, B. III. c)). Da aber erst am Ende oder jedenfalls erst zu einem fortgeschrittenen Zeitpunkt des Planungsprozesses feststeht, wie die planerische Konzeption des Vorhabens genau aussehen wird und insbesondere auch, welche Flächen genau davon betroffen sein werden, kann es bis dahin erforderlich werden, parallel für mehrere in Frage kommende Trassenvarianten eigenständige Vermeidungs-, Ausgleichs- und Ersatzkonzepte zu entwickeln. Diese können dann wiederum der entscheidende Gesichtspunkt bei der Auswahl der Trasse sein. Hier erfolgt also eine Rückkopplung zwischen beiden Rechtsmaterien.[691]

Fachplanungsrecht und naturschutzrechtliche Eingriffsregelung stehen also nicht hermetisch getrennt neben einander, sondern beeinflussen sich gegenseitig. Die Eingriffsregelung stellt einen unverzichtbaren Teil der Planungsentscheidung dar. Sie wirkt auch auf die allgemeine fachplanungsrechtliche Anforderung des Abwägungsgebots zurück und durchdringt damit die gesamte Planungsentscheidung.[692] Abbildung 5 versucht diese wechselseitigen Rückkopplungen zu veranschaulichen.

---

[691] Gassner, NuR 1999, 79 (84).
[692] Gassner, NuR 1999, 79 (83).

B. Die Einbeziehung der Eingriffsregelung in die Rechtmäßigkeitsprüfung der Planfeststellung

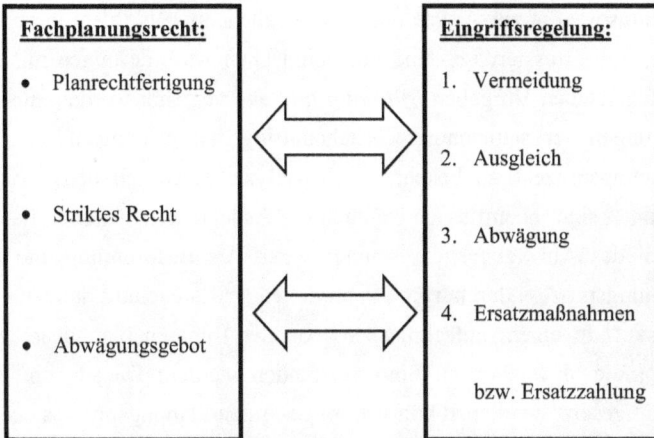

Fachplanungsrecht:	Eingriffsregelung:
• Planrechtfertigung	1. Vermeidung
	2. Ausgleich
• Striktes Recht	3. Abwägung
• Abwägungsgebot	4. Ersatzmaßnahmen
	bzw. Ersatzzahlung

Abbildung 5: Verhältnis zwischen Fachplanungsrecht und naturschutzrechtlicher Eingriffsregelung

Was bedeutet dies aber nun für die mit der Abarbeitung der Eingriffsregelung befassten Stellen? Hier muss zwischen der Perspektive des Planers, also derjenigen, die sowohl dem Vorhabenträger als auch der Planfeststellungsbehörde zu eigen ist, und der richterlichen Kontrollperspektive unterschieden werden.

Für den Planer folgt aus den Wechselwirkungen zwischen den Anforderungen des Fachplanungsrechts und der naturschutzrechtlichen Eingriffsregelung, dass die Eingriffsregelung während des gesamten Planungsprozesses im Auge zu behalten ist. Auch wenn es sich eigentlich nur um ein System zur Folgenbewältigung handelt, kann mit der Prüfung ihrer Anforderungen nicht solange gewartet werden, bis die fachplanungsrechtliche Zulässigkeit des Vorhabens feststeht. Würde man so vorgehen, so könnte sich nach der abschließenden Festsetzung von Ausgleichs- und Ersatzmaßnahmen herausstellen, dass z. B. die Wahl einer bestimmten Trasse nun nicht mehr als abwägungsfehlerfrei zu beurteilen und somit die Planung neu aufzurollen ist. Entsprechend formuliert das Bundesministerium für Verkehr in seinen „Richtlinien für die Anlage von Straßen, Teil:

Landschaftspflege, Abschnitt 1: Landschaftspflegerische Begleitplanung",[693] dass im Planungsprozess zur Aufstellung des Straßenentwurfs (also durch den Vorhabenträger) die trassierungs- und bautechnischen Anforderungen mit den landschaftspflegerischen Vorgaben *frühzeitig und eng* verzahnt werden müssen. Die Anforderungen der naturschutzrechtlichen Eingriffsregelung sind also im gesamten Planungsprozess zu beachten. Obwohl sie eigentlich dem strikten Recht zuzuordnen sind, beeinflussen sie auch die Aspekte der Planung, die den Anforderungen des Abwägungsgebots unterliegen. Als Bestimmung, die den gesamten Planungsprozess durchdringt, kann die Eingriffsregelung durchaus als „Planungsleitsatz" in einem untechnischen, von der früheren planungsrechtlichen Terminologie abweichenden Sinn verstanden werden: Da sie, um ordnungsgemäß umgesetzt werden zu können, im gesamten Planungsprozess beachtet werden muss, erfüllt sie durchaus eine den Planer bei der Erfüllung der gestellten Aufgaben leitende Funktion. Dies ändert aber nichts daran, dass die Bestimmung von ihrer Struktur und ihrem Geltungsanspruch her als striktes Recht ausgestaltet ist.

Anders stellt sich die richterliche Kontrollperspektive dar. Hier geht es nicht darum, einen allen rechtlichen und praktischen Anforderungen entsprechenden Plan zu *entwickeln,* sondern einen bereits vorliegenden, konkreten Plan daraufhin zu *überprüfen,* ob die Planfeststellungsbehörde sich im Rahmen der Bindungen der planerischen Gestaltungsfreiheit gehalten hat. Innerhalb dieser Bindungen besteht kein strikt zu beachtendes Stufenverhältnis dergestalt, dass zwingend beispielsweise die Frage der Beachtung der Normen des strikten Rechts vor dem Abwägungsgebot zu prüfen wäre. Vielmehr ist das Gericht frei, seine Entscheidung allein auf die Verletzung einer Schranke der planerischen Gestaltungsfreiheit zu stützen, und zu den übrigen keine Aussagen zu machen.[694] Ein derartiges Vorgehen kann insbesondere dann zweckmäßig sein, wenn eine Ver-

---

[693] BMV, RAS-LP 1, S. 7.
[694] BVerwG, Urt. v. 18. Mai 1990, BVerwGE 85, 155 (156); Fouquet, VerwArch 87 (1996), 212 (228).

letzung strikten Rechts augenfällig ist, eine Beurteilung des Abwägungsgebots aber umfangreiche Überlegungen erfordern würde.

Wie bereits dargestellt wurde, sind die einzelnen Anforderungen der naturschutzrechtlichen Eingriffsregelung als striktes, nicht durch Abwägung überwindbares Recht zu qualifizieren. Innerhalb der Eingriffsregelung besteht jedoch, anders als bei den materiellen Rechtmäßigkeitsvoraussetzungen der Planfeststellung (vgl. oben Teil 2, B. II. 1.), ein strikt zu beachtendes Stufenverhältnis zwischen Vermeidung, Ausgleich und Ersatz.[695] Dieses muss selbstverständlich auch bei der gerichtlichen Kontrolle beachtet werden. Darüber hinaus besteht aber keine verbindlich vorgegebene Prüfungsreihenfolge für die gerichtliche Kontrolle. Die Eingriffsregelung kann daher im Urteil sowohl vor dem Abwägungsgebot als auch danach angesprochen werden. Entscheidend ist hier nur, dass die materiellrechtlichen Wechselwirkungen beachtet werden. Aus diesem Grunde lässt sich auch kein für alle Fallkonstellationen gültiges, allgemeines Prüfungsschema im Sinne einer strikt einzuhaltenden Prüfungsreihenfolge entwickeln. Der Prüfungsaufbau richtet sich damit vordringlich nach Zweckmäßigkeitserwägungen. So kann es gleichermaßen sinnvoll sein, die Eingriffsregelung zusammen mit den Bestimmungen des strikten Rechts *vor* der Abwägungsentscheidung abzuhandeln wie auch erst im Anschluss daran, um ihren Charakter als „Folgenbewältigungssystem" zu betonen. Entscheidend ist dabei nur, dass innerhalb der Prüfung der einzelnen Regelungen des Planfeststellungsbeschlusses auf die bestehenden Wechselwirkungen Rücksicht genommen wird. Entsprechend finden sich auch in der höchstrichterlichen Rechtsprechung sowohl

---

[695] BVerwG, Beschl. v. 28. Februar 1996, NuR 1996, 517 (519).

Entscheidungen, in denen die Eingriffsregelung vor dem Abwägungsgebot angesprochen wird,[696] wie auch umgekehrt.[697]

---

[696] BVerwG, Beschl. v. 30. Oktober 1992, Buchholz 406.401, Nr. 13 zu § 8 BNatSchG, 26 (34); BVerwG, Urt. v. 28. Februar 1996, NuR 1996, 517 (519); BVerwG, Beschl. v. 30. Dezember 1996, NVwZ-RR 1998, 284 (287 f.)

[697] BVerwG, Urt. v. 27. Oktober 2000, DVBl. 2001, 386 (388 ff.); BVerwG, Urt. v. 7. März 1997, BVerwGE 104, 144 (147 ff.).

Zusammenfassung der Ergebnisse

Die Untersuchung der naturschutzrechtlichen Eingriffsregelung und ihrer Bedeutung in der Bundesfernstraßenplanung hat die folgenden Ergebnisse gebracht.

Teil 1:

1. Das Naturschutzrecht zeichnet sich durch zwei grundsätzlich zu unterscheidende Zielrichtungen aus: Auf der einen Seite eine ökologische Zielrichtung, die mit dem Begriff des Naturhaushalts charakterisiert wird und inzwischen dominant ist, auf der anderen Seite eine auf den Naturgenuss für den Menschen abstellende Richtung, die sich im Begriff des Landschaftsbildes widerspiegelt und die bereits für das Reichsnaturschutzgesetz von 1935 kennzeichnend war.

2. Die ökologische Zielrichtung des Naturschutzrechts stellt die Leistungs- und Funktionsfähigkeit des Naturhaushalts in den Mittelpunkt. Damit macht sie sich eine funktionale Sichtweise zu eigen, die Natur und Landschaft als ein Mosaik von Ökosystemen, als Ökosystem-Komplex, begreift, dessen einzelne Bestandteile bestimmte Funktionen oder Leistungen, die zum Funktionieren des Systems beitragen, erbringen. Die ökologische Zielrichtung des Naturschutzrechts ist daher darauf gerichtet, die Fähigkeit von Natur und Landschaft, diese Funktionen zu erfüllen, zu schützen, zu pflegen und zu entwickeln.

3. Mit der funktionsbezogenen Sichtweise ist auch eine gewisse Orientierung an den Bedürfnissen des Menschen verbunden. Denn schon der Begriff der Funktion oder Leistung impliziert, dass eine Leistung *für* ein bestimmtes Lebewesen oder eine bestimmte Population erbracht wird. Gleichwohl beschränkt sich das Naturschutzrecht nicht auf den Schutz von Natur und Landschaft, soweit sie für den Menschen von Nutzen sind. Vielmehr ist eine Unterscheidung zwischen dem Menschen nützlichen Naturbestandteilen und dem Rest von Natur und Landschaft gerade auch im Hinblick auf die

künftigen Generationen nicht möglich. Das Naturschutzrecht ermöglicht daher auch einen Schutz von Natur und Landschaft um ihrer selbst willen.

4. Neben diese ökologische Komponente tritt die auf die Erhaltung der für den Naturgenuss des Menschen erforderlichen Naturbestandteile abzielende Komponente des Naturschutzrechts. Sie wird verkörpert in dem zentralen Begriff des Landschaftsbildes, das durch die Parameter der Vielfalt, Eigenart und Schönheit von Natur und Landschaft charakterisiert wird. Das Merkmal der Schönheit von Natur und Landschaft ist jedoch ohne eigenständige Bedeutung gegenüber der Vielfalt und Eigenart.

5. Die naturschutzrechtliche Eingriffsregelung stellt eines der wichtigsten Steuerungsinstrumente zur Durchsetzung der Ziele von Naturschutz und Landschaftspflege dar. Sie enthält einen Mindestschutz für alle nicht unter besonderen Schutz gestellten Teile von Natur und Landschaft im besiedelten und unbesiedelten Raum.

6. Hinsichtlich der ökologischen Komponente des Naturschutzrechts bezweckt die Eingriffsregelung eine möglichst weitgehende Erhaltung des funktionalen Status quo des vom Eingriff betroffenen Naturhaushalts. Der Naturhaushalt soll durch die rechtlichen Anforderungen der Eingriffsregelung in die Lage versetzt werden, auch nach dem Eingriff die gleichen Funktionen oder Leistungen erfüllen zu können wie vorher.

7. Hinsichtlich der auf den Naturgenuss des Menschen gerichteten Komponente geht es darum, Natur und Landschaft in der für den betroffenen Naturraum charakteristischen Weise zu erhalten oder wenigstens nach Durchführung des Eingriffs entsprechend wiederherzustellen.

Teil 2:

8. Die Planung einer Bundesfernstraße stellt keine punktuelle Verwaltungsentscheidung dar. Vielmehr erfolgt sie in einem langwierigen Prozess der fortlaufenden Informationsgewinnung, -bewertung und -verarbeitung. Sie ist in verschiedene Stufen aufgeteilt und kann damit als Planungsverbund mehrerer Verfahrensstufen mit unterschiedlichem räumlichen Zuschnitt

verstanden werden. Die Planfeststellung, in deren Rahmen auch die verbindlichen Festsetzungen aufgrund der naturschutzrechtlichen Eingriffsregelung getroffen werden, stellt dabei nur den Endpunkt dieses Planungsprozesses dar.

9. Auf den der Planfeststellung vorgelagerten Planungsstufen der Bedarfspla-
    nung, der Raumordnung und der Linienbestimmung wird die anfangs nur
    grob vorgegebene Planung schrittweise konkretisiert und einzelne Pla-
    nungsalternativen werden ausgeschieden. Der naturschutzrechtlichen Ein-
    griffsregelung wird auf diesen Stufen vor allem über Bestimmungen des
    Verfahrensrechts, die der planenden Stelle die Pflicht auferlegen, entspre-
    chend dem Stand der Planung Unterlagen über mögliche Vermeidungs-,
    Ausgleichs- oder Ersatzmaßnahmen zu erstellen, Rechnung getragen.

10. Kennzeichnend für die Planfeststellung ist die planerische Gestaltungsfrei-
    heit der Planfeststellungsbehörde. Diese steht ihr aber nicht schrankenlos
    zu. Vielmehr ist sie durch das Erfordernis einer Planrechtfertigung, die Be-
    stimmungen des strikten Rechts und die Anforderungen des Abwägungs-
    gebots gebunden.

11. Die Planfeststellung enthält nach ihrem Regelungsgegenstand sowohl Ele-
    mente einer raumplanerischen Entscheidung als auch einer Anlagenzulas-
    sung. Dementsprechend unterliegt auch der Planfeststellungsbeschluss un-
    terschiedlichen Rechtmäßigkeitsanforderungen.

12. Für die materielle Rechtmäßigkeit des Planfeststellungsbeschlusses ist zu-
    nächst eine so genannte Planrechtfertigung erforderlich. Dies ergibt sich
    daraus, dass die Planung geeignet ist, auf Rechte Dritter einzuwirken, ins-
    besondere auch zu einer Enteignung zugunsten des Fernstraßenbauvorha-
    bens ermächtigt. Eine Planrechtfertigung liegt vor, wenn nach Maßgabe der
    Ziele des Bundesfernstraßengesetzes ein Bedürfnis für das Vorhaben be-
    steht, es mithin vernünftigerweise geboten ist. In der Praxis der Gerichte er-
    langt die Planrechtfertigung gleichwohl fast nie eine Bedeutung, zumal
    durch § 1 Abs. 2 FStrAbG für Vorhaben, die in den Bedarfsplan für Bun-
    desfernstraßen aufgenommen wurden, die Übereinstimmung mit den Zielen

des Bundesfernstraßengesetzes auch für die Gerichte verbindlich angeordnet wurde. Dies ändert jedoch nichts an ihrer grundsätzlichen Erforderlichkeit.

13. Bei den Normen des strikten Rechts, den früher so genannten „Planungsleitsätzen", handelt es sich um Bestimmungen, die eine strikte Beachtung verlangen und keiner planerischen Abwägung unterliegen. Sie sind von der Planfeststellungsbehörde vor allem aufgrund der Konzentrationswirkung der Planfeststellung zu beachten und regelmäßig als Konditionalprogramm, als „Tatbestand-Rechtsfolge-Schema" formuliert. Da sie für ihren Geltungsbereich strikte Geltung beanspruchen, besteht insofern auch keine planerische Gestaltungsfreiheit der Planfeststellungsbehörde.

14. Soweit keine Bindungen an striktes Recht bestehen, ist die Planfeststellungsbehörde an das Abwägungsgebot gebunden. Eine Abwägung ist daher mehrmals im Rahmen der Planung geboten, und zwar immer dann, wenn keine Vorgaben des strikten Rechts bestehen.

15. Das Abwägungsgebot hat eine Doppelfunktion: Einerseits ist es Handlungsanleitung für die Planfeststellungsbehörde, indem es dieser vorgibt, wie sie zu einer rechtmäßigen Planungsentscheidung gelangen kann. Insoweit verlangt es, dass eine Abwägung überhaupt stattfindet, dass in die Abwägung an Belangen eingestellt wird, was nach Lage der Dinge eingestellt werden muss, dass die Bedeutung der betroffenen Belange nicht verkannt wird und dass der Ausgleich zwischen diesen nicht in einer Weise vorgenommen wird, die zum objektiven Gewicht einzelner Belange außer Verhältnis steht.

16. Andererseits ist es aber auch Maßstab für die Rechtmäßigkeit der Planung, soweit keine strikt zu beachtenden Bestimmungen bestehen. Da der Verwaltung die Aufgabe der Planung zugewiesen wurde und die Gerichte daher ihre eigene Entscheidung nicht an die Stelle der Entscheidung der zuständigen Planfeststellungsbehörde setzen können, ist die gerichtliche Kontrolle auf das Vorliegen von Abwägungsfehlern beschränkt. Abwägungs-

fehler sind Abwägungsausfall, Abwägungsdefizit, Abwägungsfehleinschätzung und Abwägungsdisproportionalität.

17. Neben den genannten drei Anforderungen bestehen keine weiteren Anforderungen an die materielle Rechtmäßigkeit einer Planungsentscheidung. Insbesondere kommt der Bindung an Vorentscheidungen anderer Planungsträger wie die Linienbestimmung durch den Bundesminister für Verkehr nach § 16 FStrG keine eigenständige Bedeutung zu. Diese Bindungen lassen sich problemlos in das dargestellte dreigliedrige System einbinden.

18. Gesetzliche Wertungen können abstrakte Vorgaben für die Gewichtung einzelner Belange enthalten. Entscheidend bleibt jedoch das Gewicht in der konkreten Planungssituation. Gesetzliche Wertungen können nicht zu einem abstrakten Vorrang eines Belangs führen oder unmittelbar auf den Ausgleich der Belange einwirken. Etwas anderes ergibt sich auch nicht aus der planungsrechtlichen Kategorie der Optimierungsgebote.

19. Wegen der der Planfeststellungsbehörde zustehenden planerischen Gestaltungsfreiheit besteht bei Planfeststellungen eine im Vergleich zu Anlagengenehmigungen geringere Gesetzesbindung der Behörde. Dieses Minus wird durch ein in höchstem Maße formalisiertes Verfahren ausgeglichen. Das Anhörungsverfahren dient sowohl der Transparenz des Vorhabens als auch der umfassenden Informationsermittlung. Daneben wird durch die weit gehende Öffentlichkeitsbeteiligung eine Art vorgezogener Rechtsschutz eingeführt. Durch die Richtlinie und das Gesetz über die Umweltverträglichkeitsprüfung wurden diese Ziele unter dem Gesichtspunkt der Umweltauswirkungen gestärkt. Der Vorhabenträger kann sich nun nicht mehr auf die technischen und wirtschaftlichen Aspekte des Vorhabens beschränken, sondern muss auch Ermittlungen zu den Umweltauswirkungen durchführen. Da sich die Unterlagen nach dem UVPG mit dem für die naturschutzrechtliche Eingriffsregelung erforderlichen Datenmaterial decken, wurde damit auch die Umsetzung der Eingriffsregelung im Planungsprozess erleichtert.

Teil 3:

20. Die naturschutzrechtliche Eingriffsregelung wird verfahrensmäßig in ein ohnehin erforderliches Zulassungsverfahren integriert. Die Entscheidungen über die materiellrechtlichen Anforderungen der Eingriffsregelung werden zwar im Benehmen mit den Naturschutzbehörden getroffen, die Verantwortung liegt jedoch bei der Zulassungsbehörde. Die Effektivität der naturschutzrechtlichen Eingriffsregelung hängt damit in hohem Maß davon ab, wie ernst die Zulassungsbehörde ihre naturschutzrechtliche Verpflichtung nimmt bzw. inwieweit sich die Naturschutzbehörde gegenüber anderen Interessenvertretern durchsetzen kann. Dies stellt eine Schwachstelle der Regelung dar.

21. Naturschutzrechtliche Ausgleichs- und Ersatzmaßnahmen werden von der Planfeststellungsbehörde entweder im Planfeststellungsbeschluss oder in einem landschaftspflegerischen Begleitplan, der Teil des Planfeststellungsbeschlusses ist, festgesetzt. Daneben hat auch der Vorhabenträger einen inhaltlich dem landschaftspflegerischen Begleitplan entsprechenden Plan vorzulegen. Diese Pflicht folgt allerdings nicht aus § 8 Abs. 4 BNatSchG, Art. 6b Abs. 4 BayNatSchG, sondern aus den Bestimmungen über die vorzulegenden Antragsunterlagen in § 6 UVPG.

22. Der Eingriffsbegriff als der materiellrechtliche Anknüpfungspunkt der Eingriffsregelung setzt sich aus dem Verletzungstatbestand und dem Sachfolgentatbestand zusammen. Während der Verletzungstatbestand stets eine Veränderung der Gestalt oder Nutzung von Grundflächen verlangt, ist beim Sachfolgentatbestand zwischen der ökologischen und der auf den Naturgenuss abzielenden Schutzrichtung zu unterscheiden.

23. Im ersteren Fall muss die Leistungsfähigkeit des Naturhaushalts durch den Eingriff in Natur und Landschaft erheblich oder nachhaltig beeinträchtigt werden können. Da es sich hier um die Voraussetzung dafür handelt, dass überhaupt eine Prüfung der Eingriffsregelung möglich wird, ist der Eingriffsbegriff grundsätzlich weit auszulegen. Eine Beeinträchtigung des Naturhaushalts kann daher sowohl durch eine Beeinträchtigung der ihn konsti-

tuierenden Naturgüter als auch der zwischen diesen bestehenden Wechselwirkungen entstehen. Eine Beschränkung auf die Beeinträchtigung von Naturgütern, die nicht durch spezielle Umweltschutzgesetze geschützt sind, lässt sich aus der gesetzlichen Regelung nicht ableiten. Die Beeinträchtigungen müssen auch nicht auf Flächen eintreten, die unmittelbar durch das Vorhaben in ihrer Gestalt oder Nutzung verändert wurden. Es genügt, wenn das Vorhaben für die Beeinträchtigung zurechenbar kausal ist.

24. Auch der Begriff der Beeinträchtigung des Landschaftsbildes ist grundsätzlich weit zu verstehen. Entsprechend der Bestimmung des Landschaftsbildes sind auch Beeinträchtigungen desselben ausschließlich nach den objektiv feststellbaren Kriterien der Eigenart und Vielfalt von Natur und Landschaft zu bestimmen.

25. Eine Einschränkung des Eingriffsbegriffs erfolgt ausschließlich über das Tatbestandsmerkmal der Erheblichkeit bzw. Nachhaltigkeit der Beeinträchtigung. Dabei verlangt der Begriff der Nachhaltigkeit, dass an sich unerhebliche Beeinträchtigungen gerade aufgrund ihrer Nachhaltigkeit so schwer wiegen, dass die Geringfügigkeitsschwelle überschritten wird. Ein gewisses Gewicht wird aber auch insoweit vorausgesetzt.

26. Der Umstand, dass die gesetzliche Bestimmung eine Beeinträchtigung der *Leistungsfähigkeit* des Naturhaushalts fordert, verdeutlicht lediglich, dass der Eingriffsregelung eine funktionsbezogene Sichtweise von Natur und Landschaft zugrunde liegt und kann nicht als zusätzliche Geringfügigkeitsschwelle verstanden werden.

27. Das Vermeidungsgebot der Eingriffsregelung erfasst nur einen Teilbereich der möglichen Maßnahmen, mit denen Beeinträchtigungen vermieden werden können. Aufgrund des Vermeidungsgebots kann weder der völlige Verzicht auf das Vorhaben noch die Vermeidung durch Wahl einer anderen Variante verlangt werden, womit sich das Vermeidungsgebot als Gebot zur technisch-fachlichen Optimierung unter dem Gesichtspunkt des Naturschutzes im Rahmen der planerischen Konzeption darstellt.

28. Charakteristisch für das Vermeidungsgebot ist, dass damit nicht bereits entstandene Beeinträchtigungen durch Maßnahmen von Naturschutz und Landschaftspflege kompensiert werden, sondern dass bereits ihre Entstehung verhindert werden soll. Dementsprechend setzt es auch nicht bei den Beeinträchtigungen, sondern bei den diese auslösenden Aspekten des Eingriffsvorhabens, den Beeinträchtigungsfaktoren, an. Es zielt darauf ab, diese zu beseitigen oder jedenfalls zu verhindern, dass sie auf die Schutzgüter einwirken können.

29. Das Vermeidungsgebot gilt nicht unbeschränkt. Zwar ist der Grundsatz der Verhältnismäßigkeit in der hier interessierenden Konstellation, in der eine Behörde als Vorhabenträger einer anderen Behörde als Zulassungsbehörde gegenübertritt, nicht anwendbar. Der letzte Halbsatz von § 8 Abs. 2 Satz 1 BNatSchG, Art. 6a Abs. 1 Satz 1 BayNatSchG bezieht sich jedoch sowohl auf das Vermeidungs- als auch auf das Ausgleichsgebot und ordnet eine inhaltlich den Anforderungen des Verhältnismäßigkeitsgrundsatzes entsprechende „Erforderlichkeitsprüfung" für alle Vermeidungsmaßnahmen an.

30. Ein Verzicht auf eine mögliche Vermeidungsmaßnahme ist danach dann zulässig, wenn der im konkreten Fall damit verbundene Aufwand im Vergleich zum Nutzen für Natur und Landschaft unangemessen hoch ist. Wegen der durch die technischen Möglichkeiten und die oft langwierigen Entwicklungszeiten begrenzten Möglichkeiten des Ausgleichs von Beeinträchtigungen kommt der Vermeidung allerdings eine überragende Bedeutung zu. Daher liegt Unangemessenheit nur in Ausnahmefällen vor, also wenn ein besonders großer Aufwand zu betreiben wäre oder es sich lediglich um eine geringfügige Beeinträchtigung handelt.

31. Das Ausgleichsgebot zielt hinsichtlich des Naturhaushalts darauf ab, dass keine erheblichen oder nachhaltigen Beeinträchtigungen zurückbleiben. Die negativen Wirkungen des Eingriffsvorhabens sollen unter die Geringfügigkeitsschwelle gedrückt werden. Zu diesem Zweck sollen Ausgleichsmaßnahmen den vorherigen Zustand des Naturhaushalts in seiner funktionalen Ausprägung in gleicher Art und mit gleicher Wirkung fortführen.

32. Hinsichtlich des Landschaftsbildes lässt der Ausgleichsbegriff sowohl die Wiederherstellung des Landschaftsbildes als auch die landschaftsgerechte Neugestaltung zu. Damit wird die Bindung an den Status quo ante hier weiter gelockert als beim Naturhaushalt.

33. Auch das Ausgleichsgebot unterliegt Einschränkungen. So fordert § 8 Abs. 2 Satz 1 a. E. BNatSchG, Art. 6a Abs. 1 Satz 1 a. E. BayNatSchG wie beim Vermeidungsgebot eine inhaltlich den Anforderungen des Verhältnismäßigkeitsgrundsatzes entsprechende Erforderlichkeitsprüfung. Da nur geringfügige Beeinträchtigungen vom Ausgleichsgebot aber gar nicht erfasst werden, kann die Unangemessenheit einer Ausgleichsmaßnahme nur auf einem besonders großen Aufwand beruhen. Daneben muss, falls die für eine Ausgleichsmaßnahme vorgesehene Fläche enteignet werden soll, die Inanspruchnahme dem Betroffenen gegenüber verhältnismäßig sein. Es kann daher zu einer „doppelten Verhältnismäßigkeitsprüfung" kommen.

34. Bei nicht vollständiger Vermeidung oder nicht im erforderlichen Maße durchzuführendem Ausgleich sind die für das Vorhaben sprechenden Gesichtspunkte gegen die Belange von Naturschutz und Landschaftspflege abzuwägen. Die Möglichkeit von Ersatzmaßnahmen kann dabei nicht berücksichtigt werden. Überwiegen die Belange des Naturschutzes, so ist das Vorhaben zwingend zu untersagen.

35. Nach bayerischem Landesrecht müssen, wenn Biotope von Tieren oder Pflanzen streng geschützter Arten betroffen sind, die für ein Vorhaben sprechenden Gründe besonders gewichtig sein. Daneben ist das Vorhaben bereits dann zu untersagen, wenn die für das Vorhaben sprechenden Gründe nicht überwiegen. Die Argumentationslast wird also hier zugunsten von Natur und Landschaft verschoben.

36. Die auf der Abwägung aufbauende Ersatzverpflichtung ist bundesrechtlich nicht geregelt und unterscheidet sich daher von Bundesland zu Bundesland. Die bayerische Regelung lehnt den Ersatzbegriff eng an die beeinträchtigten Funktionen an, erweitert allerdings den Raum, in dem Ersatzmaßnahmen möglich sind, auf den betroffenen Landschaftsraum. Damit ergibt sich

eine Stufenfolge von Kompensationszielen, nach der vorrangig die gleichen Funktionen in weiterer Entfernung zum Ort der Beeinträchtigung und erst nachrangig lediglich gleichwertige Funktionen zu ersetzen sind. Auf dieser Ebene haben auch die Vorgaben der Landschaftsplanung oder die Ziele der Raumordnung nach § 7 Abs. 2 Satz 2 ROG 1998 ihre größte Bedeutung, indem sie diese Stufenfolge für den betroffenen Raum konkretisieren.

37. Die Ersatzverpflichtung ist nach bayerischem Recht als Ermessensvorschrift ausgestaltet. Sinn und Zweck der Ersatzverpflichtung, die eine Privilegierung von Vorhaben, die zu nicht ausgleichbaren Beeinträchtigungen von Natur und Landschaft führen, verhindern soll, sprechen zwar im Regelfall für ihre Anordnung. Handelt es sich jedoch um besonders aufwendige Maßnahmen zum Ersatz vergleichsweise geringfügiger Beeinträchtigungen und ist eine Privilegierung des Vorhabens durch andere Ersatzmaßnahmen bereits ausgeschlossen, so kann auf einzelne Maßnahmen ermessensgerecht verzichtet werden. Soll für eine Ersatzmaßnahme ein Grundstück enteignet werden, so muss auch die Enteignung dem Betroffenen gegenüber verhältnismäßig sein.

38. Nach bayerischem Landesrecht kann anstelle einer Ersatzmaßnahme auch eine Ersatzzahlung verlangt werden, insbesondere wenn mittels der Zahlung die Ziele von Naturschutz und Landschaftspflege besser verwirklicht werden können. Dies kann insbesondere auch zur Kompensation von temporären Ausgleichsdefiziten der Fall sein, als so genannte „Time-lag-Abgabe".

Teil 4:

39. Bei den materiellrechtlichen Bestimmungen der naturschutzrechtlichen Eingriffsregelung handelt es sich sämtlich um Normen des strikten Rechts. Insbesondere ermächtigt die naturschutzrechtliche Abwägungsklausel des § 8 Abs. 3 BNatSchG, Art. 6a Abs. 2 BayNatSchG nicht zu einer „echten planerischen Abwägung", sondern lediglich zu einer die gesetzliche Wertung nachvollziehenden Abwägung. Geht diese zugunsten von Naturschutz und Landschaftspflege aus, so ist das Vorhaben zwingend zu untersagen.

Dieses Ergebnis kann durch die planerische Abwägung nicht abgeändert werden.

40. Bei der Umsetzung der Eingriffsregelung besteht eine Bindung durch striktes Recht nur, soweit die gesetzliche Regelung Aussagen trifft. Dies ist hinsichtlich dem Ziel von Vermeidung, Ausgleich und Ersatz der Fall. Bei der Frage, wie dieses Ziel umgesetzt werden soll, also bei der Auswahl von Art und Ort der jeweiligen fachlich aussichtsreichen Maßnahmen kommt der Behörde planerische Gestaltungsfreiheit zu, die durch das Abwägungsgebot gebunden ist.

41. Die Anwendung der Eingriffsregelung setzt die Zulässigkeit des Vorhabens nach Fachplanungsrecht nicht voraus. Vielmehr lässt die Eingriffsregelung die Anforderungen des Fachplanungsrechts unberührt und stellt lediglich einige zusätzliche Anforderungen auf.

42. Zwischen dem Fachplanungsrecht und der Eingriffsregelung bestehen vielfältige Wechselwirkungen, die bei der Planfeststellung zu beachten sind. Daher kann die Umsetzung der Eingriffsregelung nicht erst im Anschluß an die Feststellung der planungsrechtlichen Zulässigkeit des Vorhabens erfolgen, sondern nur parallel neben dieser.

43. Die naturschutzrechtliche Abwägung nach § 8 Abs. 3 BNatSchG, Art. 6a Abs. 2 BayNatSchG muss vor der abschließenden, über die Zulassung des gesamten Vorhabens entscheidenden planungsrechtlichen Abwägung erfolgen. Es kommt daher zu einer gestuften Abwägung, wobei die naturschutzrechtliche Abwägung die Vorstufe der fachplanungsrechtlichen Abwägung darstellt.

44. Die naturschutzrechtliche Eingriffsregelung durchdringt die gesamte Planung. Sie kann in einem untechnischen Sinne als Planungsleitsatz bezeichnet werden, da sie während der gesamten Planung zu beachten ist und insofern diese „leitet".

45. Wegen der genannten Wechselbeziehungen läßt sich auch für die gerichtliche Kontrolle des Planfeststellungsbeschlusses kein Prüfungsschema im

Sinne einer stets zu beachtenden Stufenfolge entwickeln. Lediglich die Anforderungen der Eingriffsregelung bauen aufeinander auf, die allgemeinen Rechtmäßigkeitsanforderungen der Planfeststellung stehen grundsätzlich unabhängig nebeneinander. Allerdings bestehen zwischen ihnen gewisse Wechselwirkungen, die, egal wie die gerichtliche Überprüfung des Planfeststellungsbeschlusses aufgebaut wird, bei der Kontrolle zu beachten sind.

Anhang 1: Änderungen aufgrund des BNatSchGNeuregG

Die Neufassung des Bundesnaturschutzgesetzes durch das Gesetz zur Neuregelung des Rechts des Naturschutzes und der Landschaftspflege und zur Anpassung anderer Rechtsvorschriften (BNatSchGNeuregG) geht auf den Regierungsentwurf vom 2. Februar 2001 zurück. In diesem waren bereits die grundlegenden Punkte der Neufassung niedergelegt. Auf ihm aufbauend legten die Fraktionen der SPD und von Bündnis 90/Die Grünen einen Gesetzentwurf[698] dem Bundestag zur Beratung und Entscheidung vor. Nach der Anhörung der Betroffenen und Interessenverbände durch den federführenden Bundestagsausschuss für Umwelt, Naturschutz und Reaktorsicherheit am 24. September 2001 und einer Anrufung des Vermittlungsausschusses durch den Bundesrat wurde das Gesetz am 25. März 2002 endgültig vom Bundestag beschlossen. Es trat am 4. April 2002 in Kraft.[699]

I. Allgemeine Änderungen

Ein zentraler Punkt des Gesetzes ist die Verpflichtung der Länder zur Einführung eines bundesweiten Biotopverbunds auf mindestens 10% der Landesfläche (§ 3 BNatSchG n. F.). Damit einher ging eine Überarbeitung des gesetzlichen Instrumentariums zum Schutz, zur Pflege und zur Entwicklung bestimmter Teile von Natur und Landschaft (so die Überschrift des neuen Abschnitts 4, §§ 22-38 BNatSchG n. F.). Mit dem Schwerpunkt auf dem Biotopverbund, der durch die Unterschutzstellung von Naturbestandteilen, durch planungsrechtliche Festsetzungen und durch langfristige vertragliche Regelungen abgesichert werden soll (§ 3 Abs. 4 BNatSchG n. F.) erfolgt eine gewisse Rückbesinnung auf den Reservatsgedanken, allerdings in einer ökologisch besser informierten Variante.[700] Während als eine der größten Errungenschaften des Bundesnaturschutzgesetzes von 1976 die Abkehr vom Reservatsgedanken hin zu einem Naturschutz auf der

---

[698] BT-DrS. 14/6378 und BT-DrS. 14/6878.
[699] BGBl. I S. 1193 ff.
[700] Messerschmidt, ZUR 2001, 241 (246).

gesamten Fläche des Bundesgebiets angesehen wurde, geht man nun wieder einen Schritt zurück zur Unterschutzstellung der schützenswerten Bestandteile. Allerdings ist zuzugestehen, dass allein schon der Umfang des angestrebten Biotopverbunds weit über die Verhältnisse unter der Geltung des Reichsnaturschutzgesetzes hinaus geht. Im übrigen mag diese Rückbesinnung auf den Reservatsgedanken und seine Weiterentwicklung auch aus einer gewissen Ernüchterung heraus zu erklären sein, dass der mit dem Bundesnaturschutzgesetz von 1976 eingeführte Naturschutz auf der gesamten Fläche den Rückgang der Artenvielfalt nicht stoppen konnte.

Als weiterer zentraler Punkt wird das Verhältnis zwischen Naturschutz und Landwirtschaft neu geregelt. Hierzu werden in § 5 Abs. 4 BNatSchG n. F. Grundsätze für die gute fachliche Praxis in der Land-, Forst- und Fischereiwirtschaft aufgestellt.

Daneben findet sich im 7. Abschnitt ein gegenüber dem bisherigen Recht erheblich erweitertes Beteiligungs- und Verbandsklagerecht anerkannter Naturschutzverbände.

Schließlich wurden auch die weiterhin in § 1 enthaltenen Ziele von Naturschutz und Landschaftspflege überarbeitet. Die Neufassung enthält hauptsächlich Klarstellungen und Umformulierungen. Als weitere Aufgabe von Naturschutz und Landschaftspflege neben Schutz, Pflege und Entwicklung kam die Wiederherstellung von Natur und Landschaft hinzu. Im Gegensatz zu den anderen Aufgaben knüpft diese an einen nicht mehr vorhandenen früheren Zustand an.[701] Die Aufgabe steht allerdings unter dem Vorbehalt einer Erforderlichkeitsprüfung. Ob ein solcher Zustand durch Eingriffe des Menschen wiederhergestellt werden soll, ist daher nach Maßgabe der Ziele von Naturschutz und Landschaftspflege festzustellen.

In Nr. 1 des § 1 BNatSchG n. F. ist nun neben der Leistungsfähigkeit auch die Funktionsfähigkeit genannt. Dabei handelt es sich nicht um eine Änderung, son-

---

[701] Stich, UPR 2002, 161.

dern lediglich um eine Klarstellung gegenüber dem bisherigen Recht (vgl. Teil 1, A. I. 3.).

In § 1 Nr. 2 BNatSchG n. F. ist die Regenerationsfähigkeit und nachhaltige Nutzungsfähigkeit genannt. Damit wird betont, dass keine kurzfristigen Nützlichkeitserwägungen anzustellen sind, sondern es auf die langfristige und nachhaltige Erhaltung der Naturgüter und insbesondere auch ihrer Regenerationsfähigkeit ankommt. Da der Nachhaltigkeitsgedanke sich auch in der alten Fassung des § 1 BNatSchG fand handelt es sich auch hier eher um eine Betonung dieses Gedankens denn um eine echte Neuerung.

In § 1 Nr. 4 BNatSchG n. F. wird jetzt die Vielfalt, Eigenart und Schönheit sowie der Erholungswert von Natur und Landschaft genannt. Die augenfällige Verbindung der Erholungsfunktion mit dem Landschaftsbild wird damit in einem Punkt zusammengefasst (vgl. Teil 1, A. IV.). Eine Veränderung gegenüber der bisherigen Rechtslage dürfte sich auch hieraus nicht ergeben.

Schließlich wurde in die Zielbestimmung aufgenommen, dass Natur und Landschaft nicht nur als Lebensgrundlagen des Menschen, sondern auch auf Grund ihres eigenen Wertes zu schützen sind. Die Streitfrage, ob das Naturschutzrecht einen Schutz der Natur um ihrer selbst willen ermöglicht, ob ihm also eine „ökozentrische" oder eine „anthropozentrische" Sichtweise zu Grunde liegt (vgl. Teil 1, A. VI. 1.) hat sich also durch Entscheidung des Gesetzgebers erledigt.

II. Änderungen der naturschutzrechtlichen Eingriffsregelung

Auch die naturschutzrechtliche Eingriffsregelung wurde durch das BNatSchGNeuregG verändert. Die formellrechtlichen Bestimmungen, die im neuen § 20 BNatSchG zusammengefasst wurden, blieben zwar im Ergebnis gleich. Bei den materiellrechtlichen Anforderungen gab es jedoch einige, in ihrer Bedeutung nicht zu unterschätzende Veränderungen.

1. Der Eingriffsbegriff

Der nun in § 18 Abs. 1 BNatSchG formulierte Eingriffsbegriff wurde erweitert. Der Veränderungstatbestand erfasst neben der Veränderung der Gestalt oder Nutzung von Grundflächen jetzt auch Veränderungen des mit der belebten Bodenschicht in Verbindung stehenden Grundwasserspiegels. Auch eine unmittelbare Veränderung des Grundwasserspiegels, die nicht in Verbindung mit einer Veränderung der Gestalt oder Nutzung von Grundflächen steht, erfüllt daher jetzt bereits den Verletzungstatbestand. Damit wird die hier vertretene Auffassung, dass auch Beeinträchtigungen von durch Spezialgesetze (wie das Wasserhaushaltsgesetz und die Wassergesetze der Länder) geschützten Umweltmedien vom Sachfolgentatbestand erfasst sind, für die Zukunft vom Gesetzgeber bestätigt. Denn wenn Einwirkungen auf das Grundwasser bereits den Verletzungstatbestand erfüllen, dann muss dies erst recht für den Sachfolgentatbestand gelten, wenn die Leistungs- und Funktionsfähigkeit des Naturhaushalts dadurch beeinträchtigt werden kann.

Im Gegensatz zum bisherigen Eingriffsbegriff wird nicht mehr eine erhebliche oder nachhaltige, sondern nur noch eine erhebliche Beeinträchtigung gefordert. Damit ist jedoch im Ergebnis keine Veränderung zur bisherigen Rechtslage verbunden, da auch bisher bei der Prüfung der Erheblichkeit die Nachhaltigkeit der Beeinträchtigung eine Rolle spielte und eine nachhaltige Beeinträchtigung, die eine gewisse Erheblichkeit nicht aufwies, auch bislang nicht ausreichte.[702]

Durch die Bezugnahme auf die Leistungs- *und* Funktionsfähigkeit ist ebenfalls keine Veränderung zur bisherigen Rechtslage erfolgt. Es handelt sich hier um eine Folgeänderung zur Neufassung von § 1 BNatSchG.[703]

---

[702] Stich, UPR 2002, 161 (166); vgl. auch Teil 3, B II. 2. d).
[703] Stich, UPR 2002, 161 (166); vgl. auch Teil 3, B II. 2. b).

2. Das Vermeidungsgebot

Das Vermeidungsgebot wurde im Grunde identisch in § 19 Abs. 1 BNatSchG n. F. übernommen. Weggefallen ist allerdings die Erforderlichkeitsklausel am Ende von § 8 Abs. 2 Satz 1 BNatSchG a. F.

Dies führt zu Veränderungen bei Eingriffsvorhaben öffentlicher Träger. Wie in Teil 3, B. III. 2. gezeigt wurde, gilt in dieser Konstellation der Verhältnismäßigkeitsgrundsatz nicht per se. Sollen nicht alle technisch-fachlich vermeidbaren Beeinträchtigungen auch vermieden werden, so muss dies der Gesetzgeber ausdrücklich anordnen. Dies ist in § 19 Abs. 1 BNatSchG n. F. nicht erfolgt. Die Neuregelung stellt daher bei Vorhaben, deren Träger öffentlich-rechtlich organisiert ist und sich daher gegenüber der Planfeststellungsbehörde nicht auf den Verhältnismäßigkeitsgrundsatz berufen kann, eine erhebliche Verschärfung der bisherigen Rechtslage dar. Ein Verzicht auf eine mögliche Vermeidungsmaßnahme aus der Überlegung heraus, dass diese mit einen unverhältnismäßigen Aufwand einen vergleichsweise geringen Gewinn für Natur und Landschaft erzielt, ist danach nicht mehr möglich.

Es bleibt allerdings abzuwarten, ob die Praxis dieser (versehentlichen?) Veränderung der rechtlichen Anforderungen Rechnung tragen wird.

3. Das Ausgleichsgebot

Der nun in § 19 Abs. 2 Satz 2 BNatSchG formulierte Ausgleichsbegriff wurde gegenüber der alten Regelung umformuliert. Ein Ausgleich ist dann erreicht, wenn und sobald die beeinträchtigten Funktionen des Naturhaushalts wieder hergestellt sind und das Landschaftsbild landschaftsgerecht wieder hergestellt oder neu gestaltet ist. Im Gegensatz hierzu stellte die alte Regelung darauf ab, ob nach dem Eingriff keine erhebliche oder nachhaltige Beeinträchtigung mehr zurückbleibt. Unerhebliche Beeinträchtigungen durften danach also bestehen bleiben, ohne dass dies das Erreichen des Ausgleichsziels beeinträchtigt hätte. Das Ausgleichsgebot wurde also ebenfalls verschärft, da es nun alle Beeinträchtigungen erfasst, und nicht nur die erheblichen/nachhaltigen. Es genügt danach nicht mehr für den Ausgleich, wenn die von dem Vorhaben ausgehenden Beeinträchtigungen unter die „Erheblichkeitsschwelle" gedrückt werden (vgl. Teil 3, B. IV. 1.).

Hinsichtlich des Schutzgutes Landschaftsbild wurde die Ausgleichsdefinition nicht verändert. Es irritiert allerdings, dass die landschaftsgerechte Neugestaltung des Landschaftsbildes sich nun sowohl in der Ausgleichsdefinition des § 19 Abs. 2 Satz 2 als auch in der Definition der Kompensation in sonstiger Weise in § 19 Abs. 2 Satz 3 BNatSchG findet. Es handelt sich hier wohl um ein Redaktionsversehen des Gesetzgebers.

Darüber hinaus findet sich auch beim Ausgleichsgebot keine der alten Regelung entsprechende Erforderlichkeitsklausel. Die Ausführungen zum Vermeidungsgebot gelten daher hier entsprechend.

4. Die Ersatzverpflichtung

Nach dem bisherigen Recht war die Ersatzverpflichtung eine dem Landesgesetzgeber vorbehaltene, nach § 8 Abs. 9 BNatSchG a. F. zulässige, weitergehende Regelung. § 19 Abs. 2 Satz 3 BNatSchG n. F. definiert nun bundeseinheitlich und für die Länder bindend, wann eine Kompensation auf sonstige Weise erreicht und die Ersatzverpflichtung erfüllt ist. Dies ist der Fall bei einer Ersetzung der beeinträchtigten Funktionen in gleichwertiger Weise oder einer landschaftsgerechten Neugestaltung des Landschaftsbildes. Hinsichtlich der Frage, wann eine beeinträchtigte Funktion des Naturhaushalts in gleichwertiger Weise ersetzt ist, besteht ein nicht unerheblicher Ausgestaltungsspielraum der Länder. Es bleibt zu hoffen, dass diese ihn so ausfüllen, dass sich Ersatzmaßnahmen möglichst stark an die vor dem Eingriff bestehenden Funktionen des Naturhaushalts anlehnen.

Wie auch beim Vermeidungs- und beim Ausgleichsgebot findet sich auch bei der Ersatzverpflichtung keine Klausel, die eine Prüfung der Verhältnismäßigkeit der jeweiligen Ersatzmaßnahme ermöglichen würde. Sofern der Verhältnismäßigkeitsgrundsatz nicht per se anzuwenden ist, gilt daher auch die Ersatzverpflichtung ohne Einschränkung.

5. Die naturschutzrechtliche Abwägung

Die einschneidendste Veränderung der naturschutzrechtlichen Eingriffsregelung betrifft die Abwägungsklausel in § 19 Abs. 3 BNatSchG n. F. Inhaltlich hat sich diese allerdings nur insoweit verändert, als in Satz 2 der Bestimmung eine Regelung, die sich bereits in mehreren Landesnaturschutzgesetzen als „weitergehende Regelung" nach § 8 Abs. 9 BNatSchG a. F. fand (vgl. Teil 3, B. V. 2.), ins Bundesrecht übernommen wurde.

Die Veränderung ergibt sich aus der neuen Systematik der Eingriffsregelung: Während bisher die Abwägung im Anschluss an das Ausgleichsgebot und vor der landesrechtlich normierten Ersatzverpflichtung zu prüfen war ist sie nun erst im Anschluss an diese zu prüfen. Dies bedeutet eine noch weiter gehende Schwächung der Möglichkeit zur Untersagung eines Eingriffsvorhabens aufgrund der naturschutzrechtlichen Abwägung. Denn eine Kompensation von Beeinträchtigungen in sonstiger Weise (§ 19 Abs. 2 Satz 3 BNatSchG n. F.) wird sich fast immer finden lassen. Damit bleiben für die Kompensationsbilanz, die in die Abwägung eingeht, nur noch wenige, weder ausgleichbare noch sonst kompensierbare Beeinträchtigungen übrig. Diese werden praktisch nie die für ein Vorhaben sprechenden Belange überwiegen, so dass die Möglichkeit der Untersagung aus Naturschutzgründen regelmäßig leer laufen wird. Eine effektive Bedeutung wird der auch bisher schon weitgehend wirkungslosen Regelung[704] daher höchstens noch in den Fällen des § 19 Abs. 3 Satz 2 BNatSchG n. F. zukommen, also wenn infolge des Eingriffs Biotope zerstört werden, die für dort wild lebende Tiere und wild wachsende Pflanzen der streng geschützten Arten nicht ersetzbar sind.

Die Änderung der Systematik der Eingriffsregelung sollte diese praktikabler machen. Dies wurde zweifellos erreicht. Da beide vor der Abwägung zu prüfen sind entfällt für den Anwender das Bedürfnis, die (zugegeben) schwere Unterscheidung zwischen Ausgleichs- und Ersatzmaßnahmen vorzunehmen. Die Dif-

---

[704] So stieß der Verfasser bei der Erstellung dieser Arbeit auf keine einzige Entscheidung, in der ein Eingriffsvorhaben einmal an der naturschutzrechtlichen Abwägung scheiterte.

ferenzierung zwischen beiden Arten von Maßnahmen ist letztlich überflüssig geworden,[705] zumal sich die Maßnahmen ihrer Art nach ohnehin nicht unterscheiden (vgl. Teil 3, B. VI. 1.). Damit entfällt aber auch der Zwang, nach einem echten Ausgleich für Beeinträchtigungen zu suchen. Dies erscheint umso bedenklicher, als sich die Unterscheidung zwischen Ausgleichs- und Ersatzmaßnahmen gerade erst in Rechtsprechung und Praxis etabliert hat.[706] Es steht zu befürchten, dass in erheblich größerem Umfang als bisher Ersatzmaßnahmen angeordnet werden und ein möglicher, aber kostenaufwändigerer Ausgleich unterbleibt. Durch die bisherige Reihenfolge von Ausgleich und Abwägung war der Anwender zu einer Orientierung an den durch den Eingriff verloren gegangenen Funktionen des Naturhaushalts und des Landschaftsbildes gezwungen. Wenn er nun stattdessen auch „gleichwertige" Ersatzmaßnahmen anordnen kann, so steht zu befürchten, dass regelmäßig die billigsten Maßnahmen, also z. B. die Sukzession von Brachflächen, gewählt werden. Dies führt dazu, dass insbesondere seltene Funktionen nicht wieder hergestellt werden. Stattdessen wird einer weiteren Homogenisierung der Landschaft durch immer die gleichen Ersatzmaßnahmen Vorschub geleistet, die Biodiversität nimmt weiter ab.[707] Die Praktikabilität der Regelung wurde zwar erhöht, dies ist jedoch auf Kosten des eigentlichen Schutzgutes des Bundesnaturschutzgesetzes, also von Natur und Landschaft, erfolgt. Dementsprechend wurde die Änderung in der Stufenfolge der Eingriffsregelung bei der Anhörung durch den federführenden Bundestagsausschuss von den die Interessen des Naturschutzes vertretenden Verbänden und Einzelpersonen zum Teil heftig kritisiert.[708]

---

[705] Stich, UPR 2002, 161 (166); Meßerschmidt, ZUR 2001, 241 (244).

[706] BVerwG, Urt. v. 27. Oktober 2000, DVBl. 2001, 386 ff.; Weihrich, ZUR 2001, 387 (389).

[707] Stellungnahme zum gemeinsamen Fragenkatalog des Bundestagsausschusses für Umwelt, Naturschutz und Reaktorsicherheit von Prof. Dr. C. von Haaren, Institut für Landschaftspflege und Naturschutz, Hannover, Ausschussdrucksache 14/600 Teil 6, S. 35.

[708] Vgl. die Stellungnahmen zum gemeinsamen Fragenkatalog des Bundestagsausschusses für Umwelt, Naturschutz und Reaktorsicherheit von Prof. Dr. H. Plachter, Universität Marburg, Ausschussdrucksache 14/600 Teil 1, S. 8 f., von Prof. Dr. C. von Haaren, Institut für Landschaftspflege und Naturschutz, Hannover, Ausschussdrucksache 14/600 Teil 6, S. 34 ff. Daneben auch SRU, Umweltgutachten 2000, BT-DrS. 14/3363, Tz. 410 im vorgriff auf die jetzt Gesetz gewordene Regelung.

Insgesamt ist festzuhalten, dass die naturschutzrechtliche Eingriffsregelung durch die Neufassung nicht verschärft, sondern vielmehr gelockert wurde.[709] Angesichts der Betonung des zu schaffenden Biotopverbundes durch die Bundesregierung und die das Gesetz tragenden Fraktionen des Bundestags scheint sich hier ein Paradigmenwechsel im Naturschutzrecht abzuspielen: Weg von dem Versuch, durch Eingriffsregelung und Landschaftsplanung einen umfassenden Schutz von Natur und Landschaft im ganzen Bundesgebiet auch mittels einer Untersagung von in Natur und Landschaft eingreifenden Vorhaben zu erreichen, hin zum Schutz einzelner Teile von Natur und Landschaft.[710] Diese Tendenz scheint durch die europäische Entwicklung, die mit Vogelschutz- und FFH-Richtlinie ebenfalls bei einzelnen, als schützenswert erkannten Elementen des Naturhaushalts ansetzt, noch verstärkt zu werden. Sie ist wohl auch ein Zeichen für eine gewisse Resignation. Angesichts hoher Arbeitslosenzahlen und einer stagnierenden Wirtschaft die können sich die Belange von Naturschutz und Landschaftspflege in der Praxis regelmäßig nicht gegen Wirtschaftsinteressen durchsetzen. Folglich beschränkt man sich auf das Minimalziel, 10% der Landesfläche zu schützen, und gibt das Maximalziel, Natur und Landschaft auf der gesamten Landesfläche zu schützen weitgehend auf.

---

[709] Vgl. auch Meßerschmidt, ZUR 2001, 241 (246); Rehbinder, NuR 2001, 361 (365); Stellungnahmen des Naturschutzbund Deutschland (NABU) und des Bundes für Umwelt und Naturschutz (BUND) zum gemeinsamen Fragenkatalog des Bundestagsausschusses für Umwelt, Naturschutz und Reaktorsicherheit, Ausschussdrucksache 14/600 Teil 3, S. 16.

[710] Meßerschmidt, ZUR 2001, 241 (246).

Anhang 2: Naturwissenschaftliche, nicht juristische Fachbegriffe

Soweit keine andere Quelle angegeben ist, alle Begriffe nach: Bayerische Akademie für Naturschutz und Landschaftspflege (ANL), Dachverband wissenschaftlicher Gesellschaften der Agrar-, Forst-, Ernährungs-, Veterinär- und Umweltforschung e.V. (Hrsg.), Begriffe aus Ökologie, Landnutzung und Umweltschutz, 3. Auflage, Laufen und Frankfurt 1994.

Abiotische Faktoren	Unbelebte (physikalische und chemische) Einflußgrößen in Ökosystemen
Atmosphäre	Gasförmige Hülle eines Himmelskörpers, speziell Lufthülle der Erde (Bahadir/Parlar/Spiteller, Umweltlexikon, S. 107).
Bioindikatoren	Arten, aus deren Vorkommen und Vitalität, unter besonderen Bedingungen auch deren Fehlen, Rückschlüsse auf bestimmte Standorteigenschaften möglich sind, z. B. Bodenreaktion, Salzgehalt, Feuchtigkeit, Licht, Wärme, Wasser- oder Luftverschmutzung (Zustandsindikatoren).
	Arten und Biozönosen, aus deren Vorkommen oder Fehlen auf den Grad der Schutzwürdigkeit von Landschaftsausschnitten geschlossen werden kann (Bewertungsindikatoren).
Biosphäre	Der von Organismen bewohnbare Raum der Erde, der die Gesamtheit der Ökosysteme umfaßt.
Biotische Faktoren	Von Lebewesen ausgehende Einflußgrößen im Ökosystem.
Biotop	Lebensraum einer Biozönose von einheitlicher, gegenüber seiner Umgebung mehr oder weniger scharf abgrenzbarer Beschaffenheit, z. B. Hochmoor, Salzwiese (synökologischer Begriff in Abgrenzung zu Habitat; Synökologie = Wissenschaft von den Wechselwirkungen zwischen den in einer Biozönose zusammenlebenden Arten untereinander und mit ihrer Umwelt).

Biozönose (Lebensgemein- schaft)	Gemeinschaft der in einem Biotop regelmäßig vorkommen- den pflanzlichen und tierischen Lebewesen verschiedener Arten, die untereinander und mit ihrer abiotischen Umwelt in Wechselbeziehungen stehen.
Habitat	Ort, an dem Organismen einer Art regelmäßig anzutreffen sind (autökologischer Begriff im Abgrenzung zu Biotop; Au- tökologie = Wissenschaft von den Wechselwirkungen zwi- schen Individuen und ihrer Umwelt).
Hydrosphäre	Gesamtheit des festen, flüssigen und gasförmigen Wassers über, auf und in der Erde (Bahadir/Parlar/Spiteller, Umwelt- lexikon, S. 516).
Informationsfunk- tionen	Informationsfunktionen beschreiben den Fluß oder Austausch von Informationen zwischen Umwelt und Menschen bzw. menschlicher Gesellschaft und anderen Lebewesen. Informa- tionen dienen zur Orientierung, zur Wahl eines bestimmten Verhaltens und vor allem zur Bedürfnisbefriedigung. Die Er- füllung von Informationsfunktionen erfordert keine Eingriffe in die Umwelt oder Veränderungen derselben. Die Verarbei- tung der empfangenen Informationen kann jedoch Umwelt- veränderungen auslösen (SRU, Umweltgutachten 1987, S. 41).
Landschaft	Durch eine Struktur (Landschaftsbau) und Funktion (Land- schaftshaushalt) geprägter, als Einheit aufzufassender Aus- schnitt der Erdoberfläche, bestehend aus einem Gefüge von verschiedenen Ökotopen bzw. Ökosystemen. Nach A. v. Humboldt der „Totalcharakter einer Erdgegend". Eine *Natur- landschaft* wird überwiegend von naturbedingten, eine *Kul- turlandschaft* überwiegend von kulturbedingten Ökosystemen gebildet.

Landschaftsbild	Die sinnlich wahrnehmbare Erscheinungsform der Landschaft.
Landschaftspflege	Praktischer Einsatz von Maßnahmen zur Sicherung der nachhaltigen Nutzungsfähigkeit der Naturgüter sowie der Vielfalt, Eigenart und Schönheit von Natur und Landschaft.
Lithosphäre	Bezeichnung für den von Gesteinen erfüllten Raum, im Gegensatz zu Atmosphäre, Hydrosphäre und Pedosphäre (Bahadir/Parlar/Spiteller, Umweltlexikon, S. 627).
Naturgut	In der Natur für die Nutzung verfügbarer Stoff oder Organismus, z. B. Boden, Bodenschätze, Luft, Wasser, Pflanzen, Tiere.
Naturraum	Physisch-geographische Raumeinheit mit charakteristischem Bio- bzw. Ökotopengefüge
Naturschutz	Gesamtheit der Maßnahmen zur Erhaltung und Förderung der natürlichen Lebensgrundlagen, aller Lebewesen, insbesondere von Pflanzen und Tieren wildlebender Arten und ihrer Lebensgemeinschaften, sowie zur Sicherung von Landschaften und Landschaftsteilen in ihrer Vielfalt und Eigenart.
Ökologie	Wissenschaft von den Wechselwirkungen der Lebewesen untereinander und mit ihrer abiotischen Umwelt
Ökosphäre	Der an die Erdoberfläche gebundene, belebte dreidimensionale Bereich, in dem sich Litho-, Hydro- und Atmosphäre berühren, teilweise durchdringen und wechselseitig beeinflussen und das globale Ökosystem bilden
Ökosystem	Funktionelle Einheit der Ökosphäre als Wirkungsgefüge aus Lebewesen, unbelebten natürlichen und von Menschen geschaffenen Bestandteilen, die untereinander und mit ihrer Umwelt in energetischen, stofflichen und informatorischen Wechselwirkungen stehen.

Ökotop   Kleinste landschaftsökologisch relevante Raumeinheit aus einer Biozönose und den sie bedingenden Standortgegebenheiten

Ökotopengefüge   Ökologische Raumeinheit aus mehreren Ökotopen, zumeist mit typischer Wiederholung, die aufgrund der Struktur und der haushaltlichen Prozesse der Landschaft in bestimmter Weise räumlich miteinander verbunden (vergesellschaftet) sind.

Population   Gesamtheit der Individuen einer Art mit gemeinsamen genetischen Gruppenmerkmalen innerhalb eines bestimmten Raumes

Produktionsfunktionen   Die Produktionsfunktionen haben die Versorgung der menschlichen Gesellschaft mit Gütern, Produkten und der natürlichen Umwelt zum Gegenstand, um Elementarbedürfnisse zu erfüllen bzw. natürliche Ressourcen verfügbar zu machen. Die Erfüllung der Produktionsfunktionen ist mit Eingriffen in die Umwelt verbunden oder ruft Veränderungen in dieser hervor (SRU, Umweltgutachten 1987, S. 41).

Regelungsfunktionen   Regelungsfunktionen werden benötigt, im grundsätzlich wichtige Vorgänge des Naturhaushaltes, die durch Mensch oder Gesellschaft beansprucht oder erwartet werden, im Gleichgewicht zu halten, um die Folgen von Eingriffen aufzufangen oder auszugleichen (SRU, Umweltgutachten 1987, S. 41 f.).

Trägerfunktionen   Trägerfunktionen der Umwelt bestehen darin, daß die Umwelt die Aktivitäten, Erzeugnisse und Abfälle menschlichen Handelns aufnehmen und tragen („ertragen") muß. Die Trägerfunktionen sind das Gegenstück der Produktionsfunktionen, weil im Gegensatz zu diesen der Energie- und Stofffluß von der Gesellschaft in die Umwelt gerichtet ist. Die Erfül-

	lung der Trägerfunktionen bedeutet Eingriffe in die natürliche Umwelt und Veränderungen in derselben (SRU, Umweltgutachten 1987, S. 41).
Umweltfaktor (= ökologischer Faktor)	Abiotischer bzw. biotischer Ökosystem-Bestandteil einschließlich der von ihm ausgehenden Wirkungen.

www.ingramcontent.com/pod-product-compliance
Lightning Source LLC
Chambersburg PA
CBHW020829210326
41598CB00019B/1848